# 国际贸易（第二版）

International Trade (Second Edition)

张 玮 张宇馨 编著

清华大学出版社
北京

## 内 容 简 介

本书涵盖了从事国际贸易活动所必备的基础知识、基本技巧和基础背景。本书内容体系完整，具有严谨的内在逻辑；充分关注国际贸易的最新发展，运用大量数据和事例阐述其现实运行；提供大量文献索引，为读者进一步的学习和研究提供便利。本书除在正文部分加强例证、数据分析和方法介绍外，专门开辟阅读专栏，对课程学习中涉及的一些现实热点问题进行解读，对知识和技能的运用提供引导和帮助。

本书封面贴有清华大学出版社激光防伪标签，无标签者不得销售。
版权所有，侵权必究。举报：010-62782989，beiqinquan@tup.tsinghua.edu.cn。

图书在版编目（CIP）数据

国际贸易 / 张玮，张宇馨编著. —2 版. —北京：清华大学出版社，2020.1（2024.1 重印）
ISBN 978-7-302-54619-1

Ⅰ. ①国… Ⅱ. ①张… ②张… Ⅲ. ①国际贸易—高等教育—远程教育—教材 Ⅳ. ①F74

中国版本图书馆 CIP 数据核字(2020)第 002501 号

责任编辑：贺　岩
封面设计：刘艳芝
责任校对：王荣静
责任印制：丛怀宇

出版发行：清华大学出版社
网　　址：https://www.tup.com.cn，https://www.wqxuetang.com
地　　址：北京清华大学学研大厦 A 座　　邮　编：100084
社 总 机：010-83470000　　邮　购：010-62786544
投稿与读者服务：010-62776969，c-service@tup.tsinghua.edu.cn
质量反馈：010-62772015，zhiliang@tup.tsinghua.edu.cn

印 装 者：三河市龙大印装有限公司
经　　销：全国新华书店
开　　本：185mm×230mm　　印　张：20.5　　字　数：430 千字
版　　次：2009 年 5 月第 1 版　 2020 年 2 月第 2 版　　印　次：2024 年 1 月第 2 次印刷
定　　价：54.00 元

产品编号：051535-01

# 前　言

（第二版）

《国际贸易》第一版至今已经过去10个年头，这10年中，全球贸易额从2009年的160 921亿美元增至2018年的252 450亿美元，国际贸易格局也经历着深刻、复杂的变化。国际分工在广度与深度上进一步深化发展，在全球价值链的实践中，各国对外贸易依赖性不断加强，国际分工与贸易理论的发展进入了产业和企业层面，世界市场的结构与竞争方式日益朝着多元、复杂有序的方向发展。在自由化主基调下，贸易保护主义的声音与做法一直在延续，甚至被强化。特朗普就任美国总统后，双重标准和单边保护主义愈演愈烈，无论亲疏，对贸易伙伴全面出击，全球贸易战一触即发。各国关税保护作用不断弱化，非关税措施，尤其是反倾销、反补贴、技术标准等成为限制进口，保护国内产业和市场的主要手段。全球范围内的区域性自由贸易协定获得进一步发展，由发达国家发起倡导的TPP(Trans-Pacific Partnership Agreement，跨太平洋伙伴关系协定)和TTIP(Transatlantic Trade and Investment Partnership，跨大西洋贸易与投资伙伴关系协定)等高标准区域性自由贸易协定在促进成员国间自由贸易发展的同时，亦使全球自由贸易面临着碎片化、割裂化的风险，多边贸易体制受到严重冲击，增强世贸组织的有效性和权威性势在必行。

第二版修订力求反映国际贸易理论与实践的发展动态，并保留上一版特色，使读者对当代国际贸易发展的理解与把握能够与时俱进。

本书可作为高等院校经济类、管理类各专业相关课程的通用教材或辅导用书,也可供实际工作部门人员学习与参考。

感谢清华大学出版社的大力支持与帮助,感谢研究生马宏蕾同学大量的数据查找与核查工作。

本书如有不妥之处,请读者批评指正,以便日后的修改和完善。

张玮　张宇馨

2019 年 7 月 17 日

# 目 录

第一章　导论 ································································· 1

　　第一节　国际贸易课程的研究内容 ········································· 2
　　第二节　国际贸易的基本概念 ············································· 7
　　同步测练与解析 ························································ 20

第二章　国际分工 ···························································· 24

　　第一节　国际分工的产生与发展 ·········································· 25
　　第二节　国际分工形成与发展的影响因素 ·································· 32
　　第三节　国际分工理论 ·················································· 36
　　同步测练与解析 ························································ 56

第三章　世界市场 ···························································· 60

　　第一节　当代世界市场构成与运行 ········································ 61
　　第二节　世界市场价格 ·················································· 74
　　同步测练与解析 ························································ 82

第四章　贸易政策 ···························································· 84

　　第一节　贸易政策的演变 ················································ 85
　　第二节　重商主义 ······················································ 87
　　第三节　自由贸易 ······················································ 89
　　第四节　保护贸易 ······················································ 96
　　第五节　国际服务贸易政策 ············································· 108

同步测练与解析 …………………………………………………… 114

## 第五章　贸易限制措施——关税 …………………………………… 117
　　第一节　关税概述 ………………………………………………… 118
　　第二节　关税的种类 ……………………………………………… 119
　　第三节　关税征收 ………………………………………………… 133
　　同步测练与解析 …………………………………………………… 146

## 第六章　贸易限制措施——非关税 ………………………………… 148
　　第一节　非关税措施概述 ………………………………………… 149
　　第二节　非关税措施的主要种类 ………………………………… 152
　　同步测练与解析 …………………………………………………… 169

## 第七章　贸易促进措施 ……………………………………………… 172
　　第一节　直接出口促进措施 ……………………………………… 173
　　第二节　经济特区措施 …………………………………………… 182
　　同步测练与解析 …………………………………………………… 193

## 第八章　国际贸易条约与协定 ……………………………………… 194
　　第一节　贸易条约与协定概述 …………………………………… 195
　　第二节　贸易条约与协定的主要类型 …………………………… 198
　　第三节　国际商品协定与商品综合方案 ………………………… 202
　　同步测练与解析 …………………………………………………… 215

## 第九章　区域经济一体化 …………………………………………… 218
　　第一节　区域经济一体化概述 …………………………………… 219
　　第二节　主要的区域经济一体化组织 …………………………… 228
　　第三节　区域经济一体化对世界经济贸易的影响 ……………… 242
　　第四节　区域经济一体化理论 …………………………………… 248
　　同步测练与解析 …………………………………………………… 254

## 第十章　世界贸易组织 ……………………………………………… 257
　　第一节　关税与贸易总协定 ……………………………………… 258
　　第二节　乌拉圭回合多边贸易谈判 ……………………………… 263

第三节　世界贸易组织 …………………………………………………… 271
　　第四节　多哈回合 ………………………………………………………… 282
　　同步测练与解析 …………………………………………………………… 293

国际贸易课程综合测试试题(A) ………………………………………………… 296
测试试题(A)答案与要点 ………………………………………………………… 299
国际贸易课程综合测试试题(B) ………………………………………………… 301
测试试题(B)答案与要点 ………………………………………………………… 304
国际贸易课程综合测试试题(C) ………………………………………………… 306
测试试题(C)答案与要点 ………………………………………………………… 309
国际贸易课程综合测试试题(D) ………………………………………………… 311
测试试题(D)答案与要点 ………………………………………………………… 314

**参考书目** …………………………………………………………………………… 316

# 第一章

CHAPTER ONE

# 导　论

## 本章学习要求

通过本章学习，要求学生对国际贸易课程的内容构架有一个初步了解，能够认识到本课程内容结构设计与各章节之间的关系。同时能够理解和掌握国际贸易中经常涉及的一些基本概念和方法，为后面章节的学习建立知识基础。

## 重点与难点

本章所述的基本概念及含义。

# 第一节　国际贸易课程的研究内容

国际贸易是指世界各国之间货物和服务的交换活动,是各国之间分工的表现形式,反映世界各国在经济上的相互依赖。

国际贸易课程重点关注国际贸易理论与政策问题,主要研究国际贸易的产生、发展和贸易利益及分配问题,以揭示其中的特点与规律。具体内容大体包括以下四个方面。

## 一、各个历史时期国际贸易发展、特征及其一般规律

国际贸易属于历史范畴,是社会生产发展的必然结果。

原始社会后期,随着社会分工的出现,有了部落之间的商品交换。随着私有制的出现,国家的形成,人类社会进入奴隶社会,部分产品作为商品在国与国之间进行交换,产生国际商品交换的萌芽。封建社会,商品交换进一步发展。奴隶社会和封建社会由于生产力水平低下,社会分工不发达,自然经济占据统治地位,因此,对外贸易发展缓慢,国际商品交换只是个别的、局部的现象,还不存在真正的世界市场,更不存在实际意义的国际贸易。

15世纪前,国家之间的贸易是建立在自然经济基础上的,依照自愿交换的原则进行。贸易在自然经济中的地位并不重要,只是人们经济生活的一个补充,直到以交换为目的的商品生产的出现。

14—15世纪,在西欧出现了萌芽状态的资本主义生产。意大利北部的威尼斯、热那亚、佛罗伦萨等城市,以及波罗的海和北海沿岸的汉萨同盟诸城市,都已成为欧洲的贸易中心。15世纪末16世纪初,随着资本主义生产关系的发展,地理上的大发现,以及海外殖民地的开拓,欧洲贸易中心从地中海区域扩展到大西洋沿岸。葡萄牙的里斯本、西班牙的塞维尔、尼德兰的安特卫普、英国的伦敦等,先后成为繁盛的国际贸易港口,其贸易范围遍及亚洲、非洲和美洲。对外贸易的发展,国际交换的扩大,逐渐形成了区域性的国际商品市场。

实际上,在地理大发现后,国家之间的贸易已经从单纯的互通有无转向谋利性质的商业交换行为,但是决定商品流向的仍然是各国的自然资源条件和生产技能。各国出口本国特有的产品,进口本国基本不生产的物品。这一时期的贸易以殖民贸易为特征。

从18世纪60年代到19世纪60年代,以蒸汽机为代表的科学技术获得突破性发展。英国及其他欧洲先进国家相继完成了产业革命。资本主义生产从工厂手工业过渡到机器大工业,使工农业生产和交通运输得到空前的发展。这场产业革命直接导致社会关系和国际关系的深刻变革,使资本主义生产方式正式确立。

产业革命后,形成了以机器大工业为中心的国际分工格局。国际分工格局的形成,及大

工业提供的现代化交通、通信工具,将越来越多的国家和地区纳入国际分工和交换的范畴,使越来越多的国家和地区的经济不同程度地同外部世界发生着联系。据统计,在19世纪前70年中,世界贸易额增长了6倍多。

第二次产业革命推动资本主义经济从自由竞争转向垄断,资本输出成为重要的经济特征之一,由此进一步促进了国际分工和贸易的发展,彻底改变了各国自然经济结构,使国际分工和国际贸易成为经济生活中的必要组成部分,真正将世界各种类型的国家纳入世界经济体系,世界资本主义经济体系和相应的经济秩序逐步形成。

第二次世界大战后,在第三次科学技术革命的影响下,在资本输出迅速增长和贸易自由化的作用下,国际贸易取得了巨大的发展。世界出口贸易额从1950年的607亿美元跃到1980年的20 014亿美元,1998年进一步增长到54 220亿美元,2004年达到89 070亿美元,2014年世界出口贸易额增长到18.4万亿美元。① 图1-1反映的是1990—2003年世界贸易与世界经济增长状况,这一期间,世界贸易的增长速度均超过同期世界经济的增长速度。2008年以来,受全球经济疲软影响,世界贸易增长速度明显下降,图1-2反映了2008年金融危机后全球经济和世界贸易的缓慢恢复和增长,但世界贸易增长速度仍超过同期世界经济增长速度。

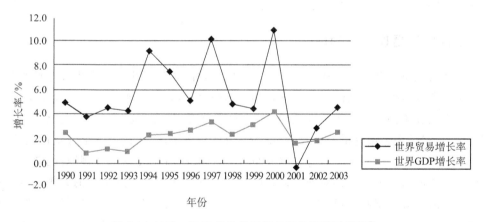

图1-1　1990—2003年世界贸易与世界经济增长率②

当代国际贸易中,制成品所占比重超过初级产品,有形商品贸易与无形服务贸易密切结合,各种类型国家的对外贸易都得到了发展,各国对外贸易依存度都在提高。国际贸易已成为各种类型国家对外关系的重要基础和纽带。值得注意的是,在整个国际贸易发展过程中,发达国家经济一直为贸易的主体;在世界贸易地区分布中,发达国家所占比重1950年为

---

① 以上数据引自WTO International Trade Statistics 2015。
② 根据WTO的数据整理。

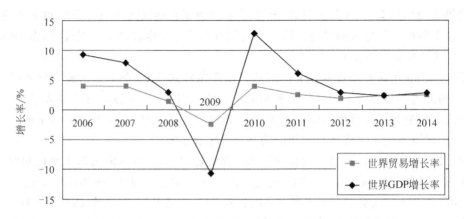

图 1-2  2006—2014 年世界贸易与世界经济增长率[①]

60.8%,1985 年为 65.5%,2001 年为 64.1%。近年来,随着发展中国家的经济崛起,发达国家在国际贸易中所占比重逐步下降。2015 年,发达国家在世界货物出口贸易中所占比重为 53.5%,发展中国家占比 43.4%;同年,世界服务贸易中,发达国家与发展中国家出口占比分别为 66%与 32%,进口占比为 57.7%与 39.4%。

## 二、国际贸易理论与学说

西方学者很早就开始研究探讨国际贸易中的各种问题与规律。资本主义原始积累时期的重商主义研究对外贸易如何带来财富,当时的财富由金银货币来衡量。重商主义认为,国内贸易是财富在不同利益群体之间的再分配,整个社会财富总量不会发生变化。而对外贸易则不同,出口带来金银货币的流入,使得一国财富总量增加,而进口是金银货币的流出,必将导致一国财富总量的减少。对外贸易不同于国内贸易,它将影响一国财富的总量。重商主义的研究重心就是如何进行对外贸易,具体地讲,就是如何通过进出口的管理增加一国的财富总量。对于如何限制进口、扩大出口,重商主义者的观点不同,分为早、晚两期,早期称为重金主义,强调绝对的贸易出超,通过严格控制进口和货币外流,促使财富增长;晚期称为重商主义,追求贸易最终的出超,以实现财富的增长。重商主义思想下的贸易政策属于典型的保护贸易,并带有浓重的强制性色彩。18 世纪末期,重商主义思想受到古典经济学派的挑战,最终为自由贸易思想所取代。资本主义自由竞争时期的古典学派代表亚当·斯密和大卫·李嘉图,探讨了国际分工形成的原因和分工的依据,论证了国际分工和国际贸易的利益。他们认为,国际分工的依据是由于先天和后天的原因,各国在生产同种商品上的劳动生产率存在差异。亚当·斯密强调劳动生产率的绝对差异,大卫·李嘉图关注劳动生产率的

---

[①] 根据 WTO 数据整理。

相对差异。他们认为,各国依据绝对优势(亚当·斯密)或比较优势(大卫·李嘉图)原则进行分工与贸易,出口绝对优势或比较优势产品,进口绝对劣势或比较劣势产品,参与分工贸易的国家都会获得利益。这种利益直接表现为在社会投入生产要素总量不变的条件下,一国拥有的产品总量将会增加。20世纪以来,瑞典经济学家赫克歇尔和俄林提出按照生产要素禀赋条件进行国际分工和贸易的学说,认为在技术给定条件下,一国比较优势产品应由生产中使用的要素比例和一国要素禀赋条件决定,各国应生产与出口本国丰裕要素密集产品,进口本国稀缺要素密集产品。第二次世界大战后,西方学者在赫克歇尔、俄林理论的基础上,放松假设,对要素禀赋论进行拓展,使理论更具有现实意义,呈现出动态化,并针对国际贸易发展中的新现象和新问题,如产业内部贸易、资源禀赋条件相近国家之间贸易的发展、优势产业主导国家的变迁等进行研究,提出许多新的理论和观点,丰富发展了国际分工、贸易理论,其中具有代表性的学说包括需求偏好相似说、产业内贸易说、产品生命周期说等。

20世纪90年代以来,大量研究发现,只有为数不多的企业会从事国际贸易,而且在同一产业内,有的企业从事出口,而有的企业则只在国内市场进行交易。对于这些现象,新古典贸易理论和新贸易理论无法给予合理的解释,因为之前的贸易理论都是建立在企业同质性、无差异的假设之上的。为解释这些现象,新新贸易理论应运而生。

不同于新古典贸易理论和新贸易理论,新新贸易理论突破前者关于企业同质性的假设,不再以产业为对象进行研究,而是将分析的视角深入到同一产业不同企业之间,以及企业内部的资源配置问题,从而很好地解释了企业的贸易行为。

随着自由贸易理论的发展,资本主义竞争时期,汉弥尔顿、李斯特在承认自由贸易利益的前提下,提出了幼稚产业保护理论。该理论强调生产力水平的重要性,认为一国可以通过对幼稚产业的保护,使本国幼稚产业和生产力获得发展,从而有能力参与世界市场的竞争,获取更多的贸易利益。第二次世界大战后,一些发展经济学家则努力探讨发展中国家的贸易发展模式,如普雷维什的贸易保护论点。

### 三、对外贸易政策

国际贸易直接涉及各国的经济发展和财富的积累。因此,各国在各种贸易理论和观点的指导下,都制定和实施有利于本国对外贸易发展的政策和措施。对外贸易政策随着时代的发展而不断变化。在资本主义原始积累时期,出现了重商主义,实施强制性的贸易保护政策,严格限制进口,鼓励出口;在资本主义自由竞争时期,自由贸易政策与保护贸易政策并存。这一时期,以英国为代表,奉行自由贸易政策,对商品进出口不实施限制,也不采取具体的鼓励措施,使国内外产品在本国市场自由竞争。而以美国、德国为代表的后起发达国家,为扶持本国弱小工业的发展,提高与英国工业的竞争力,推行以保护幼稚产业为核心的工业保护贸易政策,这一时期的贸易保护具有防御性、过渡性、选择性的特点。在垄断时期,出现了超保护贸易政策,政策措施具有明显的进攻性特点,实施这一政策的国家在设法阻止外国产品进入本国市场的同时,积极采取措施促进本国产品对海外市场的进入与占领。第二次世界大战后,世界经济进入平稳发展时期,各国经济发展要求冲破资源和市场的束缚,实现贸易的自由化。这一时期,国家通过单边、双边、多边方式推进贸易自由化。目前,在多边贸易体制的推动下,贸易自由化已经从货物贸易领域拓展到服务贸易领域,并逐步向要素自由流动延伸。进入21世纪后,由于WTO体制内发达国家进一步贸易自由化的要求、发展中国家差别待遇问题及欧美国家之间农产品补贴问题长期悬而未决,贸易谈判屡屡陷入僵局,多边体制处于停滞状态,加之2008年金融危机后的经济不景气,以美国为代表,单边行动兴起,贸易保护主义重新抬头,纷纷通过贸易救济措施和技术性措施,甚至"行政政令"构筑新的贸易壁垒。

为实现对外贸易政策目标,各国采取的具体措施主要包括关税措施和非关税措施等。

### 四、不同类型国家对外贸易发展的主要特点

在国际贸易中,发达国家是贸易的主体,是各国的主要市场,在各种国际贸易机构中占据主要地位。它们的跨国公司垄断着国际贸易的大部分。它们对外贸易的政策影响着世界经济和贸易的发展。第二次世界大战后,发展中国家以独立的国家身份出现在世界贸易舞台上,它们正在通过对外贸易的发展带动本国经济的发展。为了改善在国际贸易中的地位,它们积极开展与发达国家及发展中国家内部的合作。过去的社会主义国家,目前正处于经济转型过程,它们正从自我封闭走向对外开放,积极参加国际合作,与发达国家和发展中国家进行各种形式的经济合作,以促进社会生产力的迅速发展。

---

**资料 1-1**

**国 家 类 型**

联合国贸易与发展会议(United Nations Conference on Trade and Development)将世界上的国家分为三类:发达国家(Developed Economies)、东南欧和独联体国家(South-East Europe and Commonwealth of Independent States)、发展中国家(Developing Economies)。2000年,根据人均GDP水平,发展中国家进一步划分为高收入、中等收入和低收入国家。(见 UNCTAD,Handbook of Statistics)

世界贸易组织(World Trade Organization)发布的统计数据主要依照地区进行,包括北美、中南美、欧洲、独联体、非洲、中东、亚洲7个大区,有时也采用将国家分为三大组公布相应的统计数据,即发展中国家、中东欧国家、发达国家。

世界银行依据2006年人均国民收入(Gross National Income Per Capita)水平将世界上的国家分为三组:低收入国家(Low Income Economies)人均国民收入905美元或以下,53个;中等收入国家(Middle Income Economies)96个,其中中等收入国家进一步划分为:中等偏下收入国家(Lower Income Economies)人均国民收入906~3 595

美元和中等偏上收入国家(Upper Income Economies)人均国民收入 3 596～11 115 美元;高收入国家(High Income Economies)人均国民收入 11 116 美元,60 个,其中经济合作与发展组织成员国 25 个。

## 第二节 国际贸易的基本概念

### 一、对外贸易与国际贸易

对外贸易(foreign trade)是指一国或地区同别国或地区进行的货物和服务交换活动,是从一个国家的角度来考察这种货物和服务的交换活动。一些岛屿国家,如英国、日本等国也常用"海外贸易"来表述它们的对外贸易活动。从国际范围来看,这种货物和服务交换活动称为国际贸易(international trade)或世界贸易。国际贸易活动是由各国的对外贸易活动构成的。

广义的对外贸易包括服务贸易,狭义的对外贸易只包含货物贸易的内容。目前,国际贸易中的主要构成部分仍然是货物贸易。1980 年,国际货物贸易占国际贸易总额的比重为 84.05%,1990 年、2006 年的相应数字分别为 80.93%、80.6%。[①] 2017 年国际贸易额 225 580 亿美元,货物贸易占比 77.05%。

### 二、对外贸易额与对外贸易量

对外贸易额又称对外贸易值(value of foreign trade),是由一国或地区一定时期进口总额(货物与/或服务)与出口总额(货物与/或服务)构成,是反映一国对外贸易规模的重要指标之一,一般采用国际上通行的货币标示,联合国编制和发表的世界各国对外贸易额的数字是以美元标示的,中国商务部公布的中国对外贸易额统计数字也以美元标示。[②]见表1-1。

表 1-1　2001—2018 年中国对外贸易额(货物)

| 对外贸易额 | 2001 | | 2011 | | 2018 | |
|---|---|---|---|---|---|---|
| | 总额/亿美元 | 比上年增长/% | 总额/亿美元 | 比上年增长/% | 总额/亿美元 | 比上年增长/% |
| 进出口额 | 5 097.7 | 7.5 | 36 420.6 | 22.5 | 46 230.4 | 12.6 |
| 出口额 | 2 661.5 | 6.8 | 18 986.0 | 20.3 | 24 874.0 | 9.9 |
| 进口额 | 2 436.1 | 8.2 | 17 434.6 | 24.9 | 21 356.4 | 15.8 |

注:由于四舍五入的原因,个别数字合计有出入。全书同。
资料来源:中国商务部官方网站。

---

① WTO International Trade Statistics,2005,2007。
② 中国国家统计局公布的中国对外贸易额数字同时采用人民币与美元标示。

把世界上所有国家的货物进口总额或货物出口总额按同一种货币单位换算后加在一起,即得到国际货物贸易额——世界货物进口总额或货物出口总额。由于一国的出口就是另一国的进口,因此,从世界范围来看,所有国家货物进口额的合计数字理应等于所有国家货物出口额的合计数字。但是,由于各国在进行货物贸易统计时一般都是按离岸价格(FOB,即启运港船上交货价,其中不包括保险费和运费)计算出口额,按到岸价格(CIF,即成本、保险费加运费)计算进口额,因此世界货物出口总额总是小于世界货物进口总额。

与一个国家的进出口总额不同,世界进出口总额没有任何独立的经济意义,因为它经过了重复计算。通常所说的国际贸易额是指世界出口总额。

以货币表示的货物贸易额经常受到价格变动的影响,因而不能确切地反映一国对外贸易实际规模的变化,不同时期的对外贸易额也无法直接进行比较。

世界贸易额也存在同样的问题,如2004年世界货物贸易量增长了9%,而货物贸易额的增长却达到21%。主要原因是初级产品价格和运输费用的急剧上升,由于价格上涨因素导致货物贸易额的增长占货物贸易额总增长的50%以上。[①] 2017年,世界货物出口量增长4.7%,出口额增长11%。[②]

所以,在实际工作中,往往要用以固定年份为基期计算的进口或出口商品价格指数去调整当年的进口额或出口额,得到相当于按不变价格计算的进口额或出口额。通过这种方法计算出来的对外货物贸易额已经剔除了价格变动的影响,单纯反映对外货物贸易的数量规模,称为对外贸易量(quantum of foreign trade)。这一指标便于不同时期对外货物贸易额的比较。

那么,我们该如何运用价格指数对贸易额进行调整,使其真正反映数量或规模的变化呢?

$$对外贸易量 = \frac{对外贸易额(进口额/出口额)}{进/出口商品价格指数}$$

假定2015年是报告期,2010年是基期,2015年的货物出口量是 $q_1$,出口价格是 $p_1$,2010年的货物出口量是 $q_0$,出口价格是 $p_0$。现在计算以2010年为基期的2015年的对外贸易量(本例只涉及出口,反映进口或进出口的对外贸易量的调整方法相同),这里有两种计算方法。

方法一

$$2015年的对外贸易量(出口) = \sum p_0 q_1$$

方法二

$$2015年的对外贸易量(出口) = \frac{出口贸易额}{出口商品价格指数} = \frac{\sum p_1 q_1}{\frac{\sum p_1 q_1}{\sum p_0 q_1}} = \sum p_0 q_1$$

从上例可见,对外贸易量是用价格指数调整后的贸易额,已剔除了价格变化对贸易额的

---

[①] WTO International Trade Statistics, 2005.
[②] World Trade Statistics Review, 2018.

影响,相当于按照不变价格或固定价格计算的报告期的贸易额,主要反映贸易规模的状况,使不同时期的贸易额可以直接进行比较。表1-2、表1-3反映2001—2017年世界货物贸易量指数的变化情况。

表1-2 世界货物出口量指数 （2000=100）

| 地　　区 | 2001 | 2002 | 2003 | 2004 | 2005 | 2006 | 2007 | 2008 | 2009 |
|---|---|---|---|---|---|---|---|---|---|
| 世界 | 99.6 | 103.5 | 109.1 | 119.6 | 126.5 | 137.0 | 145.9 | 148.3 | 129.3 |
| 发展中国家 | 99.9 | 109.3 | 123.4 | 139.9 | 153.0 | 168.5 | 184.2 | 189.8 | 172.8 |
| 非洲 | 100.1 | 102.5 | 108.3 | 118.2 | 121.5 | 123.7 | 130.8 | 131.2 | 118.4 |
| 美洲 | 101.2 | 102.1 | 104.9 | 112.4 | 120.3 | 125.8 | 130.1 | 127.3 | 115.9 |
| 亚洲 | 99.6 | 111.9 | 129.6 | 149.6 | 165.7 | 186.1 | 206.5 | 215.9 | 197.2 |
| 大洋洲 | 93.2 | 86.2 | 97.0 | 91.8 | 89.5 | 79.6 | 78.9 | 69.7 | 58.7 |
| 发达国家 | 99.4 | 100.5 | 102.3 | 110.0 | 114.7 | 123.5 | 129.0 | 130.2 | 110.2 |
| 最不发达国家 | 104.9 | 116.6 | 120.3 | 134.4 | 146.6 | 157.9 | 177.8 | 184.3 | 179.0 |

| 地　　区 | 2010 | 2011 | 2012 | 2013 | 2014 | 2015 | 2016 | 2017 |
|---|---|---|---|---|---|---|---|---|
| 世界 | 147.1 | 154.1 | 158.1 | 162.9 | 165.8 | 166.5 | 168.8 | 175.6 |
| 发展中国家 | 200.8 | 211.7 | 220.5 | 231.0 | 236.3 | 234.3 | 239.1 | 251.6 |
| 非洲 | 128.1 | 119.0 | 125.2 | 122.8 | 118.6 | 111.1 | 110.8 | 113.6 |
| 美洲 | 125.4 | 131.1 | 135.5 | 138.3 | 140.4 | 141.4 | 144.2 | 150.0 |
| 亚洲 | 234.1 | 250.5 | 261.0 | 276.5 | 284.5 | 283.2 | 289.4 | 305.5 |
| 大洋洲 | 60.0 | 57.3 | 57.8 | 58.3 | 79.7 | 90.1 | 97.3 | 90.1 |
| 发达国家 | 124.4 | 130.2 | 132.2 | 134.5 | 136.4 | 139.1 | 140.6 | 144.9 |
| 最不发达国家 | 192.5 | 187.5 | 189.0 | 204.2 | 204.9 | 197.8 | 206.8 | 217.9 |

资料来源：UNCTAD数据库。

表1-3 世界货物进口量指数 （2000=100）

| 地　　区 | 2001 | 2002 | 2003 | 2004 | 2005 | 2006 | 2007 | 2008 | 2009 |
|---|---|---|---|---|---|---|---|---|---|
| 世界 | 99.4 | 102.3 | 108.8 | 120.4 | 128.1 | 138.3 | 147.0 | 150.2 | 130.3 |
| 发展中国家 | 98.8 | 104.8 | 118.7 | 138.4 | 152.3 | 167.4 | 184.8 | 199.1 | 179.9 |
| 非洲 | 107.3 | 108.6 | 118.8 | 135.8 | 152.9 | 171.5 | 194.4 | 221.6 | 209.1 |
| 美洲 | 99.5 | 94.4 | 94.4 | 107.9 | 119.6 | 134.9 | 150.6 | 162.5 | 132.7 |
| 亚洲 | 97.8 | 107.4 | 125.5 | 147.6 | 161.8 | 176.6 | 194.0 | 207.7 | 190.7 |
| 大洋洲 | 104.2 | 113.8 | 135.8 | 135.8 | 130.2 | 137.6 | 141.9 | 138.7 | 125.3 |
| 发达国家 | 99.3 | 100.7 | 104.1 | 112.3 | 117.3 | 125.1 | 129.4 | 127.9 | 109.4 |
| 最不发达国家 | 110.7 | 117.6 | 130.4 | 141.2 | 160.1 | 174.1 | 196.7 | 219.1 | 226.7 |

续表

| 地 区 | 2010 | 2011 | 2012 | 2013 | 2014 | 2015 | 2016 | 2017 |
|---|---|---|---|---|---|---|---|---|
| 世界 | 147.8 | 155.3 | 159.0 | 162.9 | 166.6 | 169.8 | 172.1 | 180.4 |
| 发展中国家 | 212.4 | 226.9 | 237.6 | 252.4 | 258.8 | 260.5 | 260.4 | 278.7 |
| 非洲 | 225.2 | 234.6 | 265.4 | 282.0 | 289.7 | 288.8 | 277.2 | 281.8 |
| 美洲 | 163.0 | 180.7 | 184.2 | 191.3 | 191.3 | 184.8 | 173.7 | 182.0 |
| 亚洲 | 225.7 | 240.1 | 250.8 | 267.6 | 275.7 | 280.2 | 284.3 | 306.9 |
| 大洋洲 | 137.2 | 135.9 | 138.5 | 149.5 | 140.4 | 120.0 | 120.5 | 134.0 |
| 发达国家 | 121.1 | 125.0 | 125.8 | 125.6 | 129.0 | 134.3 | 137.4 | 141.3 |
| 最不发达国家 | 231.1 | 245.1 | 275.1 | 300.1 | 325.2 | 341.0 | 333.4 | 352.5 |

资料来源：UNCTAD 数据库。

### 三、总贸易体系与专门贸易体系

总贸易体系与专门贸易体系是指贸易国家进行对外货物贸易统计所采用的统计制度。

总贸易体系(general trade system)亦称一般贸易体系；专门贸易体系(special trade system)亦称特殊贸易体系。

总贸易体系是以货物通过国境作为统计进出口的标准。据此，所有进入本国国境的货物一律计入进口贸易；所有离开本国国境的货物一律计入出口贸易。

专门贸易体系是以货物经过结关作为统计进出口的标准，凡通过海关结关进入境内的货物计入进口贸易，凡通过办理海关手续出口的货物计入出口贸易。

在专门贸易体系下，一国的货物进口包括：

（1）用于国内消费和使用的直接进口货物；

（2）用于国内消费和使用，从海关保税区域进入境内的进口货物；

（3）用于国内消费和使用，从经济特区，如自由贸易区、出口加工区等进入境内的进口货物。

在专门贸易体系下，一国的货物出口指通过海关直接出口的货物。包括两部分，一部分是离开国境、直接出口到其他国家和地区的货物；另一部分是进入经济特区，但没有离开国境的货物。

一般来讲，一国的关境和国境是一致的，在这种情况下，依照关境还是国境对进出口货物进行统计，或者说依照总贸易体系还是专门贸易体系进行货物贸易统计没有差别。但现实中，一些国家在国境内设立自由贸易区、保税区、出口加工区等经济特区，还有的国家通过签署协议建立关税同盟，这些都使关境与国境出现不一致。前者是关境小于国境，后者是关境大于国境。因而相关国家或地区是采用总贸易体系还是专门贸易体系对进出口货物进行统计就会有很大的不同。

鉴于现实中存在的关境与国境不一致的现象,各国在进行货物贸易统计时采用的方法不同就有着实际的意义,所以国际机构发表的各国对外货物贸易额的统计数字,一般均注明是按何种贸易统计体系编制的,如世界贸易组织每年公布的《国际贸易统计》(International Trade Statistics)是以国境为标准。目前世界上多于半数的国家采用总贸易统计体系,如中国、美国,其余的国家则采用专门贸易体系,如德国和法国。

### 四、直接贸易、转口贸易与过境贸易

货物消费国、生产国直接买卖货物的行为称为直接贸易(direct trade)。货物从生产国直接卖给消费国,对生产国而言,是直接出口贸易;对消费国而言,是直接进口贸易。

转口贸易(entreport trade)也称中转贸易。货物消费国与货物生产国通过第三国进行的贸易活动对生产国是间接出口贸易,对消费国是间接进口贸易,而对第三国而言,便是转口贸易。转口贸易的货物可以直接从生产国运送到消费国。在转口贸易中,转口贸易国进口货物但不是用于本国消费,出口货物却又不是真正的货物生产国。转口贸易的发生主要是因为转口贸易国地理位置优越、交通便利、通信设施发达、贸易限制少、结算便利且费用低,相对于其他国家或地区适于作为物流中心。另外,转口贸易国的贸易商拥有丰富的商业信息和市场资源也是重要原因之一。世界上著名的转口贸易国或地区有新加坡、中国香港等。目前,中国内地销往美国的商品有50%以上是由香港转口实现出口的。

---

**资料 1-2**

**香港的转口贸易**

长期以来香港由于其狭小的本土市场和弱小的农业,发达的金融、保险、资讯、海运业,一直以转口贸易中心的身份整合进入全球经济。许多产品进入香港,然后再出口到欧洲、美国及其他的国家或地区。中国内地的对外开放和经济改革对香港转口贸易中心地位的稳固和发展起了十分关键的作用。随着内地制成品出口的扩大,香港逐渐成为中国内地与世界其他国家和地区联系的前沿。20世纪70年代,香港的转口贸易占全港对外贸易的20%弱,2002年达到91.3%,目前保持在约90%的水平上。中国内地与美国是香港两个最大的转口来源和市场。1998年,中国内地对美国出口总额为380亿美元,经香港转口就达到310亿美元,占对美国出口总额的81.5%。据中方的统计,2000年以来,中国内地对美国出口的70%左右,自美国进口的30%左右是经由香港转口实现的。

近年来,香港总出口中,转口一直占80%~90%的比例。

2017年,香港复出口达到5 320亿美元,占总出口的96.72%。(World Trade Statistics Review, 2018)

过境贸易(transit trade)指别国出口货物通过本国国境，未经加工改制，在基本保持原状条件下运往另一国的贸易活动。过境贸易有两种类型，一种称为直接过境贸易，如通过海运，外国货物到港后，在海关监管下，从一个港口通过国内航线装运到另一个港口，而后离境。有时不需卸货转船。直接过境完全是为了转运而通过某国国境，承办过境的国家由此可获得与转运相关的费用。另一种类型为间接过境贸易。指外国货物到港后，先存入海关保税仓库，未经加工改制，从海关保税仓库提出，运出国境的活动。

过境货物均应按照过境国家海关的规定办理过境手续，有的还要向过境国交纳过境税，有些国家为了从过境贸易中获取收益，往往通过简化海关手续、免征过境税等措施来促进过境贸易的发展。

过境贸易与转口贸易的本质区别在于交易关系的确立不同，在过境贸易中，交易关系的确立是在出口国与进口国贸易商之间进行；而转口贸易情况下，转口贸易国的贸易商分别与出口国、进口国的贸易商订立买卖合同，达成实际交易。

### 五、货物贸易与服务贸易

对外贸易按商品形式与内容不同，分为货物贸易(goods trade)和服务贸易(service trade)。国际贸易中的货物种类繁多，为便于统计，联合国秘书处于1950年起草了《联合国国际贸易标准分类》，并分别于1960年、1974年和1994年进行修订。目前使用的是2006年出版的第四次修订本(SITC Rev 4)。

在这一修订版本中，《联合国国际贸易标准分类》将国际货物贸易分为10大类、67章、262组，组下设分组，分组下设基本项目。这10类商品分别为：食品及主要供食用的活动物(0)；饮料及烟类(1)；燃料以外的非食用粗原料(2)；矿物燃料、润滑油及有关原料(3)；动植物油脂及油脂(4)；未列名化学品及有关产品(5)；主要按原料分类的制成品(6)；机械及运输设备(7)；杂项制品(8)；没有分类的其他商品(9)。在国际贸易统计中，一般把0~4类商品称为初级产品；把5~8类商品称为制成品。

关贸总协定乌拉圭回合多边贸易谈判达成的《服务贸易总协定》(General Agreement on Trade in Service, GATS)依照服务的提供方式将国际服务贸易划分为四种形式：

① 跨界供应(cross-border supply)。从一参加方境内向任何其他参加方境内提供服务，如国际长途电话服务。

② 境外消费(consumption abroad)。在一参加方境内向任何其他参加方的服务消费者提供服务，如国际旅游。

③ 商业存在(commercial presence)。一参加方在其他任何参加方境内通过提供服务的实体的介入而提供服务，如银行或保险公司通过设立分支机构向当地的消费者提供服务。

④ 自然人流动(movement of personnel)。一参加方的自然人在其他任何参加方境内提供服务，如艺人演出。

表 1-4 摘自于 2014 年世界贸易组织官方数据,一方面给出各种服务贸易提供方式涵盖的范围;另一方面反映出各种服务贸易提供方式在国际服务贸易中的重要性。

表 1-4　各种服务贸易提供方式涵盖的范围(近似)

| 服务贸易<br>提供方式 | 相关数据<br>统计范围 | 在服务贸易中<br>占的比重 |
| --- | --- | --- |
| 跨界供应 | BOP:部分商业性服务贸易(旅游和建筑服务除外) | 27% |
| 境外消费 | BOP:旅游 | 15% |
| 商业存在 | FATS 统计<br>BOP:部分建筑服务 | 53% |
| 自然人移动 | BOP:部分商业性服务(旅游除外)<br>BOP:与劳动力有关的流动(补充信息) | 不足 5% |

注:FATS:foreign affiliated trade in services,是指通过商业存在形式提供的服务;
BOP 指国际收支平衡表,记录一国居民与非居民之间的国际交易。

国际服务贸易也可按照部门进行分类,在这种分类中,国际服务贸易总称为商业性服务(total commercial service),具体包括:

(1) 运输服务(transportation services)

① 海运服务(sea transportation services)

② 空运服务(air transportation services)

③ 其他运输形式服务(other transportation services)

(2) 旅游服务(travel services)

(3) 其他商业性服务(other commercial services)

① 通信服务(communication services)

② 建筑服务(construction services)

③ 保险服务(insurance services)

④ 金融服务(financial services)

⑤ 计算机与信息服务(computer and information services)

⑥ 特许与许可服务(royalties and licence services)

⑦ 其他商业服务(other business services)

⑧ 个人、文化与娱乐服务(personal,cultural and recreational services)

表 1-5 为 2015 年世界贸易组织公布的以部门进行分类的服务贸易统计数据。

服务贸易多为无形、不可储存的,且服务提供与消费同时进行;其贸易额在各国海关统计中没有反映,部分体现在各国国际收支平衡表中。

2017 年,中国服务进口总额 4 676 亿美元,出口总额 2 281 亿美元,与知识产权相关的服务出口 48 亿美元,①服务贸易逆差,主要的逆差项目包括旅游(-2 160 亿美元)、运输(-558 亿美元)、专有权利使用费与特许费(-238 亿美元)、保险(-64 亿美元),其中旅游项目逆差占服务贸易总逆差的 90%。在服务出口结构中,运输、旅游、其他商业服务所占比重分别为 16.26%、17.01%、66.73%。三者在服务进口结构中的比重分别为 19.87%、54.49%、25.64%。②

表 1-5 2015 年世界服务贸易分类统计数据

| 项 目 | 贸易额/亿美元 | 比重/% | | |
| --- | --- | --- | --- | --- |
| 年 份 | 2015 | 2005 | 2010 | 2015 |
| 服务出口 | | | | |
| 总计 | 47 550 | 100.0 | 100.0 | 100.0 |
| 与货物相关的服务 | 1 500 | 3.6 | 3.2 | 3.2 |
| 运输服务 | 8 750 | 22.4 | 21.3 | 18.4 |
| 旅游服务 | 12 300 | 26.4 | 24.7 | 25.9 |
| 其他商业性服务 | 24 950 | 47.3 | 50.8 | 52.5 |
| 服务进口 | | | | |
| 总计 | 46 150 | 100.0 | 100.0 | 100.0 |
| 与货物相关的服务 | 1 000 | 2.5 | 2.1 | 2.1 |
| 运输服务 | 10 900 | 27.4 | 26.5 | 23.6 |
| 旅游服务 | 12 150 | 25.9 | 23.1 | 26.4 |
| 其他商业性服务 | 22 100 | 44.2 | 48.3 | 47.9 |

资料来源:WTO international trade statistics 2015;World Trade Statistics Review 2016。

## 六、贸易差额

一定时期内一国出口总额(货物与/或服务)与进口总额(货物与/或服务)之间的差额称贸易差额(balance of trade),贸易差额用以表明一国对外贸易的收支状况。当出口总额超过进口总额时,称为贸易顺差,或贸易出超(trade surplus);当进口总额超过出口总额时,称为贸易逆差,或贸易入超(trade deficit)。通常贸易顺差以"+"表示,贸易逆差以"-"表示。如出口总额与进口总额相等,则称为贸易平衡。2017 年,中国货物贸易顺差 4 761.49 亿美

---

① 2010—2016 年,中国与知识产权相关的服务出口年均增长 28%,WTO 官方网站。
② 中国统计年鉴 2018。

元,服务贸易逆差 2 654.17 亿美元,①对外贸易总顺差 2 107.32 亿美元。② 图 1-3 反映出 1991—2017 年中国对美国的货物贸易差额状况,2009 年以前顺差逐年明显增加,2009 年顺差额减少,之后总体又恢复增长的态势。

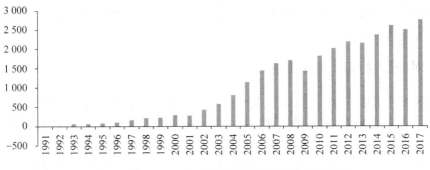

图 1-3 1991—2017 年中国对美国货物贸易差额状况

---

**资料 1-3**

**关于中美贸易差额存在的数字争议**

长期以来,中美就双边贸易统计数字存在着争议,问题的根源可以追溯到贸易统计方法使用过程中存在的一些问题。

联合国推荐的贸易统计方法是,进口按照原产地(country of origin)标准,包括从原产地的直接进口和经由第三地的间接进口;出口按照最终国(country of last know destination)标准,应包括货物直接出口到最终目的地和经由第三国转口到目的地。

正如我们在资料 1-2 提到的,中国内地货物出口有 50% 经由香港,中国内地经香港实现的对美国出口约占 70%,进口约占 30%。

美国方面统计,中国货物只有 20% 是直接运送到美国的,80% 经由第三国转口。

因此,美国统计对华贸易时,其进口由两部分构成,一部分直接来自中国内地,另一部分是经由第三地,特别是香港的间接进口。而在统计对华出口时,经由香港、最终目的地是中国内地的出口部分没能完整统计。

中美贸易统计采取基本一致的标准,但由于转口贸易原因,客观上导致统计差异。

此外,香港为货物出口提供的服务使中国内地出口货值增加 30%~40%,美国在

---

① 近年来逆差呈不断加大趋势,主要原因是一方面服务出口收入基本没有变化,2013—2017 分别为 2 070.06 亿美元、2 191.44 亿美元、2 173.99 亿美元、2 084.04 亿美元、2 064.53 亿美元;另一方面,服务进口支付不断增加,2013—2017 年分别为 3 306.08 亿美元、4 328.83 亿美元、4 357.19 亿美元、4 415.50 亿美元、4 718.70 亿美元。
② WTO,贸易政策审议报告,2018。

做贸易统计时,将香港的增值部分也计入中国对美出口货值中,从而进一步加大了中国内地对美国的出口额。

一国的进出口贸易收支是其国际收支项目中最重要的组成部分,因而贸易差额状况对一国的国际收支有重大的影响。

### 七、对外贸易与国际贸易结构

广义的对外贸易与国际贸易结构是指一定时期内,各类货物、服务或某种货物、服务在一国进出口或世界贸易中所占的比重。如2006年,世界贸易总额为142 340亿美元,其中,货物贸易114 790亿美元,比重为80.6%;服务贸易27 550亿美元,比重为19.4%。

狭义的对外贸易与国际贸易结构,又称对外货物贸易或国际货物贸易结构。

对外货物贸易结构(composition of foreign merchandise trade)是指一定时期内一国进口(与/或出口)贸易中各类货物的构成,即某大类或某种货物进口(与/或出口)贸易额与整个进口(与/或出口)贸易额之比,以份额表示。对外货物贸易结构可以划分为出口结构和进口结构两种。表1-6为2017年中国对外货物贸易商品结构一览表。从表1-6可以看出,中国对外货物贸易出口结构中,初级产品仅占5.2%,其中主要出口产品为食品及活动物,矿物燃料、润滑油及有关原料。制成品在出口中居于主导地位,其比重达到94.8%,其中机械及运输设备比重为47.83%,占制成品总出口的50.45%;排在第二位的是杂项制品,如皮革等劳动密集型产品,其比重为24.2%,占制成品总出口的25.53%。货物进口结构中,初级产品比重为31.44%,主要集中在非食用原料以及矿物燃料、润滑油及有关原料。制成品比重为68.56%,其中机械及运输设备进口的比重为39.86%,占制成品总进口的58.14%。从表1-6还可以发现,中国对外货物贸易结构中,机械及运输设备无论在进口还是出口中都占有绝对大的比重。

表1-6 2017年中国对外货物贸易商品结构

| 商品分类(SITC) | 出口/% | 进口/% |
| --- | --- | --- |
| 总值 | 100.0 | 100.0 |
| 一、初级产品 | 5.20 | 31.44 |
| 0类 食品及活动物 | 2.76 | 2.95 |
| 1类 饮料及烟类 | 0.15 | 0.38 |
| 2类 非食用原料(燃料除外) | 0.69 | 14.15 |
| 3类 矿物燃料、润滑油及有关原料 | 1.56 | 13.54 |
| 4类 动植物油、脂及蜡 | 0.04 | 0.42 |

续表

| 商品分类(SITC) | 出口/% | 进口/% |
|---|---|---|
| 二、工业制品 | 94.8 | 68.56 |
| 5类 化学成品及有关产品 | 6.24 | 10.5 |
| 6类 按原料分类的制成品 | 16.28 | 7.33 |
| 7类 机械及运输设备 | 47.83 | 39.86 |
| 8类 杂项制品 | 24.20 | 7.29 |
| 9类 未分类的商品 | 0.25 | 3.58 |

资料来源:《2018年中国海关统计》。

国际货物贸易结构(composition of international merchandise trade)是指一定时期内各大类货物或某种货物在整个国际贸易中的比重,即各大类货物或某种货物进口额(与/或出口额)与整个世界进口额(与/或出口额)的比率。2018年国际货物贸易出口结构见表1-7。

表1-7 2018年国际货物贸易出口结构

| | 比重/% |
|---|---|
| 总额 | 100 |
| 农产品 | 10 |
| 燃料和矿产品 | 18 |
| 制成品 | 72 |

资料来源:WTO data.

为便于比较分析,世界各国均以《联合国国际贸易标准分类》(SITC)公布其对外货物贸易结构。多数国家发布的贸易结构数字包括:出口商品(服务)结构、进口商品(服务)结构、进出口商品(服务)结构。美国公布的数字包括:货物与服务贸易结构、进出口商品(服务)结构、高技术产品进出口结构等。

对外贸易或国际贸易结构可以反映出一国的或世界的经济发展水平、产业结构状况和第三产业发展水平等。

## 八、对外贸易与国际贸易的地理方向

对外贸易地理方向(direction of foreign trade)又称对外贸易地区分布(foreign trade by regions)或国别构成,指一定时期内各个国家或国家集团在一国对外贸易中所占有的地位,通常以它们在该国进出口总额或进出口总额中的比重来表示。对外贸易地理方向指明一国出口货物和服务的去向及进口货物和服务的来源,从而反映一国与其他国家或国家集团之间经济贸易联系的程度。一国的对外贸易地理方向通常受经济互补性、国际分工的形式与贸易政策的影响。

图 1-4 为 2017 年中国货物贸易出口地区分布,即出口市场国别构成。

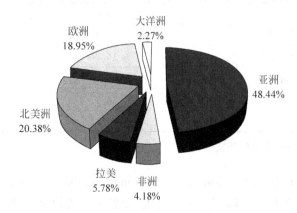

图 1-4　2017 年中国货物贸易出口地区分布

国际贸易地理方向亦称"国际贸易地区分布"(international trade by regions),用以表明世界各洲、各国或各个国家集团在国际贸易中所占的地位。计算各国在国际贸易中的比重,既可以计算各国的货物进出口总额在世界货物进出口总额中的比重,也可以计算各国的服务进出口总额在世界服务进出口总额中的比重。

表 1-8 是 1948—2017 年国际货物贸易地区分布情况,从表中可以发现各个地区在世界货物出口贸易中地位或重要性的变化。

表 1-8　国际货物贸易地区分布(占世界货物总出口额的比重)　　　　%

| 国家与地区 | 1948 年 | 1983 年 | 1993 年 | 2003 年 | 2017 年 |
| --- | --- | --- | --- | --- | --- |
| 世界 | 100 | 100 | 100 | 100 | 100 |
| 北美 | 28.1 | 16.8 | 18 | 15.8 | 13.8 |
| 美国 | 21.7 | 11.2 | 12.6 | 9.8 | 9.0 |
| 中南美洲 | 11.3 | 4.4 | 3.0 | 3.0 | 3.4 |
| 巴西 | 2.0 | 1.2 | 1.0 | 1.0 | 1.3 |
| 欧洲 | 35.1 | 43.5 | 45.4 | 45.9 | 37.8 |
| 独联体 | — | — | — | 2.6 | 3.0 |
| 非洲 | 7.3 | 4.5 | 2.5 | 2.4 | 2.4 |
| 中东 | 2.0 | 6.8 | 3.5 | 4.1 | 5.6 |
| 亚洲 | 14.0 | 19.1 | 26.1 | 26.2 | 34.0 |
| 日本 | 0.4 | 8.0 | 9.9 | 6.4 | 4.1 |
| 中国 | 0.9 | 1.2 | 2.5 | 5.9 | 13.2 |

资料来源:International Trade Statistics 2008,2010;World Trade Statistics Review 2018.

表 1-9、表 1-10 分别列举出 2017 年居于世界货物/服务出口/进口前 10 位的国家和地区。

表 1-9　2017 年居于世界货物出口/进口前 10 位的国家和地区

| 出口排名 | 国家和地区 | 出口额/亿美元 | 比重/% | 进口排名 | 国家和地区 | 进口额/亿美元 | 比重/% |
| --- | --- | --- | --- | --- | --- | --- | --- |
| 1 | 中国内地 | 22 630 | 12.8 | 1 | 美国 | 24 100 | 13.4 |
| 2 | 美国 | 15 470 | 8.7 | 2 | 中国内地 | 18 420 | 10.2 |
| 3 | 德国 | 14 480 | 8.2 | 3 | 德国 | 11 670 | 6.5 |
| 4 | 日本 | 6 980 | 3.9 | 4 | 日本 | 6 720 | 3.7 |
| 5 | 荷兰 | 6 520 | 3.7 | 5 | 英国 | 6 440 | 3.6 |
| 6 | 韩国 | 5 740 | 3.2 | 6 | 法国 | 6 250 | 3.5 |
| 7 | 中国香港 | 5 500 | 3.1 | 7 | 中国香港 | 5 900 | 3.3 |
| 8 | 法国 | 5 350 | 3.0 | 8 | 荷兰 | 5 740 | 3.2 |
| 9 | 意大利 | 5 060 | 2.9 | 9 | 韩国 | 4 780 | 2.7 |
| 10 | 英国 | 4 450 | 2.5 | 10 | 意大利 | 4 530 | 2.5 |

资料来源：World Trade Statics Review 2018.

表 1-10　2017 年居于世界服务出口/进口前 10 位的国家和地区

| 出口排名 | 国家和地区 | 总值/亿美元 | 比重/% | 进口排名 | 国家和地区 | 总值/亿美元 | 比重/% |
| --- | --- | --- | --- | --- | --- | --- | --- |
| 1 | 美国 | 7 620 | 14.4 | 1 | 美国 | 5 160 | 10.2 |
| 2 | 英国 | 3 470 | 6.6 | 2 | 中国内地 | 4 640 | 9.1 |
| 3 | 德国 | 3 000 | 5.7 | 3 | 德国 | 3 220 | 6.3 |
| 4 | 法国 | 2 480 | 4.7 | 4 | 法国 | 2 400 | 4.7 |
| 5 | 中国内地 | 2 260 | 4.3 | 5 | 荷兰 | 2 110 | 4.2 |
| 6 | 荷兰 | 2 160 | 4.1 | 6 | 英国 | 2 100 | 4.1 |
| 7 | 爱尔兰 | 1 860 | 3.5 | 7 | 爱尔兰 | 1 990 | 3.9 |
| 8 | 印度 | 1 830 | 3.5 | 8 | 日本 | 1 890 | 3.7 |
| 9 | 日本 | 1 800 | 3.4 | 9 | 新加坡 | 1 710 | 3.4 |
| 10 | 新加坡 | 1 640 | 3.1 | 10 | 印度 | 1 530 | 3.0 |

资料来源：World Trade Statics Review 2018.

## 九、对外贸易依存度

对外贸易依存度(ratio of dependence on foreign trade)又称对外贸易系数,以一国对外贸易额同该国 GNP 或 GDP 比率来表示,用以反映一国经济发展对对外贸易的依赖程度。

对外贸易依存度＝一国一定时期对外贸易额或值/该国同期 GDP 或 GNP×100%

对外贸易依存度可以用一国对外贸易总额与该国 GNP 或 GDP 计算出来的比率直接反映,如中国对外贸易依存度 1990 年为 30%,2003 年达到 60.3%;也可以通过进口依存度和出口依存度来反映,公式为

出口依存度＝一国一定时期出口额或值/该国同期 GDP 或 GNP×100%

进口依存度＝一国一定时期进口额或值/该国同期 GDP 或 GNP×100%

2006 年世界出口依存度为 30%,2017 年为 28.25%,中国 2017 年对外贸易依存度为 33.86%。

## 本章小结

1. 本章主要讲述了国际贸易课程的研究内容及涉及的基本概念。本章的重点是理解各个基本概念的内涵,并运用这些概念简单地分析国际贸易中的一些现象。学习中注意概念的实际运用。

2. 要求掌握的国际贸易基本概念:对外贸易与国际贸易、对外贸易额与对外贸易量、总贸易体系与专门贸易体系、直接贸易、转口贸易与过境贸易、货物贸易与服务贸易、贸易差额、对外贸易与国际贸易结构、对外贸易与国际贸易地理方向、对外贸易依存度。

## 重要概念

国际贸易、对外贸易额、对外贸易量、总贸易、专门贸易、直接贸易、转口贸易、过境贸易、服务贸易、贸易差额、对外贸易与国际贸易结构、对外贸易与国际贸易地理方向、对外贸易依存度

# 同步测练与解析

一、选择题

1. 商品生产国与消费国通过第三国进行的贸易称为(　　)。

A. 直接贸易　　　　　　　　　　B. 间接贸易

C. 转口贸易 D. 过境贸易
2. 反映对外贸易的实际规模,便于各个时期进行比较的指标是( )。
A. 对外贸易额 B. 对外贸易量
C. 对外贸易值 D. 对外贸易依存度
3. 国际贸易额是( )的总和。
A. 各国(地区)出口贸易额 B. 各国(地区)进口贸易额
C. 各国(地区)进出口贸易额 D. 各国(地区)总贸易额
4. 以货物通过关境为标准统计的进出口称为( )。
A. 总贸易 B. 专门贸易
C. 过境贸易 D. 转口贸易
5. 贸易顺差是指( )。
A. 进口贸易额大于出口贸易额 B. 进口贸易额小于出口贸易额
C. 国际收入大于国际支出 D. 国际收入小于国际支出
6. 某年世界出口贸易额为 1.6 万亿美元,进口贸易额为 1.7 万亿美元,该年国际贸易总额为( )。
A. 3.3 万亿美元 B. 1.6 万亿美元
C. 1.7 万亿美元 D. 0.1 万亿美元

## 二、计算题

A 国 GNP 为 10 000 亿美元,商品和服务进口额为 600 亿美元,出口额为 400 亿美元,计算 A 国的对外贸易依存度、出口依存度和进口依存度。

$$对外贸易依存度 = (600 + 400)/10\ 000 = 10\%$$
$$出口依存度 = 400/10\ 000 = 4\%$$
$$进口依存度 = 600/10\ 000 = 6\%$$

## 三、思考题

1. 什么是对外贸易量?它与对外贸易额是什么关系?
2. 什么是贸易体系?有几种类型?主要差异是什么?
3. 转口贸易与过境贸易的区别是什么?
4. 什么是对外贸易依存度?它要说明什么问题?

## 四、案例分析

请在世界贸易组织发布的《世界贸易统计 2018》(World Trade Statistics Review 2018)上查找相关数据并计算与分析

**1. 计算**

(1) 历年世界总出口额与总进口额。
(2) 历年世界总出口额与总进口额中货物出口与进口所占比例。

(3) 历年发展中国家总出口额与总进口额占世界总出口额、总进口额的比例。

(4) 历年中国总出口额、总进口额及贸易额。

(5) 历年中国总出口额与总进口额中货物出口与进口所占比例。

(6) 历年中国总出口额与总进口额占世界总出口额、总进口额的比例。

(7) 历年中国货物总出口额与总进口额占世界货物总出口额、总进口额的比例。

(8) 历年中国服务总出口额与总进口额占世界服务总出口额、总进口额的比例。

(9) 历年中国总出口额与总进口额占发展中国家总出口额、总进口额的比例。

(10) 历年中国货物总出口额与总进口额占发展中国家货物总出口额、总进口额的比例。

(11) 历年中国贸易差额状况(包括总差额、货物贸易差额、服务贸易差额)。

**2. 分析**

(1) 历年世界贸易额、货物贸易额、服务贸易额的发展趋势。

(2) 历年世界货物贸易额、服务贸易额在世界贸易额中的结构变化趋势。

(3) 历年中国在世界贸易额、货物贸易额、服务贸易额中的地位变化趋势。

(4) 历年中国在发展中国家贸易额、货物贸易额、服务贸易额中的地位变化趋势。

(5) 中国贸易差额变化趋势(包括货物贸易差额、服务贸易差额)。

## 【同步测练】参考答案与要点提示

**一、选择题**

1. B    2. B    3. A    4. B    5. B    6. B

**二、思考题**

1. 提示

(1) 为剔除价格因素对贸易额变动的影响,以不变价格或固定价格计算的贸易额;

(2) 对外贸易额的变化包含着数量与价格的双重变化。

2. 提示

(1) 货物贸易进出口统计制度;

(2) 包括总贸易与专门贸易两种制度,前者以国境为标准进行货物进出口统计,后者以关境为标准进行货物进出口统计。

3. 提示

(1) 两者交易关系的确立不同;

(2) 转口贸易的交易关系的确立是由转口贸易国的贸易商分别与实际的生产国和消费国的贸易商或生产商达成买卖合约,并达成交易;

(3) 过境贸易是出于地理位置的原因,货物要经由第三国,而交易关系的建立是在生产国与消费国的贸易商之间。

4. 提示

（1）对外贸易依存度又称对外贸易系数,以一国对外贸易额同该国 GNP 或 GDP 的比率来表示；

（2）对外贸易依存度用以反映一国经济发展对对外贸易的依赖程度,指标的高低从一个侧面反映一国经济增长对贸易增长的依赖程度,但不能绝对化,如美国该指标低于中国,不能据此得出结论,中国对外贸易对经济增长的作用强于美国。

# 第二章
CHAPTER TWO

# 国际分工

## 本章学习要求

国际分工是国际贸易的基础,国际分工及其发展决定着国际贸易发展方向和结构特征;国家参与分工的方式决定着该国能够获取的贸易利益。通过本章学习,要求学生了解作为国际贸易基础的国际分工形成与发展的过程,理解和掌握影响国际分工形成与发展的主要因素,对国际分工的理论和学说有一个全面、系统的认识。

## 重点与难点

1. 国际分工形成与发展的影响因素。
2. 主要的国际分工理论与观点,包括绝对成本论、比较成本论、要素禀赋论、产业内贸易说、需求偏好相似论、产品生命周期理论。

# 第一节　国际分工的产生与发展

## 一、国际分工的含义

国际分工是指世界各国之间的劳动分工。它是社会分工发展到一定阶段,国民经济内部分工超越国家界限发展的结果。国际分工是国际贸易和世界市场的基础,因为在国际商品交换的背后,隐藏着各国商品生产者之间的分工。可以说,如果没有国际分工,不管这种分工是由于自然条件的差异而产生的,还是由于社会经济条件而发生的,就没有国际贸易和世界市场。[①]

分工是一种社会范畴,历史上曾经出现过三次社会大分工,但直到国家出现和社会生产力发展到一定水平后,才产生国际分工。社会分工—地域分工—国际分工整个发展进程是以社会生产力的发展为物质基础的,是社会生产力发展的结果。国际分工和国际贸易使各国之间形成相互依赖的关系。

## 二、国际分工的发展阶段

国际分工的发展历史相当漫长,经历了萌芽、形成、发展、深化四个阶段。

### (一) 国际分工的萌芽阶段(16—18世纪中叶)

在前资本主义社会,自然经济占统治地位,生产力水平低下,各个民族、各个国家的生产方式和生活方式的差别较小,商品生产不发达,所以只存在不发达的社会分工和不发达的地域分工。

随着生产力的发展,11世纪欧洲城市兴起、手工业与农业进一步分离,商品经济有了较快的发展。特别是15世纪末至16世纪上半期的"地理大发现"和随后的殖民地开拓,市场范围扩大了,促进了手工业向工场手工业的过渡,资本主义发展进入原始积累时期。在这一时期,西欧殖民主义者用暴力和超经济的强制手段,对拉丁美洲、亚洲和非洲进行掠夺。他们开发矿山,建立甘蔗、印度兰、烟草等农作物的种植园,生产和提供本国不能生产的农作物,扩大本国工业品的生产和出口,出现了宗主国与殖民地之间最初的分工形式,建立起早期的国际专业化生产。如当时盛行的三角贸易——由西非洲提供奴隶作为劳动力,西印度群岛生产并出口蔗糖和烟草,英国生产并出口工业品(毛织品、铁器、枪炮等)就属于典型的宗主国和殖民地之间分工的表现形式。

---

[①] 姚曾荫. 国际贸易概论. 北京:人民出版社,1987.

(二) 国际分工的形成阶段(18世纪60年代—19世纪60年代)

18世纪60年代到19世纪60年代的产业革命,使国际分工的发展进入形成阶段。

随着产业革命的完成,英国等国建立起大机器工业和现代工厂制度,建立起资本主义生产体系,促进了社会分工和商品经济的发展,由此促成真正意义上国际分工的形成。这一时期的国际分工具有如下特点:

首先,大机器工业的建立为国际分工的形成奠定了物质基础。

(1) 大机器生产使生产能力和规模迅速扩张,源源不断生产出来的商品使国内市场饱和,需要寻求新的销售市场。"资产阶级几乎走遍全世界,他们到处落户、到处创业、到处建立联系,为不断扩大的商品生产寻求市场出路。"[1]同时,商品生产的急剧膨胀引起对原料需求的增加,大机器工业的快速发展要求开辟丰裕的、廉价的原料来源,结果,大机器工业发展对商品销售市场和充足原料来源的渴求导致大机器工业日益脱离本国基地,依赖于国外市场。

(2) 大机器工业生产的物美价廉的商品和变革的运输方式成为英国资产阶级征服国外市场的武器,使得其他国家按照英国生产和消费的需要改变它们的产业结构,成为原料产地和商品销售市场,如印度成为英国的棉花、羊毛、亚麻、蓝靛的产地。原来在一国范围内的城市与农村的分工,工业部门与农业部门的分工逐渐演化为世界城市与农村的分工,演变为以先进技术为基础的工业国与以自然条件为基础的农业国之间的分工。

(3) 大机器工业改革了传统的运输方式,提供了电报等现代化的通信工具,把原料生产国和工业品生产国联系在一起,使国际分工成为可能。

(4) 大机器工业打破了以往地方和民族的自给自足和闭关自守的市场,把各种类型的国家卷入到世界经济中来。"一种新的、适应于机器中心的国际分工……发生了。它使地球的一部分变为主要是进行农业生产的区域,以便把另一部分变为主要进行工业生产的区域。"[2]

其次,这时期的国际分工基本上是以英国为中心形成的。由于英国首先完成了产业革命,它的生产力和经济迅速发展,竞争能力大大加强。英国在实行全面的自由贸易政策以后,加强了对农产品、矿产品尤其是对进口谷物和棉花的依赖,从而将亚、非、拉落后的农业、矿业经济逐步拉入国际分工和世界市场体系中来,进一步推动了国际分工的发展。当时的英国是"世界的工厂",如19世纪50年代,英国的制造商包揽了全世界的机器、火车车辆、铁路设备的制造。它垄断了世界贸易和世界航运,[3]英镑成为世界货币。对英国当时在国际分

---

[1] 姚曾荫. 国际贸易概论. 北京:人民出版社,1987.
[2] 马克思恩格斯选集. 第1卷. 北京:人民出版社,1972.
[3] 1870年,英国拥有的商船吨位居世界第一位,超过荷、法、美、德、俄等国商船吨位的总和.

工中的地位,一位英国学者曾经进行过生动的描述:"世界的五分之一是我们的自愿进贡者;北美大平原和俄国是我们的谷物种植园,芝加哥和敖德萨是我们的谷仓;加拿大和波罗的海诸国是我们的森林;我们羊群的牧场是在澳洲;我们的牛群在美洲;秘鲁把它的白银提供给我们;加利福尼亚和澳洲把自己的黄金提供给我们;中国人为我们种茶;而印度人把咖啡、茶叶和香料运到我们的海岸;法国和西班牙是我们的葡萄园;地中海沿岸是我们的果园;我们从北美合众国以及其他国家获得棉花。"①马克思也曾就英国当时所处的顶峰状态进行过描述,写道:"英国是农业世界伟大的工业中心,是工业太阳,日益增多的生产谷物和棉花的卫星都围着它运转。"②

再次,随着国际分工的发展,世界市场上交换的商品日益为大宗商品所代替。这些商品包括小麦、棉花、羊毛、咖啡、铜、木材等。19世纪中叶后,随着英国全面自由贸易政策的实施,加强了对棉花和谷物的进口依赖,其他资本主义国家也在不同程度地寻找、开发海外原料和食物资源,从而使得大宗商品在世界市场上的贸易额迅速增长。

最后,随着资本主义生产方式的确立和巩固,欧洲殖民国家推行国际专业化生产的手段也发生了改变,从过去的野蛮、暴力掠夺、超经济强制转向比较和平的贸易或经济方法,利用交换行为,逐步把亚、非、拉落后的农业经济逐一纳入国际分工体系。事实上,就对殖民地传统经济的破坏力而言,自由贸易远比野蛮强制、暴力掠夺更为彻底。发达国家"把它们的枪和剑变成工厂机器,并且现在在不流血的但是仍然可怕的贸易竞争中彼此搏斗"。③马克思指出:"英国起先是把印度的棉纺织品挤出了欧洲市场,然后是从印度输入棉纱,最后使这个棉织品的祖国充满了英国的棉织品。"④

值得强调的是,19世纪建立和发展起来的国际分工是一种垂直分工模式,是以先进技术为基础的工业国与以自然条件为基础的农业国之间的分工,是世界城市与世界农村的分工。⑤

(三)国际分工的发展阶段(19世纪中叶—第二次世界大战)

19世纪末20世纪初出现的第二次产业革命促进了机械、电报工业的迅速发展,石油、汽车、电力等工业相继建立,交通运输工具也获得长足发展,特别是苏伊士运河和巴拿马运河的建成,海底电缆的铺设,都大大地促进了资本主义生产的发展。1820—1870年,世界工业

---

① 姚曾荫. 国际贸易概论. 北京:人民出版社,1987:92.
② 马克思恩格斯选集. 第4卷. 北京:人民出版社,1972:279.
③ 姚曾荫. 国际贸易概论. 北京:人民出版社,1987:134.
④ 马克思恩格斯选集. 第2卷. 北京:人民出版社,1972:65.
⑤ 也有一些学者认为第一次产业革命时期,亚、非、拉作为原产地的贡献是微不足道的,因为英、美、法、德对于第一次产业革命所需要的原料和粮食,如小麦、煤、铁矿石、棉花等基本上都能自给自足。当时发达国家与落后国家之间的贸易额很小。参见 W. A. Lewis, The Evolution of the International Economic Order, Princeton University Press, 1978:4-6.

生产增加了9倍,1870—1913增加了4倍。① 铁路网的建设使内陆与港口连接起来,加上运输费用的下降、海洋新航线的开辟、先进通信手段的开发,历史上第一次将各国的国内市场汇合为世界市场。在这个时期,垄断代替了自由竞争。资本输出成为主要的经济特征之一,发达的资本主义国家通过资本输出将资本主义生产移植、扩大到亚、非、拉国家,从而将其完全纳入资本主义生产体系。

综上所述,社会生产力的飞跃式发展与资本输出使得资本主义国际分工的重要形式——宗主国与殖民地半殖民地间的分工,工业产品生产国与初级产品(农产品、矿产品)生产国之间的分工日益加深、得以强化,导致国际分工体系最终形成,具体表现为:

首先,亚、非、拉国家的经济变为单一型经济,其经济发展主要依赖于一两种或两三种产品的生产和出口,从而造成了亚、非、拉国家经济的两种依赖性:一是经济生活上依赖少数几种产品的生产和出口。1937年,锡和钨的出口值占玻利维亚出口总值的67.9%,香蕉和咖啡出口占洪都拉斯出口总值的90.7%,危地马拉的87.4%,哥斯达黎加的90.3%。二是高度依赖世界市场,特别是工业发达国家的市场。亚、非、拉国家依靠几种产品的生产和出口换取所需要的工业制成品。落后国家对世界市场的这种双重依赖性导致其经济发展呈现出明显的脆弱性,发达国家的周期性经济波动会通过贸易渠道传导到这些国家,从而使这些国家也成为周期性波动经济的一部分。

其次,分工的中心从英国变为一组国家,扩展到包括美国、德国、法国等。它们之间也形成了以经济部门为基础的国际分工关系。1886年,英国在世界出口中所占比重为20%,1913年下降到13.1%,其他西欧和北美国家,特别是美国和德国在国际贸易中的地位迅速上升。

再次,随着国际分工体系的形成,加强了世界各国之间的相互依赖关系,除亚、非、拉国家之外,发达的资本主义国家也加强了对国际分工的依赖。对这种通过国际分工实现的相互依赖关系,罗萨·卢森堡以德国为例做了生动描述:"德国的产品大部分是输往其他国家及其他大陆,以供他国居民需要,其数额且逐年不断增大。……""另一方面,德国国民不管在生产上或日常消费上,每一步都免不掉依赖其他国家的产品。如我们吃俄国谷物制成的面包,匈牙利、丹麦及俄国家畜的肉类;我们消费的米,是从东印度及北美运来的;烟草是从荷属东印度群岛及巴西运来的;我们还从西非获得可可豆;从印度获得胡椒;从美国获得猪油;从中国买到茶叶;从意大利、西班牙、美国买到水果;从巴西、中美、荷属东印度群岛买到咖啡……"②

最后,在现有分工格局基础上,贸易方式也在发生变化,传统的国际定期集市、现场看货交易方式逐渐减少,代之以样品展览、商品交易所的产生和发展,此时的商品交易所开始依

---

① 姚曾荫. 国际贸易概论. 北京:人民出版社,1987:95.
② 卢森堡. 国民经济学入门. 北京:生活·读书·新知三联书店,1962:18-19.

照商品大类品种实施专业化经营,并引入期货交易。1848年,美国芝加哥第一个谷物交易所诞生,1862年,伦敦有色金属交易所成立。

总之,在这一时期,随着国际分工体系的建立,参加国际分工的每一个国家都有许多部门首先是为世界市场而生产的,而每一个国家消费的许多产品都源自世界市场,直接或间接凝结着许多国家劳动者的劳动。

### (四)国际分工的深化阶段(第二次世界大战后)

这一阶段,国际分工呈现出以下特点:

1. 在国际分工格局中,工业国之间,或发达国家之间的分工居于主导地位

"二战"前,工业制成品生产国与初级产品生产国间的分工居于主导地位,其次才是工业国之间的分工。战后科学技术的迅速进步、发展与其他因素相互作用,共同改变了各种类型国家的经济发展现状,突出发达国家在新兴产业、区域经济及世界经济中的领导地位,加强了发达国家之间的经济联系与依赖,改变了战前的国际分工格局,从而以自然资源为基础的分工逐步让位于以现代化工艺、技术为基础的分工,形成了以工业国之间的分工占据主导地位的国际分工格局。20世纪60年代以来,发达国家之间贸易额占其对外贸易总额的比重一直在70%左右的水平上,[①]这充分说明发达国家之间由于分工的发展,经济的相互依赖程度已经达到很高的水平。

2. 发达国家之间工业部门内部分工有逐步增强的趋势

"二战"前,在工业国家间的分工中,占主导地位的是各国不同工业部门之间的分工,如在钢铁、冶金、化学、机械制造、汽车、造船、造纸、纺织等产业间的分工。"二战"后,随着科学技术的进步和社会分工的发展,原来的生产部门逐步细分,成为独立的产业部门。越来越多的次级部门跨越国界,形成国际间的部门内部分工。目前,多数的产业内部分工主要采取以下几种形式:

(1)不同型号、不同规格产品的专业化分工

多数情况下,针对不同的消费群体,同样产品往往具有不同的型号和规格,不同国家往往就同一产品存在不同型号或规格的分工和专业化生产,以适应市场的需要。例如,在拖拉机研发和生产方面,美国企业侧重发展大功率轮式和履带式拖拉机,这主要基于美国土地辽阔,大面积耕种的要求;英国发展中型轮式拖拉机;德国关注小功率的轮式拖拉机。在轿车研究开发与生产方面,美国重视宽大、舒适;日本关注用料节俭、低能源消耗。美日企业的这种差异与其所在国资源条件、市场环境、消费者偏好以及企业在市场中的定位等因素有关。

---

① 1960年、1970年、1980年、1990年、2001年相应的比例分别为69%、75%、69.7%、77%、71.3%。数字根据2004年,Development and Globalization: Facts and Figures. UNCTAD,p.53,Distribution of exports by destination [1]整理。

(2) 零配件和部件生产的专业化分工

由于各国科技工艺水平、资源条件、政策环境存在差异,一国在某一种零配件或部件的生产上可能拥有优势,其他国家则对另一种零配件或部件的生产可能拥有优势,因此就产生了零配件或部件国家之间分工的必要,实现零配件或部件的专业化生产。战后,这种形式的专业化生产,在许多产品的生产中得到广泛的推广。例如,喷气式飞机、原子能发电站设备、电子计算机、汽车、拖拉机、收音机、电视机等大批量生产所需的各种零配件或部件往往在不同国家进行专业化生产,如波音747客机,几百万个零部件分别由60多个国家的500多家大企业和15 000多家中小企业参与生产提供。

(3) 工艺过程的专业化分工

工艺过程的专业化分工是指不同国家对生产过程的不同阶段进行专业化分工。例如,在化学工业方面,某国一些工厂专门生产半成品,然后出口这些半成品供给设在其他国家的化工厂生产各种化学制品。德国拜耳公司专门生产化工原料提供国内外化工企业去生产制造各种化学成品,就属于工艺过程专业化分工的典型。

3. 发达国家与发展中国家间工业分工趋强,工业国与农业国、矿业国的分工趋弱

从国际分工产生到"二战"前,宗主国主要从事工业制成品的生产,而殖民地、附属国和落后国家则主要从事以自然条件为基础的农业或矿产的生产。战后的科技革命、发达国家经济结构调整、发展中国家工业化战略的实施,以及跨国公司的经营活动都导致某些工业产品的生产从发达国家向发展中国家转移,从而促进发达国家与发展中国家之间工业分工的发展,出现了高精尖工业与一般工业的分工,资本、技术密集型产品与劳动密集型产品的分工。

4. 区域性经济贸易集团成员国之间内部分工迅速发展

"二战"后,经济一体化程度不同的区域性经济贸易组织或集团纷纷出现,多数属于封闭式的一体化组织或集团,即对成员国和非成员国适用不同的贸易政策措施。到目前为止,最为成功,或准确地说是经济一体化程度最高的区域性经济贸易集团当属欧盟。在众多的经济一体化组织或集团中,成员国之间贸易壁垒不断降低,直至消除,但对于非成员国还保留高低不同的贸易壁垒,结果,一体化形成的内部市场促进了成员国之间资本、人员、商品、服务的流动。在某些情形下政府有意识的政策引导,更加深化发展了集团成员国之间的分工,这一特点通过集团成员国之间贸易发展速度超过对集团外部国家贸易发展速度,以及集团成员国之间贸易在集团总贸易中所占比例超过对外部国家贸易所占比例等数字就能清楚地反映出来。2014年,北美自由贸易区内部贸易额(出口)占集团总贸易额的51.18%。①

5. 服务业国际分工逐渐形成

20世纪80年代后,国际分工开始从有形商品领域发展到无形商品领域——全球范围内

---

① WTO International Trade Statistics,2015.

的服务业分工逐步形成,使得服务贸易成为全球国际贸易的重要组成部分。服务业国际分工以第三次科技革命和生产制造行业国际分工的发展为物质基础,促进了一系列新兴服务部门的出现,如信息服务、计算机服务、生产性服务(银行、保险、运输、信息、咨询等)的发展,[①]而后又将增长辐射到其他衍生服务部门,如教育、文化、娱乐、餐饮服务等部门。生产制造领域国际分工的迅速发展带动着服务行业国际分工的发展,自1985年以来,几乎每年对外直接投资增量的50%以上进入服务业,服务业跨国投资加速了服务业国际范围的扩张和服务业国际分工的细化。

当代服务业的国际分工呈现三个特点:

第一,发达国家仍是国际服务业的主体,在服务业国际分工中居于主导地位。发达国家GNP、GDP基数很大,其中服务业所占比重多数在70%左右,如美国服务业就业人数占就业总人数的比例1990年达到75%。发展中国家服务业发展水平要低得多,以2004年GDP总量居于世界第六的中国为例,服务业占GDP的比重不到40%,服务出口仅占总出口的22.2%。自1980年以来,在世界服务贸易总额中,发达国家占有比例长期保持在70%以上,2017年为68.2%。[②]

第二,在服务业国际分工中,发达国家在高技术投入、高资本投入、高人力资源投入、管理密集的服务行业居控制地位,如金融、保险、计算机信息、设计咨询等部门。发展中国家在劳动密集型行业拥有优势,如建筑承包、劳务输出服务项目。

第三,发展中国家在服务业国际分工中参与程度不同,发展不平衡。2008年世界十大服务出口国中,中国和印度分列第五、第九位,占有的比重分别为3.9%和2.7%。排在前四位的分别是美国、英国、德国、法国,它们在世界服务总出口中占有的比重分别为13.8%、7.5%、6.4%、4.2%。在十大服务进口国中,中国位居第五位,占有的比重为4.5%,韩国位列第十,占比2.6%。排在前四位的分别是美国、德国、英国、日本,它们在世界服务总进口中占有的比重分别为10.5%、8.1%、5.6%、4.8%。2017年,少数发展中国家在服务贸易中的重要性进一步提高,中国、印度、新加坡跻身服务进出口十强,总和占世界服务出口的10.8%、总进口的15.5%。同年,发展中国家整体在世界服务出口中占比29.5%,服务总进口中占比38%。

**6. 跨国公司促进国际分工的迅速发展**

分支机构遍布全球的跨国公司形成了复杂的跨国界的内部和外部分工。内部分工是指公司各构成实体之间的分工,分工可以是水平型,如同种产品在不同国家的复制,或不同区

---

① 生产性服务原作为制造业的一个环节,目前已经发展成为独立的服务部门,作为连接服务业与制造业的桥梁及中间投入品,依托人力和技术资本,其发展水平对一国制造业在全球价值链的地位产生越来越重要的影响。2000年中国生产性服务贸易额250亿美元,2011年1 630亿美元。生产性服务指为生产提供支持的服务,具体包括运输、金融、知识产权、电信、计算机和信息服务等。

② UNCTAD,Development and Globalization:Facts and Figures,2004.

位子公司间形成零部件分工生产协作;也可以采取垂直型,如规模庞大的石油公司,子公司分处于生产过程的不同阶段。外部分工指公司通过外包合同、长期买卖合同、企业合作而同外部企业建立的分工协作关系。跨国公司依照利润最大化原则安排其全球的生产经营活动,内部贸易和外部贸易就是跨国公司内部分工和外部分工的具体体现。

7. 价值链分工成为国际分工的重要趋势

全球价值链是指在全球范围内的生产活动,该生产链涵盖商品生产与服务环节,涉及从原料采集和运输、半成品和成品的生产和分销,直至最终消费和回收处理的全过程,众多参与企业通过承担不同环节的功能,捕获各不相同的利润,并且通过与主供应商以及跨国公司的协调实现该链条的持续性运作,所有价值链的参与者根据其在价值链上的地位获得利润。

国际分工从行业间深化到行业内,进一步深化到同一产品的不同工序,全球价值链分工逐渐成为国际分工的重要趋势。在价值链分工过程中,发达国家凭借其技术优势掌控价值链上高附加值部分的生产经营,如研发、营销等环节,[①]发展中国家企业则只能从事附加值较低的生产环节,在全球范围内重新实现了利益分配,对发达国家和发展中国家的产业结构产生了深刻影响。

## 第二节 国际分工形成与发展的影响因素

国际分工的发展要受到各种因素的影响和制约。影响国际分工形成和发展的因素主要包括如下几点。

### 一、社会生产力是国际分工形成和发展的决定性因素

**(一) 国际分工是生产力发展的必然结果**

一切分工,其中包括国际分工,都是社会生产力发展的结果。生产力的增长是社会分工形成与发展的前提条件。社会生产力的决定性作用突出地表现在科学技术的重要作用上,迄今为止出现的三次科学技术革命,都深刻地改变了许多生产领域,不断地改善工艺技术、劳动过程和生产过程,使社会分工和国际分工随之发生变革。18世纪60年代—19世纪中期,欧洲各国相继完成了产业革命,建立起大机器工业,改善了交通运输工具,消灭了古老的民族工业,使一切国家的生产和消费具有世界性,出现了国际分工。19世纪70年代开始,以电的发明与应用为主要标志的第二次科技革命,导致一系列新的产业部门的建立,促进生产的进一步发展,加速了资本的积聚与集中,资本输出成为重要的经济现象,使国际分工进一

---

① 如货物贸易顺差在中国,利润在美国,就是价值链分工现状的反映。

步发展,形成了资本主义国际分工体系。第二次世界大战以后,出现了第三次科学技术革命,它以原子能、电子技术为主要标志,使生产力的发展日益超越国家的界限,形成了生产与资本的国际化,出现了大量的跨国公司,推动国际分工发展成为世界分工。这次科学技术革命使国际分工从部门之间扩大到产业内部,出现了各国在产品零部件和工艺流程上的内部分工;使交通、通信工具不断革新,运输费用不断下降,结果,使全球国家成为完整的一体化经济。

（二）各国生产力水平决定其在世界分工中的地位

历史上,英国最先完成了产业革命,生产力得到巨大发展,使英国成为"世界工厂",在国际分工中居于主导地位。继英国之后,欧美其他资本主义国家相继完成产业革命,生产力迅速发展,与英国一道成为国际分工的中心与支配力量。第二次世界大战后,原来的殖民地半殖民地在政治上取得独立,努力发展民族经济,生产力得到较快的发展。一些新兴的工业化国家经济发展迅速,它们在国际分工中的不利地位正在逐步改善。

（三）生产力的发展对国际分工的形式、广义和深度起着决定性的作用

随着生产力的发展,各种经济类型的国家都加入到国际分工行列,国际分工把各国紧密地结合在一起,形成了世界性的分工。随着生产力的发展,各国参加国际分工的形式从"垂直型"向"水平型"和"混合型"过渡,出现了多类型、多层次的分工形式,国际分工纵深发展的结果,使国际贸易中产品种类多样化。以中国为例,2016年,中国进出口税则的税目总数已经达到8 294个,编码全部达到8位。

（四）生产力的发展决定了国际分工产品内容

随着生产力的发展,国际贸易中的工业制成品、高精尖产品不断增多,中间产品、技术贸易和服务贸易也出现在国际分工中。

（五）技术在国际分工中的作用日渐显著

在许多产业中,竞争优势好像既不是由国家潜在的基本特征决定的,[①]也不是由大规模生产的静态优势决定的,而是由公司研究与开发活动所产生的知识和经验决定的。[②]

## 二、自然条件是国际分工产生和发展的基础

自然条件是一切经济活动的基础。没有一定的自然条件,进行任何经济活动都是困难

---

[①] 如有熟练劳动力的国家倾向于出口技术密集型产品,土地资源丰富的国家出口农产品。
[②] 但在"二战"以后,国际贸易的相当一部分不可简单地归因于出口这些产品国家的潜在优势,相反,贸易更多地反映一国在规模经济或激烈的技术竞争中暂时取得领先地位的优势。

的,其至是不可能的。如矿产品只能在拥有大量矿藏的国家生产和出口。自然条件也决定某些特定的地区能种植某些种类的作物,而其他地区则不适宜种植这些作物。多数的农作物,如咖啡、茶叶、橡胶等的耕作,需要特殊的气候。

应当指出,自然条件对国际分工的确很重要,但是,随着生产力的发展,自然条件对国际分工的作用在逐渐减弱。因此,自然条件只提供国际分工的可能性,并非现实性,要把可能性变为现实性,还需要一定的生产力为条件。石油不能在没有石油的地区开采,但石油丰富的地区,只有在科学技术和生产力发展到一定的阶段,才能得到充分的开发和利用。因而,在生产力与自然条件之间,前者居于主导地位。

### 三、资本流动,特别是战后跨国公司的兴起和发展成为国际分工向广度、深度、多层次发展的重要力量

从世界经济发展历史来看,国际资本流动在国际分工体系形成与发展中发挥着重要的作用。第二次产业革命以前所未有的物质创造能力极大地促进了资本主义生产方式的发展,资本主义经济发展从自由竞争进入垄断,发达国内市场被各种形式的协约、联盟瓜分,资本为寻求高利润和新的赢利机会就必须走出国门。此时的资本大多流向落后的国家和地区,进入农产品种植园,从事自然资源的开采和初级加工,投资于促进进出口贸易的金融、贸易、运输、保险领域。资本输出强化了旧有的国际分工格局,使发达国家与落后国家建立在自然基础上的分工获得发展,形成国际分工体系。这一时期,国际资本流动以间接资本输出为主,或者说是以借贷资本输出为主,1914年以前,国际资本流动约90%属于间接资本输出。

"二战"后,国际资本流动对国际分工的作用更为明显。

首先,"二战"后国际资本流动以FDI(Foreign Direct Investment,对外直接投资)为主体,占国际资本流动总量的70%以上。发达国家既是FDI的主要输出国,也是FDI的主要东道国,各占FDI输出、输入的70%左右。FDI对发达国家的进入主要基于两方面的考虑,一是市场导向,目的是避开对方的贸易壁垒,占领当地市场,如美国、日本企业对西欧的大举进入与西欧经济一体化的建立和发展密切相关。二是资源导向,目的在于利用当地的各种可利用资源,如技术资源、人力资源、自然资源等,充分发挥当地的资源优势,进入当地优势产业,在全球范围展开竞争。资源导向的FDI的客观效果是加强了发达国家之间的分工,促进了发达国家之间贸易的发展。"二战"后,发达国家之间货物贸易占世界货物贸易的70%以上,其中FDI功不可没。

其次,发达国家与发展中国家之间工业分工的发展也与FDI有着密切的关系。"二战"后,发展中国家为促进民族经济发展,纷纷推行工业化战略,大力发展进口替代和出口导向工业,发展中国家政府在发展工业的过程中,积极引进外资,特别是FDI。此时,发达国家的产业结构调整也促使发达国家将一些资源消耗大、劳动密集的产业外迁,由此大量发达国家

企业将资本转入发展中国家的工业部门,促进了发展中国家工业部门的发展,促使发达国家与发展中国家工业分工获得发展。

最后,"二战"后,产业内部分工更与 FDI 有直接关系。FDI 的载体是跨国公司,为追求资源配置效率最佳,它们实施多国投资、多国生产、多国协作、全球销售的经营战略,国内外分支机构之间形成分工协作关系,客观上促进了跨国界产业内部分工和贸易的发展。"二战"后,中间产品贸易构成国际贸易的很大比重,占发达国家制成品贸易的 70% 左右就是很好的例证。可以说,"二战"后国际分工发展的任何特征无不打上 FDI 的烙印。

### 四、政府行为可以推进或延缓国际分工的发展

政府行为对国际分工的影响主要是通过政府经济政策的制定与实施体现的。

首先,政府可以通过单边行动,调整和改变一国参与分工的方式和在国际分工中的地位。例如,政府可以通过宏观经济政策,特别是产业政策的制定,确立优先发展、扶持发展、维护发展、抑制发展产业目录,通过政策倾斜或导向,影响资源流向,改变或调整产业结构,从而对一国参与国际分工的方式和在国际分工中的地位产生影响。

其次,政府可以通过与其他国家协商、缔约的方式,共同推进区域性分工、贸易的发展。现实中有许多实例,如欧洲经济一体化的发展,加强了成员国之间分工的发展,贸易的扩大。欧盟在 1970 年,实现关税同盟之初,成员国内部贸易占集团总贸易的比例为 59.5%,1980 年 60.8%,1990 年 65.9%。20 世纪 90 年代中期以后,欧洲统一大市场建立,成员国之间的商品、服务、资本、人员流动的障碍基本清除,成员国之间贸易占集团总贸易的比重 2002 年达到 61.0%。北美自由贸易区建立前,三国间贸易占总贸易比重 1970 年为 36%,建立后,在 2002 年达到 56%。[①]

最后,政府通过参加国际组织、缔结国际协定改善、加强其在国际分工中的地位。如中国加入 WTO 后,整个贸易环境发生改变,趋向自由化,中国企业和商品可以更大程度地根据比较优势,或竞争优势参与世界市场的角逐,更客观、准确地在国际分工体系中给自己一个定位。

总之,政府是奉行开放政策,还是封闭政策;是实行自由贸易,还是保护贸易;是积极参与多边行动,还是独立作战,都将对一国参与分工的方式、在国际分工中的地位和获取的利益产生影响,甚至是决定性的影响。

值得注意的是,政府经济政策的制定与执行不是政府主观意志的体现,它反映着客观条件的要求,受一国资源条件、市场发育程度、产业结构、技术水平、经济发展水平、经济开放程度等因素的制约。当然一国的政体、政府领导人的思想、受教育背景、决策方式也会对经济政策的制定和执行产生影响。但是,违反客观规律和要求的经济政策是无法经受检验的。

---

① Development and Globalization Facts and Figures, UNCTAD, 2004:55.

# 第三节 国际分工理论

国际贸易学说是经济学中最古老的学科之一,国际贸易问题也是经济理论中争论最激烈的问题之一。

早在 16 世纪,西欧重商主义就开始对国际贸易问题进行探讨。这一时期资本主义仍处于资本原始积累阶段,在国内除对农民进行剥削外,国际贸易和海外掠夺成为西欧国家资本原始积累的主要手段,重商主义对贸易的研究主要集中在如何进行贸易,具体地讲,如何通过限制进口、鼓励出口增加黄金或货币的流入,从而增加社会财富。重商主义是对国际贸易问题进行系统研究的开始。随着资本主义的发展,国际贸易理论的研究也获得发展,古典经济学的重要代表亚当·斯密、大卫·李嘉图,以及后来的约翰·穆勒为国际分工理论奠定了基础,其论点至今仍支配着国际贸易理论的发展。

在约翰·穆勒后,经过马歇尔(A. Marshall)、埃德渥斯(F. Y. Edgeworth)、陶西格(F. W. Tahssing)、范纳(J. Viner)、哈伯勒(G. Harberler)、俄林(B. Ohlin)等人的努力,国际分工理论获得了进一步发展。

从亚当·斯密的地域分工论到当代国际分工与贸易理论,其发展大体上经历了四个阶段:

第一阶段,古典国际贸易理论,以亚当·斯密的绝对成本论、李嘉图的比较成本论为代表。

第二阶段,新古典贸易理论与扩展,以赫克歇尔、俄林的要素禀赋论为基础,并由萨缪尔森(Samuelson)、斯托尔珀(Stolper)、雷布津斯基(Rybczynski)加以扩展。里昂惕夫对要素禀赋论进行实证检验。

第三阶段,当代国际贸易理论,主要围绕里昂惕夫之谜和"二战"后国际贸易发展出现的新现象,如产业内贸易、发达国家之间贸易、产业优势地位转移等问题寻求理论上的解释,提出许多观点,如生产要素密集度逆转说、劳动熟练说、人力资本说、技术差距论、产品生命周期论、需求偏好相似说、产业内贸易说等。

第四阶段,新新贸易理论,学者开始将关注焦点从国家和产业层次移至企业主体,围绕企业异质性提出系列相关学说。

## 一、亚当·斯密的绝对优势论

亚当·斯密(Adam Smith,1723—1790)是资产阶级经济学古典学派的主要奠基人之一,他第一次把经济科学主要领域的知识归结成一个统一和完整的体系,也是国际分工和国际贸易理论的创始者。他处在从工场手工业向大机器工业过渡时期,在其代表著作《国富论》中,全面贯穿着他的自由放任的市场经济思想,贸易思想是其整个自由竞争市场经济体系的一个有机组成部分。斯密认为,自由竞争和自由贸易是实现自由放任原则的主要内容。他通过对家庭和国家的对比分析来描述国际分工、贸易的必要性,由此提出国际分工与自由贸易的理论,并以此作为反对重商主义理论和保护贸易政策的重要武器,对国际分工和国际贸易理论做出了重要贡献。

在理论的论述中,斯密首先分析了分工的利益。他认为分工可以提高劳动生产率,其原因在于:①分工能提高劳动的熟练程度;②分工使每个人专门从事某项作业,能节省与生产没有直接关系的时间;③分工有利于发明创造和改进生产工具。

斯密认为,如果一件物品的购买成本小于自己生产的成本,那么就不应该自己生产,这是每一个精明的人都知道的。裁缝不需要自己做鞋子,只需要向鞋匠购买就可以了;鞋匠也不需要自己裁剪衣服,这一工作应留给裁缝,因为裁缝更擅长裁制衣服,生产的成本更低。

在斯密看来,适用于一国内部的不同职业之间、不同工种之间的分工原则,也适用于各国之间。他认为,每一个国家都有其适宜于生产某些特定产品的绝对有利生产条件,进行专业化生产,然后彼此进行交换,对所有交换国家都是有利的。

在斯密的国际分工和贸易理论中,进口还是出口都是市场上的一种自由交换行为,没有好坏、优劣之分,各方自由交换的结果都能从交换中获得利益。

斯密认为,国际分工和贸易的原因或基础是各国存在的劳动生产率和生产成本的绝对差别。一国如果在某种产品生产上具有比别国高的劳动生产率,该国在该种产品生产上就具有绝对优势;相反,如果一国在某种产品生产上具有比别国低的劳动生产率,该国在该种产品生产上就具有绝对劣势。至于导致劳动生产率存在差异的原因,斯密归结为历史条件和一国地理环境、土壤、气候等因素构成的自然条件。斯密认为,各国应集中生产并出口其具有劳动生产率和生产成本绝对优势的产品,进口其不具有绝对优势的产品。

那么,依照绝对优势进行分工与贸易,各参与国家得到什么好处了呢?为了说明参加分工国家通过贸易能够取得的利益,斯密举例予以说明。

假定英国、葡萄牙两国都生产葡萄酒和毛呢两种产品,如表2-1所示,依照斯密的绝对优势分工原则,英、葡两国进行分工,在本例中,绝对优势是以生产成本来衡量的。在英国,每单位酒需要的劳动投入是120人/年,葡萄牙是80人/年;每单位毛呢,英国的生产成本是70人/年,葡萄牙是110人/年。比较可知,酒的生产成本英国高于葡萄牙,毛呢的生产成本英国低于葡萄牙,英国的绝对优势产品是毛呢,葡萄牙的绝对优势产品是酒。分工前,英国和葡萄牙各享有1单位酒和1单位毛呢。世界产品总量是2单位酒,2单位毛呢。依照绝对优势分工原则,英国生产和出口毛呢,葡萄牙生产和出口酒。在现有劳动投入水平下,英国毛呢的生产总量是2.7单位,葡萄牙酒的生产总量是2.357单位。假定英、葡绝对劣势产品拥有量与分工前一样,国际上,酒与毛呢的交换比价是1∶1,分工后,英国享有1单位酒,1.7

单位毛呢,比分工前增加了 0.7 单位的毛呢。葡萄牙享有 1 单位毛呢,1.357 单位酒,比分工前增加 0.375 单位的酒。

表 2-1　绝对优势条件下国际分工与贸易利益

| | 国家 | 酒产量(单位) | 所需劳动投入(人/年) | 毛呢产量(单位) | 所需劳动投入(人/年) |
|---|---|---|---|---|---|
| 分工前 | 英国 | 1 | 120 | 1 | 70 |
| | 葡萄牙 | 1 | 80 | 1 | 110 |
| | 总产量 | 2 | | 2 | |
| 分工后 | 英国 | | | 2.7 | 190 |
| | 葡萄牙 | 2.375 | 190 | | |
| | 总产量 | 2.375 | | 2.7 | |
| 交换后 | 英国 | 1 | | 1.7 | |
| | 葡萄牙 | 1.375 | | 1 | |

至于交换比价为什么是 1∶1,原因是国际交换比价必须介于英、葡两国国内交换比价之间,如果交换条件还不如国内有利的话,就会有国家退出交换。在本例中,英国的国内交换比价是 1 单位酒交换 1.7 单位毛呢。葡萄牙的国内交换比价是 1 单位酒交换 0.7 单位毛呢。如果以毛呢为基准,英国国内交换比价是 1 单位毛呢交换 0.58 单位酒,葡萄牙是 1 单位毛呢交换 1.375 单位酒。英国用毛呢与葡萄牙交换酒,换得酒的数量不能低于 0.58 单位酒,否则英国人宁愿在国内以毛呢交换酒。葡萄牙用酒交换英国的毛呢,换得的数量不能低于 0.7 单位毛呢。同样,低于这一交换比价,葡萄牙人也会选择在国内以酒交换毛呢。1∶1 的交换比价正好处于英、葡两国国内交换比价之间。

值得注意的是,斯密认为,由于历史和自然禀赋条件的原因,一国在某种产品的生产上总会处于比其他国家有利的地位,这就是斯密分工理论的明显局限所在。在现实社会中,有的国家在生产所有产品上都具有较高效率,而有的国家在生产所有产品上都是低效率,前者每种产品都是绝对优势产品,后者每种产品都是绝对劣势产品。这样,依照斯密的分工原则,两国之间就不存在贸易的可能性,而实际上贸易仍然会在两个国家之间进行,对于此类现象,斯密的理论无法解释。

由于这个理论是按各国绝对有利的生产条件进行国际分工,所以,斯密的分工理论又叫地域分工说(theory of territorial division of labor)或绝对成本理论(theory of absolute cost)。

## 二、大卫·李嘉图的比较优势论

大卫·李嘉图(David Ricardo,1772—1823)是英国工业革命发展时期的经济学家,对国际分工与贸易理论具有开创性的贡献,是自由贸易的坚决支持者。在其代表著作《政治经济学及赋税原理》中,李嘉图以对国际贸易具有解释力的一般理论支持了自己自由贸易的观点,这就是比较优势论。从此,比较优势论成为人们广泛接受的"真理",后来被无数经济学者们引用并发展。①

李嘉图认为,国际贸易的利益在于:"它增加了用收入购买物品的数量和种类。"②同斯密一样,李嘉图也强调进口带来的利益,但是他没有简单重复斯密自由贸易的好处,而是将贸易理论系统化,具有更强的解释性,他从资源最有效配置的角度论证了国际分工与贸易的必要性。

根据斯密的观点,国际分工应按地域、自然条件及绝对的成本差异进行,即一个国家输出的商品一定是生产具有绝对优势、生产成本绝对低的商品。但是,如果一个国家在各种产品生产上处于绝对优势,而另一个国家却在各种产品生产上处于劣势该怎么办?斯密的绝对优势说无法做出回答。李嘉图进一步发展了斯密的观点,他认为一个国家各种产品生产处于绝对优势,另一国家处于劣势,但它们在同种产品生产上的优、劣势程度是不相同的,具体表现为劳动生产率的差距是不同的。如绝对优势国家单位酒的生产成本为劣势国家生产成本的50%,而棉布生产成本仅为劣势国家成本的30%。对于劣势国家而言,生产任何一种产品,其生产成本都比绝对优势国家的生产成本高,但酒的生产成本高出的程度小于棉布的程度。在此基础上,李嘉图提出了比较优势、③比较成本的概念。他认为,国际分工与贸易的基础不限于劳动生产率的绝对差异,只要各国之间存在劳动生产率的相对差异,就会出现产品生产成本的相对差异,从而使不同国家在不同产品生产上具有比较优势。也就是说,一个国家不一定要生产各种产品,而应集中生产优势最大或劣势最小的产品,即比较优势产品,然后通过国际贸易,在资源要素投入不变的情况下,生产的产品总量将增加,由此形成的国际分工对贸易各国都有利。

李嘉图比较优势论的基本假设与斯密基本相同,只有一个例外,那就是两国之间劳动生产率存在着相对差异,而不是绝对差异。

为了说明依据比较成本或比较优势原则进行分工交换,参加各国都可以获得利益,李嘉图沿用了英国和葡萄牙的例子,但对条件做了一些变动,如表2-2所示。

从表2-2中可见,葡萄牙单位酒和毛呢的生产成本分别是80人/年和90人/年,所需劳动投入均少于英国,从而英国在这两种产品的生产上都处于不利地位。根据斯密的绝对成本理论,两国之间不会进行国际分工,从而也不会发生国际贸易。而李嘉图认为,葡萄牙生产每单位酒所需劳动投入比英国少40人/年,生产毛呢只少10人/年,即葡萄牙每单位酒的

---

① 新帕尔格雷夫经济学大辞典.第四卷.北京:经济科学出版社,1992:196-214.
② 李嘉图.政治经济学及赋税原理.北京:商务印书馆,1979:531.
③ 事实上,比较优势的概念最早是由 Robert Torrens 提出的,李嘉图进一步阐释、解读了这一概念并使之易于理解,所以人们在讨论这一问题时,只记住李嘉图而不知道 Robert Torrens。参见海闻,P.林德特,王新奎著.国际贸易.上海:上海人民出版社,2003:56-57.

生产成本为英国的 0.67,每单位毛呢的生产成本是英国的 0.9。显然,葡萄牙在酒的生产上优势更大一些;英国在两种产品生产上都处于劣势,但在毛呢生产上劣势小一些。根据李嘉图的论点,应按"两优取最优,两劣取次劣"的原则进行分工和贸易,英国虽然都处于绝对不利地位,但应取其不利程度较小的毛呢进行生产,葡萄牙虽然都处于绝对有利地位,但应取有利程度较大的酒进行生产。按这种原则进行国际分工,在两国劳动投入没有发生变化的条件下,两国产量都会增加,通过进行国际贸易,两国都会获得利益。在本例中,分工后,英国毛呢产量达到 2.2,葡萄牙酒的产量达到 2.125,在各国保持需要交换产品的拥有量与分工前相同的情况下,也就是说,英国仍然拥有 1 单位酒,葡萄牙拥有 1 单位毛呢,假定国际交换比价是 1:1,①分工后两国拥有的产品总量都增加了,英国增加了 0.2 的毛呢,葡萄牙增加了 0.125 的酒。

表 2-2　比较优势条件下的国际分工与贸易利益

| | 国家 | 酒产量(单位) | 所需劳动投入(人/年) | 毛呢产量(单位) | 所需劳动投入(人/年) |
|---|---|---|---|---|---|
| 分工前 | 英国 | 1 | 120 | 1 | 100 |
| | 葡萄牙 | 1 | 80 | 1 | 90 |
| 分工后 | 英国 | | | 2.2 | 220 |
| | 葡萄牙 | 2.125 | 170 | | |
| 交换后 | 英国 | 1 | | 1.2 | |
| | 葡萄牙 | 1.125 | | 1 | |

至于为什么葡萄牙自己生产单位毛呢的成本是 90 人/年,却要去购买英国成本达到 100 人/年的毛呢,李嘉图自己的解释是,对葡萄牙来说,与其挪用可以用来生产酒的要素去生产毛呢,还不如用这些要素去生产酒,因为由此可以从英国换得更多的毛呢。

归纳起来,李嘉图比较优势理论的核心是劳动生产率的相对差别以及由此产生的相对成本不同。比较优势论比绝对优势论更具有普遍意义,对现实具有更强的解释性。他认为一国在产品的生产上不需要有绝对优势,只要具有比较优势,就可以在要素投入不发生改变的条件下通过参与国际分工从贸易中获取利益,但贸易利益实现的前提必须是完全的自由贸易。

### 三、赫克歇尔-俄林的要素禀赋论

古典学派的国际分工和国际贸易理论在西方经济学界占支配地位达一个世纪之久。随着资本主义生产的迅速发展,多要素投入成为生产过程的普遍特征,研究投入产出关系的经

---

①　关于交换比价为什么选择 1:1,在斯密的绝对优势论中已有解释。

济理论获得发展,新古典经济学逐渐形成,随之在新古典框架下对国际贸易问题的分析得到发展。

在建立和发展新古典国际分工与贸易理论过程中,许多学者做出重大贡献,他们是赫克歇尔、俄林、保罗·萨缪尔森(Paul Samuelson)等;还有许多学者在拓展、验证新古典贸易理论方面做出贡献,如斯托尔珀(Wolfgang Stolper)、雷布津斯基(T. M. Rybczynski)、里昂惕夫(Wassily Leontief)等。在众多的学者中,贡献最大的还属赫克歇尔(Eli F. Heckscher, 1879—1952)和俄林(Bertil Gotthard Ohlin,1899—1979)。赫克歇尔1919年发表的《外贸对收入分配的影响》,被认为是要素禀赋论的起源,其中他探讨了各国资源要素禀赋与贸易发展模式之间的关系。① 俄林的代表著作是《域际和国际贸易》。由于他的理论采用了赫克歇尔的主要观点,最终形成较完整的要素禀赋学论(Factor Endowment Theory),因此这一理论又被称作赫克歇尔-俄林定理,或简称赫-俄(H-O)定理。

古典学派认为商品的价值是由生产商品所花费的劳动时间决定的。而以俄林为代表的新古典学派运用在互相依赖的生产结构中的多种生产要素理论代替了古典学派的单一生产要素理论。古典学派认为国际贸易发生的原因是各个国家在生产各种商品时劳动生产率的差异,而且各国劳动生产率及其差异都是固定不变的。俄林则在他的生产要素禀赋理论中,为简化分析,假定各个国家在生产商品时所使用的生产技术是一样的,即生产函数相同,排除了各国劳动生产率的差异,把各国间要素禀赋的相对差异以及在生产各种商品时利用各种生产要素强度的差异作为国际分工与贸易的基础。赫克歇尔曾写道:"国际贸易的前提可以概括为进行交换国家之间生产要素的相对稀缺程度和不同产品中所使用生产要素的不同比例。"②

要素禀赋论有狭义和广义之分。所谓狭义的要素禀赋论是指生产要素供给比例说,也称H-O定理或模型,它通过对相互依存的价格体系的分析,用不同国家的生产诸要素的丰缺解释国际分工和国际贸易产生的原因及一国进出口商品结构的特点。广义的要素禀赋论除生产要素供给比例说之外,还包括要素价格均等化定理(Factor Equalization Theorem)、斯托尔珀-萨缪尔森定理(Stolper-Samuelson Theorem)、雷布津斯基定理(Rybczynski Theorem)。要素价格均等化定理研究国际贸易对要素价格的影响,说明国际贸易不仅使国家间商品价格趋于均等化,还会使各国生产要素的价格趋于均等化。斯托尔珀-萨缪尔森定理揭示了分工、贸易对参与分工、贸易国家收入分配的影响。雷布津斯基定理则关注一国资源禀赋条件的变化对该国产出及贸易的影响。它们是对赫克歇尔、俄林研究的拓展。

---

① 新帕尔格雷夫经济学大辞典.第二卷.北京:经济科学出版社,1992:666-667.
② Heckscher,Eli,1919. The Effect of Foreign Trade on The Distribution of Income. Harry Flam and M. June Flanders edited Heckscher-Ohlin Theory,MIT Press.

## （一）赫克歇尔-俄林定理（生产要素供给比例说）

### 1. 主要结论

（1）每个区域或国家在国际分工和国际贸易体系中应该生产和输出丰裕要素密集的商品，输入稀缺要素密集的商品。[①]

（2）区域贸易或国际贸易的直接原因是价格差别，即各个地区间或国家间商品价格不同。

（3）商品贸易趋向于（即使是部分地）消除工资、地租、利润等生产要素收入的国际差异，导致国家间商品价格和要素价格趋于均等化。

### 2. 基本结论推导

生产要素供给比例说结论的推导是从商品价格的国际绝对差开始逐层展开的。

（1）价格的国际绝对差。俄林认为，各国所生产的同样产品的价格绝对差是国际贸易的直接原因。

（2）成本的国际绝对差。俄林认为，价格的国际绝对差源自于成本的国际绝对差。同一商品价格国家间的差别，主要是成本的差别。所以，成本的国际绝对差是国际贸易发生的第一个原因。

（3）不同的成本比例。俄林认为，国际贸易发生的第二个条件是在两国国内各种商品的成本比例不同。

（4）相同的成本比例。俄林认为，如果两国的成本比例是相同的，一国的两种商品成本都按同一比例低于另一国，那么两国间只能发生暂时的贸易关系，直到两国的汇率变化使两国商品的单位成本完全相等，见表2-3。

表 2-3　相同成本比例条件下的国际贸易　　　　　　　　　　美元

| | 美国 | 英国 |
|---|---|---|
| 小麦单位成本 | 1.00 | 2.00 |
| 成衣单位成本 | 2.00 | 4.00 |

如表2-3所示，美国生产两种产品的单位成本都低于英国，并且低的程度相等，美国小麦单位成本是英国的50%，成衣也是英国的50%，对于英国而言，任何一种产品从美国进口都比自己生产划算。于是，英国开始进口，以满足国内对两种商品的需求。随着进口的持续，美元的汇率就会上升，这意味着以英镑结算的美国商品价格将会上升，在汇率达到一定

---

[①] 丰裕是相对的概念，用资本劳动比率，即人均资本来衡量。这样一国同另一国相比是资本丰裕国家，而同第三国比较又可能成为劳动丰裕国家。

水平时,由于美国两种商品成本同程度低于英国,最终导致两种商品以相同货币标价水平完全相同,两国贸易就此终止。在本例中,美元升值一倍就会使两国同种商品单位成本水平完全相等。因而,俄林认为,不同的成本比例,即比较成本差异是国际贸易的重要条件。

(5) 生产诸要素的不同的价格比例。为什么存在着比较成本的差异,即为什么不同国家有不同的成本比例呢?俄林认为,由于各国国内的生产诸要素的价格比例不同。不同的商品是由不同的生产要素组合生产出来的,在每一国家,商品的成本比例反映了其生产诸要素的价格比例关系,也就是工资、地租、利息、利润之间的比例关系。由于各国的生产要素价格不同,就产生了成本比例的不同。

由于每种生产要素的价格是由供给和需求决定的,因而两国的生产要素的价格的不同比例关系,也就是两个国家诸生产要素的供给与需求存在着不同的比例关系。

(6) 生产诸要素的不同的供求比例。各国在生产要素的供给方面是不相同的,即各国所拥有的各种要素的数量、种类和质量是不同的。国际贸易就是建立在各国各种生产要素的多寡不同和价格的高低不同的基础上。另外,即使生产诸要素的供给比例是相同的,对这些生产要素不同的需求也会产生生产诸要素的不同的价格比例,从而为国际贸易提供了基础。

(7) 国际分工和国际贸易的基础和利益。俄林从价格的国际绝对差出发,分析了成本的国际绝对差,又探讨了不同国家内不同的成本比例,进而探讨了生产诸要素的不同的价格比例,最后分析了生产诸要素的不同的供给和需求比例。

他认为,在这个链条中,供给比例是最重要的环节,但没有一个单一的环节是国际贸易的最终的基础。各个环节之间的互相依赖的关系决定了每一个国家的价格结构。而各个国家的价格结构决定了其在国际分工和国际贸易体系中的比较利益,同时这也就构成了国际分工和国际贸易的基础。

俄林还认为,国际生产要素不能充分流动使生产达不到理想结果,但是商品的流动在一定程度上可以弥补国际生产要素缺少流动性的不足,即通过国家贸易可以部分解决国家间要素分配不均的缺陷。

(二) 要素价格均等化定理(H-O-S 定理)

赫克歇尔和俄林认为不同国家的不同的要素禀赋是国际贸易发生的原因,而且还进一步论述了国际贸易将会导致各国生产要素的相对价格和绝对价格趋于均等化,提出了要素价格均等化定理(Factor-Price Equalization Theorem)。美国经济学家萨缪尔森发展了这个观点。他认为,国际要素价格均等化不仅是一种趋势,而且是一种必然。

鉴于萨缪尔森对赫-俄要素价格均等化观点的发展,因此要素价格均等化定理又称为赫克歇尔-俄林-萨缪尔森定理(H-O-S Theorem)。但从逻辑上讲,要素价格均等化定理可以说是赫-俄定理的推论。

按照这一定理，虽然生产要素在国家间不能自由流动，但国家间商品的自由流动将会导致这两个国家的工人取得同等的实际工资、资本获取同样的利息、土地获得同等的地租。这是因为两国在实行分工和发生贸易之后，各自大量使用本国丰裕要素进行商品生产，从而使这类要素价格日趋上涨；同时，由于各自不断进口本国稀缺要素密集的外国产品，将使本国稀缺要素价格不断下降。这样，通过国际贸易致使两国间生产要素的价格差异不断缩小，并使要素价格趋向均等化。

但是，俄林认为，要素价格完全相同几乎是不可能的，要素价格均等只是一种趋势，其主要原因有以下几点：

（1）影响市场价格的因素复杂多变，而不同地区的市场又存在差别，价格水平难以一致；

（2）生产要素在国家间不能充分流动，即使在国内，生产要素从一个部门移向另一个部门，也不是充分便利的；

（3）产业对几个要素的需求往往是"联合需求"，而且彼此的结合不能任意改变，这种整体性和固定性的结合，影响了要素价格的均等；

（4）集中的大规模生产必然使有些地区要素价格相对高点，而另一些地区要素价格相对低点，从而阻碍了生产要素价格完全均等。

但是，萨缪尔森针对这个问题作了进一步的推论。他认为，国际贸易将使不同国家间生产要素相对价格和绝对价格均等化。这种均等化不是一种趋势，而是一种必然。"自由贸易不仅使两个贸易国家的商品价格相等，而且使两国生产要素的价格相等，最终两国工人获得同样的工资率，资本（或土地）获得同样的利润（或租金），而不管两国生产要素的供给和需求模式如何。"①

他认为，国际贸易会导致各种要素相对价格的完全均等化，是由于在多种要素相对价格有差异的情况下，贸易仍将持续扩大和发展，而贸易的扩大和发展将会减少两国间要素价格的差异，直到两国国内各种商品的相对价格完全均等化为止，这就意味着两国国内的要素相对价格也完全均等化了。

他还进一步论证了两国要素绝对价格的均等化问题，在要素的相对价格均等化、商品市场和要素市场存在着完全的自由竞争以及两国使用同样的技术等条件下，国际贸易将会导致要素绝对价格完全均等化。

他试图通过这一理论说明，国际贸易不仅可以合理配置资源，调整贸易和经济结构，而且可以改善各国收入分配不均，缩小彼此经济差距。因此，这个理论又称为要素报酬均等化理论。

---

① P. A. Samuelson. International Trade and the Equalization of Factor Prices. Economic Journal, June, 1948：165-184.

## （三）斯托尔珀-萨缪尔森定理①

斯托尔珀-萨缪尔森定理认为，在一国不存在完全专业化和要素密集度逆转的条件下，商品价格的变化将影响生产要素价格的变化。如果一种商品的相对价格提高，将提高生产这种商品密集使用的生产要素的价格，降低生产其他商品密集使用的生产要素的价格。

这是因为商品相对价格上升，这种商品产量则增加，对密集使用的生产要素的需求增加。在生产要素的供给量既定的条件下，这种密集使用的生产要素的价格将上升。而其他商品的相对价格下降，商品产量减少，对密集使用的生产要素的需求减少。在生产要素的供给量既定的条件下，这种密集使用的生产要素的价格将下降。由于要素价格就是要素所有者的报酬，因此斯托尔珀-萨缪尔森定理也揭示出商品价格的变动和收入分配之间的关系。

根据斯托尔珀-萨缪尔森定理，随着国际贸易的进行，本国商品价格会发生变化，这种变化也将影响要素价格和收入分配，在一国内部形成贸易的既得利益者和利益受损者。结果是，如果贸易提高了劳动密集型商品的相对价格，则劳动力的实际报酬将会提高，资本的实际报酬将会降低；但如果贸易提高了资本密集型商品的相对价格，则将提高资本的实际报酬，降低劳动的实际报酬。

依照 H-O 定理，一国应该生产和输出丰裕要素密集的产品，输入稀缺要素密集的产品。当一国出口丰裕要素密集型产品，在国内产品供应给定的条件下，丰裕要素密集型产品的价格将逐渐提高，从而提高密集使用的丰裕要素的报酬。当一国进口稀缺要素密集型产品，由于进口品的价格低廉而使本国同类商品面临的竞争加剧，生产产量减少，对稀缺生产要素需求也随之减少，本国稀缺要素密集型产品价格下跌，本国稀缺要素的价格也将下降。因此，贸易总是有利于相对丰裕的生产要素所有者，不利于相对稀缺的生产要素所有者。

因而，斯托尔珀-萨缪尔森定理认为，自由贸易不利于相对稀缺的生产要素所有者，本国进口行业总是希望通过关税等贸易保护措施提高进口商品的价格，从而减少竞争，提高本国同类产品价格和稀缺要素所有者的报酬。

斯托尔珀-萨缪尔森定理进一步认为，生产要素价格变动的幅度会超过产品价格变动的幅度。

## （四）雷布津斯基定理②

各国的生产要素禀赋不是固定不变的，会随着时间的推移而发生变化。一般而言，资本和技术积累较快，而劳动力增长较慢，土地和资源的增长更慢且有限。雷布津斯基定理阐述

---

① Wolfgang Stolper and P. A. Samuelson. Protection and Real Wages. Review of Economic Studies, 9, 1941: 58-73.
② Rybczynski, T. M. Factor Endowment and Relative Commodity Prices. Economica, 22, 1955: 336-341.

了一国生产要素禀赋的变化对该国产出及对外贸易的影响。

雷布津斯基定理认为,如果商品的相对价格保持不变,某种生产要素的增加,将使密集使用该要素的商品产量增加,使密集使用其他生产要素的商品产量减少。举例来说,一国资本的增加会使资本密集型产品的生产增加,同时会减少劳动密集型产品的生产。为什么呢?因为资本的增加使资本的成本降低,并且资本密集型产品成本降低的程度大于劳动密集型产品,因为资本密集型产品使用资本的比例大,价格下降明显。利润的增加使资本密集型产品生产扩张。由于资本密集型产品生产的增加需要增量劳动要素的配合,这样,劳动密集型产业中的一部分劳动就会转移到资本密集型产业,从而导致资本密集产品生产增加的同时,劳动密集型产品生产在减少。

定理认为,如果密集使用增加要素的产品属于这个国家的比较优势产品,那么,随着这种要素供给量的增加,其产品的出口量也将随之增加。如果密集使用增加要素的产品不属于这个国家的比较优势产品,但随着要素供给的增加会逐步增强进口产品的生产能力,从而减少竞争性产品的进口。同时由于要素使用发生转移,在这种条件下该国比较优势产品的出口将会减少。

总之,当一种生产要素供给增加时,如果密集使用这种要素的产品是比较优势产品,那么该国的对外贸易量(出口与进口量)会增加,如果不是比较优势产品,该国的对外贸易量(进口与出口量)都会减少。

### 四、里昂惕夫反论与要素禀赋论的扩展

#### (一)对赫克歇尔-俄林要素禀赋论的实证检验——里昂惕夫反论

在赫克歇尔-俄林要素禀赋理论提出后的一段时间里,H-O 定理或模型成为解释产业革命以后贸易产生原因的主要理论,人们普遍认为,各国的资源禀赋条件和生产产品的不同要素比例是构成国家之间贸易的主要原因。

美国经济学家里昂惕夫[①]在其 1953 年发表的论文中,[②]首次对 H-O 定理进行实证检验。依照要素禀赋理论,一个国家拥有较多的资本,就应该生产和输出资本密集型产品,而输入在本国生产中需要较多使用国内比较稀缺的劳动力要素的劳动密集型产品。据此,他利用投入-产出分析方法对美国的对外贸易商品结构进行具体计算,来验证赫克歇尔-俄林原理。沿用赫克歇尔-俄林理论的假定,他把生产要素分为资本和劳动力两种类型,对 200 种贸易

---

① 由于他的投入-产出分析法对经济学做出的杰出贡献而获得 1973 年诺贝尔经济学奖。他的主要著作有《投入-产出经济学》《生产要素比例和美国的贸易结构:进一步的理论和经济分析》等。

② Domestic Production and Foreign Trade:The American Capital Position Re-Examined. Proceedings of the American Philosophical Society,1953,9:331-349.

商品进行分析,计算出每百万美元的出口商品和进口替代(或竞争)①商品所使用的资本和劳动量,从而得到美国出口商品和进口替代(或竞争)商品的资本-劳动比率,以反映商品的资本和劳动密集程度。计算结果见表2-4。

表2-4 美国出口商品和进口替代商品对国内资本和劳动的需要量　　　百万美元

| 年　　份 | 1947 | | 1951 | |
|---|---|---|---|---|
| | 出　　口 | 进口替代 | 出　　口 | 进口替代 |
| 资本 | 2 550 780 | 3 091 339 | 2 256 800 | 2 303 400 |
| 劳动(人/年) | 182.313 | 170.004 | 173.91 | 167.81 |
| 资本劳动比率 | 13 991 | 18 184 | 12 977 | 13 726 |

从表2-4可见,1947年生产进口替代商品的资本劳动比率,即人均资本使用量与生产出口商品的人均资本使用量的比率约为1.30,这一数字说明美国出口商品的资本密集程度低于进口替代商品,或者说美国出口商品劳动密集程度高于进口替代商品。这个验证结果正好与里昂惕夫初始逻辑相反,他认为美国是资本相对丰裕的国家,如果赫-俄定理是正确的,美国进口商品的资本密集程度就应该低于美国出口商品的资本密集程度。验证结果不同,正如里昂惕夫所言:"美国参加国际分工是建立在劳动密集型生产专业化基础上,而不是建立在资本密集型生产专业化基础上。"②里昂惕夫发表其验证结果后,西方经济学界大为震惊,结论明显有悖于依照赫-俄定理应推演出的结论,因而将这个不解之谜称为"里昂惕夫之谜"或"里昂惕夫反论",并掀起了一个对赫-俄定理重新评价,进一步验证和探讨里昂惕夫之谜的热潮。一些人怀疑里昂惕夫方法和数据上存在错误,里昂惕夫自己也反复对方法和结论进行核对,证明是无误的。1956年,里昂惕夫又根据美国1947—1951年的数据再度进行实证检验(见表2-4,1951年的数据和比率),获得与1953年相同的结论,美国出口商品的资本密集程度低于美国进口商品的资本密集程度,进口与出口商品资本劳动比率之比约为1.06。鲍德温(Baldwin)1971年对美国1958—1962年的数字进行检验,得出美国出口商品资本劳动比率与进口商品资本劳动比率之比为0.79的结论,里昂惕夫之谜仍然存在。更有意思的是,一些经济学家,如沃尔、建元正弘,他们仿照里昂惕夫的做法对一些国家,如加拿大、日本的对外贸易数据进行分析,结果发现,加拿大与日本出口商品的资本劳动比率高于进口商品的资本劳动比率,而这两个国家的主要贸易伙伴是美国,依照赫-俄定理,这个结论说明加拿大与日本在资源禀赋条件上,相对于美国是资本丰裕的国家,这明显与事实不符

---

① 进口替代或进口竞争行业是指国内存在的一些行业,该行业的产品有进口,从而国内生产的产品与进口产品形成替代、竞争关系。计算国内生产进口替代品的资本劳动比率可以用来近似地表述进口商品的要素密集特征。

② Domestic Production and Foreign Trade:The American Capital Position Re-Examined. Proceedings of the American Philosophical Society,1953.9.

合。有学者对印度数据的分析发现,印度与世界上除美国之外的国家进行贸易时,其出口的是劳动密集型商品,而进口的是资本密集型商品。而同美国进行的贸易,出口商品的资本劳动比率高于从美国进口的商品。印度的研究结果一方面给予赫-俄定理以支持,另一方面又进一步证实了里昂惕夫之谜的存在。

### (二) 对里昂惕夫反论的解释及有关学说的发展

对于里昂惕夫反论,西方经济学界提出了各种各样的解释,并在一定程度上促进了"二战"后西方国际分工和国际贸易理论的发展。下面我们将对具有代表性的解释与学说分别予以简述:

#### 1. 产品要素密集度逆转论点

赫-俄定理对要素密集的基本假定是,如果按照生产要素价格的某一比率,某商品的资本密集度高于另一商品,那么在所有的生产要素价格比率下,这一商品的资本密集度都高于另一商品。举例来说,在 A 国(劳动要素相对比较丰裕)生产要素价格比率下,成衣是一种劳动密集型商品,在 B 国(资本要素相对比较丰裕)生产要素价格比率下,成衣也是劳动密集型商品。事实可能并非如此。B 国由于资本相对丰裕,可能在生产成衣中以资本取代劳动,也就是说,生产过程更多地使用资本而不是劳动,这样,在 B 国成衣就变为资本密集型商品。这就是典型的生产要素密集度逆转的例子。在这种情况下,可能会出现 B 国进口的商品在别国是劳动密集型商品,而在 B 国是资本密集型商品;B 国出口的商品在别国是资本密集型商品,而在 B 国为劳动密集型商品。这样就有可能引发里昂惕夫之谜。因为在美国是资本密集型的商品,如进口替代品,可能在真正对美国出口的国家却是劳动密集型商品;而在美国本地生产的劳动密集型商品,对于进口美国产品的国家可能是资本密集型商品。最后的结果就是美国出口商品的资本密集度低于进口商品的资本密集度。

里昂惕夫在计算美国出口商品的资本劳动比率时,采用的是美国本土的数字,而进口商品资本劳动比率是用进口替代品资本劳动比率来代替的,所谓进口替代品资本劳动比率是指美国生产同类产品所需要的资本劳动比率,不是在原出口国生产该商品实际使用的资本劳动比率。因而,产生里昂惕夫之谜就不足为怪了。

但对这一解释的实证检验结果如何呢? B. S. Minhas 1962 年发表的研究结果表明,有大约 1/3 的研究样本中存在生产要素密集度逆转的情况。Ball 1966 年的研究结果表明,生产要素密集度逆转在现实中少有发生。[1]

#### 2. 劳动熟练说(skilled labor theory)

劳动熟练说又称人类技能说(human skill theory),最先由里昂惕夫提出,后来由美国经济学家基辛(D. B. Keesing)加以发展,这一理论利用劳动效率和劳动熟练程度或技能的差异

---

[1] 海闻,P. 林德特,王新奎. 国际贸易. 上海:上海人民出版社,2003:97-98.

来解释里昂惕夫之谜。

里昂惕夫认为,"谜"的产生可能是由于美国工人的劳动效率比其他国家工人高所致。他认为美国工人的劳动效率大约是其他国家工人的三倍。① 因此,如果劳动以效率单位衡量,美国就成为劳动要素相对丰富、资本要素相对稀缺的国家,因而其出口产品的资本密集度低于进口产品的资本密集度就很容易理解了。至于为什么美国工人的劳动效率比其他国家高,他认为这是由于美国企业管理水平较高,工人所受的教育和培训较多、较好,以及美国工人具有较强的进取精神。但是,有些学者却认为里昂惕夫的解释过于牵强,一些研究表明,实际情况并非如此。例如,美国经济学家克雷宁(Krchnin)经过验证,认为美国工人的效率和欧洲工人相比,最多高出 1.2~1.5 倍,因此,里昂惕夫的这个论断,通常不为人们所接受。

后来,美国经济学家基辛对这个问题进一步加以研究。他利用美国 1960 年人口普查资料,将美国企业职工区分为熟练劳动和非熟练劳动两大类。熟练劳动包括科学家、工程师、经理人员、技术员、制图员、机械工人、电工、办事员、推销员、其他专业人员和熟练的手工操作工人等。非熟练劳动指不熟练和半熟练工人。他还根据对劳动的两大分类对 14 个国家的进出口商品结构进行分析,结论是,资本较丰裕的国家,如美国,倾向于出口熟练劳动密集型商品;资本较缺乏的国家,如印度,倾向于出口非熟练劳动密集型商品。基辛认为熟练劳动程度的不同是国际贸易发生的重要影响因素之一。

3. 人力资本说(human capital theory)

人力资本说是美国经济学家凯南(P. B. Kenen)等人提出的,他们运用人力投资这一概念来解释里昂惕夫之谜。他们认为,生产过程中的劳动是不同质的,这种不同质表现为劳动效率上的差异,这种差异主要是由劳动熟练程度所决定的,而劳动熟练程度的高低,又取决于对劳动者进行培训、教育和其他有关的开支水平,即对智力开发的投资。因此,高的劳动效率归根结底是对人力投资的结果。由此可见,国际贸易商品生产所需的资本投入应包括有形资本和无形资本,即人力资本。人力资本主要是指一国用于职业教育、技术培训等方面投入的资本。人力资本投入可提高劳动技能和专门知识水平,促进劳动生产率的提高。由于美国投入了较多的人力资本,因而拥有更多的熟练劳动力。因此,美国出口产品含有较多的熟练劳动。如果把熟练劳动收入高出非熟练劳动的部分资本化,并同有形资本相加,这样处理后,美国出口产品的资本密集度就会高于进口产品的资本密集度。

根据有关数据,美国实物资本、高度熟练劳动力、中等熟练劳动力、不熟练劳动力占世界总要素的比率,在 20 世纪 90 年代分别是 25.8%、28.5%、13.6%、0.5%。② 美国熟练劳动力拥有量将近占世界总量的 1/3 弱。美国出口行业的工人平均工资高出进口替代行业

---

① 这一说法没有得到经验研究的支持。
② 海闻,P. 林德特,王新奎. 国际贸易. 上海:上海人民出版社,2003:99.

15%,可见美国劳动力以熟练劳动为主,出口行业工人的人力资本投入要高于进口替代行业。[①]

人力资本说对劳动熟练说起到了一定的补充解释作用。

4. 技术差距说(theory of technological gap)

技术差距说是由美国经济学家波斯纳(M. U. Posner)提出,后经格鲁伯(W. Gruber)和弗农(R. Vernon)等人进一步论证,其主要论点是,技术领先的国家,具有较强开发新产品和新工艺的能力,形成或扩大了国际间的技术差距,从而有可能暂时享有生产和出口某类高技术产品的比较优势。

波斯纳认为,人力资源是过去在教育和培训上投资的结果,因而可以将其作为一种资本或独立的生产要素,而技术是过去对研究与开发进行投资的结果,也可以作为一种资本或独立的生产要素。但是,由于各国技术投资和技术革新的进展不一致,因而存在着一定的技术差距。这样就使得技术资源相对丰裕的或者在技术发展中处于领先的国家,有可能享有生产和出口技术密集型产品的比较优势。

为了论证这个理论,格鲁伯和弗农等人根据1962年美国19个产业的有关资料作进一步的统计分析,发现其中5个具有高技术水平的产业(运输、电器、工具、化学、机器制造)的科研和开发经费占19个产业全部科研和开发经费总数的89.4%;5个产业中的技术人员占19个产业总数的85.3%;5个产业的销售额占19个产业总销售额的39.1%;5个产业的出口量占19个产业总出口量的72%。这一研究表明,美国在上述5个技术密集型产品的生产和出口方面确实处于比较优势。因此可以认为,出口科研和技术密集型产品的国家也就是资本要素相对丰裕的国家,美国就是这样的国家。

技术差距论充实了要素禀赋论,并根据创新活动的连续性使要素禀赋论动态化。

5. 产品生命周期说(theory of product life cycle)

产品生命周期说是由美国经济学家弗农提出,并由威尔士(L. T. Wells)等人加以发展,用以解释国家进出口贸易模式变化的理论。弗农把新产品的生命周期划分为三个阶段。

(1) 产品创新时期。少数在技术上领先的创新国家的创新企业根据本国资源条件和市场需求首先开发出新产品,而后在国内投入生产。该创新企业在新产品的生产和销售方面享有垄断权。新产品不仅满足国内市场需求,而且出口到与创新国家收入水平相近的国家和地区。这时,创新企业几乎没有竞争对手,鉴于国外还没有该产品的生产,当地对该新产品需求完全依靠创新国家的创新企业的出口来满足。

(2) 产品成熟时期。随着技术的成熟,生产企业不断增加,企业之间的竞争增强了,企业产品的成本和价格变得日益重要。与此同时,随着国外该产品的市场不断扩展,出现了大量仿制者。这样,创新国家企业的生产不仅面临着国内原材料供应相对或绝对紧张的局面,

---

[①] 海闻,P. 林德特,王新奎. 国际贸易. 上海:上海人民出版社,2003:99.

而且还受到产品出口运输能力和费用的制约、进口国家的种种限制及进口国家企业仿制品的竞争。在这种情况下,企业若想保持和扩大对国外市场的占领就必须选择对外直接投资,即到国外建立子公司,当地生产、当地销售。在不大量增加其他费用的同时,由于利用了当地各种廉价资源,减少了关税、运费、保险费用的支出,大大降低了产品成本,增强了企业产品的竞争力,巩固和扩大了市场。

(3)产品标准化时期。在这一时期技术和产品都已实现标准化,参与此类产品生产的企业日益增多,竞争更加激烈,产品成本与价格在竞争中的作用十分突出。在这种情况下,企业通过对各国市场、资源、劳动力价格进行比较,选择生产成本最低的地区建立子公司或分公司从事产品的生产活动。此时往往由于发达国家劳动力价格较高,生产的最佳地点从发达国家转向发展中国家,创新国家的技术优势已不复存在,国内对此类产品的需求转向从国外进口,对于创新企业若想继续保持优势,选择只有一个,继续进行新产品的发明创新。

如果从产品的要素密集性上看,处于产品生命周期不同阶段的产品具有不同的特征。在产品创新时期,需要投入大量的研究与开发费用,这时期的产品要素密集性表现为技术密集型;在产品的成熟时期,知识技术的投入减少,资本和管理要素投入增加,高级的熟练劳动投入越来越重要,这时期的产品要素密集性表现为资本密集型。在产品的标准化时期,产品的技术趋于稳定,技术投入更是微乎其微,资本要素投入虽然仍很重要,但非熟练劳动投入大幅度地增加,产品要素密集性也将随之改变。在产品生命周期的各个时期,由于要素密集性不同、产品所属类型的不同以及产品价格的不同,使得各种不同类型的国家在产品处于不同时期具有的比较利益不同,因而"比较利益也就从一个拥有大量熟练劳动力的国家转移到一个拥有大量非熟练劳动力的国家"。[①] 图2-1描述了产品生命周期过程中相关国家贸易演进方式。图中的相关国家包括创新国家、与创新国家收入水平相近的国家、后起的处于发展进程中的国家。从图2-1可见,随着产品生命周期的展开,产品生产的比较优势在相关国家之间进行转移,先从创新国家,转向与创新国家发展水平相当的国家,而后又转向经济发展较低层次或水平的国家,比较优势转移的具体表现就是产品出口国家的变迁,产品出口国从开始的创新国家,到最后经济欠发达国家作为该种产品的出口国,而创新国家最终演化为产品的进口国。

产品生命周期说是一种动态理论。产品要素的密集特征在产品生命周期的不同阶段会发生规律性变化,随之比较利益将从某一国家转向另一国家,这就使得赫-俄静态的要素比例说变成一种动态要素比例说,产品生命周期理论是对要素比例说的发展。

---

① Vernon,Raymond. International Investment and International Trade in the Product Cycle. Quarterly Journal of Economics. May,1966.

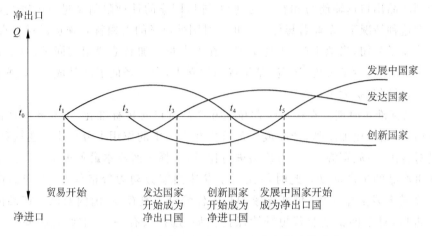

图 2-1　产品生命周期过程中国家贸易模式的演进

6. 需求偏好相似说(theory of demand preference similarity)①

需求偏好相似说又称偏好相似说或收入贸易说(income trade theory),是由瑞典经济学家林德(S. B. Linder)提出的,用国家之间需求结构相似性来解释工业制成品贸易的发展。他认为,赫-俄定理只适用于工业品和初级产品之间的贸易,而无法解释工业品的贸易。

林德认为,工业品生产的初期是满足国内的需求,随着生产规模的扩大,必然要扩大销售范围,将产品推向国际市场。由于该产品是为满足国内市场偏好和收入水平而生产的,故该产品较多的是出口到那些与本国偏好相似、收入水平相近的国家。这些国家间的需求结构和偏好越相似,其贸易量就越大;如果这些国家的需求结构和需求偏好完全一样,一国可能进出口的商品,也就是另一国可能进出口的商品。

那么,影响一国需求结构的因素是什么?林德认为,主要因素是人均收入水平。人均收入水平的相似可以用来作为需求结构相似的指标。人均收入越相似的国家,其消费偏好和需求结构越相近,产品的相互适应性就越强,贸易机会就越多,而人均收入水平的差异则是贸易的潜在障碍。

林德认为,人均收入水平和消费品、资本品的需求类型有着紧密的联系。人均收入水平较低的国家,其选择的消费品质量也较低,因为要让有限的收入满足多样化的需求;同时,为了实现充分就业和发展生产,也只能选择通用的技术、简单的资本设备,这又导致这些国家消费品结构的低级化。人均收入水平较高的国家,其选择的消费品质量与档次较高,而资本设备也更先进、更高级。因此,即使一个国家拥有比较优势的产品,但由于其他国家的收入水平与其不同,对产品没有需求,这种比较优势的产品也不能成为贸易产品。

---

① Linder, S. B. An Essay on Trade and Transformation. New York: John Wiley and Sons, 1961.

7. 产业内贸易说(intra-industry trade theory)

第二次世界大战后,世界同类产品贸易增长迅速,古典和新古典贸易理论认为,贸易的根源在于各国生产方面存在的差异,如劳动生产率的差异、资源禀赋条件的差异。他们认为,国家之间技术和要素禀赋条件差异越大,贸易机会就越多。现实中,由技术和要素禀赋决定的贸易属于产业之间的贸易。"二战"后,许多国家的贸易更多地转向产业内部,具体表现为,在同类产品中,有进口也有出口。一些学者采用产业内贸易指数(Index of Intra-Industrial Trade,简称 IIT)来测定产业内贸易程度。① 美国 1970 年、1987 年、1999 年制造业产业内贸易指数分别为 55.1%、61%、81.1%,德国的数字分别为 59.7%、66.4%、85.4%,中国 1999 年的数字是 88.5%。② 上面的数字说明国家之间产业内部贸易程度已经达到相当高的水平,在制造业部门,半数以上的贸易属于产业内贸易。

首先比较系统地对产业内贸易进行研究的是美国经济学家格鲁贝尔(H. G. Grubel)、劳埃德,他们在研究共同市场成员国之间贸易量的增长时,发现发达国家之间的贸易大量属于产业内同类产品的贸易,因而开始对产业内贸易进行研究,力图解释产业内同类产品贸易增长的特点和原因。后来,产业内贸易理论为 Murray C. Kemp,Paul P. Krugman 等进一步发展完善。③

他们认为,当代国际贸易的产品结构,大致可分为产业间产品贸易和产业内产品贸易两类。一般说来,产业内贸易具有以下几个特点:

(1) 产业内贸易与产业间贸易在贸易内容上有所不同。它是产业内同类产品的相互交换,而不是产业间非同类产品的交换。

(2) 产业内贸易的产品流向具有双向性。即同一产业内的产品,可以在两国之间相互进出口。

(3) 产业内贸易的产品具有多样化特点。这些产品中既有资本密集型产品,也有劳动密集型产品;既有高技术产品,也有标准技术产品。

(4) 产业内贸易的商品必须具备两个条件:一是在消费上能够相互替代;二是在生产中需要相近或相似的生产要素投入。

产业内贸易形成的原因或前提条件可以归纳为:

---

① $IIT = 1 - \dfrac{[X-M]}{X+M}$,$X$ 和 $M$ 分别代表同类产品的出口和进口值,IIT 的数值介于 0~1 之间,如果该国只出口或进口,IIT=0,即不存在产业内贸易;如果 IIT>0,说明该国在同类产品上有进口也有出口。IIT 数值越大,产业内贸易程度越高。

② 海闻,P. 林德特,王新奎. 国际贸易. 上海:上海人民出版社,2003:161.

③ Grubel, Herbert G., and Lioyd, Peter J., Intra-Industry Trade: The Theory and Measurement of International Trade in Differentiated Products. London: MacMillan, 1975.

Paul. Krugman. Scale Economies, Product Differentiation and the Pattern of Trade. American Economic Review, 70, 950-959.

（1）同类产品的异质性是产业内贸易形成的重要基础。产业内贸易论者摒弃古典与新古典完全竞争的假设，认为大多数制造品不是同质的，从实物形态上，同类产品可以由于商标、牌号、款式、包装、规格等方面的差异而被视为异质产品，即使实物形态相同，也可以由于信贷条件、交货时间、售后服务和广告宣传等方面的差异而被视为异质产品。这种同类的异质性产品可以满足不同消费心理、消费欲望和消费层次的消费需要。产品的异质性使其市场呈现出垄断竞争的特性，同类产品的生产者可以依据自己的优势，或对消费者的吸引力生产具有一定垄断性的产品，从而导致不同国家之间产业内贸易的发生与发展。

（2）规模收益递增是产业内贸易的重要成因。产业内贸易论者认为，生产要素禀赋相近或相似国家之间能够进行有效的国际分工，从而获得贸易利益，其主要原因是企业规模经济的存在。① 一国的企业可通过大规模专业化生产，取得规模经济利益，其成本将会随着产量的增长而递减，使该国企业在生产成本上具有比较优势，从而打破各生产企业之间原有的比较优势均衡状态，使自己的产品处于相对的竞争优势，在国际市场上具有更强竞争力，产品出口扩大。这样，产业内部的分工和贸易也就形成了。

（3）经济发展水平是产业内贸易的重要制约因素。产业内贸易论者认为，经济发展水平越高，产业部门内异质性产品的生产规模也就越大，产业部门内部分工就越发达，从而形成异质性产品的供给市场。同时，经济发展水平越高，人均收入水平也越高，较高人均收入层上的消费者的需求会变得更加复杂、更加多样化，呈现出对异质性产品的强烈需求，从而形成异质性产品的需求市场。当两国之间人均收入水平趋于相等时，其需求结构也趋于接近，产业内贸易发展倾向就越强。

需求偏好相似理论是从需求方面阐述产业内部贸易发展的原因，而产业内部贸易说是从供给的角度分析阐述产业内部贸易问题。

以上对"反论"或"之谜"的各种解释是在继承传统的西方国际分工和国际贸易理论的基础上，进行整修补缀的论述。里昂惕夫之谜所引起的解释不是对比较成本说和赫-俄学说的全盘否定，也不是对这些传统理论的全盘继承，而是针对战后国际分工和国际贸易的新变化，在继承这些传统理论的基础上，有所创"新"，有所扩展。从理论上，他们继承了西方传统国际分工和国际贸易理论中最基本的东西，即比较优势的概念，将两个国家、两种商品、两种要素的模式加以分析，代之以多数国家、多种商品以及天然资源、劳动效率、人力资本、技术差距、需求因素和规模经济等多因素的分析；从方法上，他们把定性分析和定量分析结合起来，把理论研究和实践论证结合起来，把比较利益的静态分析和动态转移过程结合起来，特别是在产品周期说中动态地考察了比较利益的转移过程，使比较利益理论动态化。这些都是他们与传统理论的不同之处，起到了对传统理论的修改补充的作用。

---

① 规模经济在这里指规模收益递增的现象，即所有投入要素的平衡增长导致生产规模扩张，平均成本下降的情形。

### 五、新新贸易理论（new new trade theory）

2003年,哈佛大学的梅里兹(Melitz)提出了"异质企业贸易模型",形成了以企业为研究对象的国际贸易新理论,理论打破企业同质性假设,开始关注企业的异质性和企业内部资源配置问题,形成异质性企业模型和内生边界模型为代表的"新新贸易理论"。"新新贸易理论"将贸易模式研究从产业视角转移到企业内生边界视角,从而为企业全球化生产和贸易模式的选择提供了新的理论依据。

Melitz(2003)的异质性企业贸易模型,引入企业生产率差异,利用该差异解释国际贸易中企业行为和出口决策差异,其基本结论是:贸易使得拥有较高生产率的企业出口,而生产率较低的企业只能在国内市场生产或销售,甚至退出市场,出口企业获得更高福利水平。从事出口贸易的企业,与非出口企业相比,具有较大生产规模和较高劳动生产率,使用更熟练的技术水平,通常具备较高的技术和资本密集度。Yeaple(2005)进一步将企业的异质性总结为企业的竞争技术、国际贸易成本和异质性技术工人三个要素的共同作用。

Helpman(2004)在Melitz(2003)和Antras(2003)的模型基础上构建了一个新的模型——企业内生边界模型,分析了决定企业外包和一体化选择的主要因素。模型认为,企业国际战略决策是企业对内生组织边界的自我选择,研究结果表明,资本和技术密集度高的企业一体化现象更明显,更多采用母公司和子公司及子公司的内部贸易,较少依赖外部市场。当国外市场规模扩大且出口成本提高时,外商直接投资(foreign direct investment,FDI)更为有利;当贸易成本相对较低,在国外建立分支机构的成本上升时,可选择国内生产然后出口;当产品中的高端要素,尤其是研发要素较多时,选择留在发达国家,产权更多分配给技术创新者;当产品标准化之后,选择在发展中国家生产,产权分配偏向于装配制造者。这些决策影响了企业的区位选择和组织结构的选择。

### 本章小结

1. 国际分工是社会分工发展到一定阶段,国民经济内部分工超越国家界限发展的结果,国际分工是国际贸易和世界市场的基础。

2. 国际分工的发展经历了萌芽、形成、发展、深化阶段。国际分工萌芽于地理大发现之后,形成于第一次产业革命,国际分工体系确立于第二次产业革命时期。

3. 国际分工形成与发展的影响因素可以归纳为:社会生产力的决定作用、自然条件的基础性作用、资本流动的促进作用、政府行为的推进或延缓作用。

4. 斯密的绝对优势论认为,国际分工、贸易的原因和基础是各国生产同种商品存在劳动生产率和生产成本的绝对差异。各国应集中生产并出口具有绝对优势的产品,进口不具有绝对优势的产品,这样,贸易双方都会从中获益。

5. 李嘉图的比较优势论认为,国际分工和贸易的原因和基础是生产产品劳动生产率的相对差异,及由此产生的生产成本的相对差异。每个国家都应生产与出口比较优势产品,进口比较劣势产品,这样,对参加分工、贸易的国家都有利。

6. 赫克歇尔-俄林认为,产品的相对成本差异主要取决于生产产品要素比例和一国资源禀赋条件的差异。各国应该生产与出口本国丰裕要素密集的商品,进口本国稀缺要素密集的商品,如此,各国都会获取贸易利益。

7. 美国学者里昂惕夫20世纪50年代运用美国数据对赫-俄模型进行实证检验,其结果与赫-俄模型相悖,历史上被称为里昂惕夫之谜。对里昂惕夫之谜的解释包括,产品要素密集度逆转说、劳动熟练说、人力资本说、技术差距说等。

8. "二战"后,针对国际贸易发展中的一些新现象,如产业内贸易、发达国家之间贸易的重要性、产业优势地位转移等问题产生许多理论阐释,主要包括产业内贸易说、需求偏好相似论、产品生命周期理论、新新贸易理论等。

## 重要概念

国际分工、绝对优势、比较优势、要素密集性、里昂惕夫之谜、要素密集度逆转、产品生命周期、产业内贸易

## 同步测练与解析

一、选择题

1. 国际分工体系形成于( )。
   A. 第一次产业革命时期　　　　B. 第二次产业革命时期
   C. 第三次科技革命时期　　　　D. 第二次世界大战之后

2. 依照"两优取最优,两劣取次劣"原则进行分工的思想是( )提出的。
   A. 亚当·斯密　　　　　　　　B. 大卫·李嘉图
   C. 俄林　　　　　　　　　　　D. 托马斯·孟

3. 亚当·斯密、大卫·李嘉图、赫克歇尔-俄林的学说都是主张( )。
   A. 公平贸易　　　　　　　　　B. 自由贸易
   C. 保护贸易　　　　　　　　　D. 管理贸易

4. 亚当·斯密和大卫·李嘉图认为国际贸易产生的原因和基础是( )。
   A. 各国间商品价格不同　　　　B. 各国生产要素禀赋不同
   C. 各国生产各种商品的劳动生产率不同　　D. 各国间要素价格不同

5. 资本充裕的国家应集中生产和出口资本密集型产品,这种说法源于( )。
   A. 亚当·斯密绝对成本说          B. 大卫·李嘉图比较成本说
   C. 赫克歇尔-俄林要素禀赋说      D. 普雷维什的贸易理论
6. 中国生产一只手表需要 8 个劳动日,生产一辆自行车需 9 个劳动日,泰国生产手表和自行车分别要 13 个和 11 个劳动日,根据比较成本说( )。
   A. 中国应集中生产和出口手表      B. 中国应集中生产和出口自行车
   C. 泰国应集中生产和出口手表      D. 泰国不宜参加社会分工
7. 俄林认为( )是国际贸易的直接原因。
   A. 成本的国际绝对差              B. 价格的国际绝对差
   C. 成本比例的国际绝对差          D. 价格比例的国际绝对差
8. 第二次世界大战后,国际贸易商品结构的变化主要表现为( )。
   A. 工业制成品比重上升            B. 工业制成品比重下降
   C. 初级产品比重下降              D. 初级产品比重上升
9. 影响国际分工形成与发展的因素包括( )。
   A. 社会生产力                    B. 社会生产关系
   C. 自然条件                      D. 政府行为
   E. 资本流动
10. 第二次世界大战后,国际分工深化表现为( )。
    A. 发达国家间的分工居于主导地位
    B. 发达国家间工业部门内部分工逐步增强
    C. 发展中国家被日益排除在国际分工体系之外
    D. 区域性经济集团内部的分工趋于加强
11. 产业内贸易表现为( )。
    A. 零部件分工                   B. 生产工艺过程的分工
    C. 不同型号、规格产品的分工     D. 贸易量的急剧增大

二、思考题
1. 为什么说国际分工体系的建立是在第二次产业革命时期?
2. 为什么说社会生产力是国际分工形成与发展的决定性因素?
3. 为什么说比较成本论是对绝对成本论的继承和发展?
4. 以俄林为代表的新古典贸易理论在解释国际贸易成因时与古典国际分工和贸易理论有什么区别?
5. 产品生命周期理论是如何解释产业优势地位在不同国家或地区进行转移的?
6. 需求偏好相似理论是如何解释要素禀赋相同或相似国家之间的贸易行为的?
7. 产业内贸易理论是如何阐释产业内贸易形成的原因或前提条件的?

## 【同步测练】参考答案与要点提示

### 一、选择题
1. B  2. B  3. B  4. C  5. C  6. A  7. B  8. AC  9. ACDE  10. ABD  11. ABC

### 二、思考题
1. 这一时期,社会生产力的飞跃式发展与资本输出使得资本主义国际分工的重要形式——宗主国与殖民地半殖民地间的分工、工业产品生产国与初级产品(农产品、矿产品)生产国之间的分工日益加深,得以强化,导致国际分工体系最终形成,具体表现为:

(1) 亚、非、拉国家的经济变为单一经济,其经济发展主要依赖于一两种或两三种产品的生产和出口。

(2) 分工的中心从英国变为一组国家,扩展到包括美国、德国、法国等。他们之间也形成了以经济部门为基础的国际分工关系。

(3) 随着国际分工体系的形成,加强了世界各国之间的相互依赖关系,除亚、非、拉国家之外,发达的资本主义国家也加强了对国际分工的依赖。

总之,在这一时期,随着国际分工体系的建立,参加国际分工的每一个国家都有许多部门首先是为世界市场而生产的,而每一个国家消费的许多产品都源自世界市场,直接或间接凝结着许多国家劳动者的劳动。

2.(1) 国际分工是生产力发展的必然结果。

(2) 各国生产力水平决定其在国际分工中的地位。

(3) 生产力的发展对国际分工的形式、广度和深度起着决定性的作用。

(4) 生产力的发展决定了国际分工产品内容。

(5) 技术在国际分工中的作用日渐显著。

3.(1) 继承

① 坚持劳动价值论。

② 认为劳动生产率及由此决定的生产成本的差异是国际分工和贸易的原因。

(2) 发展

以劳动生产率及生产成本的相对差异取代绝对差异作为解释国际分工与贸易的原因。

4.(1) 以多要素分析取代单一要素分析。

(2) 将各国间要素禀赋的相对差异及在生产各种商品时利用各生产要素强度的差异作为国际分工与贸易的基础。古典分工与贸易理论则认为劳动生产率的绝对差异或相对差异及由此决定的绝对成本或比较成本差异是国际分工与贸易的基础。

(3) 从国家参加国际分工与贸易依据的阐述上,要素禀赋论更系统、更完整。

5. 随着产品生命周期的展开,产品的要素密集特性在发生变化,经历从技术密集—资本密集—劳动密集的变化,鉴于各国资源禀赋条件的差异,生产产品的比较优势在不同资源条件的国家间实现转移。

6. 林德的需求偏好相似论运用需求结构相似的观点解释发达国家间工业制成品贸易的发展。

（1）收入决定需求与需求结构。

（2）发达国家收入水平相近，需求结构呈现同步特征。

（3）需求结构越相似，产品的相互适应性越强，贸易机会越多。

7.（1）同类产品的异质性是产业内贸易形成的重要基础。

（2）规模收益递增是产业内贸易的重要成因。

（3）经济发展水平是产业内贸易的重要制约因素。

# 第三章
CHAPTER THREE

# 世界市场

## 本章学习要求

国际分工具体表现为参加国际分工的国家和地区在世界市场上的交换活动。通过本章学习,要求学生了解当代世界市场的构成与运行,掌握世界市场价格的主要形式,并对国家之间商品交换比价,即贸易条件能够系统地把握。

## 重点与难点

1. 世界市场的构成;
2. 世界市场价格类型与决定因素;
3. 贸易条件的种类与含义。

# 第一节　当代世界市场构成与运行

市场是商品和服务的交换领域,也是商品生产正常进行的必要条件。哪里有社会分工和商品生产,哪里就有市场。市场的容量与社会分工、社会劳动专业化程度密切相关。随着社会分工和商品生产的发展,市场也逐步地发展起来。[①] 市场与社会分工的发展是相辅相成的,社会分工是基础,市场是社会分工的产物,社会分工随着科学技术的进步与发展而不断变化,因此,市场的发展没有止境。

## 一、世界市场的发展与构成

### (一)世界市场的形成

世界市场是在地方市场和民族市场形成与发展的基础上产生的。

世界市场是由世界范围内通过国际分工联系起来的各国国内市场与国家之间的市场组合而成。

在自然经济占主导的社会中,社会分工不发达,商品生产只在有限的范围内进行,产品种类单一,这个时期的市场以地方市场为特征。随着生产力和商品生产的发展,自然经济逐步走向解体。在封建社会末期,由于社会分工的发展,使地域之间的经济联系产生并加强,经过漫长的过程,最终促成民族市场的形成,18—19 世纪,大约花了 200 年的时间,在欧洲、北美、日本相继建成民族市场。

世界市场的形成与发展与国际分工的形成与发展相呼应,世界市场是随着地理大发现而萌芽,随着第一次产业革命而发展,伴随着第二次产业革命后国际分工体系的建立而最终形成。

15 世纪末到 16 世纪初的地理大发现,将隔绝的大陆、大洲通过贸易手段联系起来,使得国家之间的交换扩展到更广阔的范围,具有了世界的意义,从而使世界市场进入萌芽阶段。马克思、恩格斯曾经指出:"美洲的发现、绕过非洲的航行,给新兴的资产阶级开辟了新的活动场所。东印度和中国的市场、美洲的殖民化、对殖民地的贸易、交换手段和一般的商品的增加,使商业、航海业和工业空前高涨。"[②] 民族经济开始融合,基本独立的、区域性的市场逐步发展成为初步相互关联的、具有世界概念的市场。15 世纪末—18 世纪中叶前,随着国家之间贸易的发展、世界市场的发展,直接服务于商品交易的新的商业机构陆续出现,如银行、

---

[①] 姚曾荫. 国际贸易概论. 北京:人民出版社,1987:125.
[②] 马克思恩格斯选集. 第 1 卷. 北京:人民出版社,1972:252.

股份公司、交易所、保险公司等,推动着国际贸易向规范化、成熟商业化运作发展。

第一次产业革命确立了机器大工业生产的基础,它对世界市场的发展与形成起着决定性作用。机器大工业需要一个不断扩大的产品销售市场,[①]需要一个不断扩大的生产原料来源;机器大工业使工业和人口向城市集中,形成众多的工业中心和生活消费品中心;通过迫使小生产者破产、海外移民补充、增大劳动力供给;机器大工业为各国经济的密切联系提供和改善了交通运输和通信工具。总之,机器大工业本身的欲求和产生的客观结果,导致国家之间的商品交换从地域范围到商品范围都发生根本的改变。越来越多的国家和地区被纳入国际分工与交换的范畴,相关国家的国内市场相互连接,其经济程度不同地与外部世界发生着联系。

在这一时期,世界市场上的主要经济贸易联系存在于发达国家与落后国家之间,发达国家用工业制成品去交换落后国家的食品与工业原料是世界市场主要的商品交换方式,这时期的工业制成品主要是纺织品和钢铁制品,1850—1870年,英国输出产品80%是纺织品和钢铁制品。

但是,由于这一时期,机器大工业虽然在西欧少数发达国家占据统治地位,但对于世界绝大部分地区,包括欧洲大部分国家经济,仍然以农业为主或属于纯粹的农业经济,只有英国是典型的工业太阳。也就是说,这一时期的世界市场中,自然经济还没有被完全打破,商品经济、商品交换还没有成为绝大多数国家经济的必然组成部分,资本主义生产方式、资本主义制度的国际性质还没有真正确立,世界市场还没有形成,但是国家之间的经济联系正在变得密切起来。

19世纪末20世纪初,第二次产业革命发生,新的产业建立,西欧与北美发达国家完成了工业化过程,工农业生产的发展、交通运输工具的革命、铁路和轮船的出现和发展意味着世界经济代替了国民经济,国际分工进一步发展。同期,资本主义从自由竞争走向垄断,资本输出成为资本主义国家的重要经济特征,资本输出深化了旧有的国际分工格局,最终国际分工体系得以确立,统一的世界市场也随之形成。因而,世界工农业生产的增长、交通运输工具的革命和资本输出联合作用的结果,就是在世界历史上第一次实现了把世界各国都联系起来的一个统一的世界市场的诞生。[②]

世界市场形成的标志可以表述为以下几个方面:

1. 多边贸易和多边支付体系的形成

多边贸易的早期形式可以追溯到西欧、西印度群岛和北美,以及西印度群岛、北美和非洲之间的三角贸易。但直到19世纪末20世纪初,一个复杂的多边贸易、多边支付体系才建

---

① 19世纪的世界经济史证明,每一次新的工业高涨都与一个新的国外市场的开辟,也就是世界市场的扩大同时发生。参见姚曾荫主编.国际贸易概论.北京:人民出版社,1987:135.

② 到1900年,世界上各个国家融入世界市场的过程基本完成,统一的世界市场形成。参见姚曾荫主编.国际贸易概论.北京:人民出版社,1987:153.

立起来,它基本囊括了所有国家的贸易差额和支付差额。

在多边贸易、多边支付体系下,各国不再需要必须保持与每一个贸易对手国家的贸易平衡,而是寻求以对一些国家的贸易盈余来冲抵对另一些国家的逆差,最终保持总贸易基本平衡。如英国,从西欧和北美新兴工业国家进口工业制成品,对这些国家贸易常年处于入超状态,英国虽然也从经济不发达国家大量进口食品与工业原料,但英国也是经济不发达国家工业制成品的主要提供国,英国对不发达经济的贸易常年处于出超状态,因而,英国就可以利用与经济不发达国家的贸易出超冲抵与西欧、北美诸国的贸易入超。同时,英国海外投资的大量收入也成为冲抵入超的主要来源之一。以1910年的国际支付为例,该年度,英国对印度有6 000万英镑的盈余,对中国有1 300万英镑盈余,这些盈余加上英国对日本、澳大利亚、土耳其的贸易盈余才可以冲抵英国对美国、西欧大陆和加拿大为数达到12 000万英镑的贸易逆差。

多边贸易、多边支付体系为所有贸易参加国提供购买货物的支付手段,同时使国家间债权债务的清偿、利息与红利的支付能够顺利完成。由此可见,多边贸易多边支付体系的建立加强了世界市场上国家之间的经济联系,使商品交易与金融交易紧密联系,共同促进各国及世界经济的顺利发展。

2. 国际金本位制度和世界货币的形成

世界市场的发展与世界货币的发展是相互促进、相辅相成的关系。世界市场越是发展,货币也就越需要摆脱它的地方的、民族的特殊形态,而回到天然最适宜担当一般等价物的商品,那就是贵金属。"金银天然不是货币,但货币天然是金银,这句话已为金银的自然属性适于担任货币的职能而得到证明。"[①]世界货币的早期形态是黄金与白银,后来是黄金。国际金本位制度是1914年前世界多边贸易与支付体系发挥作用的重要基础。其作用主要体现在两个方面:一是为世界上各国货币的价值提供一个相互比较的尺度,并能使各国货币汇价保持稳定;二是为世界各国商品价格提供一个相互比较的尺度,从而使各国商品以同一货币标价时,价格基本相同,有利于将各国的商品生产与交换更紧密地联系在一起。

国际金本位制度的建立顺应了世界市场形成的要求,世界货币的产生是各国生产与交换国际化的表现与结果。在形成的世界市场上,世界货币发挥着价值尺度、支付手段、流通手段、贮藏手段的职能,其中最重要的是作为支付手段平衡国际收支差额。

3. 形成比较完备的世界市场运作机制

(1)世界市场价格形成机制

世界市场价格的统一性是世界市场形成的重要标志。1914年前,同一商品的世界价格趋于一致的倾向是在市场竞争过程中形成的,是自发的,没有政府干预,不存在商品的国际协定和任何形式的双边、多边安排。

---

① 马克思.资本论.第一卷.北京:人民出版社,1975:107.

同一时期,世界市场价格不受销售地区的影响,只受商品异质性的影响,由异质商品的国际价值决定。受国际价值规律作用,商品从价格低的地方流向价格高的地方,商人根据地域和时间的不同低价买入高价卖出,最终致使同一商品在世界市场上的价格趋同。

世界市场上商品价格是波动的,其变化主要受供求关系影响,所有影响供求关系的因素都会影响相应商品的世界市场价格,如生产厂商数目的变化、预期的影响、经济周期的影响、消费者需求的变化等。

在1914年以前,对于大多数商品来说,已经存在一个世界市场和一个统一的世界市场价格,芝加哥、布宜诺斯艾利斯、伦敦、汉堡的小麦价格除去运费和关税,只有微小差别。①

世界市场价格形成机制的建立和运行说明各国的国内市场已经成为世界市场的有机组成部分,统治各国国内市场运行的价值规律已经演化为国际价值规律在世界市场上发挥作用,世界市场价格取代了国内市场价格,竞争过程在世界范围的扩展使同一商品在世界市场上趋于同一的价格。

(2) 固定的商品市场、专业的商业机构、完备的运输设施

在这一时期,大型固定的商品交易场所建立并获得极大地发展,各类大宗贸易商品的专业性交易所和综合交易所、国际拍卖市场、国际博览会、展销会纷纷建立;各种专业性机构,如运输、保险、银行机构都与一个以世界为范围的销售过程程度不同地发生联系;固定的航线、完善的港口、码头设施,所有的一切都使世界市场能够有效率地运行。

4. 商品种类的多样化和大宗贸易的增长

随着先进国家工业化的完成,在国际贸易中,机器大工业制成品最终取代了手工业制成品,大批量、统一标准的工业制成品进入世界市场,同时,生产规模的急剧扩张,引发对食品、工业原料需求的扩张,致使一些大宗贸易的商品世界市场开始形成。远洋货轮的定期行驶、铁路运输的畅通、运费的下降,为大宗贸易商品迅速发展提供了物质技术条件,煤炭、铁矿石、粮食、肉类、纤维等大宗货物成为世界市场交易的中心。② F. Hilgerdt 在国际联盟(League of Nations)的研究报告中列举出世界市场上交易的商品,1938年世界出口值在1亿美元以上的商品达到23种,依照出口值大小排列是:棉花、煤炭、原油、小麦、羊毛、汽油、烟草、糖、铜、黄油、煤气和燃料油、橡胶、咖啡、牛肉、羊肉、玉米、猪肉、茶叶、大米、铁矿石、丝、面粉、锡、柑橘类。③

在大宗贸易商品成为世界市场交易主角的同时,世界市场上商品的多样化程度也在迅速提高,除去传统贸易商品外,大量新的产品进入国际交换领域。工业制成品除传统的棉纺织品、金属制品外,大量的机器设备、钢轨、机车等产品从产地转输到世界其他地方,食品和

---

① 姚曾荫. 国际贸易概论. 北京:人民出版社,1987:175.
② 如此大量的食品和生产原料交易以前是不可能的,一是许多矿藏没有开发出来,即使开发出来也承担不起昂贵的运输费用;二是机器工业的规模和使用范围还没有发展到能够充分利用这些原料的程度。
③ 姚曾荫. 国际贸易概论. 北京:人民出版社,1987:167.

生产原料的种类更加繁多,大量的锡、石油、橡胶等在世界市场上进行买卖以适应新兴的汽车行业发展的要求,不同国家各类食品鲜蔬也在世界市场上进行着交易,成为不同国家民族共同享用的生活用品。

值得注意的是,世界市场形成后,虽然制成品贸易增长速度很快,但初级产品贸易仍然居于主导地位,初级产品贸易的增长仍然是国际贸易增长的主要源泉。

(二) 当代世界市场的构成与运行

1. 交易对象

世界市场的交易对象分为有形商品(货物)和无形商品(服务)两大类。有形商品依照《联合国国际贸易标准分类》共分为10大类、66章、266组。服务依照国际货币基金组织、世界贸易组织等国际机构的分类,划分为运输服务(transportation services)、旅游服务(travel services)、通信服务(communication services)、建筑服务(construction services)、保险服务(insurance services)、金融服务(financial services)、计算机与信息服务(computer and information services)、特许与许可服务(royalties and license fees)、其他商务服务(other business services)、个人,文化与娱乐服务(personal, cultural and recreational services)。

2. 参与国家

目前通行两类国家划分法:一是将所有国家分为发达国家、发展中国家和最不发达国家;另一类是划分为发达国家、发展中国家、东南欧和独联体国家。发达国家仍是全球贸易中最重要的群体,发展中国家的对外贸易年所占比例在不断增加,十年间,发展中国家的货物贸易在全球贸易中的占比自2005年的33%增加到2015年的42%。[①] 2017年,货物出口中,发达国家占比52.56%,发展中国家44.34%,东南欧和独联体国家2.91%;服务出口中,发达国家68.2%,发展中国家29.5%,东南欧和独联体国家2%。

3. 订约人

世界市场的订约人依照活动的目的和性质划分为以下五类。

(1) 企业与企业主联合组织

"企业"是指以商业营利为目的,从事生产、服务性经济活动的单位。企业依照不同的划分标准,有各种各样的类型。依照所有制,划分为国有企业、私有企业、混合制企业;依照对企业债务承担的法律责任分为有限责任公司、无限责任公司。

企业主联合会是企业家联合组织,多数为民间组织,如日本经团联。它们代表企业,往往是某一行业企业的利益,游说政府以形成对其有利的政策和措施,同时服务于企业,为企业生产、采购、销售、出口等提供信息及咨询服务。它们定期组织各种类型的形势研判会,商讨企业对策,协调企业利益,组织集体行动。如日本的一些同业行会在产品出口方面行使协

---

① World trade statistics 2016.

调的职能,主要是价格方面的协调,避免同类产品的企业在同一市场上过于激烈竞争,从而有损日本企业的利益。企业主联合会通常以联盟、协会的形式存在。

(2) 政府机构

世界市场上的政府机构可分为三种类型:一是作为直接的采购方,在世界市场采购货物与服务,属于政府采购范围;或直接作为卖方提供商品与服务,如通过商品输出的方式提供的军事或经济援助。二是政府专门设立的干预机构,通过在世界市场上买进与卖出商品调节市场供求关系,最终影响市场价格。三是政府设立的促进出口机构,其一部分职能是帮助企业获取市场信息,甚至直接帮助企业达成交易。

(3) 国际机构

国际机构主要指诸如世界银行、国际货币基金组织、联合国等类机构,它们日常运转需要消耗大量物品和服务,如办公设备、办公材料,是世界市场上诸多商品和服务的大买家。它们的大宗采购主要采取在成员国范围内招标的方式进行。

(4) 其他机构

其他机构是指以不同形式或身份介入世界市场交易的各种类型的机构,如国际商品协定下设的干预基金。有些国际商品协定对参与国家权利与义务的规定采取设立缓冲存货的做法,也就是由出口国提供实物,进口国提供资金,建立就某种商品的干预基金,并就该种商品设立最高、最低限价,当世界市场价格高于最高限价时,为保护参加协定进口国的利益,干预基金在市场上抛售该产品,抑制价格上升,将价格压到最高限价以下;当世界市场上价格低于最低限价时,为保护参加协定出口国的利益,基金在市场上大量收购该产品,促使价格升至最低限价以上,如国际天然橡胶协定。

(5) 自然人

电子商务和贸易便利化的发展赋予个人跨境贸易更多的机会,个人可以直接通过境外网站或交易平台购入自己所需要的物品。2017 年,我国跨境电商零售进口金额 566 亿元人民币,同比增长 75.5%。2018 年,进口金额增至 785.8 亿元人民币,增长 39.8%。[①]

4. 国际商品市场形式

(1) 固定的国际商品市场

① 商品交易所。商品交易所是一种典型的具有固定组织形式的市场。它是在指定的地点、按照规定的程序和方式,由特定的交易人员(一般为会员经纪人)进行大宗商品交易的专业市场。商品交易所最早是建于荷兰阿姆斯特丹的粮食交易所。

在商品交易所进行交易的商品往往具有同质性,即品质相同,如有色金属、谷物、原料、油料、橡胶等。目前主要通过交易所交易的商品大约有 50 多种,占世界商品流通额的

---

① 电子商务研究中心。

15%～20%，世界性的商品交易所，如芝加哥交易所①，芝加哥商品交易所②每天的开盘、收盘价格及全天的最高、最低价格均被刊登在世界重要的报刊上，作为市场价格的指示器。因此，一般地，世界性商品交易所的价格被公认为是世界市场价格的重要参考数据，对世界市场价格具有建设性影响。

交易所运作一般采取会员制，只有交易所的会员才可以在场内交易。会员的场内交易分为两类，一是自营，即利用自有或自筹资金进行商品买卖交易；二是充当经纪人，代理非会员的个人、企业、机构进行商品交易，并收取佣金。

在交易所中进行的商品交易分为现货交易和期货交易两种。现货交易是实际或当期商品买卖活动，以卖方交货，买方付款完成合约，具有即期交割性质。期货交易合约是买卖双方签订的在将来一定时间按照确定的价格买卖某商品的协议。下面我们以芝加哥商品交易所（CBOT）交易的玉米期货合约来说明期货交易是如何进行的。

假定现在是3月，在纽约的一位投资者指示他的经纪人买入7月③交割5 000蒲式耳玉米的期货合约④，经纪人立即将指令传递给在CBOT交易所的场内交易员。同时，在加州的一位投资者指示他的经纪人卖出7月到期的5 000蒲式耳玉米的期货合约，这个指令也被传递到CBOT交易所的场内交易员，两个交易员相遇，协商7月到期5 000蒲式耳玉米的价格，最后达成交易。交易的价格也决定于供求关系，如果卖出的7月玉米数量多于买入数量，7月玉米期货的价格就会下降；如果卖出7月玉米的数量少于买入数量，那么，7月交割的玉米价格就会上涨。

商品期货交易只能按照交易所规定的品质标准进行交易，这种标准称为基本品级。如在芝加哥交易所，小麦期货有"2号软红水麦""2号硬冬水麦"等7个基本品级。在交易中，交易双方无须出示、验看样品，只需按照品级进行交易即可。

期货交易合约属于远期交割，但实际上，只有少数期货合约到期后执行商品实物交付，多数合约在到期前就已经平仓。⑤ 目前，商品交易所进行的交易中80%属于期货交易。

目前，商品交易所交易的专业化程度非常高，不同的交易所集中于不同商品的大宗交易，谷物交易主要集中在芝加哥、伦敦、利物浦、温尼伯、鹿特丹、安特卫普、米兰；有色金属交易主要集中在纽约、伦敦、新加坡；天然橡胶交易主要集中在新加坡、伦敦、纽约、吉隆坡；棉花主要集中在纽约、新奥尔良、芝加哥、利物浦、亚历山大、圣保罗、孟买；生丝主要集中在横

---

① 建于1848年，主要交易玉米、燕麦、大豆、豆油、小麦等。
② 建于1874年，主要交易猪肉、生牛、生猪、存栏牛等。
③ 期货合约每年有固定的几个到期日，只有在到期日才可以实施交割。
④ 在期货合约中，一份合约交易的数量或金额都是标准化的，不同商品的期货合约规定的标准交易数量和金额是不同的，投资者买或卖的数量或金额只能是标准交易数量或金额的倍数。
⑤ 平仓（closing out a position）：持有一个与初始交易头寸相反的头寸，如投资者在3月买入5份7月到期的玉米期货合约，他或她可以在6月3日卖出5份7月到期的玉米期货合约进行平仓。如果投资者在3月卖出5份7月到期的玉米期货合约，他或她可以选择在6月5日买入5份7月到期的玉米合约，进行平仓。

滨、神户等地。

② 拍卖(auctions)。拍卖至今已有几百年的历史,是一种在规定的时间和场所,按照一定的规章和程序,通过公开叫价竞购,把事先经买主验看的货物逐批或逐件卖给出价最高者的过程。以拍卖方式进入国际市场的商品,大多数为品质不容易标准化、不易存储、生产厂家众多、产地分散或难于集中交易的商品,如毛皮、茶叶、古玩艺术品、地毯等。一些国家的政府和海关在处理库存和罚没的物品时也常采取拍卖的方式。

拍卖交易具有以下特点:

第一,在拍卖中,买卖双方不直接洽谈生意,而是通过专营拍卖业务的拍卖行或拍卖公司进行,拍卖行(公司)设有专门的拍卖场所、拥有专业人员和设备。

第二,拍卖是一种单批、实物的现货交易,具有当场公开竞购、一次成交的性质。拍卖货物在拍卖前是经有购买意向的买主验看过的,拍卖结束后,卖方和拍卖行(公司)对商品的品质不承担赔付责任。

第三,拍卖交易对买方要求很高,他或她必须对货物的质量和价值有鉴别力,按质论价的特点在拍卖中尤为突出。

目前,在世界市场中,主要通过拍卖成交的商品都有固定的拍卖地。

羊毛:伦敦、利物浦、开普敦、墨尔本、悉尼。

毛皮:纽约、伦敦、蒙特利尔、哥本哈根、奥斯陆、斯德哥尔摩、圣彼得堡。

茶叶:伦敦、加尔各答、科伦坡、科钦。

烟草:纽约、阿姆斯特丹、不来梅、卢萨卡。

③ 博览会、展览会。博览会是一种定期的在同一地点、在规定的期限内举办的有众多国家、众多厂商参加产品展销的国际市场,举办博览会的目的是使参展者展示科技成果、商品样品,洽谈业务,促成贸易。

展览会一般是不定期举办的,它与博览会的区别是只展览不销售,通过产品展示,促成会后的交易。

从商品和举办的范围来看,博览会和展览会大致可以分为以下几种。①

● 样品国际博览会:博览会举办期间,参加国家的厂商、参展商品样品很多,规模很大。莱比锡博览会、里昂博览会的正式名称就是样品集市(Sample Fair)。

● 综合性国际博览会:这是一种由许多国家和厂商参加的、涉及各行各业产品展示的国际集市,通常规模很大,如米兰国际博览会。

● 消费品国际博览会:以日常或耐用消费品及工艺装饰品为展销内容的博览会,如联邦德国的家庭用品集市、英国理想家庭博览会。

● 主要工业产品国际博览会:这种博览会行业性较强,一般集中在新兴的高新技术产

---

① 陈同仇,薛荣久. 国际贸易. 北京:对外经济贸易大学出版社,1997:88-89.

业,如每年在世界各地举办的航空航天、电子、自动化设备、汽车博览会就属于这一类型。
- 一般工业产品博览会:规模可大可小,一般聚集的产品多为劳动密集型的生活用品,如玩具、衣帽鞋类等。
- 国别展览、展销会:一般是一个国家在另一个国家举办的综合性或专业性展览会或展销会。
- 独家公司展览、展销会:一般是大型企业自行举办的展览、展销会。

(2) 非固定的国际商品市场

除了有固定组织形式的国际商品市场外,通过其他方式进行的国际商品交易都可以纳入非固定的国际商品市场,这些交易基本可以划分为两类:一是单纯的商品买卖交易;二是与其他内容相结合的商品交易。这些内容我们将在世界市场交易方式中予以阐述。

5. 国际商品销售渠道

销售渠道是指商品从生产者到消费者要经过的路线,常见的国际销售渠道类型如表 3-1 所示。①

表 3-1 国际商品销售渠道

| 出 口 国 | 进 口 国 |
| --- | --- |
| 1. 出口企业 | 国外用户 |
| 2. 出口生产企业—出口商 | 进口商—国外用户 |
| 3. 出口生产企业—中间商—出口商 | 进口商—零售商—国外用户 |
| 4. 出口生产企业—中间商—出口商 | 批发商—零售商—国外用户 |
| 5. 出口生产企业—中间商—出口商 | 进口商—批发商—零售商—国外用户 |
| 6. 出口生产企业—中间商—出口商 | 零售商—国外用户 |
| 7. 出口生产企业 | 零售商—国外用户 |

6. 国际运输与信息网络

(1) 运输网络

运输网络是由铁路运输、公路运输、水陆运输、航空运输、管道运输(如石油、天然气跨境交易)共同组成。

(2) 信息网络

国际贸易中各种商业信息获取源包括:企业内部信息网络、企业外部信息网络。企业外部信息网络是由诸多的节点构成。这些节点包括:商业性信息提供机构、政府设立的贸易促进机构(美国的中小企业出口促进机构)、政府部门(使馆商务处)、各种媒体、互联网等。

---

① 陈同仇,薛荣久. 国际贸易. 北京:对外经济贸易大学出版社,1997:93.

## 二、世界市场的交易方式

世界市场上的交易方式多种多样,这里介绍一些主要的交易方式,包括单纯的商品买卖交易、固定市场交易、包销、代理、寄售、招标与投标、加工贸易、补偿贸易和跨境电子商务等。

### (一)单纯的商品买卖交易形式

相当部分的有形商品交易和绝大部分服务交易都属于单纯的商品买卖交易。它是买卖双方通过单独洽谈达成交易的。这种方式的通常做法是买卖双方自由选择交易对象,对商品的品质、规格、数量、价格、支付条件、商检、装运、保险、索赔、仲裁等方面一一进行谈判予以确定,最后在意见一致的基础上签订交易合同。单纯的商品买卖交易方式是世界上最基本、最普遍的国际商品、服务交易方式。

### (二)固定市场交易形式

如交易所交易、拍卖交易。相关内容见第一节中固定商品市场部分。

### (三)包销

包销(exclusive sales)又称独家经销,在国际贸易中是指出口人(供货商)通过包销协议把某种或某类货物在某一地区和期限内的独家经营权给予国外商人(进口商或包销商)的做法,包销方式使买卖双方在包销协议下建立起稳定的商品或服务的购销关系。

在包销交易方式下,供货人和包销人之间是一种售定性质的关系,即供货人是卖方,包销人是买方。货物由包销人购买、销售、自负盈亏。它与逐笔销售方式的区别在于包销人在规定区域和时限内的独家经营权。

在包销交易方式下,供货人可以利用包销人的资金和销售能力,在特定区域开发出一个稳定的产品销售市场;而对包销人来说,这种方式避免了多头竞争,在对商品未来销售前景有一个比较准确预测的前提下,可以保证利润的获得。

包销协议是包销交易方式的关键,它通过在包销货物范围、包销地区、包销数量或金额、包销专营权、作价方法、包销期限等方面进行规定,确立供货人和包销人在以包销交易方式进行贸易过程中的权利和义务。

### (四)代理

代理的种类繁多,作为国际贸易交易方式的代理是指销售代理。

在代理交易方式下,出口商(委托人)与国外的代理商达成协议,由出口商作为委托人,授权代理人推销其产品、代理委托人签署买卖合同。代理人在出口商授权范围内行事,不承担销售风险和费用、不需要垫付资金,通常依照帮助达成交易的数额提取佣金,而无论交易盈亏与否。

代理方式下,委托人可以利用代理人对当地市场的熟悉和已建立起来的销售渠道销售自己的产品,而代理人可以通过选择品质好、价格合理、市场定位准确的商品,确定合适的佣金比率确保一个好的收益。

### (五)寄售

在国际贸易中,寄售(consignment)是一种跨国委托代售的做法,是指寄售人(consigner)先将货物运往国外的寄售地,委托当地的代销人(consignee)按照寄售协议规定的条件,替寄售人进行销售,货物销售后,由代销人与寄售人结算货款,并依照协议规定收取相应的报酬。

在寄售方式下,寄售人与代销人之间是代销关系,而非买卖关系;货物的所有权一直属于寄售人,货物的风险仍属于寄售人,除非是由代销人的过失所造成的损失;货物售出后,代销人根据协议规定扣除相关费用和佣金后,把货款汇给寄售人。

在寄售方式下,寄售人可以利用代销人的市场资源拓展自己的海外市场。对于代销人和寄售人的权利义务都规定在寄售协议中,寄售协议涉及的主要内容包括:寄售商品的价格(一般有三种做法:规定最低限价、随行就市、销售前征得寄售人的同意)、佣金、货款的收付等。

### (六)招标与投标

在世界市场上,一些国际机构、政府机构、国营企业在进行大规模商品采购时通常采取招标形式,招投标更多地用于国际工程承包。

招标是指招标人发布招标公告,说明计划采购的商品或服务的名称、规格和数量,或是计划兴建项目的标准与要求,邀请投标人按照一定程序在规定时间、地点进行投标,最后选择对招标人最有利条件达成交易的行为。

投标是指供应商或工程承包公司根据招标条件在规定的时间内向投标人递价的行为。

从定义上可以看出,招标与投标是同一交易的两个方面,因而通常统称为招投标。

招标与一般贸易做法所不同的是,在招标中,双方当事人没有磋商过程,不存在讨价还价,而是由投标人同时报价,成交与否取决于投标人价格的竞争力。

招投标的基本程序为:招标前准备—发布招标公告—投标—开标—评标—定标—签署交易或承包合同。

### (七)加工贸易

加工贸易是指企业从境外保税进口全部或部分原材料、零部件、元器件、包装材料等,经加工和装配后,将半成品或成品复出口的交易形式。

加工贸易有两种基本形式：

1. 来料（件）加工

来料（件）加工是指由外国企业免费提供全部或部分原材料、辅料、零部件、包装材料等，由加工方依照外国企业的要求进行加工和装配，成品交由外方销售，加工方只收取工缴费的交易形式。

2. 进料加工

是指加工方自行进口原材料、辅料、零部件、包装材料等经加工成半成品、成品后再度出口的做法。

## （八）补偿贸易

补偿贸易是商品贸易、技术贸易与信贷的三位一体。补偿贸易是国内企业在国外企业提供信贷的基础上取得项目建设和产品生产所需要的机器设备、原材料、生产技术及其他商品和服务等，在项目建成投产后，主要用引进技术和设备生产出的产品或双方商定的其他产品偿还贷款本息的一种贸易方式。

补偿贸易最主要的特点是贸易与信贷结合，出口与进口结合，企业在信贷的基础上进口，又缘于进口举债而出口。

## （九）跨境电子商务

近年来以互联网技术为基础的电子商务得到迅速发展。世界贸易组织于1998年9月成立电子商务工作委员会（Work Programme on Electronic Commerce），并给出电子商务的定义：电子商务是指通过电信方式进行的货物和服务的生产、配送、销售或运送。如果交易双方处于不同关境内，则形成跨境电子商务（cross border e-commerce）。

跨境电子商务是网络化的新型经济活动，它是将传统国际贸易加以网络化、电子化的新型贸易方式；将传统的销售、购物渠道转移到互联网上；不同国别或地区间的交易双方通过互联网及其相关信息平台实现交易。电子商务以开放性、全球化、低成本和高效率的优势，广泛渗透到生产、流通和消费领域。

世界贸易组织报告指出，跨境电子商务减少了交易成本，提高了信息透明度，提供了更多交易机会，为全球中小企业提供了接近国际市场的机会，使其获得更多就业机会和获利机会。

根据从事电子商务的主体，跨境电子商务可以分为企业间的电子商务（B2B）、企业对个人零售电子商务（B2C）和个人对个人网络零售业务（C2C）等形式，其中主要是B2B和B2C。根据货物和服务流向，可以将跨境电子商务分为跨境电子商务出口、跨境电子商务进口。其中，B2B是最重要的跨境电子商务方式，目前和将来都将是发展的主流。

跨境电子商务业务运营过程中，几乎所有的进出口业务环节都可以通过网络实现：

(1) 贸易商首先通过网络发布信息,寻找客户;

(2) 通过网络进行商务谈判,最终签订合同;

(3) 通过网络,与商检、海关和港口相关网络联接,进行"单一窗口"申报,实现无纸化通关;

(4) 通过网络提供相关电子单据;

(5) 通过相关信息平台实现资金结算、货物投保;

(6) 通过相关电子商务平台的协助实现物流配送;

(7) 通过网络实现税务管理、外汇结算等。

2008年金融危机后,全球传统进出口贸易增长放缓,跨境电子商务却得到迅速发展。美国、中国、德国、英国、中国香港等都是跨境电子商务发展较快的国家和地区。2015年中国跨境电子商务交易规模达到5.4万亿元,同比增长28.6%;出口跨境电商交易4.5万亿元(见图3-1),同比增长26%。2015年B2B出口跨境电商为3.78万亿元,同比增长25%。我国外贸企业的B2B出口在一定程度上依赖于大型的电子商务平台,如阿里巴巴国际站、环球资源、环球市场、中国制造网等,建起国内生产商与国外大批量采购者进行交易的平台,为双方提供增值服务。[①]

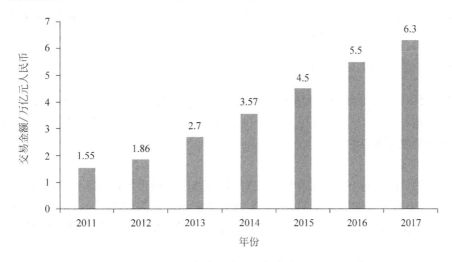

图3-1 2011—2017年中国出口跨境电商市场交易规模

资料来源:电子商务研究中心 www.100ec.cn。

---

① 中国电子商务研究中心《2015—2016年中国出口跨境电子商务发展报告》。

## 第二节 世界市场价格

### 一、世界市场价格的种类

商品世界市场价格按其形成原因、变化特征可以分为两大类。

**(一)世界"自由市场"价格**

世界"自由市场"价格是指在国际间不受垄断或国家干预的条件下,由独立经营的买者和卖者之间进行交易的价格。国际供求关系是这种价格形成的客观基础。

"自由市场"是由较多的买主和卖主集中在固定的地点,按一定的规则,在规定的时间进行的交易。尽管这种市场不可避免地会受到国际垄断和国家干预的影响,但是,由于商品价格在这里是通过买卖双方公开竞争而形成的,所以,常常能够比较客观反映商品供求关系的变化。

联合国贸易与发展会议发布的统计数据中,把美国谷物交易所的小麦价格、玉米(阿根廷)的英国到岸价格、大米的(泰国)曼谷离岸价格、咖啡的纽约港交货价格等36种初级产品的价格列为世界"自由市场"价格。

**(二)世界"封闭市场"价格**

世界"封闭市场"价格和"自由市场"价格不同,它是买卖双方在一定的特殊关系下形成的价格。在这种情况下,商品在国际间的供求关系一般对价格不产生实质性的影响。世界封闭市场价格主要包括:

1. 调拨价格

调拨价格(transfer price)又称转移价格,是指跨国公司为了在国际经营业务中最大限度地减轻税负,逃避东道国的外汇管制,以及为了扶植幼小子公司等目的,在公司内部进行交易时采用的价格,该价格一般不受国际市场供求关系的影响,由公司上层管理者制定。

2. 垄断价格

垄断价格是指国际垄断组织利用其经济实力和对市场的控制力确定的价格,分买方垄断价格与卖方垄断价格两种形式。垄断组织在国际间采用垄断价格也是有条件的,主要考虑:某一部门竞争的公司数量、产品价格需求弹性、替代弹性的大小以及国际经济和政治形势等因素。

3. 区域性经济贸易集团内的价格

第二次世界大战后,出现了许多区域性的经济贸易集团。在这些经济贸易集团内部,形成了区域性经济贸易集团内部价格,如西欧经济共同体实施的共同农业政策中的统一价格。

4. 国际商品协定下的协定价格

国际商品协定通常采用最低价格和最高价格等办法来稳定商品价格。当有关商品价格降到最低价格以下时,就减少出口,或用缓冲基金收购商品;当价格超过最高价格时,则扩大出口或抛售存货。

## 二、世界市场价格的决定

国际市场的供求关系决定世界市场价格。

商品的国际市场价格围绕国际生产价格上下波动。[①] 但最终确定在哪一个价格水平上是由供求关系决定的,或者说是由买卖竞争关系决定的。这种竞争关系存在于卖方之间、买方之间、买卖方之间。影响供求关系的主要因素包括:

### (一) 垄断

垄断组织为了获取最大限度利润,通过影响供应量(需求量)或直接干预价格的做法对国际市场价格施加影响。

(1) 通过瓜分销售市场,规定国内市场的商品销售量或数额、规定出口额、限制商品生产量和出口量、限制开采矿产和阻碍新工厂的建立、在市场上收买"过多"商品或出口"剩余"产品等来影响商品的供求关系;

(2) 直接降低商品价格,使部分竞争者破产,减少供应,实施垄断价格;

(3) 采用夺取原料产地的方法垄断原料市场,控制原料开采并实施垄断价格;

(4) 获取国家订货,并按垄断价格出售;

(5) 利用对市场的支配力量进行产品定价;

(6) 跨国公司内部的转移定价。

### (二) 经济周期

经济增长是有周期性的,一般经历四个阶段:危机、萧条、复苏、高涨。在危机期间,商品供求关系失衡表现为供应远大于需求,商品价格快速下降,利润率大幅度降低,企业只有通过减产应对危机。危机过去后,生产逐渐上升,对各种产品的需求增加,价格又开始上涨。在周期过程中各种商品价格变化幅度主要取决于产品的供需弹性。

### (三) 市场结构

国际市场的市场结构主要指经营某种商品买主和卖主的数量、他们之间的竞争与合作

---

[①] 有些著述认为是围绕商品的自然价格或自然价值上下波动,而自然价格或自然价值是由影响商品内在价值的长期力量和持久因素决定的。书中"国际市场价格围绕国际生产价格上下波动"的说法源于马克思的观点。

程度、产品的差异化程度。如果市场上就某种产品存在大量的买主与卖主,买卖双方均不能获得对市场价格的控制力,市场的垄断程度比较低,市场价格是在买卖双方及内部竞争基础上形成的。如果市场上仅有少数卖主,大量的买主,卖方可以通过独立采取行动或合谋控制产量从而控制市场价格。如果市场上存在少量买主,大量卖主,买主可以通过控制需求量,影响供求关系,达到降低产品价格的目的。值得注意的是垄断对市场价格的操控不是没有任何约束的,垄断价格的上限取决于世界市场对垄断方产品的需求量,下限取决于生产费用及垄断者国内平均利润率,由于现实的世界中,垄断无法排除竞争,因而客观上存在垄断价格波动的界限。

### (四)政府采取的政策措施

第二次世界大战后,国家开始出台多种政策措施以提高本国产品的国际竞争力,如支持价格政策、出口补贴政策、进出口管制政策、外汇政策、战略物资收购及抛售政策等,政策实施的结果均对世界市场价格产生影响。

政府之间签署的商品协议或协定对某些商品的世界市场价格也会产生重大影响,如针对初级产品政府间签署的国际商品协定,其目的是稳定某些初级产品的价格,维护该产品生产国和消费国的利益,协定对参加国家权利与义务的规定是通过订立经济条款实现的,其中一类条款称为缓冲存货,通过建立干预基金,设定价格波动范围维护价格的稳定。当市场价格高出协定规定的上限,基金就抛出实物,压低价格;当市场价格低于规定价格的下限,基金就购入实物,迫使价格回归到允许的波动范围之内。

### (五)商品销售中的各种因素

这些因素包括:产品品质与包装、付款条件、运输条件、销售季节、品牌、使用的货币、成交数量、客户的爱好、地理位置、广告宣传、服务质量等,它们都会对产品需求产生影响。

### (六)自然灾害、政治动乱及投机等

---

**资料 3-1**

#### 国际市场初级产品价格

初级产品主要包括农产品、燃料和金属三大类。国际上大部分初级产品价格是在商品交易所由供求关系决定的,如铜、铝、锡等金属的价格形成主要在伦敦金属交易所(LME),小麦在芝加哥商品交易所(CBOT),能源在纽约商品交易所,这些世界性商品交易所的交易价格被公认为世界市场价格的主要参考。

美国商品研究局编制的"期货价格指数"(CRB)比较能够反映国际市场初级产品价格的变化趋势。CRB 由 21 种商品组成,其中每种商品所占的权重是 1/21,价格指

> 数包括期货价格指数、现货价格指数和期货分类指数。21类商品包括谷物（小麦、燕麦、玉米、黄豆、黄豆油、黄豆粉）、能源（轻原油、热燃油）、贵金属（黄金、白金、白银）、基本金属（铜）、软性商品（糖、可可豆、咖啡、棉花、冻橘汁）、牲畜类（活牛、活猪、猪腩）、其他包括木材。
>
>   表象上看，国际初级产品价格也受非市场因素的影响，但最终还是归结到供求关系，它们通过影响商品的供求关系，最后影响到价格。

### 三、贸易条件

#### （一）贸易条件的定义

贸易条件(terms of trade)指一个国家的出口商品与其从贸易伙伴那里换取的进口商品的比率，一般采用出口商品价格与进口商品价格的比率。应该注意的是，这里的贸易条件是所有出口商品价格与所有进口商品价格之间的比率，这样，贸易条件的计算需要知晓进出口商品的平均价格，同时还要考虑基期的选择问题。现实中的贸易条件计算一般采用出口商品价格指数与进口商品价格指数直接进行比较的做法。①

贸易条件可以用来衡量一国通过贸易获取利益的状况，只有一国为其进口支付更少的出口商品，该国的利益才会增加；或者，只有一国在出口商品数量不变的情况下可以换得更多的进口商品，该国的贸易利益才会增加。

#### （二）贸易条件的类型

在国际贸易中，贸易条件主要有以下几种形式。

1. 净贸易条件②

净贸易条件也称商品贸易条件或纯易货贸易条件，只考虑进出口商品价格变化对一国进口能力产生的影响，它是可出口商品对可进口商品价格的相对价格，即每单位出口商品换得的可进口商品的单位数，一般以一国一定时期的出口商品价格指数与同期进口商品价格指数的比率来反映。计算方法为

$$N = \frac{p_x}{p_m} \times 100$$

式中，$N$——商品贸易条件；

---

① 商品价格指数依照对数量权重时期选择的不同，有 Laspeyres（拉氏）、Paasche（帕氏）两种基本形式，拉氏商品价格指数的数量权重选择基期的数量，$\frac{\sum p_1 q_0}{\sum p_0 q_0}$；帕氏商品价格指数的数量权重选择报告期的数量，$\frac{\sum p_1 q_1}{\sum p_0 q_1}$。

② UNCTAD Handbook of Statistics 提供有相关统计数字。

$p_x$——出口商品价格指数；

$p_m$——进口商品价格指数。

**例1**

假定某国以 2010 年价格为基期(=100)，2015 年出口商品价格指数为 70%，进口商品价格指数为 120%，那么该国 2015 年商品贸易条件为

$$N_{2015} = \frac{70\%}{120\%} \times 100 = 58.3$$

例 1 中，在以 2010 年价格为基期的条件下，2015 年出口商品价格的平均变化相对于进口商品价格的平均变化处于不利的地位，出口商品价格总体在下降，平均下降幅度达到 30%，进口商品价格总体在上涨，涨幅达到 20%，计算的商品贸易条件结果 58.3，说明每单位出口商品换得的进口商品的数量在减少，在这种条件下，一国若想保持原有的进口规模，只能依靠扩大出口。

**例2**

假定某国以 2010 年价格为基期(=100)，2015 年出口商品价格指数为 120%，进口商品价格指数为 70%，该国 2015 年商品贸易条件为

$$N_{2015} = \frac{120\%}{70\%} \times 100 = 171$$

例 2 中，在以 2010 年价格为基期的条件下，2015 年出口商品价格的平均变化相对于进口商品价格的平均变化处于有利的地位，出口商品价格平均上涨 20%，进口商品价格平均下浮 30%，商品贸易条件计算结果 171 说明，每单位出口商品换得的进口商品的数量在增加，因而，一国在保持原有出口规模不变的条件下可以增加进口商品数量。

从而，我们可以得出结论：

商品贸易条件大于 100，说明该国出口商品价格上升幅度超过进口商品价格的上升幅度，或出口商品价格下降幅度小于进口商品价格下降幅度（即出口商品价格相对于进口商品价格在上涨），或出口商品价格在上升，而进口商品价格在下降，三种情况下，贸易利益都在增加，进口能力在提高，即该国为进口商品都在支付更少的出口商品，因而贸易条件得到改善。

商品贸易条件小于 100，说明该国出口商品价格上升幅度低于进口商品价格的上升幅度，或出口商品价格下降幅度大于进口商品价格下降幅度（既出口商品价格相对于进口商品价格在下降），或出口商品价格下降，进口商品价格上涨，在此情况下，该国的贸易条件都会恶化，进而，进口能力受到削弱。

2. 总易货贸易条件

总易货贸易条件(gross barter terms of trade)[①]是进口商品数量对出口商品数量的比

---

① 这一概念是由陶西格(Taussig)提出的。

率。一般以出口商品数量指数与进口商品数量指数的比率表示。①

$$G = \frac{Q_x}{Q_m} \times 100$$

式中:$G$——代表总易货贸易条件;

$Q_x$——代表出口数量指数;

$Q_m$——代表进口数量指数。

3. 收入贸易条件(income terms of trade)或购买力贸易条件(purchasing power indices of export)②

收入贸易条件考虑出口规模的变化与进出口商品价格相对变化对一国进口能力的影响。计算方法为

$$I = \frac{P_x}{P_m} Q_x \times 100$$

式中,$I$——收入贸易条件(购买力贸易条件);

$p_x$——出口商品价格指数;

$p_m$——进口商品价格指数;

$Q_x$——出口商品数量指数。

**例 1**

我们仍然沿用前面例子中的数字,假定某国以 2010 年的价格、出口商品数量为基期(=100),2015 年出口商品价格指数为 70%,进口商品价格指数为 120%,出口商品数量指数为 200%,那么该国 2015 年商品贸易条件为 58.3,收入贸易条件为 42。

$$I = \frac{70\%}{120\%} \times 200\% \times 100 = 116.7$$

计算结果表明,虽然商品贸易条件在以 2010 年价格为基期的条件下,出口商品价格的平均变化相对于进口商品价格的平均变化处于不利的地位,即每单位出口商品换得的进口商品的数量在减少,贸易条件对该国恶化了,但是由于出口规模扩张了一倍,因而出口商品价格相对于进口商品价格变化所处的不利局面。

**例 2**

接续上例,如果出口商品数量指数是 120%,而不是 200%,结果会怎样? 收入贸易条件的计算结果将变为 70。这说明单纯从商品贸易条件上看,该国由于进口商品价格上升、出口商品价格下降导致进口能力削减 41.7%,但由于出口商品数量增加了 20%,从而可以部分抵消由于进出口商品价格相对变化对该国进口能力带来的消极影响,使进口能力削减的幅度从 41.7%降低到 30%。

---

① 数量指数的价格权重可以选择基期,也可以选择报告期,一般选择报告期。

② UNCTAD Handbook of Statistics 提供有相关统计数字。

**例 3**

如果出口商品数量指数是 80%,又会怎样? 收入贸易条件计算的结果是 46.64。这说明出口规模的萎缩与进出口商品价格相对不利变化共同对该国进口能力产生不利的影响,也就是说出口规模的萎缩进一步强化了该国进口能力的下降,使得进口能力的下降幅度从 41.7% 上升到 53.36%,贸易条件继续恶化。

4. 单因素贸易条件

单因素贸易条件(single factorial terms of trade)是在商品贸易条件的基础上,考虑出口商品劳动生产率的变化对该国贸易利益的影响。计算方法为

$$S=\frac{p_x}{p_m}Z_x\times 100$$

式中,$S$——单因素贸易条件;

$p_x$——出口商品价格指数;

$p_m$——进口商品价格指数;

$Z_x$——出口商品劳动生产率指数。

**例 4**

我们仍以 2010 年为基期,2015 年的进出口商品价格指数分别为 120% 和 70%,出口商品劳动生产率指数为 150%。计算的结果,商品贸易条件为 58.3,单项因素贸易条件为 87.45,这说明尽管商品贸易条件在恶化,但由于此期间出口商品劳动生产率的提高,抵消了一部分出口商品价格变化相对于进口商品价格变化的不利因素,使单项因素贸易条件向好的方向发展。

5. 双因素贸易条件

双因素贸易条件(double factorial terms of trade)不仅考虑出口商品劳动生产率的变化,而且考虑进口商品劳动生产率的变化,其计算公式为

$$D=\frac{p_x}{p_m}\frac{Z_x}{Z_m}\times 100$$

式中,$D$——双因素贸易条件;

$p_x$——出口商品价格指数;

$p_m$——进口商品价格指数;

$Z_x$——出口商品劳动生产率指数;

$Z_m$——进口商品劳动生产率指数。

假定上例中的进出口商品价格指数不变,出口商品劳动生产率指数不变,进口商品劳动生产率指数为 170%,双因素贸易条件等于 51.47,结果说明虽然出口商品劳动生产率的提高可以抵消部分出口商品价格变化相对于进口商品价格变化的不利因素,但是进口商品的劳动生产率也在提高,并且进口商品价格不但没有下降,却在上涨,而且上涨幅度还超过出

口商品价格上涨幅度,从而导致出口国的贸易条件进一步恶化。在这种条件下,只有出口商品的劳动生产率指数高于进口商品劳动生产率指数,方可缓解出口商品价格相对于进口商品价格变化不利而对该国贸易条件带来的不利影响。

由上述各例可见,任何一种贸易条件形式,其结果大于 100 时,表明该国贸易条件得到改善,小于 100 时,则表明该国的贸易条件恶化。

在现实中,前三个贸易条件都是可以测度的,对于世界上大多数国家的商品贸易条件通常由联合国、世界银行、国际货币基金组织提供,还有一些国家提供总易货贸易条件和收入贸易条件的数字。

表 3-2 展示的是 2006—2016 年世界贸易条件状况。从收入贸易条件的角度,发展中国家改善明显,发达国家居次,转型国家总体恶化;净贸易条件,改善状况都不理想,转型国家实际上恶化了。

表 3-2 2006—2016 年世界贸易条件

| 年 份 | 收入贸易条件 | | | | 净贸易条件 | | | |
| --- | --- | --- | --- | --- | --- | --- | --- | --- |
| | 2006 | 2011 | 2015 | 2016 | 2006 | 2011 | 2015 | 2016 |
| 发达国家 | 122 | 126 | 135 | 139 | 100 | 99 | 100 | 102 |
| 发展中国家 | 177 | 228 | 252 | 255 | 108 | 115 | 118 | 117 |
| 转型国家 | 227 | 301 | 226 | 209 | 142 | 109 | 125 | 118 |

数据来源:联合国贸发会议数据库

## 本章小结

1. 世界市场是在地方市场和民族市场形成与发展的基础上产生的。是由世界范围内通过国际分工联系起来的各个国家国内市场与国家之间的市场组合而成。

2. 第二次产业革命发生后,西欧与北美发达国家完成了工业化过程,工农业生产发展,交通运输工具的革命,铁路和轮船的出现和发展意味着世界经济代替了国民经济,国际分工进一步发展。同期,资本主义从自由竞争走向垄断,资本输出深化了原有的国际分工格局,最终国际分工体系得以确立,统一的世界市场也随之形成。

因而,世界工农业生产的增长、交通运输工具的革命和资本输出联合作用的结果,就是在世界历史上第一次实现了把世界各国都联系起来的一个统一的世界市场的诞生。

3. 当代世界市场由交易对象、交易国家、订约人、国际商品市场、国际商品销售渠道、国际运输与信息网络构成。

4. 世界市场的供求关系确定世界市场价格。世界市场的价格分为两类,自由市场价格和封闭市场价格。

5. 贸易条件即一国进出口商品的交换比价,一般以出口商品价格指数与进口商品价格指数的比值表示。贸易条件根据考虑因素的不同包括商品贸易条件、总易货贸易条件、收入贸易条件、单因素贸易条件、双因素贸易条件几种形式。

### 重要概念

世界自由市场价格、世界封闭市场价格、垄断价格、转移价格、净贸易条件、收入贸易条件、单因素贸易条件、双因素贸易条件

## 同步测练与解析

### 一、选择题

1. 分析一国参与国际分工、贸易获得的利益,一个常用的指标是(　　)。
   A. 净贸易条件　　　　　　　　　　B. 收入贸易条件
   C. 单项因素贸易条件　　　　　　　D. 双项因素贸易条件
2. 能够反映商品供求关系变化的价格是(　　)。
   A. 世界封闭市场价格　　　　　　　B. 世界自由市场价格
   C. 国际商品协定价格　　　　　　　D. 政府贸易协定价格
3. 跨国公司内部交易的价格称为(　　)。
   A. 垄断价格　　B. 协定价格　　C. 调拨价格　　D. 内部价格
4. 商品交易所里形成的价格属于(　　)。
   A. 自由市场价格　　　　　　　　　B. 封闭市场价格
   C. 国际市场价格　　　　　　　　　D. 半封闭市场价格
5. 有固定组织形式的国际商品市场包括(　　)。
   A. 商品交易所　　B. 拍卖　　C. 加工贸易　　D. 博览会
6. 在国际市场上,属于"封闭市场"价格的包括(　　)。
   A. 协定价格　　B. 垄断价格　　C. 商品交易所价格　　D. 调拨价格
7. 贸易条件改善是指(　　)。
   A. 出口价格指数不变,进口价格指数上升
   B. 进口价格指数不变,出口价格指数上升
   C. 出口价格指数下降,进口价格指数上升
   D. 进口价格指数下降,出口价格指数上升
   E. 进出口价格指数同时上升

8. 贸易条件是指（　　）。

A. 测试产品竞争力水平的指标

B. 企业从事进出口贸易必须具备的条件

C. 出口商品价格指数与进口商品价格指数的比率

D. 对国际贸易的依赖程度

二、思考题

1. 结合前面两章的学习，从历史发展的角度分析国际分工、国际贸易、世界市场之间的关系。

2. 世界市场形成的标志是什么？

3. 什么是贸易条件？它的主要形式？

## 【同步测练】参考答案与要点提示

一、选择题

1. A　2. B　3. C　4. A　5. ABD　6. ABD　7. BD　8. C

二、思考题

1. 国际分工是基础，国际贸易是国际分工的表现形式，世界市场是国际贸易实现的载体或平台。

2.（1）多边贸易和多边支付体系的形成。

（2）国际金本位制度和世界货币的形成。

（3）形成比较完备的世界市场运行机制。

（4）商品种类的多样化和大宗贸易的增长。

3.（1）贸易条件指一个国家出口商品价格与进口商品价格的比率，现实中一般采用出口商品价格指数与进口商品价格指数直接进行比较的做法。

（2）主要形式：

① 净贸易条件；

② 总易货贸易条件；

③ 收入贸易条件（购买力贸易条件）；

④ 单因素贸易条件；

⑤ 双因素贸易条件。

# 第四章
CHAPTER FOUR

# 贸 易 政 策

## 本章学习要求

掌握各国对外贸易政策的类型与内容构成,认识和了解各国贸易政策制定的理论依据。同时要求学生能够正确认识和理解对外贸易政策的变化,了解政策变化的条件,并能客观地对贸易政策的适用做出评价。

## 重点与难点

1. 贸易政策的基本类型及含义;
2. 自由贸易政策的理论基础,如绝对优势论、比较优势论、要素禀赋论;
3. 保护贸易政策的理论基础,如重商主义、幼稚工业保护论、对外贸易乘数论等。

# 第一节　贸易政策的演变

## 一、贸易政策的定义、目的与构成

### (一) 定义

对外贸易政策是对各国在一定时期对进出口贸易施行管理的原则、方针和措施手段的总称。

对外贸易政策范畴内的基本因素，包括：

(1) 政策主体。指政策行为者，即政策的制定者和实施者，一般来说是指各国政府。

(2) 政策客体或政策对象。贸易政策规范、指导、调整的贸易活动和从事贸易活动的企业、机构和个人。

(3) 政策目标。贸易政策行为是有目的的行动。贸易政策的内容首先是在一定政策目标的指导下确定的，政策目标是政策内容制定的依据。

(4) 政策内容。贸易政策所涵盖的方面和内容。

(5) 政策手段。为实现既定的政策目标、实施政策内容所采用的对外贸易管理措施，如关税、非关税等。

### (二) 目的

各国制定对外贸易政策的目的在于：

(1) 保护本国市场；

(2) 扩大本国产品的国外市场；

(3) 优化产业结构；

(4) 积累发展资金；

(5) 维护和发展同其他国家和地区的政治经济关系；

(6) 其他。

### (三) 构成

各国对外贸易政策一般由下述内容构成：

(1) 总贸易政策。其中包括货物进口与服务获取总政策和货物出口与服务提供总政策，它是从整个国民经济出发，在一个较长的时期内实行的贸易政策。

(2) 商品和服务贸易政策。根据总贸易政策、国内经济结构与市场供求状况针对不同的商品和服务分别制定。

(3) 国别、地区贸易政策。根据总贸易政策,同别国或地区的政治、经济关系分别具体制定。

## 二、对外贸易政策的基本类型

从对外贸易产生与发展以来,基本上有两种类型的对外贸易政策,即自由贸易政策与保护贸易政策,其他类型贸易政策是在这两种形式的基础上演化而来的,是这两种基本政策的变形。

### (一) 自由贸易政策

国家取消对进出口贸易和服务贸易的限制和障碍,取消对本国进出口贸易和服务贸易的各种特权和优待,使商品自由进出口,服务贸易自由经营,也就是说国家对贸易活动不加以或少加以干预,任凭商品、服务和有关要素在国内外市场公平、自由地竞争。

### (二) 保护贸易政策

国家广泛利用各种措施限制进口,控制经营领域与范围,保护本国的产品和服务在本国市场上免受外国产品和服务的竞争,并对本国出口的产品和服务给予优待与补贴。国家对于贸易活动进行干预,限制外国商品、服务和有关要素参与本国市场的竞争。

### (三) 对外贸易政策的演变

资本主义生产方式准备时期,为促进资本的原始积累,西欧各国广泛推崇重商主义,在贸易政策上实施强制性的贸易保护,通过限制货币(贵重金属)出口和扩大贸易顺差的办法扩大货币的积累,以英国最具代表性。

资本主义自由竞争时期,资本主义生产方式占据统治地位,世界经济进入商品资本国际化阶段。但由于欧美各国经济发展水平不同,出现两种类型的贸易政策。在资本主义较发达的国家,如英国推行自由贸易政策。在资本主义比较落后的国家如德国则实行以保护幼稚工业为目标的保护贸易政策。

19世纪末到第二次世界大战前,由于垄断的出现与加强,资本输出占据统治地位。1929—1933年的大危机,使市场矛盾日益激化,主要资本主义国家开始推行带有垄断性质的超保护贸易政策。

"二战"后,先是由于美国对外扩张的需要,继而资本国际化和生产国际化、国际分工在广度和深度的迅猛发展,出现了世界范围的贸易自由化。

20世纪70年代中期后,由于两次经济危机的爆发,经济发展减缓,结构性失业的出现,使市场问题趋于尖锐,以美国为首的发达国家采取新的贸易保护主义。

80年代中后期以来,由于世界经济政治关系的深刻变化,各国经济相互依赖的加强,一些国家开始推行协调管理贸易政策。它们对内制定各种对外贸易法规和条例,对本国进出口有秩序地发展实施管理,对外通过协商、签订各种对外经济贸易协定,协调和发展与其他国家之间的经济贸易关系。

"二战"后,发展中国家根据各国经济发展的需要,大多数国家执行保护贸易政策。但是,总体来看,多数发展中国家的对外贸易政策逐步从内向型的保护转向外向型的保护。

# 第二节 重商主义

## 一、重商主义理论

重商主义理论产生于15—17世纪资本主义生产方式准备时期,是资产阶级国际贸易理论的早期阶段。

(一)产生背景

资本主义生产方式准备时期,由于商品交换和货币经济的发展,货币成为全社会各阶层所追求的东西,成为财富的代表形态。当时,商业资本与高利贷资本在流通领域占据统治地位,商业成为人们意念中利润和财富的源泉。因而在这一社会背景下,以流通领域为研究对象,认为利润来自流通领域,而与生产过程无关的重商主义便产生了。

重商主义把货币和财富混为一谈,认为一个国家拥有的黄金和白银越多,其财富的拥有量就越大,因而也就越富有。重商主义认为商业是利润和财富的源泉,而除开采金银矿藏之外,也只有对外贸易才能不断增加一国货币量,从而增加国家的财富。因此强调国内的商品生产和消费应服从于对外贸易的需要,国家应通过鼓励工场手工业的发展促进商品的出口,以增加黄金白银的流入。

(二)主要论点

重商主义理论的发展经历了两个阶段:早期为重金主义,或称货币差额论;晚期为贸易差额论。

早期重商主义的代表人物是英国的威廉·斯塔福(W. Stafford)。其理论的主要观点是:货币——金银是唯一的财富,任何商品输入都会使货币流出,减少本国货币拥有量,从而减少本国的财富。因而一国在对外贸易中就应尽可能地多输出少输入,最好是不输入。只有这样,一国才能迅速地增加货币,实现财富的积累。同时为保留货币,该理论主张禁止货币出口。

但是,货币是国际间商品流通的手段,各国都限制金银的外流,结果只能窒息贸易,阻碍金银的流入。重商主义在实践中认识到货币只有在运动中,在流通中才能增殖,于是重商主义的发展开始超越其早期阶段而进入晚期,货币差额论发展成为贸易差额论,成为名副其实的重商主义。

晚期重商主义理论的主要代表人物是英国的托马斯·孟(T. Man),其著述《英国得自对外贸易的财富》一书是重商主义的代表作。托马斯·孟认为增加英国财富的手段就是发展对外贸易。但必须遵循一条原则,即卖给外国人的商品总值应大于购买他们的商品总值。但不要求对每一个国家的贸易都有顺差,而是从每年总的进出口贸易中取得顺差,以增加货币的流入量。

托马斯·孟反对早期重金主义禁止金银输出的思想,他把货币与商品联系起来,指出"货币产生贸易,贸易增多货币"。只有输出货物,才能输入更多的货币。为了保证有利的贸易顺差,孟主张扩大出口,减少外国制品的进口,反对英国人消费英国能够生产的外国产品及能够在国外销售的本国产品。他还主张发展加工业和转口贸易。既然英国的财富积累取决于对外贸易,托马斯·孟认为,英国一切生产和消费都应当服从于发展对外贸易的需要。

## 二、重商主义贸易政策的主要措施

重商主义贸易政策是西欧封建社会后期中央集权国家增加货币财富、促进资本积累的政策。这种政策代表商业资产阶级的利益,其目的是增加国外金银的流入,并将其保留在国内,以增加本国的财富,促进国内的资本形成与积累。

早期重商主义时期,一些国家为达到上述目的,采取两方面措施:(1)禁止货币出口,由国家垄断所有的货币交易;(2)要求外国人来本国进行贸易时,必须将其销售货物的全部款项用于购买本国的货物。

16世纪下半叶,西欧开始进入晚期重商主义时期。这时商业已高度发达,工场手工业获得长足进展,信贷业开始出现,商品经济发展迅速。管理金银进出口的政策为管制货物进出口的政策所取代。各国力图通过实施奖励出口,限制进口,即奖出限入的政策措施,保证贸易出超,以达到金银流入的目的。

为鼓励出口,西欧各国采取的措施包括:
(1) 以补贴和出口退税等措施鼓励出口;
(2) 禁止重要原料的出口,但许可自由输入原料加工后再出口;
(3) 减低或免除出口税;
(4) 设立特权贸易公司,实行独占性的殖民地贸易政策;
(5) 与外国签订贸易条约。

英国除采取以上的措施之外,还采取以下的做法以达到贸易出超和金银进口的目的:
(1) 颁布谷物法,限制谷物进口;
(2) 颁布职工法,禁止技术工人离境,鼓励外国技工移入,以促进国内工场手工业的发展;

(3) 颁布航海法,规定一切输往英国的货物必须用英国船载运或原出口国的船只载运,一切输出到亚洲、非洲、北美洲的货物必须使用英国或殖民地的船只,由此来限制英国对外贸易中外国运输业与英国运输业的竞争;

(4) 奖励人口繁殖,以扩大劳工来源,降低劳工成本。

西欧各国为限制进口,则采取:

(1) 直接禁止若干外国商品,尤其是奢侈品的输入;

(2) 课征保护关税,即以高关税来限制国外商品的进口。

重商主义贸易政策是14世纪以后西欧各国普遍采取的政策,最早出现于意大利,后来在西班牙、葡萄牙、荷兰实行,最后在英国、法国、德国、俄国先后实行。

## 第三节 自 由 贸 易

自由贸易形成于资本主义竞争时期,始于经济最发达的英国,随着其他国家经济发展水平的提高和经济发展的要求,也开始接受并实施自由贸易;在资本主义发展进入垄断阶段后,自由贸易发展一度受阻,这种状态一直持续到第二次世界大战;之后,自由贸易又重新被推到台前,成为大多数国家一致推举的贸易政策与做法。

"二战"后,贸易政策的发展趋势总的来看是自由化的,尽管中间有些停滞,如70年代中后期为新贸易保护主义所打断,但自由贸易的大方向并没有改变,而是在环境稍有改善后,自由贸易继续得到更深和更广的发展。客观地讲,"二战"后的自由贸易与"二战"前的自由贸易相比已发生重大的变化。自由贸易的范围已从一国向地区,甚至世界范围扩展,政府政策行为也渐渐地从一国逐步向超国家、国际经济组织的行为转变,贸易自由化的范围也从过去的局限于货物贸易向服务贸易、要素贸易领域拓展,进入大贸易范畴。

### 一、自由竞争时期的自由贸易

(一) 英国自由贸易政策的兴起与胜利

英国自18世纪中叶开始的产业革命,一方面引起对国外廉价工业原料和粮食的大量需求,另一方面使得其工业制成品具有了强大国际竞争力,工业资产阶级强烈要求废除执行保护主义的重商主义贸易政策,实施自由贸易政策。

工业资产阶级经过长期不懈努力和不断斗争,终于使自由贸易政策在英国取得胜利。具体表现为:

(1) 废除谷物法

1833年英国棉纺织业资产阶级组成"反谷物法同盟"(Anti Corn Law League),而后又成立全国性反谷物法同盟,开展声势浩大的反谷物法运动。经过斗争,终于使国会于1846年通过废除谷物法的议案,并于1849年生效。马克思指出:"英国谷物法的废除是19世纪自由贸易所取得的最伟大的胜利。"①

(2) 关税税率逐步降低,纳税商品数目减少

19世纪初,经过几百年的重商主义实践,英国有关关税的法令达1 000件以上,没有人了解法令的全部内容。1825年英国开始简化税法,废止旧税率,建立新税率。进口纳税项目从1841年的1 163种减少到1853年的466种,1862年的44种,1882年的20种。所征收的关税全部是财政关税,税率大大降低。禁止出口的法令完全被废除。

(3) 废除航海法

到1854年,英国沿海贸易和殖民地贸易航运全部对外开放。

(4) 取消特权公司

1813—1814年,英国分别废止了东印度公司对中国和印度的贸易垄断权,从此对中国和印度的贸易开始向所有的英国人开放。

(5) 改变殖民地贸易政策

1849年航海法废止后,殖民地已经能自由输出输入商品。通过关税改革,废止了对殖民地商品的特惠税率,同时准许殖民地与外国签订贸易协定,殖民地可以与任何外国建立直接的贸易关系,英国不再加以干涉。

(6) 与外国签订带有自由贸易色彩的贸易条约

1860年签订了英法《科伯登条约》。根据这一条约,英国降低对法国的葡萄酒和烧酒的进口关税,并承诺不再禁止煤炭出口,法国则保证对从英国进口的一些制成品征收不超过30%的从价税。《科伯登条约》是以自由贸易精神签订的一系列贸易条约的第一个列有最惠国待遇条款。在19世纪60年代,英国就缔结了8个类似的条约。

事实上,19世纪的自由贸易运动是在两个层次进行的。在一些国家内部,政治割据,关卡林立的局面有所改变,逐渐形成了统一的民族国家和国内市场。在国际上,许多国家实行自由贸易政策,结束了英国、法国、西班牙、葡萄牙等殖民国家的保护贸易政策和特权贸易公司控制对外贸易的局面。

总之,从1815年到19世纪70年代是自由贸易政策蓬勃发展时期,尽管各国情况有所不同,但各国都从自由贸易中获得经济利益。在自由贸易政策的影响下,国际贸易迅速增长。1820—1850年,国际贸易量增加了两倍以上。从1850年到1880年又增加了将近两倍。

(二) 自由贸易政策的理论依据

在国际贸易理论的发展过程中,首先提出自由贸易论点的是18世纪下半期的法国重农

---

① 随着欧洲小麦供应的枯竭,从19世纪30年代中期起,谷物法已经停止对谷物贸易制造很大的实际困难。谷物法的废除没有导致小麦价格的下跌,但减少了每年小麦进口量的波动。

学派。他们认为,农业才是一国财富的基础,交换不能产生新的财富,并要求国家放弃对经济生活的干预,反对保护贸易政策,支持自由贸易政策。

法国重农学派成为英国古典学派自由贸易理论的先驱。其后,自由贸易理论得到英国古典学派的进一步发展。英国古典学派的主要代表人物是英国的亚当·斯密和大卫·李嘉图。后来的一些经济学家,如穆勒、马歇尔进一步对古典学派的论点进行演绎和发展。

自由竞争时期自由贸易理论的主要论点为:

(1) 自由贸易可以形成互相有利的国际分工。在自由贸易条件下,各国可以按照自然条件(亚当·斯密)、比较利益(大卫·李嘉图),专心生产其最有利和有利较大或不利较小的产品,提高各国的资源配置效率。

(2) 扩大国民的真实收入。在自由贸易条件下,每个国家都根据自己的条件发展最擅长的生产部门,生产要素会得到最有效的配置,再通过对外贸易以较少的花费换回较多的物品,实质上提高了国民的真实收入。

(3) 自由贸易可以阻止垄断,加强竞争,提高经济效益。自由贸易使得独占或垄断无法实现,企业必须通过开发、改进技术,提高生产效率,降低成本的办法加强自身的竞争能力,扩大经济利益。

(4) 自由贸易有利于提高利润率,促进资本积累。商品总是从价格低的国家和地区流向价格高的国家和地区,商品跨国界流动提高了厂商的利润率,为企业资本积累提供了更多的资金来源。

(三) 自由竞争时期自由贸易理论与政策评价

1. 自由贸易政策使英国经济跃居世界首位

1870年,英国在世界工业生产中所占的比重为32%。在煤、铁和棉花消费中,各占世界总消费量的一半,同时促进了英国及其他西欧国家经济和对外贸易的发展,在世界贸易总额中的比重达1/4,几乎相当于法、德、美的总和。其拥有的商船吨位占世界第一,约为荷兰、美国、法国、俄国商船吨位的总和。伦敦由此成为世界金融中心。自由贸易理论为自由贸易政策制造了舆论,成为自由贸易政策制定的有力武器。

2. 自由贸易理论存在的问题

(1) 没有考虑到生产力水平的差异对贸易利益分配的影响。

(2) 片面强调自由贸易对参与国家的积极效果,却忽视了消极影响。

(3) 研究的出发点是一个静态均衡的世界,没有考虑到动态因素对分工与贸易的决定性影响。

## 二、"二战"后—20世纪70年代中期的贸易自由化

"二战"后,随着资本主义世界经济的恢复和发展,从20世纪50年代到70年代初期,发

达国家对外贸易政策具有自由化倾向。

(一) 贸易自由化的表现

1. 大幅度削减关税

(1) 在关税与贸易总协定缔约方范围内大幅度降低关税。1947年以来,在关税与贸易总协定的主持下,已举行了七轮多边贸易谈判,各缔约方的平均进口最惠国关税税率已从50%左右降低到5%以下。

(2) 欧洲经济共同体实行关税同盟,对内取消关税,对外通过谈判,达成关税减让协议,导致关税大幅度下降。

根据罗马条约,西欧六国建立欧洲经济共同体,从1959年1月1日起分三个阶段减税,于1970年1月1日完成。实际上成员国间工业品和农产品的自由流通分别于1968年7月和1969年1月提前完成。1973年英国、丹麦、爱尔兰加入欧洲经济共同体,到1977年7月1日与欧洲自由贸易联盟成员国间实现了工业品贸易互免关税,一个包括17国在内的、占世界贸易40%的工业品自由贸易区在欧洲建立起来,由此扩大了欧洲贸易自由化的范围。

与此同时,欧洲经济共同体还通过与非洲、加勒比和太平洋地区的发展中国家签订优惠贸易协定的方式,单方面提供关税减免待遇。此外,欧洲经济共同体还同地中海沿岸的一些国家、阿拉伯国家、东南亚联盟等缔结了类似的协定。

(3) 通过普遍优惠制的实施,发达国家对来自发展中国家和地区的制成品和半制成品的进口给予普遍的、非歧视的、非互惠的关税优惠。

2. 降低或撤销非关税壁垒

战后初期,发达国家对许多商品进口采用严格的进口限额、进口许可证和外汇管制等措施,以限制商品进口。随着经济的恢复和发展,这些国家程度不同地放宽了进口数量限制,扩大了进口自由化,放宽或取消了外汇管制,实行货币自由兑换,促进了贸易自由化的发展。

到20世纪60年代初,参加关税与贸易总协定的经济合作与发展组织成员国之间的进口数量限制已取消了90%。到1961年,欧洲经济共同体成员国之间已取消了工业品进口数量限制;农产品进口数量限制也随着内部关税削减而逐步取消。与此同时,欧洲经济共同体对外部非成员国的某些商品的数量限制也有所放宽。此外,发达国家还相继放宽或解除了外汇管制,恢复了货币自由兑换。

(二) 贸易自由化的主要特点

(1) 美国成为战后贸易自由化的积极推行者。"二战"后,美国成为世界上最强大的经济和贸易国家。为实现对外扩张,美国积极主张削减关税,取消数量限制,成为贸易自由化的积极推行者。

(2) 各国经济的恢复与发展为战后贸易自由化建立了物质基础。

（3）战后贸易自由化是在国家垄断资本主义日益加强的条件下发展起来的，因而带有浓重的政府干预色彩。

（4）各种区域性贸易集团、关税与贸易总协定的建立都是以贸易自由化为宗旨。由此建立而实现的地区、国际范围内的贸易政策协调为贸易自由化的开展和发展提供了可能。

（5）战后贸易自由化发展不平衡。

首先，发达国家之间贸易自由化超过其对发展中国家和社会主义国家的贸易自由化。发达国家根据关税与贸易总协定等国际多边协定，较大幅度地降低彼此之间的关税，放宽相互之间的数量限制。但对发展中国家的一些商品，特别是劳动密集型产品却征收较高的关税，并实行其他的进口限制；对社会主义国家除采取严格的关税与非关税壁垒措施限制其产品进入发达国家市场之外，还通过实施出口管制办法，阻止发达国家的一些产品流入其国内市场。

其次，区域经济贸易集团内部的自由化超过集团对外的贸易自由化。

以欧洲经济共同体为例，根据罗马条约的规定，对内取消关税与其他进口限制，商品在成员国之间自由流通，实行完全的贸易自由化；对于非成员国则在区域性贸易壁垒的基础上有选择、有限度地实行部分贸易自由化。

最后，不同商品贸易自由化程度也不同。表现在：

一是工业制成品的贸易自由化超过农产品的贸易自由化；

二是机械设备产品的贸易自由化超过工业消费品的贸易自由化。

（6）战后贸易自由化促进了世界经济的迅速发展。

（三）战后贸易自由化作用评价

（1）战后贸易自由化推进了世界经济和贸易的高速发展。

（2）战后贸易自由化确立了各国贸易政策发展的总趋向。

（3）战后贸易自由化为国家贸易、经济通过协商、协调获得发展提供了先例。

### 三、20世纪80年代中后期以来的协调管理贸易

（一）协调管理贸易的含义与产生

协调管理贸易介于自由贸易与保护贸易之间，属于有组织的自由贸易。这是以协调国家经济利益为中心，以政府干预贸易环境为主导，以磋商谈判为轴心，对本国进出口贸易和全球贸易关系进行全面干预、协调和管理的一种贸易制度。

协调管理贸易不同于自由贸易，它在一定程度上限制了自由竞争，国家之间的贸易活动夹杂了许多人为干预因素。

协调管理贸易不同于保护贸易，保护贸易只关心本国的经济利益，而协调管理贸易则是

在寻求整体利益平衡的前提下,在兼顾贸易伙伴经济利益的同时,追求本国利益的最大化。

协调管理贸易出现于 70 年代,盛行于 80 年代后期,它的产生与发展有其深刻的现实原因:

(1) 国际政治经济关系的深刻变化。"冷战"结束后,经济问题成为各国关系中的重点,贸易、投资领域的激烈竞争要求各国政府从本国利益出发参与、干预经济生活,协调与其他国家之间的关系,避免两败俱伤。

(2) 世界各国经济相互依赖加强。随着生产与资本国际化的深入发展,各国之间经济的相互依存性增强,每个国家在制定经贸政策时都必须要考虑其他国家的反应,因而增强了政策在国际范围进行协调的必要性。

(3) 发达国家竞争优势发展不平衡。在拥有竞争优势的领域,政府通过国际谈判与磋商打开其他国家的保护大门;在缺乏竞争优势的领域,则希望政府通过谈判能够提供适当的保护。

(4) 地区经济贸易集团的发展。各种类型经贸集团的出现,其结果,经贸集团的谈判能力、竞争能力都在增强,与此同时,经贸集团之间的保护却在相对升级,不利于成员国向非成员国市场进行扩张。

(5) 跨国公司迅速发展的要求。跨国公司集生产、技术、贸易、海外投资为一体,贸易、投资自由化是其迅速发展的重要前提,跨国公司强大的经济实力使它们有能力游说本国政府为其发展扫除障碍。

(6) 世界环保意识的加强要求对贸易进行协调管理。贸易自由化对世界环境有双重作用。一方面,贸易自由化有利于国际分工的发展,全球劳动生产率的提高,世界资源的合理配置;另一方面,贸易利益的追求在有些情况下是以破坏环境为代价的。因而把对贸易利益的追求与对环境的保护结合起来的压力要求政府直接对贸易活动进行管理。

(7) 多边贸易体制的实践。关税与贸易总协定与 WTO 不是致力于建立一个纯粹的自由贸易体制,而是追求缔约方在自由贸易原则的基础上通过磋商、谈判,在合理适当地保护本国利益的条件下,促进各国经济贸易的发展。

(二) 协调管理贸易与博弈论

协调管理贸易的理论基础是博弈论。在博弈论中,博弈是指人或国家的理性行为在许多情况下总是追求在既定条件下的利益最大化。然而利益主体对利益的追求不仅取决于自己一方的决策,还取决于对方的决策,实际得到的利益往往是双方共同决策作用的结果。因而利益主体之间的关系具有博弈的特点。

博弈论认为,博弈关系大体有负和博弈、零和博弈、正和博弈三种类型。所谓负和博弈是指博弈方博弈的结果是各方所得小于所失;零和博弈则是博弈一方吃掉另一方,一方所得正是另一方所失,双方所得之和恒等于零;正和博弈是指博弈双方通过合作,双方的所得增加,或至少有一方所得增加。因而在利益关系上,负和博弈与零和博弈中的双方表现为对抗关系,妥协意味着放弃利益;正和博弈中的双方则表现为合作关系,因而正和博弈也被称为合作博弈,可以通过双方的妥协与让步增进双方的利益以及整体的利益,共同获得合作剩余。至于合作剩余在博弈各方之间如何分配,取决于各方谈判筹码和谈判技巧。

国际贸易中,多数情况下国家之间的关系表现为典型的正和博弈关系。一国表面上的所失并不意味着相关国的利益所得,多数情况下是促成利益共得的局面。

因而,协调管理贸易是正和博弈在国际贸易中的运用。如果贸易双方可以看到博弈关系在非零和条件下,通过双方的妥协合作,在谋求自己的利益的同时,能兼顾对方的利益,达成利益共同体;在不造成两败俱伤的同时,还可以获得现实可能的最大利益,协调管理贸易就有其存在的必要性了。虽然这时合作双方都放弃了最优选择,退而求其次,选择了次优,但它却是现实可以获得的最优选择,因为现实中不顾及对手利益的最优选择是不可能实现的。

(三) 协调管理贸易实现的机制和途径

(1) 通过国际会议对贸易进行意向性管理。

如联合国贸发会议、西方七国首脑会议、亚太地区首脑会议、G20 会议等。通过这些国际会议来调整发达国家与发展中国家,以及它们内部之间的经贸关系。但国际会议对贸易的管理主要起导向和意向作用,不带有强制性。

(2) 通过区域性经济贸易集团缔结条约、协定和建立超国家机构对地区贸易进行管理。

区域性经济贸易集团通过签订条约、协定和建立超国家机构协调、管理和统一成员国贸易行为、做法,促进经贸集团内部货物和服务流动的自由化;对集团外提高谈判能力,争取更好的经贸环境。如战后的欧盟、北美自由贸易区等。

(3) 通过多边政府协定和组织对参加方的贸易关系进行管理。

"二战"后,在关税与贸易总协定和世界贸易组织的主持下,各缔约方(成员方)进行了九轮多边贸易谈判,为缔约方之间的贸易关系确立了共同的准则,极大程度上消减关税和非关税壁垒,促使成员国之间的贸易自由化和便利化。世界贸易组织的建立使对成员方之间关系管理的有效性进一步提高。

(4) 通过具体的国际商品协定和生产国组织对具体商品的生产、销售、价格进行管理。

(5) 通过标准化对国际贸易行为、商品规格、质量进行管理。

(6) 通过双边政府贸易协定或协议协调和管理双边贸易关系。

(7) 各国政府加强对贸易活动的宏观干预。具体表现为:

第一,各国通过经贸法规与国际接轨,协调国家之间贸易管理方式与做法,如中国国家技术标准已经有 90% 以上实现与国际接轨;

第二,通过贸易立法,约束他国的贸易行为,如美国贸易立法中的 301 条款、特殊 301 条款、超级301条款以公平贸易的名义对所谓知识产权保护不力、限制美国产品劳务进入市场的贸易对手国启动贸易调查，一旦事实确立，就征收高关税或设置其他非关税壁垒，用以约束、协调同其他国家的经贸关系。

**（四）评价**

协调管理贸易是在战后贸易自由化大趋势下，面对新贸易保护主义的压力而出现的贸易体制。其目标是在自由贸易的原则基础上，协调相互之间的贸易关系，均分贸易利益，促进各方发展。作为一种新的贸易体制，对世界经济贸易的发展产生巨大的影响。具体表现在：

(1) 纯粹自由竞争让位于有组织的自由竞争或不完全的自由竞争。
(2) 自由贸易政策与保护贸易政策让位于协调管理贸易政策。
(3) 国家之间经济利益的连带性和包容性增强。
(4) 国家的经济实力成为参与国际竞争、参与国际贸易利益分配的主要筹码。

## 第四节 保 护 贸 易

### 一、自由竞争时期的保护贸易

**（一）产生背景**

在以英国为首的欧洲先进工业国完成工业革命、开始逐步推行自由贸易政策、向世界进行扩张时，美国则刚刚取得独立和统一，德国也刚结束其封建割据的局面，开始其工业化进程。为赶上和超过先进工业国，美国和德国于19世纪先后实行严厉的贸易保护政策，使本国工业在英国等欧洲先进工业国的强大压力下得以生存并获得发展。

**（二）政策特点**

1. 保护的阶段性

贸易保护是为达到国家最终发展目标而采取的过渡性措施。在积极采取发展和扶持本国工业的初期，提高进口关税税率；经过一段时间的发展后，随着国内工业部门的建立和竞争能力的提高，开始逐步降低某些商品进口关税，直至整体关税水平的降低。

2. 保护的有选择性

在同一时期，对不同工业部门采取不同程度的保护措施，实行区别对待，通过实施差别税率，鼓励和限制商品的进口。

3. 贸易保护政策的执行与整个国民经济、工业发展目标相结合

与贸易保护政策相配套，采取一系列鼓励投资、鼓励发展新兴产业的金融及税收等

措施。

4. 贸易保护的主要措施

以高关税和禁止进口限制国内幼稚工业部门产品的进口;以低关税或免税鼓励复杂机器设备、原料等国内无法生产但急需的商品进口;通过高关税和禁止出口的办法限制重要生产物资出口;向私营工业发放政府信用贷款、津贴、奖金等为其发展提供必要的资金。

(三) 理论依据

保护贸易政策的理论,就其影响而言,以李斯特的保护幼稚工业理论最具代表性。这一理论最早由18世纪美国经济学家汉弥尔顿(A. Hamilton)提出,后来由德国经济学家李斯特发展和完善,综合成为一个完整的理论体系。

汉弥尔顿认为,美国必须执行贸易保护政策源于其本国的幼稚工业经不起外来竞争,主张用征收保护关税的办法鼓励幼稚工业发展,但并不主张对一切进口商品征收高关税或禁止进口,而只是对本国能生产但竞争力弱的进口商品实施严厉的限制进口政策。

李斯特接受了汉弥尔顿贸易保护的基本理论并加以系统发展,建立了以生产力理论为基础、保护关税制度为核心的保护幼稚工业理论。这一理论在承认自由贸易利益的前提下,主张以保护贸易为过渡,扶持有前途的幼稚工业,促进社会生产力的发展,最终实现自由贸易。

李斯特保护幼稚工业理论的主要内容:

1. 对古典自由贸易理论提出批评

(1) 指出"比较成本说"忽视国家、民族的长远利益,只注重交换价值,不注重生产能力的形成,因而不利于德国生产力的发展,不利于国家竞争实力的增强,不利于德国实现真正意义上的政治经济独立。

依照"比较优势说",一国应遵循"两优取最优,两劣取次劣"的原则参与国际分工与交换,输出拥有比较优势的产品,输入比较劣势产品。但李斯特认为,如果依照这一原则,德国国民应该全面进口本国相对缺乏竞争力的产品,特别是幼稚工业的产品。短期来看,这种选择是合理的,因为可以减少消费支出,在收入不变的条件下,拥有的产品总量将会增加。但长此以往,德国将永远无法建立自己的生产能力,一些产品的供应将永远依附于其他国家,经济上难以独立,如果发生战争,这种经济上的不独立将直接对政治独立产生负面影响。停止从国外进口具有比较优势的产品,短期看会使消费者有所损失,但从长期来看,经过一段时间,当幼稚工业建立并获得发展后,其产品价格有可能会低于之前进口产品的价格。这样,一方面使德国消费者获得消费利益;另一方面,国家获得了财富的生产力。李斯特认为:"财富的生产力比财富本身,不晓得要重要多少倍,它不但可以使已有的和已经增加的财富获得保障,而且可以使已经消失的财富获得补偿。"①

---

① 弗里德里希·李斯特. 政治经济学的国民体系. 北京:商务印书馆,1997.

(2)批评古典自由贸易理论忽视了各国历史和经济上的特点,认为各国对外贸易政策的选择应全面考虑其对国民经济发展的影响,取决于该国当时所具备的各种条件和所达到的经济发展水平。

李斯特根据国民经济发展程度,把国家经济发展划分为5个阶段,即原始未开化时期、畜牧时期、农业时期、农工业时期、农工商时期。并认为各国经济发展所处阶段不同,采取的对外贸易政策也应不同。处于农业阶段的国家应实行自由贸易政策,以利于农产品的自由输出,所需工业品的自由输入。处于农工业阶段的国家,因为本国工业已有所发展,但并没有发展到能够与外国产品相竞争的程度,因而应该实行保护关税制度,以使本国工业免受外国产品的冲击。而农工商时期的国家,由于国内工业、农业都比较发达,具有国际竞争力,故此应实行自由贸易政策,以充分享受自由贸易利益。李斯特认为,当时的英国处于农工商阶段,德国和美国处于农工业阶段,法国介于第四和第五阶段之间。所以德国应该实行保护工业政策,促进德国工业化进程。

(3)主张国家干预经济生活,认为通过政府对国民经济活动的一部分加以限制,来保证国家经济利益的实现,而国家利益的保证是持久个人利益实现的前提。

2. 保护对象和时间

(1)保护对象大致为三类。

第一,农业不需要保护;

第二,一国工业虽然幼稚,但在没有强有力的竞争者时,也不需要保护;

第三,只有刚刚开始发展且遭遇国外强有力的竞争对手的工业才需要保护。

李斯特还十分强调,受保护工业要有发展前途,即受保护工业应具有潜在的发展优势,经过一段时间的保护和发展之后能够成长起来,并能带动整个经济的发展。

(2)保护时间:以30年为最高限期。

3. 保护手段

通过禁止输入与征收高额关税的办法来保护幼稚工业,以免税或征收少量进口关税的方式鼓励复杂机器进口。

4. 理论政策评价

幼稚工业保护理论的积极意义在于:

(1)保护幼稚工业理论把经济发展看作一个规律性的历史过程来研究,强调国际贸易中国家、民族的长远利益,强调各国应根据各自国家的国情和经济发展水平选择对外贸易政策。

(2)保护幼稚工业理论认为,国家生产力水平直接关系到国家的兴衰存亡,而建立高度发达的工业又是提高生产力的关键,因而有必要对国内处于发展中的、有前途的、但遭遇到国外有力竞争的产业部门采取适当的保护。

(3)保护幼稚工业理论强调保护的过渡性和有选择性,强调贸易保护是达到发展工业、发展生产力目的的手段而不是目的本身,认为随着生产力发展水平的提高将逐步降低保护,最终走向自由贸易。

(4) 保护幼稚工业理论对美国、德国当时经济政策的形成产生重大影响,在美国、德国资本主义经济发展中曾起到过积极的作用,使其工业得以生存并迅速发展起来,实现了赶超世界先进国家的目标。但是应该注意目标的达成是保护贸易政策与其他因素共同作用的结果,是与美、德高度重视教育、科研及国民素质的提高,英国的自由贸易政策,其他落后国家作为原料产地和产品销售市场等密切相关。

同时,也应注意到保护幼稚工业理论也存在许多缺陷。
(1) 对生产力的理解比较含糊,对影响生产力的因素分析也很混乱。
(2) 以经济部门作为划分经济发展阶段的基础歪曲了社会经济发展的真实过程。
(3) 保护对象的选择缺乏客观具体的标准。

## 二、垄断时期的超保护贸易

### (一) 超保护贸易政策产生的背景与特点

超保护贸易政策盛行于第一次世界大战和第二次世界大战之间。在这一时期,垄断代替了自由竞争,资本主义国家实现了资本的高度积聚和集中,国内市场变得相对狭小,资本对市场的争夺日益激烈,不断爆发的经济危机又使市场问题进一步尖锐化,从而使保护贸易获得空前发展,出现了超保护贸易政策。

与自由竞争时期的保护贸易政策相比,超保护贸易政策有其自己的特点:
(1) 不仅保护幼稚工业,而且更多地保护国内发达的或出现衰落的工业。
(2) 不再是培养自由竞争的能力,而是巩固和加强对国内外市场的垄断。
(3) 不是防御性地限制进口,而是在垄断国内市场的基础上对国外市场展开进攻性扩张。
(4) 不是保护代表先进势力的一般工业资产阶级,而是保护大垄断资产阶级。
(5) 保护政策的措施多样化,不仅有关税和贸易条约,还有其他各种非关税措施。

### (二) 超保护贸易政策的理论依据

1. 凯恩斯的"保护就业理论"

20 世纪 30 年代,面对资本主义世界经济增长下降,失业不断增加,凯恩斯由坚定的自由贸易论者转变为保护贸易论者。他在批判传统经济理论的基础上,以有效需求不足为基础,以边际消费倾向、边际资本效率、灵活偏好三个基本规律为核心,以国家干预经济生活为政策基点,把对外贸易和国内就业结合起来,创立了保护就业理论。后来,其追随者又充实和发展了凯恩斯的观点,从宏观角度论证了对外贸易差额对国内经济的影响,主张国家干预,实行奖出限入的政策,最终形成了凯恩斯主义的贸易保护理论。

(1) 投资乘数原理

凯恩斯认为一国投资量的变动与国民收入的变动之间客观存在一种依存关系,这种关系称为投资乘数或倍数。他认为由投资而引发的国民收入变动往往几倍于投资量的变动,其倍数的大小取决于该国的"边际消费倾向"。

(2) 对外贸易乘数原理

凯恩斯的追随者马克卢普(F. Machlup)和哈罗德(R. F. Harrod)等人将凯恩斯的投资乘数引入对外贸易,创立了对外贸易乘数原理。认为一国的出口和进口波动会对国民收入的变动产生倍数影响,国民收入的变动量将几倍于出口与进口的变动量。

这里投资乘数或对外贸易乘数,我们假定为 $K$,计算公式为

$$K = \frac{1}{1 - 边际消费倾向}$$

当边际消费倾向为 0,乘数为 1,边际消费倾向为 1,乘数为 $+\infty$;当边际消费倾向为 1/2,乘数为 2。

现在设 $\Delta Y$ 代表国民收入的增加额,$\Delta I$ 代表投资增加额,$\Delta X$ 代表出口增加额,$\Delta M$ 代表进口增加额,$K$ 代表乘数。计算对外贸易顺差对国民收入的影响公式为

$$\Delta Y = [\Delta I + (\Delta X - \Delta M)] \cdot K$$

当 $\Delta I$ 与 $K$ 一定时,贸易顺差越大,$\Delta Y$ 越大;反之,如果贸易差额是逆差,则 $\Delta Y$ 会缩小。因此一国越是扩大出口、限制进口,贸易顺差越大,对本国经济发展的积极作用就越大。凯恩斯和其追随者的对外贸易乘数论为超保护贸易政策提供了理论基础。

(3) 理论评价

其一,凯恩斯主义的保护贸易理论是用以说明发达国家如何通过实施保护贸易政策,实现国内充分就业,提高国民收入水平,以保持其在国际经济贸易中的领先地位。

其二,对外贸易乘数揭示了贸易量与一国宏观经济以及各主要变量,如投资、储蓄等之间的相互依存关系,在某种程度上指出了对外贸易与国民经济发展之间的某些内在规律。

其三,从理论上,凯恩斯主义的保护贸易理论没有多少新意,与其他理论相比更侧重于政策方面,即理论的实用性,因而成为发达国家推行超保护贸易政策的理论依据。

其四,这一理论没有考虑到国家之间贸易政策的连锁反应,一国的奖出限入势必会招致其他贸易伙伴国的报复,从长期看,会对一国经济与贸易产生更为严重的负面效果。

其五,对外贸易差额对一国经济发展积极作用的发挥只有在世界总进口值增加的条件下才能成行,否则依靠降低出口价格来维持出口扩张的做法无法长期对国民经济增长奏效。

2. 其他观点

(1) 国内市场扭曲的超保护贸易观点

这一观点认为,国内市场由于生产要素的非移动性、内部与外部经济的存在、竞争基础

的差异等而使得价格机制不能充分地发挥作用,资源无法实现最佳配置。在这种条件下,只能通过政府对经济生活的干预,适当地消除市场扭曲引发的不良影响,贸易保护就是政府所采取的消除不良影响以获取资源配置"次佳"状态的措施之一。

(2) 改善贸易条件的超保护贸易观点

这一观点认为,在一定条件下通过对进口商品征收关税或限制进口可以压低进口商品的价格,从而改善征税国的贸易条件。

但这一目标的实现需要具备两个条件:

一是该国必须具备大国贸易条件,即对某一商品的进口需求量占到该商品世界总出口量的相当比重,具有一定的需求垄断优势。

二是出口国该种商品供应刚性,即无论价格如何变化,出口量都难以做大幅度调整。

(3) 维持高水平工资的超保护贸易观点

该论点认为,经济发展落后而劳动力相对丰富的国家工资水平较低,因而产品成本较低。如果实行自由贸易,从低工资国家进口商品势必会导致本国同类部门生产萎缩,工人失业增加,工资水平下降,从而影响到其他部门的工资水平。要改变这种状况,就应对来自这些低工资国家的商品进口征收高关税。这种观点过分夸大了工资在商品成本结构中的作用。

(4) 增加国内就业的超保护贸易观点

这一观点可以在两个层次上进行阐述,一是中观层次,指通过对行业的保护,增加就业;二是宏观层次,即凯恩斯主义的观点,认为通过限制进口,鼓励出口,刺激国内有效需求,增加国内生产,提高就业水平。

但通过保护来增加就业只能在短期内发挥效力,因为从中长期看,一国的贸易保护势必会招致其他国家的报复,从而使保护政策难以发挥预期的作用。

(5) 公平贸易的超保护贸易观点

一般地,不公平贸易是指通过政府的直接介入,清除使国内外商品进行不公平竞争的现象。该观点认为,国际贸易的规则应该是公平贸易,对于通过不公正手段强行进入进口国市场的商品就必须通过征收高额关税和限制进口的办法以消除不公平贸易对进口国带来的负面影响。

(6) 改善贸易收支和国际收支的超保护贸易观点

这一观点的基本思想是通过贸易保护来减少进口,减少外汇支出,增加外汇储备,以实现贸易出超或平衡国际收支。

实际上,通过贸易保护来维持贸易出超,实现国际收支平衡是一种消极的办法,只能在短期内发生效力。而通过提高出口行业劳动生产率,降低出口产品成本,提高出口产品质量,优化出口商品结构等办法获得贸易出超,国际收支的平衡才能持久。

(7) 非经济目标的超保护贸易观点

这一观点认为,采取贸易保护政策除了经济方面的考虑之外,还有一些非经济因素的考虑,即民族自尊、社会公平和国家安全。

关于民族自尊。该观点认为,如果将进口产品全部改由国内生产就可以增加民族自尊和民族自豪感,这样一方面可以增强民族自信心,另一方面则可以促进民族工业的发展。

关于社会公平。该观点认为,虽然自由贸易可以增加一国福利,却可能使某一地区、某一民族、某一行业的收入受到损害。在这种条件下,政府必须采取贸易保护的做法,保护有关方的利益不得由于贸易的原因受到损害,以免波及政治稳定。

关于国家安全。该观点认为,出于维护国家安全的考虑,国家必须有供战时使用的战略物资储备,并且必须建立自己的生产能力以备战时的物资供应。如果一味地依赖进口,则会受制于人,危及国家的安全。因而政府必须通过贸易保护,保证拥有自己的军事工业和相关工业。

上述各种非主流超保护贸易观点都是从不同的侧面论述了实施贸易保护的合理性,但是却都忽略了其理论政策效果得以发挥要具备的前提条件。

### 三、20世纪70年代中期后的新贸易保护主义

（一）背景

20世纪70年代中期后,资本主义经济在经历了20多年的高速发展后进入低速增长,失业率不断提高,致使贸易保护在世界自由贸易进程中再度兴起。对于贸易保护的再度兴起,除经济增长缓慢、失业增加原因外,其他影响因素包括:

(1) 各国对外贸易发展不平衡,使得贸易保护成为必要。

(2) 国际货币关系失调,一方面增加了贸易的风险与成本,另一方面过高与过低的汇率水平都容易对贸易保护主义形成压力。

(3) 政治上的考虑,主要是国内政治竞选,政府所代表的社会利益集团的要求等。

(4) 贸易政策的相互影响。

（二）政策特点

在新贸易保护条件下的贸易政策,其特点为:

1. 被保护的商品不断增加

被保护的商品从传统产品、农产品转向高精尖产品和服务部门。

2. 限制进口措施的重点从关税转向非关税

"二战"后,发达国家的关税有较大幅度的降低,但这并没有缓解发达国家争夺市场的矛盾。特别是在20世纪70年代世界经济危机的冲击下,发达国家竞相采取非关税措施,限制商品进口,抵消由于关税降低所造成的不利影响,具体表现在:

(1) 非关税措施的项目日益繁杂

据统计,20世纪60年代末,发达国家所实行的非关税措施共计850项,到70年代末已

达到 900 多项,名目繁多。除进口国采取措施限制本国进口外,还强制出口国家自动限制出口。并且许多国家所采取的措施的实施规则、程序不尽相同也加强了限制进口作用。

(2) 非关税措施的使用范围日益扩大

随着非关税措施项目的增加,这些措施用于限制商品进口的范围也日益扩大。据估计,世界贸易受非关税限制的部分从 1974 年的 40% 扩大到 1980 年的 48%。1980 年以后限制范围进一步扩大。

(3) 非关税措施的歧视性增长

发达国家往往根据与出口国的政治、经济关系采取不同的非关税措施。

3. 贸易保护的重心从限制进口转向鼓励出口

战后,随着贸易自由化和国际分工的发展,各国经济发展对国外市场的依赖性不断增强,各国为争夺市场争斗日益激烈,各国政府在加强非关税措施限制进口以保护国内市场的同时,还设法从经济上、组织上和精神奖励上鼓励本国产品的出口。

在经济方面,通过采取出口信贷、出口信贷担保、出口补贴、外汇倾销等措施,促进本国商品的出口。在组织方面,发达国家广泛设立各种促进出口的机构,协助本国厂商扩大出口。在精神方面,发达国家制定各种评奖制度,对扩大出口成绩卓著的厂商给予奖励,以刺激本国商品出口。

4. 贸易保护日益制度化、法律化

具体表现在两个方面,一是加强贸易立法,甚至以此为中心与国内其他法律形成配套,同时增强贸易中单边行动的权利。如美国,1974 年贸易法案中的 301 条款对美国总统授权,对给予美国出口实施不公平待遇的国家进行报复。1984 年的《贸易和竞争综合法案》中的"超级 301""特别 301"条款针对实施公平贸易不得力、知识产权保护不善的国家进行报复。目前,美国涉及对外贸易的法律规定达到 1 000 多种。二是对外贸易单边管理、双边与多边协调并存。各国在加强单边行动权利的同时,也不放弃进行国际协调,通过谈判、强调互惠、有限度地让步为国内产品出口营造比较宽松的贸易环境。如 1995 年,依据美国 1974 年贸易法案中的 301 条款,对来自日本的豪华轿车征收 100% 的进口关税,原因在于日本向美国同类轿车市场开放不够,使得美国相应轿车在日本市场的占有率远远低于日本在美国的市场占有率,前者为 1.5%,后者则达到 25%。在双边汽车零部件贸易中,美国的逆差超过 100 亿美元。为此日本也曾经表示要采取措施改变现状,但迟迟没有实际行动。因而,美国在认定日本侵害其利益,日方不合理的政策和做法已经对美国商业构成负担和限制的基础上,单方面宣布并采取贸易制裁,最后的结果是迫使日本与美国进行谈判,承诺开放相关产品的市场。

(三) 理论依据

新贸易保护主义是 20 世纪 70 年代中期后在世界经济结构调整的大背景下形成的一种

贸易保护思潮,以凯恩斯的经济理论为依据,以保护国内充分就业和国际收支平衡为中心形成的一套理论,其主要代表人物是英国的高德莱(Wynne Godly)。

高德莱认为,传统贸易理论忽视了对外贸易与一国主要宏观经济因素和变量的关系。从宏观角度,对外贸易对一国总需求和就业水平不仅具有关键作用,而且具有不可替代的作用。一方面出口扩张,保持贸易顺差将直接关系到一国国民收入的提高和充分就业;另一方面对进口的限制将会诱发国内私人投资的增加、生产的扩大,继而是政府财政收入的增加,公共投资的增加,这又将进一步刺激私人投资,这样通过一系列连锁反应直接促进国民收入和就业水平的提高。由此可见,贸易保护可以通过双渠道对国民收入增加和就业水平的提高发挥作用。

由于贸易保护国家出口的增加势必会引起进口的相对增加,因而贸易保护政策不会对其贸易伙伴国的贸易产生不利影响。这只是一种政策选择。

### (四)新贸易保护主义对国际贸易的影响

第一,新贸易保护主义打着公平贸易的旗号,实际上其政策与做法带有明显的歧视性、排他性,保护了国内缺乏竞争力的产业,降低了资源配置效率,同时限制和扭曲了国际贸易商品正常流向,降低了国际贸易增长速度。1975—1985年,世界贸易年均增长速度为7.78%(贸易量增长2.94%),较之1960—1970年的9.66%(贸易量增长8.96%)降低了近2个百分点,从贸易量增长的角度,降低了近6个百分点。①

第二,严重损伤了发达国家、发展中国家的经济贸易利益。发达国家对进口的严格限制,其直接结果就是导致国内生产成本和最终产品价格的上升,进一步影响着国内产品的价格竞争力,也影响着消费者的利益。如英国在第二个多种纤维协定之后,服装零售价格平均上涨了20%。发展中国家的主导出口产品,如纺织品、鞋、玩具等劳动密集型产品出口受阻,出口收入锐减,造成一些发展中国家国家经济增长减速,甚至有些发展中国家出现债务危机。发达国家没有获得预期的保护政策效果,经济增长没能走出低迷。发达国家GDP实际增长速度,1973—1980年为2.8%,1980—1985平均年增长率为2.5%。②

2008年金融危机后,主要是发达国家,为快速恢复经济,再度高举贸易保护主义大旗,使得这一时期的贸易保护呈现出新的特点,主要表现在:

第一,对多边体制的回退。它们通过更多的区域性贸易安排,寻求地区性贸易自由和保护。

WTO多边体制致力于"公开、公平和无扭曲竞争的规则体制",具有节制自由贸易的特点,它以贸易自由化为基本目标,同时允许自由贸易与正当保护并存。一些发达国家认为现

---

① 根据2005年International Trade Statistics提供的数字整理。
② 1988年世界发展报告.Development and Globalization:Facts and Figures,2004:23.

有多边体制中,发展中国家在享受权利和特殊待遇的同时,回避了应承担的义务;发达国家之间在农产品贸易问题上的纷争也长期得不到解决。2002年发起的多哈回合也没有达到实质性成果,多边体制陷入僵局。

在这种条件下,以欧美发达国家为代表的成员国寻求通过发展区域贸易自由化,来改写和实施新的贸易规则,而后加以推广,形成新的国际规则与原则,以继续主导全球经贸治理,其结果将是不断弱化WTO多边约束机制的作用,同时逼迫WTO按照欧美发达国家的利益做规则调整。

第二,美国对外贸易的双重标准与单边主义。

美国在贸易方面,采用双重标准。

美国通过立法直接或间接限制购买其他国家产品,对其他国家产品构成歧视。根据经合组织发布的"国外供应商差别待遇"35个经合组织成员国排名,2013年,美国排32位,若包括12个非经合组织国家,美国排39位,位列巴西、印度、印尼等国之后。[①]

美国政府对国内部分产业和企业提供大量补贴、救助和优惠贷款,如波音公司,2000年以来获得联邦和州政府定向补贴145亿美元,2001年以来各种救助、优惠、贷款等737亿美元。

同时,美国要求WTO政府采购协议成员方和贸易协定包含采购条款的协议方开放政府采购市场,提供公平贸易机会,并通过反倾销与反补贴的方式抵消贸易对手国倾销和补贴行为对美国产生的影响。

上述事例充分说明了美国贸易行为的双重标准特性。

另一方面就是单边主义。

美国通常根据国内立法,以产业损害和知识产权保护的名义,绕开WTO争端解决机制,以232条款、201条款、301条款发起调查,在调查中使用选择性证据和材料,武断结论,实施惩罚性关税,[②]达到限制进口目的。

第三,贸易保护措施主要集中在救济和技术性贸易措施使用方面。

根据WTO的规定,成员方在进口存在倾销、补贴或进口过快增长对国内产业造成损害的条件下,可以使用贸易救济措施,可以通过征收反倾销税、反补贴税、限制进口等手段抵消其负面影响。目前,贸易救济已经成为欧美国家限制进口的非关税措施,被频繁使用。截至

---

① 《关于中美经贸摩擦的事实与中方立场》,中华人民共和国国务院新闻办公室,2018。

② 232条款:美国商务部根据《1962年贸易扩大法》第232条款授权,对特定产品进口是否威胁美国国家安全进行立案调查,并在270天内向总统提交报告,美国总统在90天内做出是否对相关产品进口采取最终措施的决定。

201条款:美国《1974年贸易法》第201条款,根据该条款,美国国际贸易委员会对进口至美国的产品进行全球保障措施调查,对产品进口增加是否对美国国内产业造成严重损害或严重威胁做出裁定,并在120天向总统提交报告和建议。总统根据法律授权,在收到国际贸易委员会报告后140天做出最终措施决定。

301条款:美国《1974年贸易法》第301条款,根据这一条款,美国可以对它认为是"不公平"的其他国家的贸易做法进行调查,并与有关国家政府协商,最后由总统决定采取提高关税、限制进口、停止有关协定执行等报复措施。

2018年,美国仍生效的双反措施有400多项。2016年,欧盟仍在生效的双反措施有136项,其中针对亚洲的占112项,主要是来自中国的产品。

技术性贸易措施(TBT)是指各国为保证其进出口商品的质量,或保护人类、动物或植物的生命或健康及保护环境或防止欺诈行为而设立的技术法规、技术标准、合格评定程序等。

技术性贸易措施日益成为限制进口的重要手段,主要是因为涉及产品生产、加工、包装、销售、消费多环节,发达国家通过制定高技术标准、严格的法律法规及复杂认证程序拖延时间、增加贸易成本,达到限制进口的目的。发展中国家由于产业发展水平大多比较低,技术标准低,检验能力差,出口产品难以适应和达到发达国家的高标准及复杂检验程序,往往是技术性贸易措施适用的受害者。

截至2018年,美国认证体系有55个。据WTO的统计,美国已通报的卫生和植物检疫,以及技术性措施分别为3004项和1574项,占全球的比重分别为18%和6.6%,例如,一棵树进口到美国,要满足54项卫生和植物检疫措施的要求,影响了通关效率,增加了贸易成本。

### 四、发展中国家的保护贸易

#### (一) 背景

"二战"后,广大的发展中国家纷纷走上了发展民族经济的道路,但受到旧的国际分工和贸易体系的严重阻碍,"单一经济结构"在自由贸易的旗帜下不断地强化,广大的发展中国家仍然处于发达国家原料产地和产品销售市场的地位。为改变这种局面,一些国家开始摒弃传统的自由贸易原则,实施贸易保护政策。

#### (二) 政策特点

贸易政策的选择与一国经济发展战略密切相关。一般认为,"二战"后,发展中国家的发展战略或发展方式总体上可归纳为两种模式:一是外向型发展战略,二是内向型发展战略。由此围绕发展战略而采取的贸易政策分为两大类:进口替代政策和出口导向政策。

进口替代政策指为保证替代进口的实现,达到保护、扶持和促进本国工业发展的目标而采取的贸易政策。

出口导向政策通过鼓励出口来推动本国经济的发展。

无论哪种贸易政策都是从本国工业化发展角度出发,根据需要实施不同程度的贸易保护政策。

#### (三) 理论依据

发展中国家贸易保护政策的理论依据主要是普雷维什贸易保护论。

普雷维什认为,发展中国家应执行贸易保护政策结论的提出基于两个理论依据:

1. 中心—外围论

普雷维什将世界分为中心国家和外围国家,即由发达国家构成的中心体系和由发展中国家构成的外围体系。它们是两个社会经济结构、技术结构极其不同的体系,在经济发展过程中处于不平等地位。外围国家在经济发展中缺乏自主性和独立性,经济结构呈现单一性结构特征,在技术进步利益的分配中处于被动。

普雷维什认为,形成这种局面的原因在于:

(1) 中心国家通过资本输出,凭借其技术和管理上的垄断优势构筑和强化外围国家在经济上对中心国家的依赖关系;

(2) 传统的国际分工造成外围国家经济结构的单一性,使外围国家成为中心国家原料产地和制成品销售市场;

(3) 外围国家贸易条件长期恶化。

2. 贸易条件恶化论

普雷维什认为,初级产品的贸易条件具有长期恶化的趋势,外围国家以生产和出口初级产品作为国民经济支柱,因而在与中心国家的贸易过程中处于不利的局面。

普雷维什认为,形成外围国家贸易条件长期恶化的原因主要有三方面:

(1) 技术进步利益分配不均衡;

(2) 制成品的市场结构具有垄断性;

(3) 中心国家的工资刚性得到工会组织的强化。

美国经济学家辛格(H. M. Singer)则从需求的角度论证了初级产品贸易条件恶化的观点。

基于以上分析,普雷维什认为,传统的国际分工——国际贸易理论虽然从逻辑上讲是正确的,但其前提条件与实际相去甚远,因而只能适用于中心国家之间,不能适用于中心国家和外围国家之间。外围国家必须要通过实行保护贸易政策独立自主地发展民族经济,实现工业化来摆脱在国际分工与贸易中的不利地位。

(四) 理论政策评价

(1) 普雷维什的保护贸易理论一改过去将发达国家作为研究出发点的做法,把不发达国家作为自己的主要研究对象,在国际贸易研究领域具有开拓性。

(2) 普雷维什的保护贸易理论分析了不发达国家在现存国际分工与贸易体系中的不平等,探讨了不发达国家贸易条件长期恶化的趋势,提出了实行贸易保护政策,走发展工业化道路,打破传统国际分工体系,建立国际经济新秩序的一系列政策主张。其出发点是积极的,论点是基本正确的,政策主张也有一定的实践意义。

(3) 普雷维什的保护贸易理论第一次在理论和实践上揭示了发达与不发达国家之间贸易关系的不平等本质。

（4）其理论也有一定的局限性，主要表现在：①没有揭示出传统贸易理论如何造成利益分配的不平等，从而导致不发达国家经济贸易状况不断恶化；②用以解释的各种理由存在着一些不科学的成分，如对不发达国家贸易条件长期恶化的分析，应区别不同国家和产品，结合其他影响因素，做具体分析。

（5）"二战"后，特别是60年代以后，多数不发达国家纷纷程度不同地实行了贸易保护政策，客观地说，这一政策的实施对不发达国家工业部门的建立和完善、经济结构的调整、对外贸易结构状况的改善都起到了积极的作用，取得了一定的效果，但也不可避免地带来了一些问题。

## 第五节　国际服务贸易政策

### 一、国际服务贸易政策

国际服务贸易政策是指各国在一定时期内对服务进出口贸易所实行的政策，是一国对外贸易政策的重要组成部分，随着国际服务贸易发展和服务业开放进程不断变化。它是在保持本国经济持续健康发展的前提下，各国政府根据本国具体国情、国际市场变化、具体国别政策目标所做出的一系列促进或保护本国服务贸易发展的措施。

与货物贸易不同，服务贸易没有进出口申报、海关监管和关税征收等环节，因此没有明确的海关监管和关税政策。

服务贸易政策主要通过国内立法、国内相关行业的制度和政策体现。自由与保护也是通过具体的鼓励与限制法规和措施实现。鉴于壁垒和合法保护之间存在"灰色区域"，服务贸易政策充满了不确定性和主观随意性。

乌拉圭回合《服务贸易总协定》（General Agreement on Trade in Services，GATS）为参与服务贸易的国家和地区提供国际管理和监督约束机制。

### 二、国际服务贸易自由化政策

服务贸易自由化是指一个国家或地区逐步减少和消除各种服务贸易限制和贸易壁垒，使贸易活动逐步进入自由竞争状态。

《服务贸易总协定》是WTO就服务贸易达成的第一个多边协议，其规则和纪律适用于各个领域的服务贸易。GATS包括序言和正文两大部分。序言阐明GATS的宗旨是"希望建立一个服务贸易原则和规则的多边框架，以期在透明和逐步自由化的条件下扩大服务贸易，并以此为手段促进所有贸易伙伴的经济增长和发展中国家发展"。服务贸易自由化的途径是通过连续回合的多边谈判，逐步实现更高水平的服务贸易自由化。服务贸易自由化的总原则:透明度原则、逐步自由化原则、权利义务平衡原则、尊重各国国内政策目标原则、促进发展中国家更多参与服务贸易并扩大其服务出口的原则。

一般来讲,服务贸易自由化包括两种方式:第一种是"无条件服务贸易自由化政策",即对所有外国服务及服务提供者开放本国服务市场;另一种是"对等原则",即根据不同国家给予本国服务及服务提供者的待遇,决定本国给予该国家的贸易自由化程度。虽然"对等原则"不符合WTO最惠国原则,但越来越多国家开始采用"对等原则",甚至一些发达国家的无条件自由化原则亦被"对等原则"取代。

以金融业为例,各国对金融服务贸易自由化都采取了较为谨慎的态度。《金融服务贸易协议》中要求各成员无条件遵守最惠国待遇和透明度原则承诺,但在市场准入和国民待遇原则方面,各成员国可以根据本国情况对特定金融服务领域和准入方式等做出具体承诺,各国只须遵守自身承诺,对其并没有承诺的事项无须承担责任。这种承诺有助于成员国渐进实现自由化,保证自由化承诺不会威胁成员国宏观经济稳定性和独立管制政策的制定。

(一)服务贸易自由化效应

对服务贸易出口商来讲,在母国较为成熟的市场体系中,竞争较为激烈且利润率保持稳定。进入东道国后,可以充分利用自身范围经济和专业化的规模经济优势,获取更多市场份额和更高利润。

对于服务贸易进口国来讲,贸易自由化打开了国内相对封闭的市场,国内服务提供者不得不面对国外竞争者带来的竞争压力,不得不采取措施降低成本,更新设备,培训专业技术人员,改善经营管理观念,加快技术进步和技术创新,强化企业观念、竞争观念等,以提高其服务质量和国际竞争力,客观上促进了进口国服务方式的多样化和服务质量的提高,促进一国经济增长。

国外服务的进口不仅带来了竞争,亦带来了技术外溢效应,东道国企业可能通过模仿获得一些新的技术和管理制度,雇员在东道国内的流动为东道国企业带来了模仿和学习机会,推动国内相关产业发展,同时客观上要求国内监管机构引进国际通行做法和标准,加强国内审慎监管的透明度,有助于进口国建立健康、高效的监督和管理体系。

(二)服务贸易自由化的风险

服务贸易自由化可能带来的风险包括。

1. 影响国际收支平衡

如果一国金融业发展不能满足本国经济发展需求,服务贸易自由化后会导致大量服务贸易的进口,致国际收支逆差,造成国际收支恶化。另外,如果本国服务业竞争力较强,大量的出口亦可改善国际收支平衡,同时,适度开放金融市场有利于外资的流入,改善国际收支状况。

2. 对国家经济产生影响

对服务贸易出口国来讲,服务贸易自由化意味着技术和产品的自由输出,意味着较多资金流入国外市场。在此过程中,可能会削弱其现有技术优势地位,减少国内发展资金,提高对手国际竞争能力,影响出口国或投资国长远政治经济利益。对服务贸易进口国来讲,国外企业的进入,对东道国或进口国的经济渗透,都可能弱化进口国对国家经济的掌控。

3. 丧失对国内经济政策的自主选择权

服务贸易涉及种类繁多,许多产业涉及国家经济和发展安全,贸易自由化后,竞争能力较弱的东道国产业可能面临着更为严酷的国际竞争,加剧国内产业竞争,在某种程度上阻碍国内产业发展,发达国家企业则可能在进口国或东道国形成垄断,加大了东道国或进口国对世界经济和发达国家经济和金融政策的依赖性。以东欧国家的银行业为例,由于过度依赖国外资本,2008年金融危机后许多中东欧国家银行体系几乎处于崩溃状态。

### 三、服务贸易保护政策

一国的服务贸易保护政策不仅可以维护进口国合法权益,维护进口国服务产业安全及企业的国际竞争力,而且还有利于提高进口国服务贸易质量。但另一方面,相对过严的服务贸易壁垒会使得其他国家的服务及服务提供者无法进入市场,无法促进国内企业劳动生产率的提高,服务贸易的保护政策多以各国的服务贸易壁垒的方式体现。

(一)服务贸易壁垒定义

国际服务贸易壁垒是指由于非自然原因,一国政府采用的,对外国服务生产者或提供者的服务提供和销售设置的有阻碍作用的政策措施或法律措施,以限制外国服务提供者的经营行为或经营范围。它可以直接或间接地增加外国服务提供者的生产或销售成本,以保护本国服务提供者的利益。

(二)壁垒的主要特点

1. 主要以行政、法律手段为主

由于服务贸易中人员、资本、信息、服务产品的跨国界流动,不在海关监管统计范围内,因此,各国无法利用关税壁垒保护本国产业,服务贸易壁垒主要以国内立法、行政措施、国内相关法律政策为主的非关税壁垒形式存在。这种存在方式涉及部分进口国的国内行政立法,并不受相关国际条约或协定的约束。相对于货物贸易而言,国内立法所涉及的法规领域范围广泛、内容相当庞杂,使得服务贸易壁垒变得更为复杂,具有灵活性高、隐蔽性强、保护力强等特点。

2. 多部门的交叉管理使其保护力增强

世贸组织希望通过一整套架构体系的制定,对世贸组织各成员服务贸易措施进行调整和约束,建立多边服务贸易秩序,最终实现世贸组织在服务贸易领域推行自由贸易和公平贸易的宗旨。

另一方面,各成员方根据其在世贸组织中的承诺及国内产业发展情况,制定了各国规制服务贸易的法律和政策。各成员方在世贸组织或其他国际组织中的承诺对成员国国内相关法律和政策的制定起着非常大的约束和导向作用。同一产业的发展要受到多个部门管理和规则的影响,使得一国服务贸易政策变得庞杂繁复,缺乏统一协调,也就使壁垒更为灵活隐蔽、选择性和保护力更强。

为了促进一国经济发展,所有国家都会通过各种宏观调控手段控制各种产业发展,在服务业企业的营业范围、经营区域、市场准入等多方面建立门槛条件,这种政策客观上起到了服务贸易壁垒作用。

3. 国际条约允许成员国进行适当保护

《服务贸易总协定》中的许多免责和例外条款,在一定程度上承认了成员国可以依据经济发展水平和政策目标,适度维持一定范围的壁垒,逐步开放本国市场,当成员国经济发展出现困难时,可以采取临时性、补救性的措施而不受协议约束,这些例外条款可以视为适度维持服务贸易壁垒的法律依据。

(三) 服务贸易壁垒的主要分类和表现形式

按照乌拉圭回合谈判结果,服务贸易壁垒可以分为影响市场准入的措施和影响国民待遇的措施。市场准入措施是指那些限制或禁止外国服务和服务提供者进入本国市场的措施,包括完全禁止外国服务和服务提供者进入,有倾向性地限制某类投资方式,规定在服务产业中最高所有权比例,或做地域限制等。影响国民待遇措施是指有利于本国企业发展,但歧视外国企业的措施,主要包括两大类:一类是为本国提供成本优势,一类增加外国服务及服务提供者进入本国市场的成本。

另外一种是对应服务模式进行分类,服务贸易壁垒可分为四种类型。

1. 资本移动壁垒

主要包括外汇管制、复汇率和投资收益汇出限制等。外汇管制主要指政府对外汇在本国境内的持有、流通、兑换和出入境的各种限制措施,它将影响到几乎所有外向型经济领域;复汇率会增加厂商的经营成本、削弱消费者购买力;投资收益汇出限制是指对投资者投资收益汇回母国的限制,限制外国资本抽调回国,限制汇回利润额度等。

2. 人员移动壁垒

主要通过各国移民法律,限制国内外人口的流动和迁移。包括两个方面:第一,限制外国人到本国提供服务。进口国会根据自然人的技术水平和能力,对自然人入境停留时间和流动范围给予限制;通常进口国要求服务提供者具有一定资格,获得某些指定证书,但由于各国对资格认证的标准不同,使得资格证书的承认许可成为自然人流动的一大壁垒;自然人提供的服务要达到一定规模或技术要求;自然人必须要获得进口国或东道国的工作许可;有些国家要求自然人在流动前必须已经就业。第二,限制本国人到外国消费服务。人员的流动会影响服务业的劳动效率,一个具有丰富工作经验的专业人员会极大提高企业劳动生产率。而人员移动壁垒会使得国外熟练劳动力无法进入进口国,为本国熟练劳动力提供保护。

3. 产品移动壁垒

主要是对服务产品过境交付进行限制。其方式主要包括数量限制、当地成本要求、政府补贴、歧视性政府采购、税收制度等。数量限制通常规定服务供给的最高额度,当国外服务超过最高额度时,不再允许其进入国内;当地成本要求条款要求服务厂商必须在当地购买设备、雇用当地员工等;政府补贴则变相提高了国内服务提供商的竞争能力;歧视性政府采购要求公共领域的服务只能向本国供应商购买,使得外国服务提供商无法进入政府采购市场;税收制度则是利用国内税收规定,对国外服务商征收更多的税,变相减少国外服务提供商的市场竞争力。

4. 开业权壁垒

也称商业存在壁垒,主要包括外国服务提供者在东道国或进口国设立分支机构进行经营的限制,如禁止外国服务提供者进入某些行业,禁止外国服务人员进入本国从事专业服务等。

开业权壁垒主要包括资格限制、股权限制、经营业务限制、许可证限制。具体包括:

(1) 对商业存在的具体实体形式进行限制;

(2) 外国资本股权限制;

(3) 采用数量配额或营业执照发放数量等限制商业活动;

(4) 对服务提供者数量限制;

(5) 对交易总额和资产总额的限制;

(6) 对服务总量限制;

(7) 限制其雇用人员数量;

(8) 对其经营方式、经营范围、经营地域的限制;

(9) 对董事会国籍、居住地的要求;

(10) 歧视性税收和补贴政策等;

(11) 对外国服务提供者经审批给予许可经营或许可从事某些业务的规定。

尽管如此,大多数国家在商业存在方面做出的承诺最多,而在跨境交付方面,除发达国家外,发展中国家的承诺非常有限。

GATS允许发展中国家在一定时期内使用一些贸易政策工具帮助本国企业发展。这些工具有补贴、政府采购和保障措施等,当成员国发生严重的国际收支失衡,财政困难或其金融体系的完整性和稳定性受到伤害时,GATS允许成员国暂时中止执行其已承诺的具体义务。

由于交易标的特殊性,服务贸易摩擦不可能针对具体货物发起,只能针对与此相关的政策、法规、管理方法等,各国政策的制定和实施是一国的产业发展战略和贸易发展战略体现,往往与幼稚工业保护论、国家安全战略等混在一起,使得不同经济体的政策法规有较大差别,为贸易摩擦提供了更大的申诉和解释的不确定性。服务贸易摩擦成为近年来越来越受到关注的问题,主要集中在分销服务、金融服务和通信服务中,这三个领域共占摩擦总数的一半以上。

## 本章小结

1. 自对外贸易产生以来,基本有两种类型的对外贸易政策,自由贸易政策和保护贸易政策,其他类型贸易政策都是基于这两种形式的变形。

2. 重商主义认为国内贸易只是财富在不同群体之间的再分配,对外贸易对于财富积累的意义则不同,进口导致金银外流,会减少一国财富,出口使外国金银流入,会增加财富。这种经济思想在贸易政策上的体现就是奖励出口,限制进口,历史上被称为"强制性贸易保护政策"。

3. 自由竞争时期,由于各国经济发展水平的差异,各自奉行不同的贸易政策。英国遵循李嘉图比较优势理论,实施进出口自由、无限制、无鼓励、无歧视的自由贸易政策。美国、德国在汉弥尔顿、李斯特以保护生产力为出发点,保护关税为核心的"幼稚工业保护论"的指导下,执行对幼稚工业实施保护的贸易政策,这一政策的特点是保护具有过渡性和选择性。

4. 凯恩斯主义的贸易保护理论以对外贸易乘数论为核心,认为一国的出口与国内投资一样,有增加国民收入的作用,一国进口与国内储蓄一样,有减少国民收入的作用。一国出口与进口的变化将会对国民收入的变动产生倍数影响,国民收入的变动量将几倍于出口与进口的变动量。

理论政策含义:为促进经济增长,一国政府应采取措施在加强对国内市场垄断、保护的同时,积极扩张海外市场,实施以全面保护、维护垄断、积极进攻为特征的超保护贸易政策。

5. "二战"后的贸易自由化更准确地说是有选择的自由贸易,贸易自由化通过两个方面体现,一是不同范围关税大幅度下降;二是非关税壁垒的削减和消除。但自由化发展也呈现出不平衡的特点,具体表现在:发达国家之间贸易自由化超过它们对其他国家的自由化;区域性贸易集团内部的自由化超过对集团外部国家的自由化;不同商品贸易自由化程度也不同。

6. 20世纪70年代中期后的新贸易保护主义主要呈现出两个特点,一是限制进口措施的重点从关税转向非关税,二是贸易保护的重心从限制进口转向鼓励出口。

7. 国际服务贸易壁垒主要包括:资本移动壁垒、人员移动壁垒、产品移动壁垒、开业权壁垒。

## 重要概念

对外贸易政策、自由贸易政策、保护贸易政策、重商主义、幼稚工业保护、对外贸易乘数、超保护贸易政策、贸易自由化、协调管理贸易

## 同步测练与解析

### 一、选择题

1. 李斯特贸易保护主要（　　）。
   A. 保护幼稚工业　　　　　　　　B. 保护成熟工业
   C. 保护垄断工业　　　　　　　　D. 保护衰退工业

2. 亚当·斯密、大卫·李嘉图、赫克歇尔-俄林的学说都主张（　　）。
   A. 公平贸易　　B. 自由贸易　　C. 保护贸易　　D. 管理贸易

3. 20世纪80年代以来，西方发达国家在贸易自由化和新贸易保护主义的双重压力下普遍选择了（　　）。
   A. 自由贸易政策　　　　　　　　B. 保护贸易政策
   C. 超保护贸易政策　　　　　　　D. 协调管理贸易政策

4. 对外贸易乘数论属于（　　）。
   A. 自由贸易理论　　　　　　　　B. 保护贸易理论
   C. 超保护贸易理论　　　　　　　D. 协调管理贸易理论

5. 已知一国的贸易顺差为30亿美元，投资增加额为20亿美元，国民收入增加额为80亿美元，则该国的对外贸易乘数为（　　）。
   A. 1.8　　B. 1.6　　C. 0.6　　D. 2.6

6. 早期重商主义绝对禁止（　　）外流。
   A. 纸币　　B. 贵重金属　　C. 资本　　D. 货币

7. 新贸易保护主义"奖出限入"的重心是（　　）。
   A. 限制进口　　　　　　　　　　B. 鼓励出口
   C. 限制进口与鼓励出口并重　　　D. 放松进口管制

8. 自由贸易理论认为，自由贸易政策可以形成互相有利的国际分工，这种国际分工可以带来以下利益（　　）。
   A. 生产专业化使生产要素得到最优配置　　B. 扩大国民的真实收入
   C. 加强竞争，促进劳动生产率提高　　　　D. 提高企业利润率

9. 自由贸易政策的理论基础主要包括（　　）。
A. 绝对成本论　　　　　　　　B. 比较成本论
C. 要素禀赋论　　　　　　　　D. 对外贸易乘数论

10. 20 世纪 70 年代以后的新贸易保护主义的主要特点是（　　）。
A. 被保护的商品不断增加
B. 贸易保护措施多样化
C. 限制进口措施的重心从关税转向非关税
D. 保护政策重心从限制进口转向鼓励出口

11. 超保护贸易政策的特点是（　　）。
A. 保护具有进攻性　　　　　　B. 保护幼稚工业
C. 保护措施多样化　　　　　　D. 保护的目的是培植竞争力

## 二、思考题

1. 对外贸易政策的基本类型有哪些？
2. 李斯特"幼稚工业保护论"的核心内容是什么？
3. 超保护贸易政策的特点是什么？其理论依据是什么？
4. 普雷维什关于发展中国家应执行贸易保护政策的理论依据是什么？

## 【同步测练】参考答案与要点提示

### 一、选择题
1. A　2. B　3. D　4. C　5. B　6. BD　7. B　8. ABCD　9. ABC　10. ABCD　11. AC

### 二、思考题

1.（1）自由贸易政策；
（2）保护贸易政策。
其他类型贸易政策都是在这两种形式的基础上演化而来的，是这两种政策类型的变形。

2.（1）对古典自由贸易理论提出批评，指出自由贸易理论忽视国家、民族长远利益，忽视各国历史与经济发展特点，提出国家干预经济的论点。

（2）保护的对象和时间
① 刚刚建立就遭遇到国外产品强有力竞争的产业。
② 保护时间不超过 30 年。

（3）保护手段
① 通过禁止输入与征收高额关税的办法来保护幼稚工业。
② 以免税或征收少量进口关税的方式鼓励复杂机器进口。

3.（1）不仅保护幼稚工业,而且更多地保护国内发达的或出现衰落的工业。

（2）不再是培养自由竞争的能力,而是巩固和加强对国内外市场的垄断。

（3）不是防御性地限制进口,而是在垄断国内市场的基础上对国外市场展开进攻性扩张。

（4）不是保护代表先进势力的一般工业资产阶级,而是保护大垄断资产阶级。

（5）保护政策的措施不仅有关税和贸易条约,还有其他各种奖出限入措施。

理论依据:对外贸易乘数论。

4.（1）中心—外围论。

（2）贸易条件恶化论。

# 第五章

# 贸易限制措施——关税

### 本章学习要求

了解与掌握对外贸易政策措施中关税措施的具体内容、运用方法、作用与影响。

### 重点与难点

1. 关税的含义与特点；
2. 主要的关税类别，包括保护关税、财政关税、进口附加税、反补贴税、反倾销税、差价税、普遍优惠制、特惠税、从价税、从量税、混合税、选择税。
3. 名义关税与有效关税的区别。

# 第一节 关税概述

## 一、关税

关税(custom duties;tariff)是进出口商品经过一国关境时,由政府所设置的海关向进出口商征收的税收。

关税征收是通过海关执行的。

海关征收关税的领域叫关境或关税领域,是海关管辖和执行海关各项法令和规章的区域。一般来说,关境和国境是一致的,但有些国家在国境内设立自由港、自由贸易区和出口加工区等经济特区。这些地区不属于关境范围之内,此时关境小于国境。有些国家之间缔结关税同盟,因而参加关税同盟的国家的领土即成为统一的关境,此时关境大于国境。

关税是国家财政收入的一个重要组成部分,与其他税收一样,具有强制性、无偿性和固定性。

## 二、关税的主要特点

### (一)关税是一种间接税

关税的主要征收对象是进出口商品,其税负是由进出口商先行垫付,而后将其计入商品价格,转嫁给最终消费者,因而关税属于间接税。

### (二)关税的税收主体和客体是进出口商和进出口货物

税收主体(subject of taxation)也称课税主体,是指在法律上负担纳税的自然人和法人,也称纳税人(taxpayer)。税收客体(object of taxation)也称课税客体或课税对象。

关税的税收主体是本国的进出口商。当商品进出国境或关境时,进出口商根据海关规定向当地海关交纳关税,他们是税收主体,是纳税人。

关税的税收客体是进出口商品。根据海关税法和有关部门规定,海关对各种进出口商品依据不同的税目和税率征收关税。

### (三)关税可以调节一国进出口的贸易

许多国家通过制定和调整关税税率来调节进出口贸易。在出口方面,通过低税、免税和退税来鼓励商品出口;在进口方面,通过税率的高低、减免来调节商品进口。对于国内不能生产或生产不足的商品,制定较低税率或免税以鼓励进口,对于国内能大量生产或非必需品的进口,则制定和适用较高税率,以限制进口或达到禁止进口的目的。

此外,关税还可以调整贸易差额。当一国贸易逆差过大时,进口国家可以通过提高关税税率或征收附加税限制进口,减缓贸易逆差,但这一做法只具有短期效应。如美国为扭转巨额贸易逆差,1971年8月宣布对所有进口商品加征10%的进口附加税,这一做法并没有根本改变美国贸易收支状况。

### (四)关税是一国执行对外贸易政策的重要手段

一国是执行自由贸易政策还是保护贸易政策,贸易保护的程度有多高,实施保护是否存在歧视性都在该国的关税政策上体现,如在自由贸易政策下,多数商品进口免征关税或适用较低的关税税率;在保护贸易政策下,一国往往对进口商品予以限制,限制的主要手段之一就是关税,限制的程度则取决于关税税率的高低。在一国对外贸易关系发展过程中,实施歧视性待遇通常采用的重要做法之一,就是针对来自不同国家或地区的商品采用不同的关税税率。

## 第二节 关税的种类

### 一、按照征收对象或商品流向,关税可分为进口关税、出口关税和过境关税

#### (一)进口关税

进口关税(import duties)是进口国家的海关在外国商品输入时,根据海关税则对本国进口商所征收的关税。进口关税是在外国货物直接进入关境或国境时征收,或者外国货物由自由港、自由贸易区或海关保税仓库等运往进口国国内市场,在办理海关手续时征收。

进口关税主要分为最惠国税和普通税。最惠国税适用于来自与该国签订包含有最惠国待遇条款的贸易协定国家或地区的商品。普通税适用于与该国未签订包含有最惠国待遇条款的贸易协定国家或地区的商品。最惠国税率比普通税率低,有时差幅达几十倍,如2016年,中国税号为2619000029的其他冶炼钢铁所产生的含钒浮渣,进口最惠国税率4%,普通税率35%。

"二战"后,多数国家都加入关税与贸易总协定或签订双边贸易条约或协定,相互提供最惠国待遇,享受最惠国税率,因此最惠国税通常又被称为正常关税。

一些国家通过征收高额进口关税以提高进口商品的价格,削弱这些商品的价格竞争能力。通常提及的关税壁垒,便是指高额进口关税。

各国在制定进口关税税率时,并不是对所有的进口商品一概征收高关税。大多数国家的进口关税结构是:对工业制成品进口征收较高的关税,对半制成品的进口税率次之,对原

料的进口税率最低甚至免税。

### (二) 出口关税

出口关税(export duties)是出口国家的海关对本国产品输往国外时,对出口商征收的关税。

出口关税的征收将提高本国商品在国外市场的销售价格,削弱本国商品的价格竞争力,因而大多数国家都不再征收。只有一些发展中国家出于增加财政收入,或保证本国的生产或市场供应的考虑,继续对其全部或部分出口商品征收出口关税。例如瑞典、挪威出于保护其纸浆及造纸工业的考虑,对木材出口征收出口关税。

### (三) 过境关税

过境关税(transit duties)是一国对于通过其关境或国境的外国货物所征收的关税。

目前大多数国家在外国商品经过其领土时不再征收过境关税,只是征收少量的准许费、印花费、登记费等。

## 二、按照征税的目的,关税可分为财政关税、保护关税

### (一) 财政关税

财政关税(revenue tariff)又称收入关税,是指以增加国家财政收入为目的而征收的关税。

为达到增加财政收入的目的,对进口商品征收财政关税时,必须具备三个条件:
(1) 征税的进口货物必须是国内不能生产或无替代品的商品,以避免对国内市场形成冲击;
(2) 征税的进口货物在国内必须有大量消费;
(3) 关税税率必须适中,否则达不到增加财政收入的目的。

目前,大多数国家的财政关税收入在财政总收入中的重要性都在不断降低。关税主要用于限制外国商品进口,保护国内生产和市场。2017年关税在中国财政收入中的比例仅占2%。

### (二) 保护关税

保护关税(protective tariff)是指以保护本国工业或农业发展为目的而征收的进口关税。为达到保护目的,保护关税的税率比较高,有时税率高达100%以上,等于禁止进口,称为禁止关税(prohibited duty)。

## 三、按照差别待遇和特定的实施情况,关税可分为进口附加税、差价税、特惠税和普惠税

### (一)进口附加税

进口国家对进口商品,除征收一般进口关税外,有时根据某种目的与需要加征进口关税。这种对进口商品除征收一般关税以外再加征的额外关税,称之为进口附加税(import surtaxes)。

进口附加税通常是一种特定的临时性措施。其目的主要有:应付国际收支危机,维持进出口平衡,防止外国商品低价倾销,对某个国家实行歧视或报复等,因此进口附加税又称特别关税。

进口国家除对所有进口商品征收进口附加税外,有时还针对个别国家或个别商品征收进口附加税,这种进口附加税主要有反补贴税和反倾销税。

1. 反补贴税

反补贴税(counter-vailling duty)又称抵消税或补偿税,是对于直接或间接接受奖金或补贴的外国商品进口所征收的一种进口附加税。进口商品在生产、制造、加工、买卖、输出过程中接受了直接或间接的奖金或补贴,并使进口国生产的同类产品遭受重大损害是构成征收反补贴税的重要条件。反贴补税的税额一般按补贴数额征收。其目的在于增加进口商品的成本,抵消出口国对该商品所做补贴的鼓励作用。

发达国家之间常在补贴与反补贴问题上发生贸易摩擦。因此,《关税与贸易总协定》就反补贴问题做出规定。

《关税与贸易总协定》第6条有关反补贴税方面的规定,主要包括以下几点内容:

(1)反补贴税一词应理解为:为了抵消商品于制造、生产或输出时所直接或间接接受的任何奖金或补贴而征收的一种特别关税;

(2)补贴的后果对国内某项已建的工业造成重大损害或产生重大威胁,或对国内某一工业的新建造成严重阻碍,才能征收反补贴税;

(3)反补贴税的征收不得超过补贴数额;

(4)对于受到补贴的倾销商品,进口国不得同时对其既征收反倾销税,又征收反补贴税;

(5)在某些例外情况下,如果延迟将会造成难以补救的损害,进口国可以在未经缔约国全体事前批准的情况下,征收反补贴税,但应立即向缔约国全体报告,如未获批准,这种反补贴税应立即予以撤销;

(6)对产品在原产国或输出国所征的捐税,在出口时退还或因出口而免税,进口国对这种退税或免税不得征收反补贴税;

(7)对初级产品给予补贴以维持或稳定其价格而建立的制度,如符合该项条件,不应作为造成了重大损害来处理。

此外，《关税与贸易总协定》还在第 16 条补贴和第 23 条对利益的丧失或损害的有关方面又作出规定。这些条款在统一反补贴税的某些规定和调解有关国家之间的某些分歧方面起到一定的作用。但由于这些条款比较简单、笼统和约束力不强，在执行过程中经常发生分歧。因此，东京回合制定与通过了《关于解释和应用关税与贸易总协定第 6 条、第 16 条和第 23 条的协议》(Agreement on Interpretation and Application of Articles Ⅵ, ⅩⅥ and ⅩⅩⅢ of the General Agreement of Tariffs and Trade)，又称《补贴与反补贴守则》。它进一步明确和补充了总协定中有关补贴和反补贴税方面的条款。其目的在于保证签字国不使用补贴来损害其他签字国的贸易利益，不采用反补贴措施来不合理地阻碍国际贸易。该协议的主要内容有以下几方面：

（1）反补贴税的调查程序和有关事项

该协议第 2 条规定，签字国必须按照规定的程序发起调查，才可征收反补贴税。一般应根据受影响的工业部门或以受影响的工业部门的名义提出书面要求发起调查，以确定所称补贴的存在、程度和影响情况。书面要求应包括三方面的充分证据：

① 补贴存在。如有可能，说明补贴的金额。

② 在本协议解释总协定第 6 条的意思范围内的损害。

③ 补贴的进口商品与所称损害之间存在着因果关系。在特殊情况下，如有关当局在没有接到此种书面要求的情况下决定发起调查，它们必须占有上述①～③项的充分证据才可进行调查。如调查机构确信不存在补贴或者所称补贴并未引起损害，该调查即应中止。除特殊情况外，调查应在发起后一年之内结束。无论在发起调查之前，或者调查的过程中，都应向产品受调查的签字国提供适当机会，进行磋商，澄清事实真相，以达到双方同意的解决办法。不论调查结果是肯定还是否定的，都应该发布公告，并把公告送达该调查结论涉及产品的签字国和有关的出口商。

（2）反补贴税的征收

协议的第 4 条规定：在满足一切征税要求的情况下，是否要征收反补贴税，由进口签字国的机构作出决定，但反补贴税不得超过已查明的补贴数额。在出口国政府同意取消或限制补贴，或出口商同意修改其价格，使调查机构确信补贴的损害性影响已经消除的情况下，一般可中止或结束诉讼，不再征收反补贴税。

（3）损害的确定

协议中规定，损害(injury)一词除另有规定外，是指对某种国内工业造成的实质损害(material injury)，对某种国内工业有实质损害威胁，或者对建立此种工业有实质妨碍。损害的确定应包括以下两方面的客观审查：

① 补贴进口的数量及其对国内市场同类产品价格的影响。

② 这些进口商品对国内同类产品生产者所带来的影响，如产量、销售、市场份额、利润、生产率、投资利润和设备利用等。如果由于其他原因造成的损害不应归咎于接受补贴的进

口商品。

(4) 有关出口补贴的严格规定

在协议第7~11条中对出口补贴作出严格规定,主要包括以下三点:

① 禁止对包括矿产品在内的工业品实行出口补贴。

② 对农产品的出口补贴应"不以引起给予补贴的签字国占有超过这些产品的世界出口贸易的公正份额的方式"进行。

③ 各签字国为了推行社会和经济政策的目标而采用出口补贴以外的补贴,如政府对国内某些企业的资助等,应避免造成下列三种不利的影响:a. 对其他签字国的国内工业造成损害;b. 严重损害其他签字国的利益;c. 可能抵消或减损另一签字国根据总协定所应得到的利益。

(5) 对发展中国家特殊待遇的规定

协议第5部分对发展中国家作出规定。主要包括:

① 不应妨碍发展中国家为扶植国内工业而采取的政策与措施,其中包括对出口部门的政策与措施。发展中国家可以对其工业品出口实行补贴,但这种补贴不得对其他签字国贸易和生产造成重大损害(serious prejudice)。

② 当某一发展中国家签字国补贴的使用违背其竞争和发展需要时,则应"尽力"作出保证,减少和取消出口补贴。

乌拉圭回合谈判把补贴和反补贴规则纳入重要议题,通过谈判对原有的守则进行修改和补充,达成了新的《补贴与反补贴协议》,其主要内容包括:

(1) 补贴的定义(definition of subsidy)

补贴是指政府或任何公共机构对企业提供的财政捐助和政府对收入或价格的支持。其范围包括:

① 政府直接转让资金,即赠与、贷款、资产注入;潜在的直接转让资金或债务,如贷款担保;

② 政府财政收入的放弃或不收缴;

③ 政府提供货物或服务,或购买货物;

④ 政府向基金机构拨款,或委托、指令私人机构履行前述①~③的职能;

⑤ 构成1994年关贸总协定第16条含义的任何形式的收入或价格支持。

(2) 补贴的主要分类

① 禁止使用的补贴(prohibited subsidy),又称禁止性补贴。包括:a. 在法律上或事实上与出口履行相关的补贴,即出口补贴。在协议中列出了具体的《出口补贴示范清单》,有关的项目可参见第七章第一节出口补贴。b. 其他由公共开支的项目。c. 国内含量补贴,即指前面述及补贴只与使用国产货物相联系,而对进口货物不给补贴。

② 可申诉的补贴(actionable subsidy)。指政府通过直接转让资金、放弃财政收入、提供

货物或服务和各种收入支持和价格支持对某些特定企业提供特殊补贴。这种特殊补贴实际上就是指一国政府实施有选择的、有差别的或带有歧视性的补贴。如果这种特殊补贴造成其他缔约方国内有关工业的重大损害时,该国可诉诸争端解决机制加以解决。

③ 不可申诉的补贴(non-actionable subsidy)。[①] 指普遍性实施的补贴和在事实上并没有向某些特定企业提供的补贴。包括:a. 不属于特殊补贴的补贴,即属于普遍性的补贴;b. 扶植企业的科研活动、更高水平的教育或建立科研设施所提供的补贴,但属于工业科研项目的扶植不得超过其成本的75%或其竞争开发活动成本的50%;c. 扶植落后地区的经济补贴;d. 为适应新的环境保护要求,扶植改进现有设备所提供的补贴,但这种补贴仅限于改造成本的20%。上述补贴不可诉诸争端解决,尽管如此,却要求缔约方将这类补贴情况提前、及时通知各缔约方,如果有疑义,也须磋商解决。

(3) 征收反补贴税程序

该协议对征收反补贴税程序作出具体规定:

① 申诉和调查;

② 举证,即所有利害关系方提供书面证据;

③ 当事双方磋商解决问题;

④ 如果磋商后补贴方愿修改价格或做出其他价格承诺,补贴诉讼可暂停或终止;[②]

⑤ 如承诺无实际行动,可继续调查,算出补贴数额,征收反补贴税;

⑥ 日落条款,即规定征收反补贴税的期限不得超过5年,除非国家负责部门在审定的基础上认定,取消反补贴税将导致补贴和损害的继续或再现。

(4) 对发展中国家特殊优惠规定

① 禁止使用的出口补贴对最不发达国家以及那些人均国民生产总值不足1 000美元的发展中国家(如印度、巴基斯坦等)不适用;其他发展中国家则应在8年内逐步取消这类出口补贴;

② 发展中国家达到出口竞争标准的产品,在两年内逐步取消补贴;

③ 原产于发展中国家的产品,其总补贴额不超过单位产品金额的2%;或者该产品不足同类产品进口总额的4%;或所有发展中国家的所有该种产品加起来不足同类产品进口总额的9%,则对该产品的补贴调查应立即终止。

此外,从计划经济向市场经济过渡的转型经济国家的出口补贴,应在7年内逐步取消。

2. 反倾销税

反倾销税(anti-dumping duty)是对于实行商品倾销的进口商品所征收的一种进口附加

---

① 1999年自动失效,目前适用的是禁止使用的补贴和可申诉的补贴。

② 反补贴中的价格承诺有两种方式,第一,出口商同意修改价格,以消除补贴的有害影响;第二,出口方政府同意取消或限制补贴,或采取其他可以消除补贴有害影响的措施。

税。进口商品以低于正常价值的价格进行倾销,并对进口国的同类产品造成重大损害是构成征收反倾销税的重要条件。反倾销税的税额一般以倾销差价征收,其目的在于抵制商品倾销,保护本国工业和市场。

关税与贸易总协定第 6 条对倾销与反倾销的规定,主要包括:

① 用倾销手段将一国产品以低于正常的价格挤入另一国市场时,如因此对某一缔约国领土内已建立的某项工业造成重大损害或产生重大威胁,或者对某一国内工业的新建产生严重阻碍,这种倾销应受到谴责。

② 缔约国为了抵消或防止倾销,可以对倾销的产品征收数量不超过这一产品的倾销差额的反倾销税。

③ "正常价格"是指相同产品在出口国用于国内消费时在正常情况下的可比价格。如果没有这种国内价格,则是相同产品在正常贸易情况下向第三国出口的最高可比价格;或产品在原产国的生产成本加合理的推销费用和利润。

④ 不得因抵销倾销或出口补贴而同时对它既征收反倾销税又征收反补贴税。

⑤ 为稳定初级产品价格而建立的制度,即使它有时会使出口商品的售价低于相同产品在国内市场销售的可比价格,也不应认为造成了重大损害。

关税与贸易总协定第 6 条在统一缔约国的反倾销税规定方面起到了一定作用,但这一条款也同样存在着简单、笼统和约束力不强的问题。东京回合对《国际反倾销法》进行修改,补充了一些规定的细则,达成《实施关税与贸易决协定第 6 条的协议》(Agreement on Implementation of Article Ⅵ of the General Agreement on Tariffs and Trade),又称《反倾销守则》(修订本)。这个协议目的在于解释总协定第 6 条的规定,制定细则以实施这些规定,以便在执行这些规定时更趋一致、更有把握,以确保反倾销措施不会成为国际贸易发展的一个不合理的障碍。这个协议与上述《补贴与反补贴税守则》的某些规定有类似之处,现对主要内容简介如下:

(1) 征收反倾销税的程序与有关事项

根据该协议第 5 条规定,如果倾销对某些协议签字国的国内工业造成重大损害,那么受到影响的工业可提出书面要求。这种书面要求应包括下列足够证据:

① 倾销存在。

② 按本协议解释的总协定第 6 条范围内的损害。

③ 倾销进口商品和所称损害之间存在因果关系。有关当局在接到这些足够证据的书面要求后方可发起调查。在特殊情况下,如有关当局未收到这种书面要求,但如掌握上述①~③项足够证据也可以进行调查。在调查过程中,进口国应向受调查的外国出口商和有关的当事方提供充分的机会,以便他们能够提出一切有用的书面和口头的证据进行磋商,澄清事实真相。只有调查后确定符合征收反倾销税的条件,进口国方可征收反倾销税。

(2) 损害的确定

根据协议第 3 条的规定,损害的确定应以无可辩驳的证据为依据,并须对下列两点做客观审查：
　　① 倾销的进口商品的数量及其价格对国内同类产品的影响。
　　② 这种进口商品对国内同类产品生产者的影响。如果国内工业所受的损害是倾销以外的其他因素造成的，则不应归咎于倾销的进口商品。
　　(3) 反倾销税的征收
　　根据协议规定，"对任何产品征收反倾销税时，应在非歧视的基础上对所有经查明进行倾销并造成损害的进口商品征收适当数额的反倾销税。但反倾销税不应超过确定的倾销差额"。同时，如果出口商做出价格保证，即修改价格或停止按倾销价格向有关地区出口，有关当局确信倾销的损害影响已经消除，则可在不征收反倾销税的情况下中止诉讼。
　　(4) 关于磋商、调解和解决争端问题的规定
　　协议规定，签字国对另一个签字国提出的关于影响协议执行的任何问题，应给予同情考虑，并提供足够的磋商机会。如磋商不能达成解决办法，有关签字国可将问题提交反倾销措施委员会进行调解。如该组织仍未能达成相互满意的解决办法，则需成立咨询小组来解决争端。
　　(5) 有关发展中国家的特殊规定
　　协议第 13 条规定，在征收反倾销税时，要求发达国家对发展中国家的特殊情况给予考虑。如果反倾销税影响发展中国家的基本利益，则在征收反倾销税前应"仔细研究本协议提供建设性补救措施的可能性"。
　　东京回合的《反倾销守则》在一定程度上弥补了以前一些规定的不足。但是，该守则的某些规定仍不够明确，这就使签字国在执行中有可能按其本国的利益对协议作出不同的解释。因此，乌拉圭回合又对《反倾销守则》进行修改和补充，达成了新的《反倾销协议》。这个协议与原守则相比，在一些方面有了发展与改进。
　　第一，在有关倾销的确定上，新协议进一步限制了使用国内销售价作为正常价格的场合，必要时可更多地使用向第三国出口价格或结构价格来计算正常价格。在新协议中正式明确将低于成本的销售视为倾销。
　　如果进口国主管当局认为被指控倾销产品或与其相似的产品在出口国国内市场上在一个持续的期间内虽有大量销售，但是其价格却不能弥补合理期间内的所有成本，则这种低于单位生产成本的销售价格可不被视为正常贸易做法情况下的销售，该价格也不能用来作为正常价格。在这种情况下，进口国可用该相似产品出口到一个适当的第三国的、有代表性的价格作为正常价格或者用结构价格的方法来推算出正常价格。
　　第二，在工业损害问题上，新协议采用累积进口的规定。累积进口是指进口国在确定工业损害时可以同时考虑来自多个国家或地区的倾销产品对其工业所造成的综合损害影响。这一规定对于那些初始进入市场的出口商的产品和产品出口量不大的出口国或地区来说具有严重的潜在影响，增加了他们的产品被裁定损害的可能性。
　　第三，在反倾销立案调查的程序上，新协议作出某些补充规定，如反倾销申诉中必须有

实质性的证据,否则申诉不能成立;对于损害或损害的威胁,要求有实际的证据表明损害或威胁事实存在。

第四,在对发展中国家的特殊待遇方面,重申对发展中国家予以特别照顾,在反倾销措施将影响发展中国家根本利益时,可考虑本协议规定的其他建设性的补救措施。

同时还明确了一些具体规定。例如,在倾销调查中,若倾销幅度为2%以下,以及来自一国的倾销产品的数量不足进口国同类产品的3%,则终止倾销调查,不征收反倾销税。但若数个这种不足3%的单个国家的产品,共占进口国同类产品的7%时,则倾销调查要继续进行。

虽然《反倾销守则》和《反倾销协议》都规定了对发展中国家应给予一定的特殊待遇。但反倾销法的执行仍主要依赖于各签字国国内立法的规定,因而各国在实施反倾销法上不仅有所不同,而且有很大的随意性。

从发达国家反倾销案的实际情况看,被指控倾销的出口国家大多数是发展中国家。不仅如此,在实施反倾销措施过程中,发达国家在某些方面往往对市场经济国家和所谓非市场经济国家实行差别待遇。例如,美国在确定进口商品价格是否低于"公平价格"标准时,将商品出口国家分成两种类型:

一是对市场经济国家的出口商品价格,采用该出口国国内市场价格作为确定公平价格标准的基础。

二是对所谓非市场经济国家,[①]则采用替代计算法,即由美国商务部选定一个与该非市场经济国家在经济发展水平上相似的市场经济国家作为替代国,以该替代国的国内市场价格作为确定公平价格标准的基础。结果,往往构成倾销,或扩大倾销差额幅度,严重损害了这些国家的利益。

## (二) 差价税

差价税(variable levy)又称差额税。当某种本国生产的产品国内价格高于同类的进口商品价格时,为削弱进口商品的价格竞争能力,保护国内生产和国内市场,按国内价格与进口价格之间的差额征收关税,就叫差价税。

由于差价税是随着国内外价格差额的变动而变动的,因此它属于滑动关税(siding duty)。对于征收差价税的商品,有的规定按价格差额征收,有的规定在征收一般关税以外另行征收,这种差价税实际上构成进口附加税。

历史上,欧盟为实行共同农业政策,建立农畜产品统一市场、统一价格,对进口的谷物、猪肉、食品、家禽、乳制品等农畜产品,征收差价税。欧盟征收的差价税有两种:一种是对非

---

[①] 美国判定一国是否为市场经济国家的标准包括:(1)货币可兑换程度;(2)企业与劳工通过自由谈判确定工资;(3)允许外资企业在国内举办合营企业或进行其他投资的程度;(4)政府对企业价格、产量等的控制程度;(5)政府对生产资料等的控制程度。

成员国征收的；一种是对成员国征收的。对欧盟以外的非成员国的农畜产品进口征收差价税，其目的在于排挤这些国家的农畜产品大量进入欧盟市场；至于成员国之间相互征收某种农畜产品的差价税，其目的在于实现统一价格。这种差价税只是在实行共同农业政策的过渡时期内对成员国征收。过渡时期终结时，即予废除。但对从非成员国进口的农畜产品，在过渡时期完成后仍继续征收。欧盟征收差价税的办法比较复杂。例如对谷物进口的差价税征收分为以下三个步骤。①

(1) 由欧盟委员会对有关谷物按季节分别制定统一的"指标价格"(target price)。"指标价格"是欧盟市场内部以生产效率最低而价格最高的内地中心市场的价格为基准而制定的价格。这种价格一般比世界市场的价格高。为维持这种价格水平，还确定了干预价格，一旦中心市场的实际市场价格跌到干预价格水平，有关机构便从市场上购进谷物，以防止价格继续下跌。

(2) 确定门槛价格(threshold price)。即从"指标价格"中扣除把有关谷物从进口港运到内地中心市场所付一切开支的余额。这种价格是差价税估价的基础。

(3) 确定差价税额。它是由有关产品的进口价格与"门槛价格"的差额所决定的，其差额的大小决定差价税的高低。

## (三) 特惠税

特惠税(preferential duties)是指对从某个国家或地区进口的全部商品或部分商品，给予特别优惠的低关税或免税待遇。特惠税有互惠、非互惠两种形式。

特惠税开始于宗主国与殖民地附属国之间的贸易。第二次世界大战后，西欧共同市场与非洲、加勒比和太平洋地区一些发展中国家之间也在实行特惠税。

1. 宗主国与殖民地附属国之间的特惠税

这是殖民主义的产物。英国、法国、葡萄牙、荷兰、比利时、美国等与其殖民地附属国之间都实行过特惠税，目的在于保证宗主国在殖民地附属国市场上的优势。最有名的特惠税是英联邦特惠税(1932年开始实施)，它是英国确保获取廉价原料、食品和销售其工业品，垄断殖民地附属国市场的有力工具。

2. 发达国家与发展中国家之间的特惠税

《洛美协定》②(Lome Convention)是西欧共同市场向参加协定的非洲、加勒比和太平洋地区的发展中国家单方面提供的特惠税。《洛美协定》关于特惠税方面的规定主要包括：

(1) 西欧共同市场国家将在免税、不限量的条件下，接受这些发展中国家全部工业品和

---

① 目前在欧盟贸易政策审议报告主要关税种类中已经找不到差价税。乌拉圭回合《农产品协议》实施后，欧盟的差价税转化为协定关税(fixed tariff)或关税配额形式(tariff quotas)。

② 2000年6月，欧盟签署了第五个《洛美协定》，也称《科托努协定》(Cotonou Agreement)，协定包括48个撒哈拉以南非洲地区的国家、15个位于加勒比地区的国家、15个太平洋岛国。

96%农产品进入西欧共同市场,而不要求这些发展中国家给予"反向优惠"(reverse preference)。那些没有享受免税待遇的农产品,是西欧共同市场农业政策所包括的农畜产品以及一些西欧共同市场能够生产的温带园艺品。

(2) 西欧共同市场对从这些国家进口的牛肉、甜酒和香蕉等作出特殊安排。对这些商品进口每年给予一定数量的免税进口配额,超过配额的进口要征收关税。

(3) 在原产地规定中,确定"充分累积"(full cumulation)制度,即来源于这些发展中国家或西欧共同市场国家的产品,如这项产品在这些发展中国家中的任何其他国家内进一步制作或加工时,将被视为原产国的产品。这项规定使这些国家对这种方式制作与加工的产品,仍享有特惠税的待遇。但是,协定规定,如果大量进口在西欧共同市场的某个经济区域或某个成员国内引起严重的混乱,西欧共同市场保留采取保护措施的权利。

### (四) 普惠税

普惠税是普遍优惠制下适用的进口关税。

普遍优惠制(Generalized System of Preferences, GSP)简称普惠制,是发展中国家在联合国贸易与发展会议上经过长期斗争,在 1968 年通过建立普惠制决议之后取得的。该决议规定,发达国家承诺对从发展中国家或地区输入的商品,特别是制成品和半制成品,给予普遍的、非歧视的和非互惠的关税优惠待遇。这种优惠关税称为普惠税。

普惠制的主要原则是普遍的、非歧视的、非互惠的。

普遍的,是指发达国家应对发展中国家或地区出口的制成品和半制成品给予普遍的关税优惠待遇。

非歧视的,是指应使所有发展中国家或地区都不受歧视,无例外地享受普惠制的待遇。

非互惠的,是指发达国家应单方面给予发展中国家或地区关税优惠,而不要求发展中国家或地区提供反向优惠。

普惠制的目的包括:增加发展中国家或地区的外汇收入;促进发展中国家和地区工业化;加速发展中国家或地区的经济增长率。

截至 2017 年,世界上已有 30 多个给惠国家或国家集团,实行 13 个普惠制方案。它们是欧洲联盟 28 国[①]、日本、新西兰、挪威、加拿大、瑞典、澳大利亚、美国、保加利亚、独联体等,其中欧

---

① 欧盟委员会新的普惠制方案于 2014 年 1 月 1 日开始生效,按欧盟委员会的说法,新的普惠制只给予那些最需要帮助的国家,新方案受惠国从原来 176 个国家减少到 89 个国家,并随着各国经济的发展,这个名单在不断缩减。到 2014 年 10 月,按照欧盟发布的名单:这些国家包括 49 个最不发达国家,大部分为非洲国家,享受 EBA 待遇(为最不发达国家提供的除武器以外的所有产品都可以免关税、免配额进入欧盟),有 13 个国家享受 GSP+待遇(为经济较为脆弱,批准且能有效执行人权保护、劳工保护、环境保护相关的国际公约和较好政府治理的国家提供额外的关税优惠),还有 34 个低收入和中等收入国家享受标准普惠制待遇,包括一些亚洲国家。有 67 个国家享受对欧盟出口的其他优惠安排,但不超过普惠制待遇。部分在过去 3 年被世界银行列为高收入或中高收入的国家在新方案中被除名。自 2015 年 1 月 1 日起,来自中国和泰国等四国的产品已全部不能享受欧盟普惠制待遇,还有一些国家自 2016 年起也不再享受普惠制待遇。

盟28个成员国执行一个共同方案。接受普惠制关税优惠的发展中国家或地区约180个。

普惠制的给惠国,在提供普惠税待遇时,是通过普惠制方案(GSP scheme)来执行的。这些方案是由各给惠国或国家集团单独制定和公布的,各有特点、不尽相同。但主要规定有以下几个方面:

1. 对受惠国家或地区的规定

各个普惠制方案中都列有受惠国家或地区的名单。普惠制在原则上应对所有发展中国家或地区都无歧视、无例外地提供优惠待遇,但有的给惠国从自身的经济和政治利益出发,把某些国家或地区排除在受惠国名单之外。

2. 对受惠产品范围的规定

各给惠方案都列有自己的给惠产品清单与排除产品清单。普惠制应对受惠国家或地区的制成品和半制成品普遍实行关税减免,实际上许多给惠国并非如此,往往随着给惠国的经济贸易政策的需要而有所增减。一般讲,在公布的受惠商品清单中,农产品的受惠产品较少,工业品的受惠商品较多。少数敏感性产品,如石油产品、皮革制品等被排除在外,被列入排除产品清单中。

1988年前,除美国和加拿大按本国税则目录列出清单外,其他给惠国都按海关合作理事会税则目录(CCCN)或以CCCN为基础的本国税则目录列出清单。自1988年起,给惠国(包括加拿大)都采用商品名称及编码协调制度(简称协调制度)列出清单。美国从1989年起也采用协调制度。

3. 对受惠产品减税幅度的规定

减税幅度又称普惠制优惠幅度。受惠产品减税幅度的大小取决于最惠国税率和普惠制税率间的差额。最惠国税率越高,普惠制税率越低,差幅就越大;反之,差幅就越小。一般来说,农产品的减税幅度小,工业品的减税幅度较大,但也有例外,如美国按照一定的标准,对受惠的农产品和工业品给予免税。2014年欧盟的最惠国平均税率是6.4%,农产品平均税率14.4%,非农产品平均税率4.3%,但欧盟普惠制下的平均税率为4.1%,其中农业产品的平均税率为12.5%,非农业产品的平均税率为1.9%。为了削弱某些受惠产品的竞争能力,有些给惠国按各类受惠国产品分别规定不同的减税幅度。如石油产品不给予关税减让,仍征收最惠国税。

4. 对给惠国保护措施的规定

各给惠国一般都在给惠方案中规定保护措施,以保护本国某些产品的生产和销售。保护措施主要包括:

(1) 免责条款(escape clause)。又称例外条款,是指受惠国产品的进口量增加到对其本国同类产品或有直接竞争关系的产品的生产者造成或即将造成严重损害时,给惠国保留对该产品完全取消或部分取消关税优惠待遇的权利。

(2) 预定限额(prior limitation)。指预先规定一定时期内某项受惠产品的关税优惠进

口限额,对超过限额的进口按规定恢复征收最惠国税率。预定限额的形式包括:

① 最高限额(ceiling quota),是指给惠国对某项受惠产品的进口,在规定期限内给予关税优惠的进口最高金额或数量,超过这个限额就恢复最惠国税。最高限额又分为全球最高限额(global ceiling)和单一受惠国最高限额(individual ceiling)。前者指对来自所有受惠国或地区的某项产品所规定的关税优惠的进口最高限额,后者指给惠国对来自每一个受惠国或地区的某项产品单独规定的关税优惠的进口最高限额。

② 分配配额(allocated quota),是指在给惠国内部或经济集团如欧盟内的成员国之间进行分配的最高限额,这种配额也分为全球性限额和单一受惠国限额。

③ 国家最大额度(maximum country amount),是指给惠国对某项产品规定的每个受惠国享受关税优惠的进口限额,通常用每个受惠国占全球性最高限额的百分比来表示,一般为50%,也有40%或30%,等等。

欧洲联盟、日本和澳大利亚实行预定限额,他们分别事先规定限额,采取日管理、旬管理、月管理、季管理以及灵活管理的方式,通过统计监督加以控制。

(3) 竞争需要标准(competitive need criterion)。美国采用这种标准,做法是规定一个日历年内,对来自受惠国的某项进口产品,如超过竞争需要限额或超过美国进口该项产品总额的一半,或超过一定金额的进口额(2016 年的标准是 1.75 亿美元),则取消下一年度该受惠国或地区这项产品的关税优惠待遇。如该项产品在以后年进口额降至上述限额内,则下一年度仍可恢复关税优惠待遇。

(4) 毕业条款(graduation clause),美国从 1981 年 4 月 1 日起采用这项规定,欧盟从 1995 年 1 月 1 日起也实施这项办法。即当受惠国或地区的某项产品或其经济发展到较高的程度,使它在世界市场上显示出较强的竞争力时,则取消该项产品或全部产品享受关税优惠待遇的资格,称之为"毕业"。

这项条款按适用范围的不同,分为"产品毕业"和"国家毕业"。前者指取消从受惠国或地区进口的部分产品的关税优惠待遇,后者指取消从受惠国或地区进口的全部产品的关税优惠待遇,即取消其受惠国或地区的资格。

5. 原产地规定

原产地规定(rules of origin)又称原产地规则,是衡量受惠国出口产品是否取得原产地资格、能否享受优惠的标准。其目的是确保发展中国家或地区的产品利用普惠制扩大出口,防止非受惠国的产品利用普惠制的优惠扰乱普惠制下的贸易秩序。各给惠国的普惠制方案中的原产地规则,一般包括原产地标准、直接运输规则和原产地证明文件三部分。

(1) 原产地标准

普惠制的原产地标准分为两大类:

① 完全原产产品,是指完全用受惠国的原料、零部件并完全由其生产或制造的产品。完全原产品是一个非常严格的概念,稍微含有一点进口或来源不明的原料、零部件的产品,

都不能视为完全原产品。

② 非完全原产产品。又称含有进口成分的产品，是指全部或部分地使用进口（包括来源不明的）原料或零部件制成的产品。这些原料或零部件经过受惠国或地区充分加工或制造后，其性质和特征达到了"实质性变化"的程度，变成了另外一种完全不同的产品，才可享受关税优惠待遇。关于实质性变化有两个标准：

● 加工标准（process criterion），欧盟、日本等采用这项标准。一般规定进口原料或零部件的税则税号和利用这些原料或零部件加工后的制成品的税则税号不同，其税号发生了变化，就可以认为经过充分加工，发生了实质性的变化，该种产品就符合原产地标准，具有了原产地资格。

这里所说的税则税号指海关合作理事会税则目录或协调制度的四位数字级税号，其中任何一位数字的变化都算是税号的变化，但这种税号的变化并不是在所有情况下都能准确地反映进口成分有了实质性变化。

因此，使用加工标准的给惠国又规定了附加条件，分别列出清单，区别对待。一般都列有两张清单：清单 A，又称否定清单，产品中进口成分的税则税号虽然改变了，但进口成分未达到实质性变化的程度，不符合加工标准的产品，除非它符合一些附加的加工条件，发生了实质性变化，才能取得原产地资格；清单 B，又称肯定清单，产品中进口成分经加工后已发生实质性变化，但其税则号仍未改变，该种进口成分只要符合加工标准，即可取得原产地资格。

● 增值标准（value-added criterion），又称百分率标准，澳大利亚、新西兰、加拿大、美国等采用这项标准。它规定，使用进口成分（或本国成分）占制成品价值的百分比来确定其是否达到实质性变化的标准。

例如，澳大利亚规定：产品的最后加工工序是在该受惠国进行，本国成分的百分比不得小于产品出厂成本的 50%。本国成分价值是指该受惠国或其他受惠国或澳大利亚提供的原料和劳务价值。

加拿大规定：进口成分价值不得超过包装完毕待运加拿大的产品出厂价的 40%。进口成分价值是指非原产于该受惠国、非原产于其他受惠国、非原产于加拿大的原料、零部件的海关价值和在该受惠国内可查明的最先用以支付来源不明原料、零部件的价格。

美国规定：本国成分的价值不得低于产品出厂价格的 35%。本国成分的价值是指该受惠国生产的原料成本或价值，加上该受惠国的直接加工成本。直接加工成本不包括利润和一般行政费用。

原产地标准除了上述规定外，给惠国还不同程度地采用原产地累积制。所谓原产地累积制（cumulative origin system）是指在确定产品原产资格时，把若干个或所有受惠国或地区视为一个统一的经济区域，在这个区域内进行生产、加工产品时所得的增值，可以作为受惠国的本国成分而加以累积。目前主要有三种：一是区域性原产地累积。即把同属于一个区域性经济集团的国家视为一个整体，给予普惠制原产地累积待遇。二是全球性原产地累积。

即把世界上所有的受惠国或地区视为一个整体,给予普惠制原产地累积待遇。三是给惠国原产地累积。又称给惠国成分累积,即允许受惠国使用某个给惠国生产的原料、零部件,并全部计入该受惠国原产产品的价值中,也可视为该受惠国原产产品成分的一部分,如再出口到该给惠国时,可给予普惠制原产地累积待遇。

(2) 直接运输规则(rule of direct consignment)

指受惠产品必须从该受惠国直接运到进口给惠国。由于地理原因或运输需要,受惠产品也可通过第三国或地区的领土运往进口给惠国。但必须置于海关监督之下,并向进口给惠国海关提交过境提单、过境海关签发的过境证明书等,才能享受普惠制待遇。

(3) 原产地证书(certificate of origin)

出口商品要获得给惠国的普惠制的关税优惠待遇,必须向进口给惠国提交出口受惠国政府授权的签证机构签发的普惠制原产地证书格式 A(Form A)和符合直运规则的证明文件,作为享受普惠税待遇的有效凭证。格式 A 的全称是《普遍优惠制原产地证明书(申报与证明联合)格式 A》。它是受惠产品享受普惠税待遇的官方凭证,是受惠产品获得受惠资格必不可少的重要证明文件。格式 A 的有效期一般为 10 个月,给惠国海关一旦对证书内容产生怀疑时,可向给惠国签证机关或出口商退证查询,并要求在半年内答复核实结果。如核实结果表明不符合普惠制原产地的规定,证书完全失效,则取消该产品的受惠资格,征收正常关税。

6. 有效期

根据联合国贸发会议决议,普惠制的实施期限以 10 年为一个阶段。现在绝大多数给惠方案都已进入第三个 10 年实施阶段。为适应需要,有些给惠国在方案有效期内定期或不定期地公布方案的修改内容。

自普惠制 1970 年实行以来,对促进和扩大发展中国家制成品和半制成品的出口起到了积极作用。

# 第三节 关税征收

一、按照征收的方法或征税标准分类,关税可分为从量税、从价税、复合税、选择税和技术性关税[①]

(一) 从量税

从量税(specific duties)是以商品的重量、数量、容量、长度和面积等计量单位为标准计

---

① 2016 年,在欧盟进口应征税目中,从量税占 6.9%,从价税占 89.4%,复合税占 2.1%,混合税 0.68%。2016 年,欧盟 8 位编码 9 414 项 MFN 进口税目中,26.14% 的税目提供免税。

征的关税,如 2.00 瑞士法郎/千克。

从量税额的计算公式如下:

$$从量税额＝商品数量×每单位从量税$$

各国征收从量税,大部分以商品的重量为单位征收,但各国对应纳税商品重量的计算方法各有不同。一般有以下三种:

1. 毛重法

毛重(gross weight)法又称总重量法,即依照包括商品内外包装在内的总重量计征税额。

2. 半毛重法

半毛重(semi-gross weight)法又称半总重量法,即对商品总重量扣除外包装后的重量计征其税额。这种办法又可分为两种:①法定半毛重法。即从商品总毛重中扣除外包装的法定重量后,再计算其税额。②实际半毛重法。即从商品总毛重中扣除外包装的实际重量后,再计算其税额。

3. 净重法

净重(net weight)法又称纯重量法,即在商品总重量中扣除内外包装的重量后,再计算其税额。这种办法又有两种:①法定净重法(legal net weight)。即从商品总重量中扣除内外包装的法定重量后,再计算其税额。②实际净重法(real net weight)。即从商品总重量中扣除内外包装的实际重量后,再计算其税额。

在从量税确定的情况下,从量税额与商品数量的增减成正比关系,但与商品价格无直接关系。按从量税方法征收进口税时,在商品价格下降的情况下,加强了关税的保护作用。反之,在商品价格上涨的情况下,用从量税的方法征收进口税,则不能完全达到保护的目的。

"二战"以前,发达国家普遍采用从量税的方法计征关税。战后多数发达国家普遍采用从价税的方法计征关税。

(二) 从价税

从价税(ad valorem duties)是以进口商品的价格为标准计征一定比率的关税,其税率表现为货物价格的百分率。计算公式如下:

$$从价税额＝商品总值×从价税率$$

从价税额与商品价格有直接关系。它与商品价格的涨落成正比关系,其税额随着商品价格的变动而变动。

一般来说,从价税有以下几个优点:

(1) 从价税的征收比较简单;

(2) 税率明确,便于比较各国税率;

(3) 税收负担较为公平,因从价税额随商品价格的高低而增减,较符合税收的公平原则；

（4）在税率不变时，税额随商品价格上涨而增加，既可增加财政收入，又可起到保护关税的作用。

从价税征收较为复杂的问题是确定进口商品的完税价格。完税价格是经海关审定作为计征关税的货物价格，是决定税额多少的重要因素。发达国家采用的完税价格标准不一致，大体上可概括为三种：

（1）以成本、保险费加运费价格（CIF）作为征税价格标准；

（2）以装运港船上交货价格（FOB）为征税价格标准；

（3）以法定价格作为征税价格标准。

关税与贸易总协定第7条对海关估价作出具体规定："海关对进口商品的估价，应以进口商品或相同商品的实际价格，而不是以国内产品的价格或者以武断的或虚构的价格，作为计征关税的依据。""实际价格"（actual value）是指"在进口国立法确定的某一时间和地点，在正常贸易过程中于充分竞争的条件下，某一商品或相同商品出售价格"。当实际价格无法按上述的规定确定时，"海关估价应以可确定的最接近于实际价格的相当价格为依据"。

为进一步统一各国的海关估价方法，1973年东京回合签署了《海关估价协议》。该协议于1981年1月1日生效，1986年9月启动的乌拉圭回合对海关估价协议的内容进行修订，依次列出六种估价方法作为成员国海关进口商品估价的依据。

2015年，美国约89%的税率采用从价税，约11%的税率使用非从量税或复合税率，且主要集中于农业、纺织品、燃料等领域。

2016年，欧盟89.4%的税目征收从价税。

（三）复合税

复合税（compound duties），即在从价税的基础上增加或减少一个从量税，如10%＋2.00美元/公斤，20%－2.00美元/公斤，计算公式如下：

$$复合税额 = 从价税额 \pm 从量税额$$

（四）选择税

选择税也称混合税（mixed duties），[①]是对于一种进口商品同时定有从价税和从量税两种税率，在征税时基于特定的条件，在从价税和从量税之间进行选择。例如，日本对坯布的进口征收协定税率7.5%或每平方米2.6日元，征收其最高者。但有时为了鼓励某种商品进

---

① mixed tariff, A tariff expressed as a conditional combination of an "ad valorem" duty and a "specific" duty, one applying delow a limit, the other applying above it. 来自WTO官网。

口,也会选择其中税额低者征收。

### (五) 技术性关税

在有些情况下,关税的征收取决于复杂的技术因素,如酒精含量、含糖量或进口商品的价格水平,如 $8.2\% + T$,$T$ 表示一个特殊的计算公式,在这里它将根据产品含有的某种成分,如酒精进行公式设计。中国历史上对新闻纸征收的滑准税就属于技术性关税(technical duties)。

---

**专栏 5.1  中国海关征税流程**

**1. 申报**

进口货物的收货人、出口货物的发货人或者他们的代理人在进出口货物时,在海关规定的期限内,以书面或者电子数据交换(EDI)方式向海关申报其进出口货物的情况,并随附有关货运和商业单证,申请海关审查放行,并对所申报内容的真实准确性承担法律责任。进出口企业向海关申报时必须提供发票、装箱单、提运单、报关单、出口收汇核销单(出口)、进出口批文、减免税证明及加工贸易备案手册等单证。海关法上对申报时间的要求是:"进口货物的纳税义务人应当自运输工具申报进境之日起14日内,出口货物的纳税义务人除海关特准之外,应当在货物运抵海关监管区后、装货的24小时以前,向货物的进出境地海关申报。"

**2. 审核**

海关在接受申报后,依法对进出口货物的纳税义务人申报的有关于进出境货物的性质、原产地、货物状况、数量和价值是否与货物申报单上已填报的内容相符,对货物进行实际检查。海关法上规定:"纳税义务人应当依法如实向海关申报,并按照海关的规定提供有关确定完税价格、进行商品归类、确定原产地以及采取反倾销、反补贴或者保障措施等所需的资料;必要时,海关可以要求纳税义务人补充申报;纳税义务人应当按照《税则》规定,对其申报的进出口货物进行商品归类,并归入相应的税则号列。必要时,海关可以组织化验、检验,并将海关认定的化验、检验结果作为商品归类的依据。"

如果海关对于申报人申报的完税价格存在怀疑,申报人在规定期限内没有提供充分合理的说明材料的情况下,海关可以不接受纳税义务人申报的价格,并按照《中华人民共和国进出口关税条例》中的规定自行估定完税价格。

进口货物的成交价格不符合《中华人民共和国进出口关税条例》第十八条第三款规定条件的,或者成交价格不能确定的,海关经了解有关情况,并与纳税义务人进行价格磋商后,依次以下列价格估定该货物的完税价格。

（1）与该货物同时或者大约同时向中华人民共和国境内销售的相同货物的成交价格；

（2）与该货物同时或者大约同时向中华人民共和国境内销售的类似货物的成交价格；

（3）与该货物进口的同时或者大约同时，将该进口货物、相同或者类似进口货物在第一级销售环节销售给无特殊关系买方最大销售总量的单位价格，但应当扣除本条例第二十二条规定的项目；

（4）按照下列各项总和计算的价格：生产该货物所使用的料件成本和加工费用，向中华人民共和国境内销售同等级或者同种类货物通常的利润和一般费用，该货物运抵境内输入地点起卸前的运输及其相关费用、保险费；

（5）以合理方法估定的价格。

纳税义务人向海关提供有关资料后，可以提出申请，颠倒前款第（3）项和第（4）项的适用次序。

3. 税款的确定与征收

征税是指海关根据国家的有关政策、法规对进出口货物征收关税及进口环节的税费。进出口货物关税，以从价计征、从量计征或者国家规定的其他方式征收。其中，

从价计征的计算公式为：应纳税额＝完税价格×关税税率

从量计征的计算公式为：应纳税额＝货物数量×单位税额

计征进口环节增值税的计算公式为：应纳税额＝（完税价格＋实征关税税额＋实征消费税税额）×增值税税率

从价计征进口环节消费税的计算公式为：应纳税额＝[（完税价格＋实征关税税额）/（1－消费税税率）]×消费税税率

从量计征进口环节消费税的计算公式为：应纳税额＝货物数量×单位消费税税额

纳税义务人应当自海关填发税款缴款书之日起15日内向指定银行缴纳税款，逾期未付的，海关可以对其按日加征滞纳税款的万分之五作为滞纳金。

4. 放行

放行是指海关接受申报，并审核报关单据、查验货物、依法征收税款后，对进出口货物作出结束海关现场监管决定的工作程序。

5. 结关

结关是指对经口岸放行后仍需继续实施后续管理的货物，海关在规定的期限内进行核查，对需要补证、补税的货物作出处理直至完全结束海关监管的工作程序。

以上引自 http://www.customs.gov.cn。

## 专栏 5.2　我国"单一窗口"的建设

2013年12月7日,世界贸易组织多哈回合谈判最终达成包括《贸易便利化协定》在内的"巴厘一篮子协定",协定第十章第4款明确要求各成员国努力建成或维持"单一窗口"并在单一窗口建设中使用国际标准,以简化通关手续,促进贸易便利化。

所谓"单一窗口",是指国际贸易和运输相关各方通过一个平台可实现递交满足监管部门要求的标准化单证和电子信息的一项便利化措施。企业可通过"单一窗口"提交各种进出口业务办理资料,并通过"单一窗口"获取各监管部门对处理状态(结果)的反馈信息。提高政府部门的监管效能,减少申报单证的重复录入和数据信息的差错,降低贸易和运输企业的综合物流成本。

根据国务院全面推广单一窗口建设的目标要求,国务院15个部委共同建设大通关统一信息平台,将各类涉及进出口业务的电子数据集中存放,各政府职能管理部门通过该电子口岸平台进行跨部门、跨地区、跨行业的数据共享和联网核查,企业可以通过电子口岸在网上办理各种进出口业务。2015年底在我国沿海口岸完成单一窗口建设,2017年底在全国所有口岸完成单一窗口建设。

"单一窗口"建成后,可以实现"一口对外、一次受理、一次操作"的新模式,进出口企业或船公司在互联网上登录"单一窗口"信息平台后,一次性录入进出口货物信息或船舶信息,向口岸管理部门进行申报,系统后台即可分别向海关、检验检疫、海事和边防检查、港务、外汇、工商、税务、交通、商务、机场等多个部门输送信息,口岸管理部门通过"单一窗口"共享监管信息,将处理状态和结果通过单一平台反馈给申报人,实现"信息互换、监管互认、执法互助"。"单一窗口"涵盖的功能在不断扩展:覆盖进出口货物申报、运输工具申报、跨境电子商务申报和信息、物流动态、物流服务、国际会展、国际邮件快件、企业资质、进出口许可、支付结算等多项功能,涵盖了货物进出口、运输工具进出境、加工贸易、跨境电商、国际会展等全部业务领域,涉及申报、监管、放行等完整通关环节和海、陆、空、铁、邮等所有运输渠道,实现全领域、全流程、全覆盖,更好地满足企业通关需求,降低了企业报关成本和时间,提升了贸易便利化水平。

资料来源:根据海关总署网站内容整理。

## 二、海关税则与国际贸易商品分类

### (一)海关税则

海关税则(customs tariff)又称关税税则,是一国对进出口商品计征关税的规章和对进出口的应税与免税商品加以系统分类的一览表。海关凭以征收关税,是关税政策的具体体现。

海关税则一般包括两个部分:一部分是海关课征关税的规章条例及说明;另一部分是关税税率表。关税税率表主要包括三个部分:税则号列(Tariff No. 或 Heading No. 或 Tariff Item,简称税号)、货物分类目录(Description of Goods)、税率(Rate of Duty)。

表 5-1 摘自中国 2015 年实施的海关税则。

表 5-1　中国 2015 年海关税则摘录

| 税则号列 | 货品名称 | 最惠国税率 | 普通税率 | 增值税率 | 计量单位 | 监管条件 | 东盟 | 亚太 | 智利 | 巴基斯坦 | 新加坡 | 新西兰 | 秘鲁 | 哥斯达黎加 | 中国香港 | 中国澳门 | 中国台湾 | 瑞士 | 冰岛 |
|---|---|---|---|---|---|---|---|---|---|---|---|---|---|---|---|---|---|---|---|
| 0402 | 浓缩、加糖或其他甜物质的乳及奶油 | | | | | | | | | | | | | | | | | | |
| 04021000 | ——粉状、粒状或其他固体形状,按重量计脂肪含量不超过 1.5% | 10 | 40 | 17 | 千克 | 7AB | 0 | 7 | 0 | 5 | — | 3.3 | 6.5 | 6.7 | 0 | 0 | — | 6 | 0 |
| | ——粉状、粒状或其他固体形状,按重量计算 | | | | | | | | | | | | | | | | | | |
| 04022100 | ——未加糖或其他甜物质 | 10 | 40 | 17 | 千克 | 7AB | 0 | 7 | 0 | 7 | — | 3.3 | 6.5 | 6.7 | 0 | 0 | | | 0 |
| 04022900 | ——其他 | 10 | 40 | 17 | 千克 | 7AB | 0 | | 0 | 5 | | 3.3 | 6.5 | 6.7 | 0 | 0 | | 6 | 0 |
| 04029100 | ——未加糖或其他甜物质 | 10 | 90 | 17 | 千克 | AB | 0 | | 0 | 5 | | 3.3 | 4 | 6.7 | 0 | 0 | | | 0 |
| 04029900 | ——其他 | 10 | 90 | 17 | 千克 | AB | 0 | | 0 | 5 | | 0 | 6.5 | 6.7 | | | — | | |
| 0403 | 酪乳、结块的乳及奶油、酸乳、酸乳酒及其他发酵或酸化的乳和奶油,不论是否浓缩、加糖、加其他甜物质、加香料、加水果、加坚果或加可可 | | | | | | | | | | | | | | | | | | | |
| 04031000 | ——酸乳 | 10 | 90 | 17 | 千克 | AB | 0 | | 0 | 5 | | 0 | 4 | 6.7 | 0 | 0 | 8.3 | | 0 |
| 04039000 | ——其他 | 20 | 90 | 17 | 千克 | AB | 0 | | 0 | | | 0 | 8 | 13.3 | 0 | | | | 0 |
| 0404 | 乳清,不论是否浓缩、加糖或其他甜物质;其他税目未列名的含天然的产品。不论是否加糖或其他甜物质 | | | | | | | | | | | | | | | | | | | |
| 04041000 | ——乳清及改性乳清,不论是否浓缩、加糖或其他甜物质 | 6 | 30 | 17 | 千克 | 7AB | 0 | | 0 | 5 | | 0 | 0 | 4 | | | | | 0 |
| 04049000 | ——其他 | 20 | 90 | 17 | 千克 | AB | 0 | | 0 | | | 0 | 8 | 13.3 | | | | | 0 |

### (二) 国际贸易商品分类体系

长期以来,发达国家税则中的货物分类极为繁细,这不仅是由于商品种类的日益增多和技术上的需要,更主要的是要保护国内市场和实行关税差别和歧视政策。对同类货物的不同类别,规定不同的税则号列,对内可以更有针对性地限制某些商品进口,对外可以成为贸易谈判的砝码。

目前,国际上存在两大商品分类体系。

#### 1. 海关合作理事会税则目录

海关合作理事会税则目录(Customs Cooperation Council Nomenclature, CCCN)是海关合作理事会编制的商品分类目录。

为了减少各国在海关税则商品分类上的矛盾,欧洲关税同盟研究小组于 1952 年 12 月拟定《关税税则商品分类公约》(Convention on Nomenclature for the Classification of Goods in Customs Tariff),并设立海关合作理事会,制订出《海关合作理事会税则目录》。因该税则目录是在布鲁塞尔制订的,故又称《布鲁塞尔税则目录》(Brussels Tariff Nomenclature, BTN)。除美国、加拿大,已有一百多个国家或地区采用。

海关合作理事会税则目录的商品分类原则以商品的自然属性为主,结合加工程度,将全部商品共分为 21 类(section)、99 章(chapter)、1015 项税目号(Heading No.)。税目号都用四位数表示,中间用圆点隔开,前两位数表示商品所属章次,后两位数表示该章项下的某种商品的税目号。例如,男用外衣属于第 61 章第 1 项,其税目号为 61·01。按分类目录解释规则(Rule for the Interpretation of the Nomenclature)的规定,税则目录中的类、章、项这三级的税目号排列及编制,各会员国不得随意变动;项下的细目以 A、B、C……排列,各会员国对这些细目的编制有一定的机动权。

海关合作理事会税则目录由英法两种文字并用而成。按章目的数字排列,即从 01·01 直到 99·06。正文部分分三栏:第一栏为税目号;第二栏为相应的联合国《国际贸易标准分类目录》号;第三栏为商品名称。该税则目录中之所以要设有相应的国际贸易标准分类号,是为了标明这两种分类体系——对应的互换关系和协调统一。

目前 CCCN 基本为 HS 所取代。

#### 2. 国际贸易标准分类

国际贸易标准分类(Standard International Trade Classification, SITC)是联合国秘书处根据统计委员会的要求,以国际联盟的《海关税则目录草案》为基础编制的。1950 年 7 月 12 日,联合国经济和社会理事会通过决议,把 SITC 作为国际贸易统计、分析的商品分类基础。国际贸易标准分类将所有的国际贸易商品分为 10 类、63 章、233 组、786 个分组,其中 435 个分组又细分为 1573 个子目。目前使用的是 2006 年的第四次修订版,共包含 2 970 个基本目。

SITC 编码由 4~5 位数字构成,第三位与第四位数字间有一圆点。前两位数字表示该商品所属的类、章号,前三位数字表示组号,前四位数字表示分组号,前五位则表示该商品的子目号。

以 SITC 为基础编制本国税则的国家不多。1988 年前美国和加拿大的税则与 SITC 比较相似。

根据不同商品分类体系的特点,联合国和海关合作理事会一致建议各国采用这两种体系的分类办法:海关合作理事会税则目录用于海关管理,国际贸易标准分类用于贸易统计。

3. 商品名称及编码协调制度

为了使这两种国际贸易商品分类体系进一步协调和统一,以兼顾海关税则、贸易统计与运输等方面的共同需要,20 世纪 70 年代初海关合作理事会设立一个协调制度委员会,研究并制定《商品名称及编码协调制度》,以下简称《协调制度》(Harmonized System,HS)。经过 13 年的努力,《协调制度公约》及其附件《协调制度》终于在 1983 年 6 月以《国际公约》的形式通过,于 1988 年 1 月 1 日在国际上正式开始实施。现在世界上有 190 多个国家采用《协调制度》。[①] 我国于 1992 年 1 月 1 日起正式实施以《协调制度》为基础的新的海关税则,之前采取海关合作理事会编制的商品分类目录。

《协调制度》是一个新型的、系统的、多用途的国际贸易商品分类体系。它除了用于海关税则和贸易统计外,对运输商品的计费与统计、计算机数据传递、国际贸易单证简化以及普遍优惠制的利用等方面,都提供了一套可使用的国际贸易商品分类体系。

《协调制度》将商品分为 21 类(section)、97 章(chapter),第 97 章留空备用,章以下设有 1241 个四位数的税目(heading),5019 个六位数的子目(subheading)。四位数的税目中,前两位数表示项目所在的章,后两位数表示项目在有关章的排列次序。例如税目为 01·04 是绵羊、山羊,前两位数表示该项目在第一章,后两位表示该商品为第一章的第四项。六位数的子目,即表示包括税目下的子目,例如 5202 为废棉;5202·10 为废棉纱线。

为了适应国际贸易变化及科技发展,世界海关组织(WCO)每 4~6 年对《协调制度》进行一次全面修订。《协调制度》每一审议循环的修订都有侧重。自 2017 年 1 月 1 日起新的《协调制度》开始生效使用,与 2012 年版《协调制度》相比,2017 年版共有 242 组修订(其中 9 组为后续修订),主要关注环境保护、生态可持续发展、科学技术的新变化、国际贸易新业态的发展等方面,修订后 4 位数品目 1 222 个、6 位数子目 5 387 个。税则中的许多章注也进行了相应调整,涉及的相关关税减让协议和特惠税率产品的税目税率也将进行相应调整。

我国海关在《协调制度》目录的 6 位数编码基础上,加列了部分 7 位数子目和 8 位数子目。但税目在归类实际使用时会有变动,2017 年我国《税则》税目总数为 8 547 个,比 2016 年版《税则》净增 253 个。编码全部都是 8 位。

---

[①] HS 于 1988 年由总部位于布鲁塞尔的世界关税组织(World Custom Organization)负责执行,它的职能是简化和合理化成员国的海关程序,并对所有与产品分类相关的问题负责,世界关税组织的前身是海关合作理事会。

#### 4. 海关税则的主要种类

海关税则主要可分为单式税则和复式税则两类。目前绝大多数国家采用复式税则。现分述如下：

(1) 单式税则

单式税则(single tariff)又称一栏税则，这种税则，一个税目只有一个税率，适用于来自任何国家的商品，没有差别待遇。现在只有少数发展中国家，如委内瑞拉、巴拿马、冈比亚等仍实行单式税则。

(2) 复式税则

复式税则(complex tariff)又称多栏税则，这种税则，在一税目下规定两个或两个以上的税率。对来自不同国家的进口商品，适用不同的税率。

如日本的关税税率基本分为三类：固定税率、协定税率、优惠税率。固定税率是根据本国的关税立法制定的，也是最高的税率；协定税率是根据双边或多边协定制定的；优惠税率适应于特定可以享受优惠的国家和地区的商品。此外，在日本还有一些属于特殊情况下适用的关税，如差额关税、季节关税、反补贴税、反倾销税等，这些关税税种多数都无法在海关税则上找到明确规定的对应税率，而只是一些规则或说明，因为这些关税的征收，其主要依据是进口国家其他相关的法律和政策规定。

美国关税表中的关税税率分为两大类，第一类包括一般税率和特殊税率。一般税率指享有美国最惠国待遇的税率，特殊税率指享有美国特别优惠的税率，其税率大大低于最惠国待遇的税率。享受美国特别税率待遇的国家包括加拿大、以色列、墨西哥、大多数加勒比和安第斯国家，以及享有美国普惠制待遇的国家。第二类是法定税率，是税率中最高的一栏，适用于没有取得美国最惠国待遇或特殊待遇的国家。

中国目前的进口关税税率设有普通税率、最惠国税率、协定税率、特惠税率和关税配额税率。中国的最惠国税率适用于原产于与中国共同适用最惠国待遇的世界贸易组织成员国或地区的进口商品，或原产于与中国签订有包含最惠国待遇条款的贸易条约、协定、关税互惠协定的国家的进口商品。协定税率适用于原产于与中国签订有互惠关税协定的成员国或地区的进口商品，如来自《曼谷协定》成员国韩国、斯里兰卡、孟加拉国等国的进口商品使用协定税率。特惠税率适用于原产于与中国签订有特殊优惠关税协定国家或地区的进口商品，2004 年，仅孟加拉国的 20 个税目的进口商品，老挝、柬埔寨、缅甸的一些税目的进口商品享受中国特惠税待遇。普通税率则适用于原产于上述国家之外的国家或地区的进口商品。

在单式税则或复式税则中，依据进出口商品流向的不同，可分为进口货物税则和出口货物税则。有的将进出口货物的税率合在同一税则中，分列进口税率栏和出口税率栏。

在单式税则或复式税则中，依据制定税则的权限，又可分为自主税则和协定税则。

(3) 自主税则

自主税则(autonomous tariff)又称国定税则，是指一国立法机构根据关税自主原则单独制定而不受对外签订的贸易条约或协定约束的一种税率。

自主税则可分为自主单式税则和自主复式税则。前者为一国对一种商品自主地制定一个税率,这个税率适用于来自任何国家或地区的同一种商品;后者为一国对一种商品自主地制定两个或两个以上的税率,分别适用于来自不同国家或地区的同一种商品。自主复式税则又可分为最高和最低税则(maximum and minimum tariff),前者适用于来自未与该国签订贸易条约或协定的国家或地区的商品;后者适用于来自与该国签订了贸易条约或协定的国家或地区的商品。

(4) 协定税则

协定税则(conventional tariff)是指一国与其他国家或地区通过贸易与关税谈判,以贸易条约或协定的方式确定的关税税率。这种税则是在本国原有的国定税则以外,另行规定的一种税率。它是两国通过关税减让谈判的结果,因此要比国定税率低。协定税则不仅适用于该条约或协定的签字国,而且某些协定税率也适用于享有最惠国待遇的国家。对于没有减让关税的商品或不能享受最惠国待遇的国家的商品,仍采用自主税则,这样形成的复式税则,叫作自主—协定税则或国定—协定税则。

### 三、关税的保护程度

目前,各国一般以平均关税水平来比较各国之间关税高低,以名义保护率和有效保护率来表示对某种或某类商品的保护程度。

关税水平是指一国的平均进口税率。

### (一) 名义保护率

名义保护率是指关税的名义保护程度。世界银行的定义为"对一商品的名义保护率是由于实行保护而引起的国内市场价格超过国际市场价格的部分与国际市场价格的百分比"。公式表示为

$$名义保护率 = \frac{国内市场价格 - 国际市场价格}{国际市场价格} \times 100\%$$

从上式可见,实际上一国关税的名义保护率等于该国对该商品征收进口关税的从价税率,因而有时我们又把名义保护率称为名义关税。在其他条件相同或不变的条件下,名义关税税率越高,对本国同类产品的保护程度越高。如中国 2006 年全部产品进口关税税率水平为 9.9%,农产品 15.7%,非农产品 9.0%;美国分别为 3.5%、5.3%、3.3%。[①]

对于全部生产过程均在一国完成的产品,名义保护率能够真实反映现行进口关税税率对国内产品提供的保护程度,但对于一部分生产过程在国外完成,并且这部分投入在进口时

---

① 数字为最惠国税的简单平均数,来自 World Tariff Profiles,2006。

也被征收了进口关税的国内产品,名义保护率不能真实反映现行关税税率对该种产品提供的保护程度。据此,提出了有效保护率的概念。[①]

## (二) 有效保护率

有效保护率则是用来测定关税或其他保护措施(主要是关税)对某类产品生产过程中每单位产出增加值的影响或提供的保护程度,又称有效关税。这一概念的提出主要是考虑一国对某一产业产品的保护,由于对其生产过程中的投入也计征关税而有所下降,因而要分析进口关税的征收对某一产品的实际保护程度不仅要考虑对该产品进口征收的关税税率水平,而且还要考虑由于对其生产过程中的投入物征收关税而对这种保护带来的负面影响。有效关税用公式表示,对行业 $j$ 的有效保护率 $ERP_j$ 为

$$ERP_j = \frac{V'_j - V_j}{V_j}$$

式中:

$V'_j$——存在关税或其他保护措施条件下 $j$ 行业单位产品的增加值。

$V_j$——自由贸易条件下 $j$ 行业单位产品的增加值。

我们举例来说明公式的使用。

假定在自由贸易条件下,某排气量轿车售价 10 000 美元,其中生产过程的购入价值(投入物)6 000 美元,国内汽车制造商实现的增加值是 4 000 美元。现在政府对整车进口征收 50% 的进口关税,而对购入价值部分(如发动机、零部件等)不征收进口关税,此时,如果不考虑其他因素,国内该车的市场价格将升至 15 000 美元,国内制造商的增加值也从原来的 4 000 美元上升到 9 000 美元,根据有效关税的计算公式,我们可以计算出现行对整车进口适用的 50% 的关税税率对国内汽车制造商每辆已定排量汽车提供的有效保护程度为

$$ERP_汽 = \frac{(15\,000 - 6\,000) - (10\,000 - 6\,000)}{(10\,000 - 6\,000)} \times 100\% = 125\%$$

现在情况发生了变化,进口国家对购入价值部分也开始征收进口关税,税率为 20%。根据有效关税计算公式,对进口整车征收 50% 的进口关税对国内汽车制造商每辆已定排量汽车提供的有效保护程度为

$$ERP_汽 = \frac{10\,000 \times (1+50\%) - 6\,000 \times (1+20\%) - (10\,000 - 6\,000)}{(10\,000 - 6\,000)} \times 100\% = 95\%$$

如果进口国家对购入价值部分的进口关税提高到 50%,对进口整车征收 50% 的进口关税对国内汽车制造商每辆已定排量汽车提供的有效保护程度会发生什么变化呢?

$$ERP_汽 = \frac{(15\,000 - 6\,000 \times 150\%) - (10\,000 - 6\,000)}{(10\,000 - 6\,000)} \times 100\% = 50\%$$

---

[①] 最早提出有效保护概念的学者是加拿大经济学家 C. L. Barber。

如果对购入价值部分的关税税率提高到100%,又会是什么结果呢?

$$\text{ERP}_{汽} = \frac{(15\,000 - 6\,000 \times 200\%) - (10\,000 - 6\,000)}{(10\,000 - 6\,000)} \times 100\% = -25\%$$

通过上面对不同情况有效关税保护率的计算,我们发现当进口最终产品的名义关税税率高于购入部分的名义关税税率时,对最终产品的有效关税保护率高于名义保护率。当对进口最终产品的名义关税税率等于购入部分的名义关税税率时,对最终产品的有效关税保护率等于名义保护率。当对进口最终产品的名义关税税率小于购入部分的名义关税税率时,对最终产品的有效关税保护率小于名义保护率,甚至出现负的有效关税保护率,即关税实际上起到了保护最终产品进口或鼓励进口的作用。

考虑到生产过程中投入物的多样性和关税税率的差异性,有效关税保护率还有另外一个计算公式

$$\text{ERP}_j = \frac{t_j - \sum a_{ij} t_{ij}}{1 - \sum a_{ij}}$$

式中:$t_j$——$j$行业最终产品的名义关税。

$a_{ij}$——自由贸易条件下,生产最终产品的各种投入占产品价格的比例。

$t_{ij}$——对投入$i$征收的名义关税。

我们将上述情况分别代入新公式,检验一下结果是否与前面公式计算出的结果相同。

第一种情况,对整车、生产过程购入价值部分进口不征收进口关税条件下,不存在名义保护和有效保护问题。

第二种情况,对整车进口征收50%的进口关税,对购入价值部分不征收进口关税条件下,有效关税保护率为

$$\text{ERP}_{汽} = \frac{50\% - 0.6 \times 0}{1 - 0.6} = \frac{0.5}{0.4} = 1.25 = 125\%$$

第三种情况,对购入价值部分征收20%的进口关税,有效关税保护率为

$$\text{ERP}_{汽} = \frac{50\% - 0.6 \times 0.2}{1 - 0.6} = 0.95 = 95\%$$

第四种情况,对购入价值部分征收的进口关税提高到50%,有效关税保护率为

$$\text{ERP}_{汽} = \frac{50\% - 0.6 \times 50\%}{1 - 0.6} = 0.5 = 50\%$$

第五种情况,有效关税保护率为-25%。

由此看出,两个公式计算出的结果完全相同。

通过研究新公式我们发现,事实上,在对最终产品和购入价值部分(原材料等)征收的名义关税税率一定的条件下,有效关税或关税的有效保护程度的高低取决于购入价值部分在产品价格中的比重,随着购入价值部分比重的提高,关税对最终产品的有效保护程度将逐步降低。在前面公式中,实际上也隐含着这样的事实,只是淹没在计算过程中了。

由此可见,有效关税保护率受进口国最终产品名义关税税率、进口原料(购入价值部分)名义关税税率以及所用原料在最终产品中所占比率的影响。因此,即使各国就某种进口商品的名义关税的税率相同,但对这一进口商品的有效保护率却可能不同。换言之,即使同一国家对不同商品征收的名义关税相同,也可能由于各类商品生产过程购入价值比重不同或购入价值适用的关税税率不同而有所不同。

综上所述,我们知道名义保护率与有效保护率的区别主要在于,名义保护率只考虑关税对某种成品(最终产品)价格的影响,没有考虑到由于对生产过程投入物征收进口关税及投入物价值占最终产品价值比例的不同而对成品提供保护程度的影响。有效关税成功地解决了这一问题,它能够更真实地反映现行名义关税税率对产品能够提供的实际保护程度。

## 本章小结

1. 关税依照不同的标准可以划分为许多形式,但无论何种形式,进口关税的征收由于其间接税的性质都会程度不同地致使进口商品价格上升,从而削弱进口商品的价格竞争力。但是,应该注意的是,关税对进口商品的限制是间接的,它是通过影响进口商品在国内的销售价格,对进口产生影响。

2. 进口关税的征收对进口国家相关产业保护程度的测度有两个指标,一是名义保护率,通过一国海关税则进口税目关税税率可以体现;二是有效保护率,它是用来表明现有关税税率对相关产业产品自身增值部分提供的保护程度,有效保护指标综合考虑由于对生产过程投入物征收进口关税及投入物价值占最终产品价值比例不同而对产品保护程度的影响,它能够更真实地反映现行最终产品名义关税税率水平对产品的实际保护程度。

## 重要概念

关税、保护关税、财政关税、进口附加税、反补贴税、反倾销税、差价税、普遍优惠制、特惠税、从价税、从量税、复合税、选择税、海关税则、协调制度、名义关税、有效关税

## 同步测练与解析

1. 进口国在遇到下列哪种情况时可征收进口附加税(　　)。
   A. 商品倾销　　　　B. 出口补贴　　　　C. 国际收支危机　　　　D. 进口激增
2. 普惠制赋予给惠国的保护措施主要包括(　　)。
   A. 免责条款　　　　　　　　　　　　B. 预订限额

C. 加工标准　　　　　　　　D. 竞争需要标准

E. 充分积累制度

3. 一般说来,一国海关对某种商品的进口征收最惠国税,其税率比同类商品的(　　)。

A. 普通税率低　　B. 特惠税率低　　C. 特惠税率高　　D. 普惠税率高

4. 普惠制的原产地规定包括(　　)。

A. 充分积累制度　　B. 加工标准　　C. 增值标准　　D. 直运规则

E. 原产地证书

5. 进口关税中的正常关税一般是指(　　)。

A. 最惠国税　　B. 普惠税　　C. 特惠税　　D. 普通税

6. 属于滑动关税的是(　　)。

A. 反倾销税　　B. 过境税　　C. 反补贴税　　D. 差价税

7. 有效关税税率代表着对(　　)部分的有效保护。

A. 产品增值　　B. 最终产品　　C. 原材料　　D. 中间产品

8. 目前,发达国家在普惠制方案中,把"敏感性商品"排除在受惠商品之外。所谓"敏感性商品"是指(　　)。

A. 对国际市场价格非常敏感,容易控制进口的商品

B. 与国内同类商品竞争激烈的商品

C. 与本国的出口产品竞争激烈的商品

D. 有关国计民生的商品

## 【同步测练】参考答案与要点提示

1. ABC　2. ABD　3. ACD　4. BCDE　5. A　6. D　7. A　8. B

# 第六章
HAPTER SIX

# 贸易限制措施——非关税

### 本章学习要求

了解与掌握对外贸易政策措施中非关税措施的具体内容、运用方法、作用与影响。

### 重点与难点

非关税措施的种类及具体内容。

# 第一节　非关税措施概述

## 一、非关税措施的含义

非关税措施指关税以外的一切限制进口的各种措施。关于非关税措施的分类有许多，其中以下两种分类方法广为采用。一是联合国贸易与发展会议(United Nations Conference on Trade and Development, UNCTAD)的分类法，二是迪尔多夫(Deardorff)-斯特恩(Stern)分类法。[①]

联合国贸易与发展会议列举的非关税措施见表6-1。

表 6-1　UNCTAD 列举的非关税措施

| 与进口有关的非关税税费 | 关税附加费；额外收费；对进口产品征收的国内税收 |
|---|---|
| 价格控制 | 管理定价；最低限价；海关估价制；反倾销；反补贴 |
| 财政金融 | 进口押金制；提前支付要求；多重汇率；支付延迟；外汇管制等 |
| 自动许可 | 自动许可证；提前监管 |
| 数量控制 | 非自动许可证包括提前授权；配额；禁令；出口限制安排；企业特别具体限制 |
| 垄断 | 专营；指定进口；强迫性国内服务；歧视性政府采购 |
| 技术性 | 技术法规、装运前检验；技术标准；合格评定程序；特别海关程序；使用过的产品返回义务；循环利用的义务；包装标签要求；绿色壁垒；动植物检验检疫 |

迪尔多夫-斯特恩分类法见表6-2。

表 6-2　迪尔多夫-斯特恩非关税分类法

| 数量限制及类似的限制措施 | |
|---|---|
| ① 进口配额 | ⑤ 外汇管制 |
| ② 禁止进口 | ⑥ 自制率规定 |
| ③ 进口许可证 | ⑦ 歧视性双边协定 |
| ④ 自动出口限制(VER) | ⑧ 对等贸易 |
| 影响进口成本和价格的非关税性收费 | |
| ① 预先存款要求(进口押金) | ④ 反补贴税 |
| ② 滑动关税 | ⑤ 边境税收调整(出口退税) |
| ③ 反倾销税 | |

---

[①] 见 Deardorff. Alan V. 1999, "Non-tariff Barriers and Domestic Regulation", paper. on World Bank. Deardorff. Alan and Stern, Robert M. 1997, "Measurement of Non-tariff Barriers", paper for OECD, No. 179. OECD/GD (97)129.

续表

| 政府参与贸易行为、限制性措施和一般政策 | |
|---|---|
| ① 补贴 | ⑥ 国家税收制度和社会保险制度 |
| ② 政府采购 | ⑦ 宏观经济政策 |
| ③ 政府垄断经营和特许经营 | ⑧ 竞争政策 |
| ④ 政府的结构性、地区性发展政策 | ⑨ 外国投资政策 |
| ⑤ 政府资助的研究和发展项目及其他科技政策 | ⑩ 移民政策 |

| 海关程序和行政措施 |
|---|
| 海关估价程序 |
| 海关分类程序 |
| 海关清算程序 |

| 技术壁垒（TBT） | |
|---|---|
| ① 健康、卫生及品质标准 | ③ 有关包装与标签的规定 |
| ② 安全及工业标准 | ④ 广告及传媒推广规章 |

2012 年，联合国发展会议根据新的划分标准，给出非关税壁垒新分类，如表 6-3 所示。

表 6-3 非关税壁垒新分类

| | | | |
|---|---|---|---|
| | 技术性措施 | A | 卫生和检验检疫措施 |
| | | B | 技术性贸易壁垒 |
| | | C | 装运前检验和其他手续 |
| 进口 | 非技术性措施 | D | 条件性贸易保护措施 |
| | | E | 由于非卫生和植物检疫或技术性贸易壁垒原因而实施的非自动许可、配额、禁令和数量控制措施 |
| | | F | 价格控制措施，包括额外税收和费用 |
| | | G | 财政措施 |
| | | H | 影响竞争的措施 |
| | | I | 与贸易有关的投资措施 |
| | | J | 分销限制 |
| | | K | 售后服务限制 |
| | | L | 补贴（不包括归入 P7 的出口补贴） |
| | | M | 政府采购限制 |
| | | N | 知识产权 |
| | | O | 原产地规则 |
| 出口 | | P | 与出口有关的措施 |

资料来源：非关税壁垒的国际分类，2012 版. 联合国贸易和发展会议。

比较联合国贸易和发展会议 1979 年和 2012 年两版的分类法,可以看出,虽然新旧版的非关税壁垒分类名称不同,但旧版中的许多非关税贸易壁垒措施只是被重新分类于新版种类中,并没有被取代,新版分类突出了对技术性贸易壁垒的关注。同时,世界贸易组织各国贸易政策审议报告仍按传统的非关税贸易壁垒措施进行阐述。

## 二、非关税措施的特点与现状

非关税与关税都有限制进口的作用,但是,非关税措施具有以下特点。

1. 非关税措施具有更大的灵活性和针对性

一般来说,各国关税税率制定必须通过立法程序,并像其他立法一样,要求具有一定的延续性。如要调整或更改税率,需适应较为烦琐的法律程序和手续。这种立法程序与手续,往往迂回延宕,在需要紧急限制进口时往往难以适应。同时,关税在同等条件下,还受到最惠国待遇条款的约束,从有协定的国家进口的同种商品适用同样的税率,因而难以在税率上作灵活调整。但在制定和实施非关税措施上,通常采用行政程序,手续比较迅速,其制定的程序也较简便,能随时针对某国的某种商品采取或更换相应的限制进口措施,较快地达到限制进口的目的。

2. 非关税措施更能直接达到限制进口的目的

关税是通过征收高额关税,提高进口商品成本和价格,削弱其价格竞争力,间接达到限制进口的目的。如果出口国采用出口补贴、商品倾销等办法降低出口商品成本和价格,关税往往难以起到限制商品进口的作用。但一些非关税措施,如进口配额等,预先规定进口的数量和金额,超过限额便直接地禁止进口,这样就能把超额的商品拒之门外,达到了关税未能达到的目的。

3. 非关税措施更具有隐蔽性和歧视性

一般说来,关税税率确定后,往往以法律形式公布于众,依法执行。出口商通常比较容易获得有关税率的各种信息,但是,一些非关税措施往往不公开,或者规定极为烦琐复杂的标准和手续,使出口商难以对付和适应。以技术标准而论,一些国家对某些商品质量、规格、性能和安全等规定了极为严格的标准,检验手续烦琐复杂,而且经常变化,使外国商品难以适应,因而往往由于某一个规定不符,使商品不能进入对方的市场销售。同时,一些国家往往针对某个国家采取相应的限制性非关税措施,其结果,大大加强了非关税措施的差别性和歧视性。

随着关税与贸易总协定发展成为世界贸易组织,成员国数目已 164 个,[①]多轮的关税减让谈判使关税在各成员国家和地区的进口限制中的作用日益弱化。第一轮多边贸易谈判到东京回合结束后,美国关税税率水平降低了 92%。1987 年,美国进口平均关税税率水平为

---

① 截至 2016 年 7 月 29 日。

3.3%，加拿大 4.6%，法国 4.9%，日本 6.2%。在这种情况下，非关税措施的重要性相对显现，特别是其中的反倾销、反补贴、技术性贸易措施、绿色贸易措施，往往以市场秩序、国家安全、国民健康、保护环境的名义，对进口商品实施有效的限制。此外，世界贸易组织也允许正当的非关税措施的实施，如《实施卫生与植物卫生措施协议》规定，成员国有权采取措施以国际标准或自行设立标准保护人类与动植物健康。

根据世界银行的研究，20 世纪 60 年代到 80 年代，发达国家受非关税影响的制成品从 1966 年的 5% 上升到 1986 年的 51%。20 世纪 70 年代初，非关税措施 850 种，到 20 世纪 80 年代增加到 1 000 多种。在 20 世纪 80 年代，发展中国家出口到发达国家的产品 1/3 以上受到一种或多种非关税的限制，发达国家产品受到来自发展中国家非关税限制的比例在 20% 强。

根据可获得的资料，发展中国家主要采用的非关税措施按重要性排列，分别为非自动进口许可、关税配额、禁止进口。

中国目前主要使用的非关税措施包括进口许可证、进口配额、进口限量登记、关税配额。

## 第二节 非关税措施的主要种类

非关税措施名目繁多，现对几种重要的措施阐述如下。

### 一、进口配额制

进口配额制(import quotas system)又称进口限额制，是一国政府在一定时期(如一季度、半年或一年)内，对某些商品的进口数量或金额加以直接限制，在规定期限内，配额以内的货物可以进口，超过配额不准进口，或者征收更高的关税或罚款后才能进口。它是国家实行进口数量限制的重要手段之一。

进口配额制，主要有以下两种形式。

#### (一) 绝对配额

绝对配额(absolute quotas)是在一定时期内，对某些商品的进口数量或金额规定一个最高额数，达到这个额数后，便不准进口。这种进口配额在实施中，又采取以下两种方式。

1. 全球配额

全球配额(global quotas；unallocated quotas)属于世界范围的绝对配额，对于来自任何国家或地区的商品一律适用。主管当局通常按进口商的申请先后或过去某一时期的实际进口额批给一定的额度，直至总配额发放完为止，超过总配额就不准进口。

由于全球配额不限定进口国别或地区,在配额公布后,进口商竞相争夺配额并可从任何国家或地区进口。邻近国家或地区因地理位置接近的关系,到货较快,比较有利,而较远的国家或地区就处于不利的地位。因此,在限额的分配和利用上,难以贯彻国别政策。为了避免或减少这些矛盾,故一些国家采用了国别配额。

2. 国别配额

国别配额(country quotas)是在总配额内按国别或地区分配的固定配额,超过规定的配额便不准进口。为了区分来自不同国家和地区的商品,在进口商品时进口商必须提交原产地证明书。

实行国别配额可以使进口国家根据它与有关国家或地区的政治经济关系分配给予不同的额度。一般来说,国别配额可以分为自主配额和协议配额。

(1) 自主配额(autonomous quotas)

又称单方面配额,是由进口国家完全自主地、单方面强制规定在一定时期内从某个国家或地区进口某种商品的配额。这种配额不需征求输出国家的同意。

自主配额一般参照某国过去某年的输入实绩,按一定比例确定新的进口数量或金额。进口国可利用这种配额贯彻国别政策。

配额分配对国内进口商是否应预先限定,可依实际需要而定。如果实施的主要目的是为了换取或扩大出口市场,或为了限制外国商品对本国产品的竞争,一般可不必在进口商中进行分配;如果为了加强对进口商的严格管制或适应外汇管制的要求,则需分别限定本国进口商的进口数量或金额。

自主配额由进口国家自行制定,往往由于分配额度差异容易引起某些国家或地区的不满或报复。因此,有些国家便采用协议配额,以缓和彼此之间的矛盾。

(2) 协议配额(agreement quotas)

又称双边配额(bilateral quotas),是由进口国家和出口国家政府或民间团体之间协商确定的配额。

协议配额是通过双方政府的协议订立的,一般需在进口商或出口商中进行分配;如果配额是双边的民间团体达成的,应事先获得政府许可,方可执行。协议配额是由双方协调确定的,通常不会引起出口方的反感与报复,并可使出口国对于配额的实施有所谅解与配合,较易执行。

一些国家为了加强绝对进口配额的作用,往往对进口配额规定得十分繁杂。

一般说来,绝对配额用完后,就不准进口。但有些国家由于某种特殊的需要和规定,往往另行规定额外的特殊配额或补充配额。如进口某种半制成品加工后再出口的特殊配额;展览会配额或博览会配额等。

(二) 关税配额

关税配额(tariff quotas)是对商品进口的绝对数额不加限制,而对在一定时期内,在规定配额以内的进口商品给予低税、减税或免税待遇;对超过配额的进口商品则征收较高的关税,或征收附加税或罚款。

关税配额按商品进口的来源,可分为全球性关税配额和国别关税配额。按征收关税的目的,可分为优惠性关税配额和非优惠性关税配额。前者是对关税配额内进口的商品给予较大幅度的关税减让,甚至免税,而对超过配额的进口商品即征收原来的最惠国税率。如西欧共同市场在实行普遍优惠制过程中所采取的关税配额就属于这一类。后者是在关税配额内仍征收原来的进口税,但对超过配额的进口商品,则征收极高的附加税或罚款。

根据中美达成的《中国加入WTO双边协议》,中国将全面取消农产品进口的数量限制,对于比较敏感的农产品,如小麦、玉米等适用关税配额制度。根据2002年的税目税率表提供的信息,小麦进口关税依据种类的不同,其配额内关税税率水平在1%~10%,而配额外关税,最惠国税率水平为71%,普通税率水平为180%,属于优惠性关税配额。

2017年,中国保留对《协调制度》第10、11、17、31、51、52章47个税目适用关税配额。配额内征收从价税,平均关税水平为4.8%,超出配额部分适用约束关税(bound rates)。

2015年,美国仍保留了44种关税配额,其中18种涉及居民的日常生活,包括牛奶、奶油、黄油、冰激凌、奶酪等。其他商品包括牛肉、花生、巧克力、加糖可可粉、动物饲料、烟草、棉花等。根据市场情况,关税配额的税率可以出现大幅变动,大部分关税配额仍采用先到先得的办法进行分配。

20世纪80年代以来,以配额形式出现的数量限制已经逐步被反倾销、反补贴措施所取代,乌拉圭回合也要求成员国实现配额关税化,因此,配额作为限制进口的非关税措施的作用大大降低。

在进口配额制度下,关于进口配额的分配(无论绝对配额还是关税配额)主要有四种方式:一是政府直接颁发进口许可证给进口商;二是政府根据进口商和消费者的申请颁发进口许可证;三是政府公开拍卖进口许可证;四是进口政府在设置进口数量或金额后,将颁发许可证的权限交给出口国家。

## 二、"自动"出口配额制

"自动"出口配额制("voluntary"export quotas)又称"自动"限制出口("voluntary" restriction of export),也是一种限制进口的手段。

所谓"自动"出口配额制是出口国家或地区在进口国的要求或压力下,"自动"规定某一时期内(一般为3~5年)某些商品对该国的出口限制,在限定的配额内自行控制出口,超过配额即禁止出口。

"自动"出口配额制与绝对进口配额制在形式上略有不同。绝对进口配额制是由进口国家直接控制进口配额来限制商品的进口,而"自动"出口限额是由出口国家直接控制这些商品对指定进口国家的出口。但是,就进口国家来说,两种配额都起到了限制商品进口的作用。

"自动"出口配额制带有明显的强制性。进口国家往往以商品大量进口使其有关工业部门受到严重损害,造成所谓"市场混乱"为理由,要求有关国家的出口实行"有秩序地增长"(orderly growth),"自动"限制商品出口,否则就单方面强制限制进口。在这种情况下,一些出口国家被迫实行"自动"出口限制。

"自动"出口限额最早出现在 20 世纪 80 年代的日美汽车贸易大战。美国政府在美国汽车制造企业和汽车工人联合工会的压力下,提出议案对来自日本的汽车实施进口数量限制,日本政府在得到这一消息后,主动宣布自行对输出到美国的汽车数量进行限制,先是将数量限制在一个水平,1981 年 4 月至 1984 年 3 月没有变化,后来限额逐步上升,到 1985 年,限额上涨了 37%。1987 年以后,日本汽车公司开始在美国生产汽车,"自动"出口限额每年都用不完,到 1994 年,美国取消了对日本汽车的"自动"出口限制。

(一)"自动"出口配额制的形式

1. 非协定的"自动"出口配额

即不受国际协定的约束,而是由出口国迫于进口国方面的压力,自行单方面规定出口配额,限制商品出口。这种配额有的是由政府有关机构规定,并予以公布,出口商必须向有关机构申请配额,领取出口授权书或出口许可证才能输出。有的是由本国大的出口厂商协会"自动"控制出口。

2. 协定的"自动"出口配额

即进出口双方通过谈判签订"自限协定"(self-restraint agreement)或"有秩序销售协定"(orderly marketing agreement)。在协定中规定有效期内某些商品的出口配额,出口国应据此配额实行出口许可证制或出口配额签证制(export visa),自行限制这些商品出口。进口国则根据海关统计进行检查。"自动"出口配额大多数属于这一种。

日美汽车"自限协定"的配额由日本政府在日本汽车制造商之间进行分配,任何制造商想增加出口都必须同拥有剩余配额的制造商进行磋商。

(二)"自限协定"或"有秩序销售协定"的主要内容

1. 配额水平

配额水平(quota level)是指协定有效期内各年度"自动"出口限额。通常以协定缔结前一年的实际出口量,或以原协定最后一年的配额为基础进行协商,确定新协定第一年数额,然后再确定其他年份的年增长率。

"自限协定"或"有秩序销售协定"所规定的出口配额主要有以下几种:

(1)总限额。即协定商品"自动"出口的总额数。

(2)组限额。即按不同类别的商品分为若干组,分别规定不同的额数。

(3) 个别限额。即对组内一些所谓敏感性产品(sensitive product)作为特别项目(special items)另行规定额数,以达到严格限制出口的目的。

(4) 磋商限额。即对个别限额外的某些产品在原则上规定一定的额数,如出口超过该额数,双方按一定程序进行磋商谋求解决,在双方未达成一致意见之前,进口国可单方面实行进口限制。

2. 自限商品的分类

自限商品是指受协定限制的"自动"出口的商品,在20世纪50年代和60年代初,协定所包括的自限商品的品种较少,品种分类也比较笼统。但后来被包括在协定中的自限商品品种日益增加,品种的分类日益繁杂。

3. 限额的融通

限额的融通是指协定各种自限商品限额相互融通使用的权限,主要分为水平融通和垂直融通两种。

(1) 水平融通,是指在同一年度内组与组之间、项与项之间在一定百分率内互通使用的权限。在协定中,通常规定替换率(shift rate),即某组或某项的配额拨给另一组或另一项的使用率。协定所规定的替换率一般较低,而且各类不同,一般在1%～15%,有的品种甚至禁止调用,以达到严格限制出口的目的。

(2) 垂直融通,是指上下年度内同组之间、同项之间的留用额(carry-over)和预用额(carry-in)。前者又称留用权,即当年未用完的配额拨入下年度使用的额度或权限;后者又称预用权,即当年配额不足而预先使用下年度的额度或权限。

4. 保护条款

保护条款(safeguard clause)是指进口国有权通过一定程序,限制或停止进口某些"扰乱市场"或使进口国生产者蒙受损害的商品。这实际上进一步扩大了进口国单方限制商品进口的权限。

5. 出口管理规定

在协定中规定出口一方应对自限商品执行严格的出口管理,以保证出口不超过限额水平和尽量按季度均匀出口。

6. 协定的有效期限

协定的有效期限有长有短,有效期限长短各有优势,长的好处是出口数量具有稳定性,出口厂商可以预先计划其生产和出口,坏处是数量长期被固定后,较难随市场需求进行调整。目前自限协定的有效期限为3～5年。缔约国一方如有必要终止协定,但该缔约国一般应提前60天通知对方,方可终止。

近几年来,我国对欧盟出口的鞋、自行车、医疗器械、玩具,对美国出口的钢材,对一些国家出口的纺织品都曾被迫执行"自动"出口限制。

## 三、进口许可证

进口许可证制(import licence system)是指进口国家规定某些商品进口必须事先领取许可证,才可进口,否则一律不准进口。

### (一) 进口许可证的种类

1. 从进口许可证与进口配额的关系上看,进口许可证可以分有定额进口许可证和无定额进口许可证

有定额进口许可证是指国家有关机构预先规定有关商品的进口配额,然后在配额的限度内,根据进口商的申请对每一笔进口发给进口商一定数量或金额的进口许可证。一般来说,进口许可证是由进口国有关当局向提出申请的进口商颁发的,但也有将这种权限交给出口国自行分配使用的。

无定额进口许可证是指进口许可证不与进口配额相结合。在这种情况下,有关政府机构预先不公布进口配额,颁发有关商品的进口许可证,只是在个别考虑的基础上进行。由于它是个别考虑的,没有公开的标准,因而就给正常贸易的进行造成更大的困难,起到更大的限制进口作用。

2. 从进口许可证的使用对进口商品有无限制上看,进口许可证可分为公开一般许可证和特种进口许可证

公开一般许可证(open general licence),又称公开进口许可证或一般许可证和自动进口许可证。它对进口国别或地区没有限制,凡列明属于公开一般许可证的商品,进口商只要填写公开一般许可证后,即可获准进口。因此属于这类许可证的商品实际上是"自由进口"的商品。

特种进口许可证(specific licence),又称非自动进口许可证,进口商必须向政府有关当局提出申请,经政府有关当局逐笔审查批准后才能进口。这种进口许可证,多数都指定进口国别或地区。

### (二)《进口许可证手续协议》

GATT 东京回合多边贸易谈判中制定了《进口许可证手续协议》(Agreement on Import Licensing Procedures)。这项协议除序言外共有五条。序言指出制定本协议之目的,希望简化国际贸易中的管理手续和做法,使之具有透明性,并确保公平合理地应用和施行这些手续和做法。协议的主要内容有以下几方面:

1. 进口许可证的管理和发放手续

协议指出,进口许可证是指实施进口许可证制度需向有关管理机构递交申请书或其他单证,作为进口到该进口国海关管辖地区的先决条件的行政管理手续。

这种手续应以公平合理的方式进行管理,各签字国应尽可能简化申请表格、展期表格、申请手续和展期手续。同时,签字国应尽快公布有关提出申请手续的规则及其他一切资料,确保进口许可证发放程序的透明度,以便各政府和商人对此有所了解。

2. 进口许可证的种类

协议将进口许可证分为自动进口许可证和非自动进口许可证两种。

前者是指有关管理机构应进口商的申请,毫无限制地签发给申请人的一种进口许可证。这种许可证本身只作为统计进口的依据。因此其办理手续不得使属于这种许可证的进口货物受到限制性的影响。后者是指有关管理机构为实行进口数量限制而签发的一种许可证。协议规定,这种许可证除了实施许可证限制所造成的影响之外,所采用的发放进口许可证的手续和做法不应对进口贸易起到限制的作用。

3. 设立进口许可证委员会

委员会的职责是为该协议的实施或促进其目标的实现提供进行磋商和解决争端的机会,其磋商和解决争端程序可按协定的第22条、第23条进行。

4. 有关发展中国家优惠待遇规定

协议规定,应确保合理地向所有进口者发放许可证,尤其要考虑到原产地是发展中国家的产品的进口者。发展中国家签字国在提供有关需领取进口许可证的产品的统计资料方面可以有一定的灵活性,即不应由此给它们带来额外的行政负担等。

(三)《进口许可证程序协议》

乌拉圭回合谈判达成了《进口许可证程序协议》,协议由8条组成。该协议强调:

(1) 那些仍保留进口许可证的缔约国,在申请自动和非自动许可证的程序方面所作的任何变化,都必须在实施这些程序变化之前至少21天公布;

(2) 对于发放非自动许可证的程序必须加强旨在为实施这些程序而制定的措施,除非绝对必要,不得在行政上增加任何累赘;

(3) 进口许可证申请人应与无须申请进口许可证的企业一样可以得到支付所需的外汇;

(4) 进口许可证的申请,只能由一个行政机构归口管理,最多不得超过三个行政机构;

(5) 接受或加入该协议的各政府,应保证在本协议生效前,使其国内有关立法和规则与本协议规定相一致。

中国商务部、海关总署和质检总局每年公布进口许可证管理货物目录,2017年,中国有48类商品,涉及八位编码498个税则税目需要申领自动许可。需要申领非自动许可的商品涉及八位编码89个税则税目。

美国的进口许可证由多个部门管辖,包括农业部、商务部、能源部等,主要适用于农业产品、钢铁产品、能源产品、鱼类和野生动物、武器和药品、酒精和烟草等。进口许可证可以是自动的,也可以是非自动的。

### 四、外汇管制

外汇管制(foreign exchange control)是指一国政府通过法令对国际结算和外汇买卖实行限制以平衡国际收支和维持本国货币汇价的一种制度。

在外汇管制下,出口商必须把它们出口所得的外汇收入按官定汇率(official exchange rate),卖给外汇管制机关;进口商也必须在外汇管制机关按官定汇率申请购买外汇,本国货币的携出入国境也受到严格的限制等。

这样,国家的有关政府机构就可以通过确定官定汇价、集中外汇收入和控制外汇支出的办法,达到限制进口商品品种、数量和进口国别的目的。

外汇管制的方式较为复杂,一般可分为以下几种:

#### (一)数量性外汇管制

数量性外汇管制是指国家外汇管理机构对外汇买卖的数量直接进行限制和分配,旨在集中外汇收入,控制外汇支出,实行外汇分配,以达到限制进口商品品种、数量和国别的目的。一些国家实行数量性外汇管制时,往往规定进口商必须获得进口许可证后,方可得到所需的外汇。

#### (二)成本性外汇管制

成本性外汇管制是指国家外汇管理机构对外汇买卖实行复汇率制度(system of multiple exchange rates),利用外汇买卖成本的差异,间接影响不同商品的进口。

复汇率制,是指一国货币的对外汇率不止有一个,而是两个以上。其目的是利用汇率的差别来限制和鼓励某些商品进口或出口。各国实行的复汇率制不尽相同,但主要原则大致相似。

1. 在进口方面

(1)对于国内需要而又供应不足或不生产的重要原料、机器设备和生活必需品,适用较为优惠的汇率;

(2)对于国内可大量供应和非重要的原料和机器设备适用一般的汇率;

(3)对于奢侈品和非必需品只适用最不利的汇率。

2. 在出口方面

(1)对于缺乏国际竞争力但又要扩大出口的某些出口商品,给予较为优惠的汇率;

(2)对于其他一般商品出口适用一般汇率。

3. 混合性外汇管制

混合性外汇管制是指同时采用数量性和成本性的外汇管制,对外汇实行更为严格的控制,以影响控制商品进出口。

### 五、进口和出口国家垄断

进口和出口国家垄断,是指在对外贸易中,对某些或全部商品的进、出口规定由国家机构直接经营,或者是把某些商品的进口或出口的专营权给予某些垄断组织。

发达国家的进口和出口的国家垄断主要集中在三类商品。第一类是烟和酒。这些国家的政府机构从烟和酒的进出口垄断中,可以取得巨大的财政收入。第二类是农产品。这些国家把对农产品的对外垄断销售作为国内农业政策措施的一部分,像美国的农产品信贷公司,就属于农产品贸易垄断企业。它通过收购国内的"剩余"农产品,然后以低价向国外倾销,或按照"外援"计划向缺粮国家,主要是发展中国家大量出口。第三类是武器。发达国家的武器贸易多数是由国家垄断。

2018年底,国家发改委公布,2019年粮食进口关税配额量为:小麦963.6万吨,国营贸易比例90%;玉米720万吨,国营贸易比例60%;大米532万吨,国营贸易比例50%。

### 六、歧视性政府采购政策

歧视性政府采购政策(discriminatory government procurement policy)是指国家制定法令,规定政府机构在采购时要优先购买本国产品的做法。

截至2018年,美国政府采购适用的法律仍是《购买美国货法案》(Buy American Act,BAA)和《贸易协定法案》(Trade Agreement Act,TAA),《购买美国货法案》仍然要求联邦政府优先购买国内产品,《贸易协定法案》授权总统可以免除这一规定的适用,但只针对WTO政府采购协议的签字国、贸易协定包含有政府采购条款的伙伴及特殊规定提供政府采购优惠待遇的国家。

政府实施歧视性采购确实对于一些产品进口构成实际阻碍。如美国政府每年的采购额都在1万亿美元以上,占当年GDP的20%左右。美国飞机销售额的30%都属于政府购买。由于政府采购的商品与服务比较集中,如办公设备与用品、国防产品、各类战略物资等,并且在相关商品和服务市场上构成很大的购买量,这样,政府的歧视性做法势必使原产于国外的同类商品和服务难以进入政府采购市场,从而对进口商品和服务形成限制。

虽然东京回合就签署了《政府采购协议》,[①]乌拉圭回合对其内容进行部分修订,鉴于关税与贸易总协定和世界贸易组织关于政府采购的协议具有"诸边"协议的特点,[②]目前签字国家与地区仅有13个,[③]无法消除各国政府在采购过程中对进口商品和服务形成的歧视。因

---

① 1981年开始生效。
② 协议中的权利与义务只适用于签字国家或地区。
③ 它们是美国、加拿大、欧盟、荷属阿鲁巴、列支敦士登、瑞士、冰岛、挪威、以色列、日本、韩国、新加坡、中国香港

而,歧视性政府采购仍然是一种广泛采用的限制商品和服务进口的做法。

### 七、国内税

国内税(internal taxes)是指在一国的国境内,对生产、销售、使用或消费的商品所应支付的捐税,一些国家往往采取国内税制度直接或间接地限制某些商品进口。

这是一种比关税更灵活、更易于伪装的贸易政策手段。国内税通常是不受贸易条约或多边协定限制的。国内税的制定和执行属于本国政府机构的权限,有时甚至是地方政府机构的权限。

目前欧盟国家采用增值税(value added tax),即按销货值大于进货值的"增值"部分,对国内产品征收一定比例的税收。它适用于生产和销售的每一个环节。增值税对出口商品实行免税或退税,而对进口商品则如数征收。

1992年前,中国曾对进口商品征收"调节税",而对于本国产品不适用。

### 八、进口最低限价制和禁止进口

(一)进口最低限价制(minimum price)

最低限价就是一国政府规定某种进口商品的最低价格,凡进口货价低于规定的最低价格则征收进口附加税或禁止进口以达到限制低价商品进口的目的。

(二)禁止进口(prohibitive import)

当一些国家感到实行进口数量限制已不能摆脱经济与贸易困境时,往往颁布法令,公布禁止进口的货单,禁止这些商品的进口。

### 九、进口押金制

进口押金制(advanced deposit)又称进口存款制。在这种制度下,进口商在进口商品时,必须预先按进口金额的一定比率和规定的时间,在指定的银行无息存入一笔现金,才能进口。这样就增加了进口商的资金负担,影响了资金的流转,从而起到了限制进口的作用。

### 十、专断的海关估价制

海关为了征收关税,确定进口商品价格的制度为海关估价制(customs valuation)。有些国家根据某些特殊规定,提高某些进口货的海关估价,来增加进口货的关税负担,阻碍商品的进口,就成为专断的海关估价。

用专断的海关估价来限制商品的进口,以美国最为突出。长期以来,美国海关是按照进口商品的外国价格(进口货在出口国国内销售市场的批发价)或出口价格(进口货在来源国市场供出口用的售价)两者之中较高的一种进行征税。这实际上提高了交纳关税的税额。

乌拉圭回合达成了《海关估价协议》,其正式名称为《关于实施关税与贸易总协定第七条的协议》(Agreement on Implementation of Article Ⅶ of the General Agreement on Tariffs and Trade)。此协议包括四个部分,共31条。其中有大量注释和一个议定书。它规定了主要以商品的成交价格为海关完税价格的新估价制度。其目的在于为签字国的海关提供一个公正、统一、中性的货物估价制度,不使海关估价成为国际贸易发展的障碍。这个协议规定了下列6种不同的依次采用的新估价法。

### (一) 进口商品的成交价格

根据协议的第一条规定,成交价格(transaction value)是指"商品销售出口运往进口国的实际已付或应付的价格",即进口商在正常情况下申报并在发票中所载明的价格。如果海关不能按上述规定的成交价格确定商品海关估价,那就采用第二种办法。

### (二) 相同商品成交价格(transaction value of identical goods)

相同商品成交价格又称为同类商品成交价格,是指与应估商品同时或几乎同时出口到同一进口国销售的相同商品的成交价格。

所谓相同商品,根据协议第15条第2款定义为:"它们在所有方面都相同,包括相同的性质、质量和信誉。如表面上具有微小的差别的其他货物,不妨碍被认为符合相同货物的定义。"当发现两个以上的相同商品的成交价格时,应采用其中最低者来确定应估商品的完税价格。

如按以上两种估价办法都不能确定时,可采用以下的第三种估价办法。

### (三) 类似商品的成交价格(transaction value of similar goods)

类似商品的成交价格是指与应估商品同时或几乎同时出口到同一进口国销售的类似商品的成交价格。

所谓类似商品就是尽管与应估商品比较,各方面不完全相同,但它们有相似的特征,使用同样的材料制造,具备同样的效用,在商业上可以互换。在确定某一货物是否为类似货物时,应考虑的因素包括该货物的品质、信誉和现有的商标等。

### (四) 倒扣法

倒扣法是以进口商品,或同类或类似进口商品在国内的销售价格为基础减去有关的税费后所得的价格。其倒扣的项目包括代销佣金、销售的利润和一般费用,进口国内的运费、保险金、进口关税和国内税等。

倒扣法主要适用于寄售、代销性质的进口商品。

### （五）计算价格法

计算价格（computed value）又称估算价格，是以制造该种进口商品的原材料、部件、生产费用、运输和保险费等成本费以及销售进口商品所发生的利润和一般费用为基础进行估算的完税价格。

这种方法必须以进口商能否提供有关资料和单据，并保存所有必要的账册等为条件，否则海关就不能采用这种办法确定其完税价格。这种估价方法一般适用于买卖双方有业务关系的进口商品。

根据协议规定，第四种和第五种估价办法可能根据进口商品要求进行调换使用。

### （六）合理法

如果上述各种办法都不能确定商品的海关估价，便使用第六种估价办法，这种估价办法未作具体规定。海关在确定应税商品的完税价格时，只要不违背本协议的估价原则和总协定第 7 条的规定，并根据进口商品的现有资料，任何视为合理的估价办法都可行，因此，这种办法称为合理法（reasonable means）。

中国海关对进口货物的成交价格不符合《中华人民共和国进出口关税条例》第 18 条第 3 款规定条件的，或者成交价格不能确定的，海关经了解有关情况，并与纳税义务人进行价格磋商后，依次以下列价格估定该货物的完税价格：

（1）与该货物同时或者大约同时向中华人民共和国境内销售的相同货物的成交价格；

（2）与该货物同时或者大约同时向中华人民共和国境内销售的类似货物的成交价格；

（3）与该货物进口的同时或者大约同时，将该进口货物、相同或者类似进口货物在第一级销售环节销售给无特殊关系买方最大销售总量的单位价格，但应当扣除本条例第 22 条规定的项目；

（4）按照下列各项总和计算的价格：生产该货物所使用的料件成本和加工费用，向中华人民共和国境内销售同等级或者同种类货物通常的利润和一般费用，该货物运抵境内输入地点起卸前的运输及其相关费用、保险费；

（5）以合理方法估定的价格。

纳税义务人向海关提供有关资料后，可以提出申请，颠倒前款第（3）项和第（4）项的适用次序。

## 十一、进口商品征税的归类

进口商品的税额取决于进口商品的价格水平与税率高低。在海关税率已定的情况下，税额大小除取决于海关估价外，还取决于征税产品的归类。海关将进口商品归在哪一税号下征收关税,具有一定的灵活性。进口商品的具体税号必须在海关现场决定。在税率上一般就高不就低。这就增加了进口商品的税收负担的不确定性,从而起到限制进口的作用。例如,美国对一般打字机进口不征收关税,但如归为玩具打字机,则要征收35%的进口关税。

### 十二、技术性贸易壁垒

技术性贸易壁垒(technical barriers to trade)是指为了限制进口所规定的复杂苛刻的技术法规、标准、质量认证(合格评定)、检验程序和检验手续以及商品包装和标签规定等,这些标准和规定往往以维护生产、消费者安全和人民健康的理由而制定。有些规定十分复杂,而且经常变化,往往使外国产品难以适应,从而起到限制外国商品进口和销售的作用。这些规定在一定条件下成为进口国家限制进口的技术性贸易壁垒。包括:

#### (一)技术法规、标准

技术法规主要由国家立法机构制定的法律法规,行政部门颁布的命令、决定、条例、规范、指南等构成,涉及的内容范围包括劳动安全、环境保护、卫生健康、交通、节约能源与材料等,技术法规对商品和服务的生产(提供)、材料的使用、工艺流程、污染的控制、质量控制、包装等均产生强制性约束。

WTO要求成员国各级政府采用和实施的技术法规应符合《技术性贸易壁垒协议》的规定,除非基于气候、地理、技术条件等因素,各成员国应尽可能地采纳国际标准。

技术标准主要包括生产标准、实验与检验方法标准、安全卫生标准等。

各国由于历史、社会和技术等原因,采用的技术标准差异很大。典型的例子是,在英国、日本、中国香港、澳大利亚等地的交通规则规定,汽车在道路的左边行驶,而美国、中国内地等绝大多数国家的规定与此相反。再如,日本对滑雪板有严格的技术标准,它强调本国雪质特殊,一般国外的滑雪板都达不到日本技术标准的要求。如果使用不合格的滑雪板,日本保险公司不给予保险,出现事故自行负责。意大利有一个"通心粉纯度法",它规定通心粉的制作原料必须是硬质小麦,其他国家采用混合小麦制作的通心粉就无法进入意大利国内市场。

发达国家由于经济、技术水平高,对于许多制成品规定了极为严格、烦琐的技术标准。进口商品必须符合这些标准才能进口,其中有些规定往往是针对具体国家的。

技术法规和标准作为限制进口的手段主要体现在:一是多样化;二是标准严格;三是有些标准经过精心设计和研究,针对性强;四是这些技术标准不仅在条文本身上限制了外国产品的销售,而且在实施过程中也为外国产品的销售设置了重重障碍。

#### (二)质量认证与合格评定程序

质量认证与合格评定程序是指任何直接或间接用以确定产品或服务、生产与管理体系是否满足技术法规和标准所要求的程序。

质量认证与合格评定程序之所以可以起到限制进口的作用,是因为:

(1) 各国依据的标准不同。由于工业发展水平不同,各国实行的标准多为国家标准,对于国家标准低的产品出口到高标准国家就受到阻碍。

(2) 质量认证与合格评定的内容不同。如在产品认证过程中,有些国家只对提供样品进行实验、检验;发达国家,如欧盟则要求对生产商的生产环境、质量保证能力进行检查、评定,甚至要求日常监督。如对欧盟出口的牛肉,欧盟要求对牛的生长地的土壤条件、水质条件、生长区域的疫病历史、屠宰条件等进行评定,符合欧盟标准,才可以进口。

(3) 认证机构资格确认不同。一些国家的认证机构直接由政府设立,有些国家则授权私人机构履行相关职责。各国对于认证机构的资力与资格规定差异很大,发达国家往往只接受本国认证机构或承认的第三方认证机构的认证,这样,就增加了出口商品的成本。

目前,国际上著名的认证有 ISO 9000 系列认证、IEC 电器设备安全标准认证、欧盟 CE 认证、美国 UL 认证等。

"欧盟协调标准"是指由 CEN、CENELEC 和 ETSI 根据欧盟委员会与各成员国商议后发布的命令制定并批准实施的欧洲标准。根据欧洲标准化组织的规定,各成员国必须撤销有悖于协调标准的国家标准,协调标准的标题和代号必须在欧共体官方公报上发布,目前该标准适用于 11 个领域,包括了 31 组产品和一种服务,这些产品主要包括化学品、建筑、消费者和工人保护、能源有效利用、电子和电器工程、健康工程、测量技术、机械工程和运输等。

### (三) 关于卫生检疫规定

随着国家之间贸易竞争的加剧,发达国家更加广泛地利用卫生检疫规定限制商品的进口。它们要求进行卫生检疫的商品越来越多,卫生检疫规定越来越严格。例如,花生:日本、加拿大、英国等要求花生黄曲霉素含量不超过百万分之二十,花生酱不超过百万分之十,超过者不准进口。茶叶:日本对茶叶农药残留量规定不超过百万分之零点二至零点五。陶瓷制品:美国、加拿大规定含铅量不得超过百万分之七。澳大利亚规定的含铅量不得超过百万分之二十。

美国要求其他国家或地区输往美国的食品、饮料、药品及化妆品必须符合美国《联邦食品、药品及化妆品法》(Federal Food, Drug and Cosmetic Act),否则不准进口。

中国出口产品在卫生检疫规定面前频繁受阻。如日本对中国出口的冷冻蔬菜实施农药残留检查。日本在冷冻蔬菜农药残留检查中,使用新鲜蔬菜的标准,使得中国对日出口的冷冻蔬菜农药残留比例大幅度上升,限制了中国该类产品的对日出口。

WTO《实施卫生与植物卫生措施协议》要求成员国要在非歧视的基础上、以科学为依据、参照国际标准制定与实施卫生与植物卫生措施,相关措施要公开、透明。由于发展中国家经济发展水平与技术水平比较低,因而在使用卫生检疫措施作为限制进口手段方面还不具备条件。

欧盟建立了欧洲食品安全权威机构,确定了适用于国内市场的食品和饲料安全等一系列关于食品卫生、动物和植物检疫的法规,建立了风险控制、监控框架和预防管理体系。建立了食品商业机构食物卫生检疫的基本规则,运营者承担主要责任,建立了对食品的生产、包装、配送一系列流程的管理条例,保证进口货物要至少达到欧盟本土产食品的卫生检疫水平。

（四）关于商品包装和标签的规定

许多国家对于在国内市场上销售的商品要求符合各种包装和标签条例。这些规定内容复杂,手续烦琐。进口商必须符合这些规定,否则不准进口或禁止在其市场上销售。如新加坡,根据有关条例,要求黄油、人造黄油、食用油、米、面粉、白糖等依照标准进行包装,否则不得进口。许多外国产品为了符合有关国家的这些规定,不得不重新包装和改换商品标签,耗时费工,增加了商品的出口成本,削弱了商品的价格竞争能力。

此外,一些国家对于包装物料、瓶型均有具体的规定和要求。这些规定都在不同程度上限制了外国商品的进口。

由于技术性措施越来越多地被用作保护贸易的手段,已经成为国际贸易发展中的重要壁垒。关税与贸易总协定签署时就已经考虑到这一问题,《1947年关税与贸易总协定》第20条"一般例外"中规定,缔约方为保障人类、动植物的生命和健康可采取必要的措施。第21条"安全例外"规定缔约方为保护国家基本安全利益可以采取必要的措施。1970年关税与贸易总协定专门成立小组研究制定技术标准与质量认证程序方面的问题,并起草关于技术性贸易壁垒的协议。乌拉圭回合达成所有成员必须履行规范技术性贸易壁垒使用的《技术性贸易壁垒协议》。

（五）绿色贸易壁垒措施

20世纪90年代以来,发达国家对进口产品的健康、环保标准不断提高,形成了以健康、环保为核心的绿色贸易壁垒。主要措施包括:

1. 绿色标准与检疫要求

进口国家对商品中有害物质含量制定更为严格的标准,如食品中农药残留量的规定、陶瓷产品的含铅量规定、食品与服装的重金属含量规定等。

在纺织品服装贸易中,欧美越来越重视环境技术标准的制定与实施,严格禁止任何威胁人类健康的产品入境。欧盟在1992年就开始禁止含有51种化学物质棉布织造的服装。欧美目前对纺织品进口依照环保要求共提出需要检测的7方面内容,包括:酸碱度、甲醛、重金属(砷、镉、钴等10种)、杀虫剂、五氯苯、偶氮染料、颜色牢固度。根据与皮肤接触程度、是否属于儿童服装确定不同的限值。

2003年欧盟发布《关于在电子设备中禁止使用某些有害物质令》,要求成员国从2006年

7月1日起,消除投放于市场的新电子和电气设备中铅、汞、多溴联苯等6种有害物质。

2. 绿色环境标志要求

产品是否拥有"绿色环境标志"成为能否进口的标准。绿色环境标志表明该产品不但质量符合标准,而且在生产、使用、消费、处理过程中符合环保要求,对生态环境和人类健康均无损害。

德国于1978年率先提出"蓝天天使"计划,推出"生态环境标准"标志,欧盟于1993年推出欧洲环境标志,有此标志的商品才可以在欧盟成员国自由通行。

3. 绿色包装、标签要求

绿色包装指节约资源、减少废弃物的产生,可回收再使用或可再生,易于自然分解,不污染环境的包装。如英国在2000年实行包装废气物50%~75%重新使用标准。日本强制推行《回收条例》《废弃物清除条件修正案》。丹麦以保护环境的名义,要求所有进口的啤酒、矿泉水、软性饮料一律使用可再生的容器,否则不许进口。

美国《食品标签法》规定,美国所有包装食品,包括全部的进口食品都必须强制性使用新标签,食品中的添加剂,如防腐剂、合成色素等必须在配料标示中依照标准的专用名称如实标注。

4. 绿色补贴

一些国家政府在企业无力投资新环保技术、环保设备和开发清洁技术产品时可能会提供补贴。发达国家要求将环境和资源成本内在化,也就是执行"污染者付费"原则,因此进口国家往往以环境补贴为由对接受补贴的进口商品提出反补贴起诉。

此外,一些国家还通过订立社会标准,并使其与贸易挂钩,有些情况下,这些标准也能够起到限制进口的作用。如劳工标准,发达国家劳工的工资和福利待遇普遍高于发展中国家,并且实行禁止使用童工、禁止强制劳动、法定休息日、最低工资等法律规定;但有些国家,特别是落后的发展中国家没有相关规定。发达国家往往以此为借口,限制低劳工标准条件下生产的产品的进口,如美国禁止中国劳改产品进口。

20世纪80年代以来,在双边、多边努力之下,传统的、居于主导地位的非关税措施如进口配额、进口许可证的使用大量减少,致使非关税领域呈现出新的发展趋势。主要表现为:

1. 反倾销、反补贴措施不断增强

反倾销、反补贴的最初目的在于抵制国际贸易中的不公平行为,消除价格歧视。然而一些国家却用来作为一种竞争的手段,从而使反倾销、反补贴措施带有浓重的贸易保护色彩。21世纪以来,反倾销、反补贴措施已经成为主要的非关税壁垒措施,而中国成为主要的反倾销、反补贴对象国。2017年,中国遭遇21个国家或地区发起的贸易救济调查75起,涉及金额110亿美元。

2. 技术性贸易壁垒(TBT)迅速发展

WTO有关技术性贸易壁垒协议并不否认TBT存在的合理性和必要性,它允许各国根据自身的特点制定与别国不同的技术标准,一些发达国家在技术法规、标准、质量认证等方面的规定致使其他国家,特别是发展中国家无法逾越,事实上已经成为其产品进入这些国家的障碍。随着科学技术的进步,一些 WTO 发达成员国运用 TBT 的水平也在逐渐提高,对进口产品的标准规定越来越细,要求也越来越高。例如,日本对中国大米的农药残留量,从原来的 65 项检测指标增加到 104 项;欧盟对中国茶叶的检测指标从原来的 72 项增加到 134 项。此外,过去 TBT 主要适用于有形产品的生产环节,现在已扩展到贸易环节,涉及金融、信息等服务以及投资、知识产权的多个领域。

3. 绿色贸易壁垒名目繁多

越来越多的国家以保护自然资源、保护环境和人类健康的名义,制定和实施一系列复杂苛刻的环保制度和标准,构成对别国或地区产品及服务进入的壁垒,并且限制的内容日益广泛,从绿色标准、绿色标志、绿色包装到绿色补贴多方面,如欧盟的"EU 制度"、日本的"生态标志制度"等。

4. 劳工标准的兴起

发达国家为削弱发展中国家劳动力和原材料成本优势,一直力图将劳工标准问题纳入多边贸易体系。据美国商会组织的调查,目前有 50% 以上的国际性大公司表示,如果 SA8000 标准实施,将重新与中国企业签订新的采购合同。由于发展中国家经济发展水平相对较低,劳工工资标准低,福利差,工作环境有待于改善,发达国家强调的关于国际贸易中的劳工标准将构成发展中国家对发达国家市场进入的新壁垒,将极大地影响发展中国家的贸易和增长。

## 本章小结

1. 本章主要讲述了各国的非关税措施的特点和种类。主要掌握进口配额、自动出口配额、进口许可证、外汇管制、海关估价制度等非关税措施。

2. 非关税措施对进口的限制更多是直接的,与关税措施比较起来,作用更直接、更明显,使用起来更隐蔽,有些时候更具有欺骗性。随着双边、多边体制层面贸易自由化的推进,在不同的范围内,如欧盟、世界贸易组织范围,越来越多的非关税措施的使用受到约束,在这种条件下,各种以国民健康、保护环境为名义的技术性贸易壁垒、绿色贸易壁垒措施得到迅速发展,并日益成为非关税措施的主体形式。

## 重要概念

非关税措施、进口配额制、自动出口配额制、进口许可证制、外汇管制、歧视性政府采购政策、进口押金制、进口最低限价、专断的海关估价制、技术性贸易措施

 同步测练与解析

一、选择题

1. 根据乌拉圭回合《海关估价协议》，海关在进行进口商品估价时，应依次采用如下估价方法（　　）。
   A. 进口商品的成交价格、相同商品的成交价格、类似商品的成交价格、计算价格法、倒扣法、合理办法
   B. 进口商品的成交价格、相同商品的成交价格、类似商品的成交价格、倒扣法、计算价格法、合理办法
   C. 进口商品的成交价格、相同商品的国内销售价格、类似商品的国内销售价格、倒扣法、计算价格法、合理办法
   D. 进口商品的成交价格、相同商品的国内销售价格、类似商品的国内销售价格、计算价格法、倒扣法、合理办法

2. 政府机构在采购货物时优先购买本国产品的政策，属于（　　）。
   A. 歧视性政府采购政策　　　　B. 进口押金制
   C. 进出口国家垄断　　　　　　D. 国内税

3. 规定期限内，对配额以内的商品征收最惠国税，超过配额征收普通税其至罚款，这种非关税措施叫作（　　）。
   A. 全球关税配额　　　　　　　B. 国别关税配额
   C. 优惠关税配额　　　　　　　D. 非优惠关税配额

4. 绝对配额和关税配额的区别主要体现在（　　）。
   A. 对进口数量的控制上　　　　B. 对关税的征收上
   C. 对进口商品价格的控制上　　D. 对附加税和罚款的处理上

5. 发达国家对公开一般许可证通常（　　）。
   A. 逐步审核签发　　　　　　　B. 均予签发
   C. 不予签发　　　　　　　　　D. 拖延签发

6. 进口许可证制就其职能而言（　　）。
   A. 只能限制进口商品的数量　　B. 只能限制进口商品的质量
   C. 可以限制进口商品的数量和质量　　D. 可以限制进口商品的数量和金额

7. 在规定的期限内，提交原产地证书，配额以内的货物可以进口，超过配额不准进口，这种非关税措施称为（　　）。
   A. 全球绝对配额　　　　　　　B. 国别绝对配额

C. 全球关税配额　　　　　　　　D. 国别关税配额

8. 通过出口国实施的限制进口的非关税壁垒措施是（　　）。

A. 进口配额制　　　　　　　　　B. 自动出口配额制

C. 进口许可证制　　　　　　　　D. 出口配额

9. 在"有秩序的销售安排"中，同一年度组与组、项与项之间可以相互使用额度的属于（　　）。

A. 个别限额　　B. 磋商限额　　C. 水平融通　　D. 垂直融通

10. 在实行国别配额的国家里，进口商必须提供（　　）。

A. 原产地证明　　B. 商品检验证明　　C. 出口许可证　　D. 进口许可证

11. 在实行优惠性关税配额的情况下，进口国对超过配额的商品（　　）。

A. 绝对不准许进口　　　　　　　B. 征收原来的普通关税

C. 征收最惠国税　　　　　　　　D. 征收特惠税

12. 发达国家实行进口数量限制的主要手段是（　　）。

A. 征收关税　　　　　　　　　　B. 进口配额制

C. 进口押金制　　　　　　　　　D. 最低限价制

13. 进口押金制是指进口商在商品进口时，不得不预先按进口金额的一定比例（　　）。

A. 在任意银行高息存入一笔现金才能够进口

B. 在指定银行低息存入一笔现金才能够进口

C. 在指定银行无息存入一笔现金才能够进口

D. 在任意银行无息存入一笔现金才能够进口

14. 进口最低限价要求，凡进口商品价格低于规定的最低价格时，进口国可以征收（　　）。

A. 反倾销税　　B. 反补贴税　　C. 差价税　　D. 进口附加税

二、思考题

1. 关税壁垒与非关税壁垒的主要区别是什么？
2. 技术性贸易壁垒指的是什么？它与绿色贸易保护壁垒是什么关系？
3. 外汇管制如何达到限制进口的目的？

【同步测练】参考答案与要点提示

一、选择题

1. B　2. A　3. D　4. A　5. B　6. D　7. B　8. B　9. C　10. A　11. C　12. B　13. C　14. D

二、思考题

1.（1）关税：间接限制进口（提高进口品的价格，影响进口）。

（2）非关税：直接限制进口。

2. 技术性贸易壁垒有狭义与广义之分，狭义的技术性贸易壁垒指 WTO《技术性贸易壁垒协议》所包含的技术法规、技术标准和合格评定程序。广义的技术性贸易壁垒除狭义技术性贸易壁垒包括的内容之外，还包括卫生与植物卫生检验检疫规定、商品包装和标签规定、绿色规定等。

绿色贸易壁垒为广义技术性贸易壁垒的构成部分。

3. 通过控制外汇支出，达到：

（1）限制进口国别。

（2）限制进口产品。

（3）限制进口数量。

# 第七章
## HAPTER SEVEN

# 贸易促进措施

### 本章学习要求
了解与掌握贸易促进措施的具体内容、运用方法、作用与影响。

### 重点与难点
贸易促进措施的种类及具体内容。

# 第一节 直接出口促进措施

## 一、出口信贷与出口信贷担保

### (一) 出口信贷

1. 出口信贷的概念

出口信贷(export credit)是一个国家为增强商品的竞争能力,扩大本国商品出口,通过给予利息补贴并提供信贷担保的方法,鼓励本国银行对本国出口厂商或国外进口厂商(或进口方银行)提供低息贷款。它是一国出口厂商利用本国银行的贷款扩大商品出口,特别是金额较大、期限较长的商品,如成套设备、船舶等出口的一种重要手段。

2. 出口信贷的种类

出口信贷一般按照贷款对象,分为卖方信贷和买方信贷。①

(1) 卖方信贷(supplier credit)

卖方信贷即出口方银行向本国出口厂商(即卖方)提供的低息优惠贷款。这种贷款协议由出口厂商与出口方银行之间签订。实际上,卖方信贷是出口厂商通过将其货物买卖合同中远期收汇的权益抵押给贷款银行,从银行获取资金融通的过程。

卖方信贷通常用于大型机械及成套设备、船舶等资本品的出口。由于这些商品出口涉及的资金量较大、时间较长,进口厂商一般都要求采用延期付款的办法。出口厂商为了加速资金周转,往往需要取得银行的贷款。出口厂商付给银行的利息、费用有的包括在货价内,有的在货价外另加,但最后都转嫁给进口厂商负担。因此,卖方信贷是银行直接资助本国出口厂商向外国进口厂商提供延期付款,以促进商品出口的一种方式。

在采用卖方信贷的条件下,通常在签订买卖合同后,进口厂商先支付货款10%~15%的定金,作为履约的一种保证金,在分批交货、验收和保证期满时,再支付10%~15%的现汇货款,其余的货款在全部交货后若干年内分期摊还,并付给延期付款期间的利息。出口厂商把所得的款项与利息按贷款协议的规定偿还给本国的贷款银行。所以,卖方信贷实际上是出口厂商从贷款银行取得贷款后,再向进口厂商提供延期付款。银行与出口厂商之间属于银行信用,出口厂商与进口厂商之间是一种商业信用。

具体步骤:

① 在正式签署货物买卖合同前,出口厂商必须与贷款银行取得联系,获得银行发放出

---

① 目前,出口信贷在原有卖方信贷和买方信贷的基础上又出现一些新形式,如混合信用贷款、福费廷(Forfeiting)、信用安排限额等。

口信贷的认可。一般情况下,银行在受理和审核项目后,对出口厂商下达具体要求,包括:买卖合同必须规定,进口厂商现金支付比例达到合同金额的10%~20%;分期付款是每半年等额贷款本金和利息偿还一次,以与贷款偿还一致;出口厂商向保险机构投保出口收汇险,将保险费打入货价,并将保险单收益权转让给出口方银行;进口厂商延期付款担保机构的资格由贷款银行确认。

② 出口商与进口商签署货物买卖合同,同意以延期付款的方式向进口商出售商品。一般情况下,合同要求进口商在合同生效后以即期付款的方式支付货款金额10%~20%的定金,作为履约的一种保证金,在分批交货、验收和保证期满时,再支付10%~15%的现汇货款,其余的货款在全部交货后若干年内分期摊还,一般为每半年偿付一次,并支延期付款期间的利息。

③ 出口商在与进口商签署货物买卖合同的同时,向保险公司投保出口收汇险,并将保险项下的权益转让给贷款银行,出口商与贷款银行正式签署贷款协议,在协议中,出口商同意将货物买卖合同下的远期收汇权益抵押给贷款银行。

④ 在出口商按期收到进口方银行开具的信用证与保函,并收到定金后,出口商开始组织生产,并向贷款银行提款。提款基本有两种形式,一是在出口商发货交单时,出口商按货款比例向贷款银行提款,这是比较规范的做法。因为只有出口商按期交货,才能得到进口方银行开出的本票或汇票,贷款银行根据上述债权凭证才发放贷款。二是出口商在取得定金后,根据生产中的资金缺口向贷款银行提款。这种形式对贷款银行风险较大,如果出口商不能按期交货,出口商转让给银行的远期收汇险保单和抵押的远期收汇凭证就失去意义。因此,在这种情况下,贷款银行要求出口商提供出口商品按期交货履约保证。

⑤ 进口商在规定的期限内分期偿还剩余货款,并支付延期付款的利息。出口商将收到的货款依照贷款协议偿还银行。

(2) 买方信贷(buyer credit)

买方信贷即出口方银行直接向外国的进口厂商(即买方)或进口方的银行提供的贷款。其附带条件就是提供的贷款必须用于购买债权国的商品,因而起到促进商品出口的作用,买方信贷也被称为约束性贷款(tied loan)。

在采用买方信贷的条件下,当出口方贷款银行直接贷款给外国进口商时,进口厂商先用自己的资金,以即期付款方式向出口厂商交纳买卖合同金额15%~20%的定金,其余货款以即期付款的方式将银行提供的贷款付给出口厂商,然后按贷款协议所规定的条件,向贷款银行还本付息;当出口方贷款银行贷款给进口方银行时,进口方银行也以即期付款的方式代理进口厂商支付应付的货款,并按贷款协议规定的条件向贷款银行归还贷款和利息等。至于进口厂商与本国银行的债权债务关系,则按双方商定的办法在国内结算清偿。买方信贷不仅使出口厂商可以较快地得到货款和减少风险,而且使进口厂商对货价以外的费用比较清楚,便于它们与出口厂商进行讨价还价。因此,这种方式较为流行。

在买方信贷中,如果贷款对象是进口方银行,涉及的合同关系就比较复杂,主要包括进出口商之间的货物买卖合同、出口方银行与进口方银行之间的贷款协议、出口方银行与出口信贷担保机构之间的担保协议、进口方银行与进口商之间的转贷协议、出口方银行与出口商之间的出口信贷担保保费支付协议等。保费协议是出口买方信贷担保的前提,出口信贷担保协议是出口信贷的前提。出口信贷的买方信贷基本流程为:

① 出口商提出买方信贷意向申请,在银行审核项目材料,出具贷款意向书,并对商务合同具体付款条件提出要求后,进出口方才进入货物合同签署阶段。

② 进出口商签署现汇货物买卖合同,并明确进口商将使用出口方银行提供的买方信贷支付货款。合同签署后,进口商先支付货款 15%~20% 的定金。

③ 由进口商或进口方银行与出口方银行签署贷款协议。

④ 进口商根据出口商交货情况分批利用出口方银行贷款或进口方银行转贷的资金支付 80%~85% 的货款。

⑤ 进口商根据与进口方银行、出口方银行的贷款协议支付本金和利息。

⑥ 在买方信贷,贷款对象为进口方银行的情形下,进口方银行根据贷款协议向出口方银行支付的本金和利息。进口方银行与进口商之间债权债务关系根据协议在国内进行结算。

3. 出口信贷的主要特点

(1) 信贷发放以货物出口为基础

出口信贷支持的一般都是金额较大、需要资金融通期限较长的商品出口,如成套设备、船舶等。出口国银行向进口方提供的贷款必须全部或大部分用于购买提供贷款国家的商品。

(2) 贷款利率较低

出口信贷利率一般低于资本市场相同条件的市场利率,利差由政府提供补贴给予补偿,无论贷款机构是政府设立的专门机构,还是普通的商业银行。

(3) 出口信贷占比例

出口信贷的贷款金额,通常只占买卖合同金额的 85% 左右,其余 10%~15% 由进口厂商先行支付。

(4) 出口信贷发放与出口信贷保险相结合

由于出口信贷期限较长、金额大,涉及不同国家的当事人,因此,出口信贷的风险对贷款银行而言远远大于单纯对国内机构施放的贷款。而对于出口信贷,私人保险公司一般不愿意提供保险。在这种情况下,政府为促进出口,设立专门的出口信贷担保机构来承担出口信贷风险。例如,美国的进出口银行、日本的输出入银行、法国的对外贸易银行、中国的进出口银行等,除对成套设备、大型交通工具等商品的出口提供国家出口信贷外,还向本国私人商业银行提供低利率贷款或给予贷款补贴,以资助它们的出口信贷业务。

(5) 出口信贷是政府促进出口的手段

一般而言,获取出口信贷支持的出口商品都是资本品,其所在产业对国内经济增长、就业都有着较大的影响力,对其他产业也具有较强的连锁效应。因此所有的发达国家和越来越多的发展中国家都设立专门的机构,办理出口信贷和出口保险业务,并对商业金融机构发放出口信贷实施鼓励政策。如英国曾规定,商业银行发放出口信贷超过其存款18%时,超过部分则由出口信贷保险机构提供支持。

## (二) 出口信贷国家担保制

出口信贷国家担保制(export credit guarantee system)是指国家为了扩大出口,对于本国出口厂商或银行向外国进口厂商或银行提供的信贷,由国家设立的专门机构出面担保。当外国债务人拒绝付款时,这个国家机构即按照承保的数额给予补偿,专门机构承担的政策性保险不以营利为目的。

出口信贷国家担保制主要内容如下:

1. 担保的项目与金额

通常商业保险公司不承保的出口风险的项目,都可向担保机构进行投保。风险一般分为两类:

(1) 政治风险

进口国发生政变、革命、暴乱、战争以及政府实行禁运、冻结资金或限制对外支付等政治原因致使货物无法入境、货款(或贷款本金和利息)无法收回或正常收回、货币无法兑换等所造成的损失,可给予补偿。这种风险的承保金额一般为合同金额的85%~95%。

(2) 经济风险

进口厂商或进口方银行因破产倒闭无力偿付、货币贬值或通货膨胀等经济原因致使合同无法履行、货款(或贷款本金和利息)无法回收或正常回收、出口收入减少等所造成的损失,可给予补偿。担保金额一般为合同金额的70%~80%。

为了扩大出口,有时对于某些出口项目的承保金额达到100%。

2. 担保对象

担保对象主要分为以下两种:

(1) 对出口厂商的担保

出口厂商输出商品时提供的短期商业信用或中长期商业信用可向国家担保机构申请担保。有些国家的担保机构本身不向出口厂商提供出口信贷,但它可以为出口厂商从其他商业金融机构取得出口信贷提供有利条件。例如有的国家采用保险金额抵押的方式,允许出口厂商将所获得的承保权利,以"授权书"的方式转移给贷款银行而取得出口信贷。这种方式使银行提供的贷款得到安全保障,一旦债务人不能按期还本付息,银行即可从担保机构得到补偿。

(2) 对银行的直接担保

通常银行所提供的出口信贷均可申请担保,这种担保是担保机构直接对贷款银行承担的一种责任。有些国家为了鼓励出口信贷业务的开展和提供贷款安全保障,往往给银行更为优厚的待遇。例如英国出口信贷担保署(Export Credit Guarantee Department)对商业银行向出口厂商提供的某些信贷,一旦出现过期未能清偿付款时,该署可给予100%偿付,而不问未清付的原因。但保留对出口厂商要求偿付的追索权。如果出口厂商不付款的原因超出了它所承保的风险范围,该署可要求出口厂商偿还。这种办法有利于银行扩大出口信贷业务,客观上促进了一国商品输出。

3. 担保期限与费用

根据出口信贷期限,担保期限通常可分为短期与中长期。短期信贷担保为6个月左右,承保范围往往包括出口厂商、贷款银行所有的与商品出口直接相关的短期信贷交易。为了简化手段,有的国家对短期信贷采用综合担保(comprehensive guarantee)的方式。出口厂商或供款银行只要一年办理一次投保,就可承保在这期间的一切短期信贷交易。一旦债务人拒付,即可得到补偿。至于中长期信贷担保,由于金额大,时间长,因而采用逐笔审批的特殊担保(specific guarantee)方式。中长期担保时间通常为 2~15 年。承保时间可从出口合同成立日起到最后一笔款项付清为止,也可以从货物装运出口直到最后一次付款为止。

这些担保机构的主要目的在于担保出口厂商与供款银行在海外的风险,以扩大商品出口,因此所收的费用一般不高,以减轻出口厂商和银行的负担。通常保险费率根据出口担保的项目、金额大小、期限长短和输往的国别或地区而有所不同。此外,各国保险费率也不一样,英国一般为 0.25%~0.75%,原联邦德国为 1%~1.5%。

许多发达国家设立专门机构从事出口信贷担保业务,例如英国的出口信贷担保署、法国的对外贸易保险公司、原联邦德国的信贷保险公司。

出口信贷国家担保制旨在消除和减轻出口厂商、贷款银行在商业信用、银行信用提供过程中可能面临的各种风险,增强出口商品在国际市场上的竞争能力。"二战"后,发达国家基本形成了完善的出口信贷保险制度。目前,世界上有 50 多家出口信贷保险机构,其中包括一些发展中国家的机构,如中国进出口银行。出口信贷机构承保的出口额已经占到世界总出口额的约 15%。[①]

## 二、出口补贴

出口补贴(export subsidies)又称出口津贴,是一国政府为了降低出口商品的价格,加强其在国外市场上的竞争能力,在出口某种商品时给予出口厂商的现金补贴或财政上的优惠待遇。

---

① 商业保险公司承保的部分不包括在内。

## (一) 出口补贴的方式

出口补贴的方式有两种:

### 1. 直接补贴

直接补贴(direct subsidies)包括价格补贴和收入补贴两种形式。

价格补贴是政府或专门设立的机构根据出口商出口商品的数量或价值直接给予的现金补贴,如每出口一数量单位或单位价值的商品,政府补贴多少现金的做法,历史上韩国曾经使用过这一办法促进出口。价格补贴也可以采取补贴差价的方式。一些国家出口产品的国内价格高于国际市场价格的情况下,按国际市场价格出口就会出现亏损或少营利,其政府就会根据国际市场价格与本国出口产品价格的差价给予补贴,通过补贴使得本国产品获得与其他国家相同产品同样的价格竞争能力,并且能够保证正常的营利。欧盟农产品出口补贴就是采取补贴差价的方式。差价补贴的幅度和时间的长短,往往随着国内市场与国际市场之间差价的变化而变化。有时为了鼓励某种商品出口,补贴金额甚至大大超过实际差价。根据掌握的资料,差价补贴主要针对农产品出口,特别是欧美。

收入补贴主要指政府或专门设立的机构对出口亏损企业进行补贴或补偿。这种做法非常少见,中国经济改革前,政府对外贸企业发生亏损全部承担。

### 2. 间接补贴

间接补贴(indirect subsidies)是指政府对某些出口商品给予财政上的优惠,以降低出口商品的成本,提高出口商品的价格竞争力。如政府对出口厂商直接提供优惠利率的贷款,或对其获得的其他商业机构贷款给予利率补贴;政府退还或减免出口商品生产过程中进口原料、设备等已经缴纳的进口关税,退还与国内销售同类产品所缴纳的各种国内税;政府直接向出口厂商提供低价的公共设施服务,如低价的水、电等供应;政府免费为出口商品的企业作推销宣传(如通过海外商务处)、免费提供海外市场信息、免费提供咨询服务等。

## (二) 禁止使用出口补贴的情况

长期以来,各国对出口补贴问题争论不休。为此,乌拉圭回合谈判中达成的《补贴与反补贴协议》将补贴分为禁止使用补贴、可申诉的补贴和不可申诉补贴三类,并规定除农产品外任何出口产品的下列补贴,均属于禁止使用的出口补贴。

(1) 政府根据出口实绩对某一公司或生产企业提供直接补贴;

(2) 外汇留成制度或任何包含有奖励出口的类似做法;

(3) 政府对出口货物的国内运输和运费提供了比国内货物更为优惠的条件;

(4) 政府为出口产品生产所需的产品和劳务提供优惠的条件;

(5) 政府为出口企业的产品,全部或部分免除、退还或延迟缴纳直接税或社会福利税;

(6) 政府对出口产品或出口经营,在征收直接税的基础上,对出口企业给予的特别减让

超过对国内消费的产品所给予的减让;

(7) 对出口产品生产和销售的间接税的免除和退还,超过用于国内消费的同类产品的生产和销售的间接税;

(8) 对于被结合到出口产品上的货物的先期积累间接税给予免除、退还或延迟支付,仍属于出口补贴之列;

(9) 超额退还已结合到出口产品上的进口产品的进口税;

(10) 政府或由政府控制的机构所提供的出口信贷担保或保险的费率水平极低,导致该机构不能弥补其长期经营费用或造成亏本;

(11) 各国政府或政府控制的机构以低于国际资本市场利率提供出口信贷,或政府代为支付信贷费用;

(12) 为公共利益的目的而开支的项目,构成了总协定第 16 条意义上的出口补贴。

在世界贸易组织框架下,出口补贴是被严格限制的,但农产品例外。欧盟是世界上最大的实施出口补贴的国家集团,1993—1995 年,欧盟的农业补贴占总的农业产出的比例高达49%。日本分别为 72%、74%、77%。[①] 1995—1998 年,欧盟年均出口补贴达到 60 亿美元,占全球总出口补贴的 90%,瑞士约占 5%,美国占 2% 左右,欧盟、瑞士、美国、挪威的出口补贴占全球的 97%。从数量上看,出口补贴最多的是粮食;从价值上看,是牛肉和奶产品。[②] 虽然乌拉圭回合签署的《农业协议》(Agreement on Agriculture)也将减少农产品补贴作为奋斗目标(在实施期结束时出口补贴的预算支出比 1986—1990 年基期减少 36%,享有出口补贴的出口数量减少 21%),但执行过程中,成员国补贴价值往往超过承诺水平,从而使得取消补贴成为一个更加漫长的过程。经过多年努力,欧盟在 2013 年 7 月将包括农产品在内的所有出口补贴率降为零,但保留采取紧急措施的权力以应对市场上可能发生的潜在问题。

### 三、商品倾销

商品倾销(dumping)是指一些国家的出口企业以低于国内市场的价格,甚至低于商品生产成本的价格,在国外市场抛售商品,打击竞争者以占领市场。商品倾销通常由私人企业进行,但是随着国家对经济生活介入的程度不断加深,一些国家也设立专门机构直接对外进行商品倾销。例如美国政府设立的农产品信贷公司,实施价格支持政策,以高价在国内收购过剩的农产品,而按照比国内价格低一半的价格在国外倾销农产品。[③]

商品倾销按照倾销的具体目的和时间长短的不同,可分为以下几种形式。

1. 偶然性倾销

偶然性倾销(sporadic dumping)通常是因为销售旺季已过,或因公司改营其他业务,在

---

[①] 出口补贴基本针对农产品出口,因而出口补贴构成各国农业补贴的一部分。

[②] 海闻,P. 林德特,王新奎. 国际贸易. 上海:上海人民出版社,2003:308-309.

[③] 有时采取提供农产品商品信贷的方式倾销产品。

国内市场上不能售出的剩余货物,而以倾销方式在国外市场抛售。这种倾销对进口国的同类商品的生产当然会造成不利的影响,但由于时间短暂,进口国家通常较少采用反倾销措施。

2. 间歇性或掠夺性倾销

间歇性或掠夺性倾销(intermittent or predatory dumping)的方法,是以低于国内价格甚至低于成本的价格,在某一国外市场上销售商品,在打垮或摧毁所有或大部分竞争对手,垄断市场之后,再提高价格。这种倾销的目的是占领、垄断和掠夺国外市场,获取高额利润。具体来说,有的是为了击垮竞争对手,以扩大和垄断产品的销路;有的是为阻碍当地同类产品或类似产品的生产和发展,以继续在当地市场维持其垄断地位;有的是为了在国外建立和垄断新产品和销售市场等。这种倾销严重地损害了进口国家的利益,因而许多国家都采取征收反倾销税等措施进行抵制。

3. 长期性倾销

长期性倾销(long-run dumping)是企业长期以低于国内市场的价格,在国外市场出售商品。这种倾销具有长期性,其出口价格至少应高于边际成本,否则商品出口将长期亏损。因此,倾销者往往采用"规模经济",扩大生产以降低成本。有的出口厂商还可通过获取本国政府的出口补贴来进行这种倾销。

倾销商品可能会使企业利润暂时减少甚至亏本,它们一般采用以下办法取得补偿。

(1) 在贸易壁垒的保护下,用维护国内市场上的垄断高价或压低工人的工资等办法,获取高额利润,以补偿出口亏损;

(2) 国家提供出口补贴以补偿出口企业倾销时的亏损;

(3) 出口企业在国外市场进行倾销,打垮国外竞争者、占领国外市场后,再抬高价格,攫取高额利润,弥补已发生的损失。

## 四、外汇倾销

### (一) 外汇倾销的含义

外汇倾销(exchange dumping)是出口企业利用本国货币对外贬值的机会,争夺国外市场的特殊手段。当一国货币贬值后,出口商品以外国货币表示的价格降低,提高了该商品的价格竞争能力,从而实现扩大出口。

### (二) 外汇倾销的条件

外汇倾销不能无限制和无条件地进行,只有具备以下两个条件才能起到扩大出口的作用。

1. 货币贬值的程度大于国内物价上涨的程度

货币贬值必然引起一国国内物价上涨的趋势。当国内物价上涨程度赶上或超过货币贬值的程度,对外贬值与对内贬值差距也随之消失。外汇倾销的条件也不存在了。但是,国内价格与出口价格的上涨总要有一个过程,并不是本国货币一贬值,国内物价立即相应上涨。在一定时期内它总是落后于货币对外贬值的程度,因此出口企业就可以获得外汇倾销的利益。

2. 其他国家不实行同等程度的货币贬值和采取其他报复性措施

如果其他国家也实行同幅度的贬值,那么两国货币贬值幅度就相互抵销,汇价仍处于贬值前的水平,而得不到货币对外贬值的利益。如果外国采取提高关税等其他限制进口的报复性措施,也会起到抵销出口国货币贬值的作用。

### 五、促进出口的行政组织措施

为了扩大出口,许多国家在行政组织方面采取了各种措施。

（一）设立专门机构或组织向政府提供政策咨询,向出口企业提供信息、情报方面的服务

美国 1960 年成立扩大出口全国委员会,该机构的任务是向美国总统和商务部长提供关于改进出口促进措施各类建议和相关数据信息。1978 年,美国成立出口委员会、出口扩张委员会,隶属于美国总统国际政策委员会。为加强对贸易的管理,特别是加强出口促进,1979 年,美国成立总统贸易委员会,具体负责美国的对外贸易事务。随后又建立中小企业国际贸易促进办公室（SEA）、进出口银行、海外私人投资公司（OPIC）等一系列机构,促进本国对外贸易的发展。

英国相应机构为海外贸易委员会,它通过与英国驻外机构,特别海外商务机构保持密切联系,为本国商品出口企业提供商业信息,如特定国家或地区市场某些商品的供求状况、价格状况、潜在需求,甚至为出口企业达成交易做免费中介。委员会还为与出口有关的活动,如商品展出、谈判等提供经费帮助。

（二）组织贸易中心和贸易展览会

政府出资建设贸易中心,设立常年商品展示场所,或通过政府提供补贴组织、帮助出口企业到国外举办贸易展览或展销会。

（三）组织贸易代表团出访和接待来访

一些发达国家政府领导人出访会伴有庞大的工商代表团,或以政府的名义组织专门的贸易代表团出访,出访费用的大部分由政府提供补贴。同时,政府还指定部门或机构,或者建立新的机构负责贸易代表团的出访及国外贸易代表团的接待工作事宜,提供贸易商之间的接触机会,帮助疏通信息,以最终达成交易。

2004年，中法文化年，法国总统带队的贸易代表团在访华期间签署了价值40亿欧元的合同。

### （四）组织出口商的评奖活动

这种做法属于精神鼓励。美国、日本、法国等对出口业绩卓著的企业授予各种奖章、证书，奖励它们对本国经济，特别是国际收支平衡做出的贡献。

## 第二节 经济特区措施

许多国家或地区为促进经济和对外贸易的发展，采取建立经济特区的措施。经济特区是一个国家或地区在其关境以外划出的一定范围内，建筑或扩建码头、仓库、厂房等基础设施，实行免除关税、放松海关与外汇管制等优惠待遇，吸引外国企业从事贸易与出口加工工业等业务活动的区域。经济特区的目的是促进对外贸易发展，鼓励转口贸易和出口加工贸易，繁荣本地区和邻近地区的经济，增加财政收入和外汇收入。

各国或地区设置的经济特区名目繁多，规模不一，主要有以下几种形式。

### 一、自由港或自由贸易区

自由港(free port)，也称为自由口岸。自由贸易区(free trade zone)，也称为对外贸易区、自由区、工商业自由贸易区等。无论自由港或自由贸易区都是划在关境以外，对进出口商品全部或大部分免征关税，并且准许在港内或区内开展商品自由储存、展览、拆散、改装、重新包装、整理、加工和制造等业务活动，以促进本地区的经济和对外贸易的发展，增加财政收入和外汇收入。

一般来说，自由港或自由贸易区可以分为两种类型：一种是把港口或设区的所在城市都划为自由港或自由贸易区，如中国香港整个地区都属于自由港。在香港，除了个别商品外，绝大多数商品可以自由进出，免征关税，甚至允许任何外国商人在那里兴办工厂或企业。另一种是把港口或设区的所在城市的一部分划为自由港或自由贸易区。例如，汉堡自由贸易区是由汉堡市位于港区的两部分组成，汉堡自由贸易区位于港区的中心，占地5.6平方英里。因此，外国商品只有运入这个区内才能享有免税等优惠待遇，不受海关监督。

国际上，自由港或自由贸易区没有关税和其他贸易限制，奉行贸易、投资自由化原则，要素流动自由，资金融通便利，政府办事高效率、高透明度，基础设施完备，有发达的通信、运输设施和条件，海、陆、空运输发达，并与世界主要航线相通，物流体系完善。

许多国家对自由港或自由贸易区的规定，归纳起来，主要有以下几个方面。

### (一) 关税方面的规定

对于允许自由进出自由港或自由贸易区的外国商品,不必办理报关手续,免征关税。少数已征收进口税的商品如烟、酒等再出口,可退还进口税。但是,如果港内或区内的外国商品转运入所在国的国内市场上销售,必须办理报关手续,缴纳进口税。这些报关的商品,既可以是原来进口商品的全部,也可以是一部分;既可以是原样,也可以是改样;既可以是未加工的,也可以是加工产品。有些国家对在港内或区内进行加工的外国商品往往有特殊的征税规定。例如,美国规定,用美国的零配件和外国的原材料组装加工的产品,进入美国市场时,只对该产品所包含的外国原材料的数量或金额征收进口关税。同时,对于该产品在港内或区内的增值部分也可免征进口关税。又如奥地利规定,外国商品在其自由贸易区内进行装配或加工后,商品增值1/3以上者,即可取得奥地利原产地证明书,可免税进入奥地利市场;增值1/2以上者,即可取得欧洲自由贸易联盟原产地证明书,可免税进入奥地利市场和其他欧洲自由贸易联盟成员国市场。

### (二) 业务活动的规定

对于允许进入自由港或自由贸易区的外国商品,可以储存、展览、拆散、分类、分级、修理、改装、重新包装、重新贴标签、清洗、整理、加工和制造、销毁、与外国的原材料或所在国的原材料混合,再出口或向所在国国内市场出售。

由于各国情况不同,有些规定也有所不同。例如在加工和制造方面,瑞士规定储存在区内的外国商品不得进行加工和制造,如要从事这项业务,必须取得设立在伯尔尼的瑞士联邦海关厅的特别许可,方可进行。但是,第二次世界大战后,许多国家为了促进经济与对外贸易的发展,都在放宽或废除这类规定。

### (三) 禁止和特别限制的规定

许多国家通常对武器、弹药、爆炸品、毒品和其他危险器以及国家专卖品如烟草、酒、盐等禁止输入或凭特种进口许可证才能输入;有些国家对少数消费品的进口要征收高关税;有些国家对某些生产资料在港内或区内使用也缴纳关税,例如意大利规定在的里雅斯特自由贸易区内使用的外国建筑器材、生产资料等也包括在应征关税的商品之内。此外,有些国家如西班牙等,还禁止在区内零售。

世界上自由港、自由贸易区很多,中国拥有世界上最大的自由港——香港。1841年,中国香港开始成为自由港,这与其资源条件和地理位置有着紧密的关系,生活、生产资料几乎全部依靠进口,甚至水资源。香港自由开放的政策吸引着大量的外国资本的进入,促进了香港作为贸易转口、物流、金融中心地位的建立。根据中国香港特区政府统计处统计,2015年香港货物进出口额10 700.3亿美元,香港总出口5 106亿美元,港产品出口130.8亿美元,转口为 4 975.2 亿美元,转口贸易成为香港最重要的贸易方式。

## 二、保税区

有些国家如日本、荷兰等,没有设立自由港或自由贸易区,而是实行保税区制度。保税区(bonded area)又称保税仓库区,是海关所设置的或经海关批准注册的,受海关监督的特定地区和仓库,外国商品存入保税区内,可以暂时不缴纳进口税;如再出口,不缴纳出口税;如要运进所在国的国内市场,则需办理报关手续,缴纳进口税。运入区内的外国商品可进行储存、改装、分类、混合、展览、加工和制造等。此外,有的保税区还允许在区内经营金融、保险、房地产、展销和旅游业务。因此,许多国家对保税区的规定与自由港、自由贸易区的规定基本相同,起到了类似自由港或自由贸易区的作用。

一般地,在保税区的仓库,有的是公营的,有的是私营的;有的货物储存的期限为 1 个月到半年,有的期限可达 3 年;有的允许进行加工和制造,有的不允许加工制造。现利用日本保税区的情况加以说明。

日本规定外国货物运入或运出各种保税区,可暂时免征关税,但应预先向日本海关呈交申报单,取得海关人员的监督,如以后运入日本国内市场时再行纳税。保税区的外国货物如作为样品暂时运出,须经海关批准;保税区的外国货物废弃时,应预先向海关申报;保税区的外国货物丢失时,除经海关特别批准者外,均应缴纳关税。按照保区的职能的不同,日本保税区可分为以下五种形式。

### (一) 指定保税区

指定保税区(designated bonded area)是为了在港口或国际机场简便、迅速地办理报关手续,为外国货物提供装卸、搬运或暂时储存的场所。指定保税区是经大藏大臣的指定而设置的。在这个区内的土地、仓库与其他设施都属于国家所有,并由国家所设立的机构进行管理。因此,指定保税区是公营的。指定保税区的主要目的在于使外国货物简便和迅速地办理报关手续。因此,在该区内储存的商品的期限较短、限制较严,运入的货物不得超过 1 个月。

### (二) 保税货棚

保税货棚(bonded shed)是指经海关批准,由私营企业设置的用于装卸、搬运或暂时储存进口货物的场所。可见,保税货棚的职能与上述的指定保税区相同,它是补充指定保税区的不足,作为便利外国货物办理报关的场所。两者的区别在于,指定保税区是公营的,而保税货棚是私营的。由于保税货棚是经海关批准的,因此必须缴纳规定的批准手续费,储存的外国货物如有丢失须缴纳进口关税。

### （三）保税仓库

保税仓库（bonded warehouse）是经海关批准，外国货物可以不办理进口手续和连续长时期储存的场所。

指定保税区和保税货棚，都是为了货物报关的方便和短期储存而设置的。而保税仓库却是为了使货物能在较长时间内储存和暂时不缴纳关税而建立的。如进口货物再出口则不必缴纳关税，这就便于货主把握交易时机出售货物，有利于业务的顺利进行和转口贸易的发展。

在保税仓库内储存货物的期限为2年，如有特殊需要还可以延长。

### （四）保税工厂

保税工厂（bonded factory）是经海关批准，可以对外国货物进行加工、制造、分类以及检修等保税业务活动的场所。保税工厂和保税仓库都可储存货物，但储存在保税工厂中的货物可作为原材料进行加工和制造。因此，许多厂商广泛地利用保税工厂，对外国材料进行加工和制造，以适应市场的需要，同时减少关税的负担。

外国货物储存在保税工厂的期限为两年，如有特殊需要可以延长。如有一部分外国货物需要在保税工厂以外进行加工制造，必须事先取得海关的批准和在不妨碍海关监督的情况下进行，提交保税工厂以外进行加工和制造的货物，由保税工厂负责。

### （五）保税陈列场

保税陈列场（bonded exhibition）是经海关批准在一定期限内用于陈列、展示外国货物的保税场所。这种保税场所通常设在本国政府或外国政府、本国企业组织或外国企业组织等直接举办或资助举办的博览会、展览会和样品陈列所中。

我国提出保税区的设想是1984年，进入20世纪90年代，我国沿海地区逐步建立起保税区。1990年我国决定开发上海浦东时，确定在上海外高桥设立保税区。1992年又批准在大连、海南省的洋浦等地设立保税区。之后，青岛、张家港、宁波、福州、广州、深圳等地的保税区陆续建立。

## 三、出口加工区

出口加工区（export processing zone）是一个国家或地区在其港口或邻近港口、国际机场的地方，划出一定的范围，新建和扩建码头、车站、道路、仓库和厂房等基础设施以及提供免税等优惠待遇，鼓励外国企业在区内投资设厂，生产以出口为主的制成品的加工区域。

出口加工区是20世纪60年代后期和20世纪70年代初，在一些发展中国家或地区建立和发展起来的。其目的在于吸引外国投资，引进先进技术与设备，促进本地区的生产技术和经济的发展，扩大加工工业和加工出口的发展，增加外汇收入。

出口加工区脱胎于自由港或自由贸易区,采用了自由港或自由贸易区的一些做法,但它又与自由港或自由贸易区有所不同。一般说来,自由港或自由贸易区,以发展转口贸易、取得商业方面的收益为主,是面向商业的;而出口加工区,以发展出口加工工业、取得工业方面的收益为主,是面向工业的。

虽然出口加工区与自由港、自由贸易区有所不同,但是由于出口加工区是在自由港、自由贸易区的基础上发展起来的,因此,目前有些自由港或自由贸易以从事出口加工生产为主,但仍然沿用自由港或自由贸易区的名称。例如马来西亚开辟的一些以发展出口加工业为主的区域仍称为自由贸易区。

（一）出口加工区的类型

综合性出口加工区。即在区内可以经营多种出口加工工业。如菲律宾的巴丹出口加工区所经营的项目包括服装、鞋类、电子或电器产品、食品生产、光学仪器和塑料产品等。目前世界各地的出口加工区大部分是综合性出口加工区。

专业性出口加工区。在区内只准经营某种特定的出口加工产品。例如印度在孟买的圣克鲁斯飞机场附近建立的电子工业出口加工区,专门发展电子工业的生产和增加这类产品的出口。在区内经营电子工业生产的企业可享有免征关税和国内税等优惠待遇,但全部产品必须出口。

目前许多国家和地区都选择一个运输条件较好的地区作为设区地点,这是因为在出口加工区进行投资的外国企业所需的生产设备和原材料大部分依靠进口,所生产的产品全部或大部分输出到外国市场销售。因此,出口加工区应该设在进出口运输方便、运输费用最节省的地方,通常选择国际港口或在港口附近、国际机场附近设区最为理想。

（二）出口加工区的主要规定

为了发挥和提高出口加工区的经济效果,吸引外国企业投资设厂,许多国家或地区制定了具体的措施,主要包括以下几方面。

1. 对外国企业在区内投资设厂的优惠规定

（1）关税的优惠规定。对在区内投资设厂的企业,从国外进口生产设备、原料、燃料、零件、元件及半成品一律免征进口税。生产的产品出口时一律免征出口税。

（2）国内税的优惠规定。出口加工区为外国投资的企业提供减免所得税、营业税、贷款利息税等优惠待遇。

（3）放宽外国企业投资比率的规定。出口加工区放宽对外国企业的投资比率限制。例如菲律宾规定,外资企业在区外的投资比率不得超过企业总资本的40%,但在区内的投资比率不受此项法律的限制,投资比率可达100%。

（4）放宽外汇管制的规定。在出口加工区,外国企业的资本、利润、股息可以全部、自由汇回本国。

（5）投资保证规定。许多国家或地区不仅保证各项有关出口加工区的政策、规定长期稳定不变，而且保证对外国投资不予没收或征用。如因国家利益或国防需要而征用时，政府将给予合理的赔偿。此外，对于报关手续、土地仓库和厂房等的租金、贷款利息、外籍职工及其家属的居留权等都给予优惠待遇。

2. 对外国投资者在区内设厂的限制规定

许多国家和地区虽然向外国投资者提供种种优惠待遇，但并不是任其自由投资，随意作为，而是既有鼓励又有限制，引导外国企业按照本国的经济和对外贸易发展的需要投资设厂。限制主要体现在以下几方面。

（1）对投资项目的规定。许多国家或地区往往限制投资项目。例如菲律宾对巴丹出口加工区可设立哪些产业，都作出规定，划出范围。它规定第一期轻工业部门，包括陶瓷或玻璃皿、化妆品、食品生产、电子或电器产品、光学仪器、成衣、鞋类、塑料和橡胶产品等轻型的、需要大批劳工的、供出口的产业部门。第二期重工业包括综合性纺织厂、汽车厂、机器厂以及其他确有外国市场，需用大批劳工，进口原料加工再出口的产业。

（2）对投资审批的规定。为了保证投资与加工出口的收益，要求外国投资者必须具备一定的条件。例如菲律宾在审批投资设厂的出口企业时掌握两项基本标准：一是在经营管理、出口推销和技术、财务管理方面具有一定的基础和经验；二是具有输出商品赚取外汇、吸收劳动力的能力，并能采用国内的原料。

（3）对产品销售市场的规定。许多国家或地区规定区内的产品必须全部或大部分出口，甚至对次品或废品也禁止或限制在当地国内市场出售。即使准许在本国市场上销售，其数量一般不超过总产量的10%。为了防止区内产品与区外的同类的本国产品在国外市场上竞争，往往采用禁止该产品在区内投资或者对出口市场加以限制的办法。例如斯里兰卡规定，不准区内生产的服装向西欧共同市场出口，以避免该产品在西欧共同市场上同本国同类产品的竞争。

（4）对招工和工资的规定。有些国家或地区对此作了统一规定，以解决就业、工资和劳资纠纷等问题。例如菲律宾规定区内工人的最低年龄为14岁以上，不同的工种按其技术的熟练程度规定工资标准，并随着生产和生活指数调整工资水平。

3. 对出口加工区的领导和管理办法的规定

有些国家或地区专门设立出口加工区管理委员会。在这个委员会领导下，设立专门的办事机构，负责办理区内的具体事务。

中国现有出口加工区60个，但功能都比较单一，主要服务于出口加工贸易，区内实施封闭管理，提供快捷的通关便利，基本实现"一次申报，一次审单，一次查验"的通关要求。

## 专栏7.1 中国出口加工区的有关规定

### 一、对出口加工区区内企业设置和业务经营范围的要求

（一）对区内企业设置的要求

出口加工区内可设置出口加工型企业、专为区内加工企业生产提供服务的仓储企业和经海关核准专门从事区内货物进、出的运输企业。

（二）对区内企业管理的要求

区内不得建立营业性的生活消费设施。除安全保卫人员和企业值班人员外，其他人员不得在区内居住。

（三）对区内企业经营范围的要求

出口加工区内企业可以开展与产品出口有关的生产、仓储和运输业务，不得经营商业零售、一般贸易、转口贸易及其他与出口加工无关的业务。

国家禁止进出口的货物、物品，不得进、出口加工区。

### 二、出口加工区实行的税收政策

（一）从境外进入出口加工区的货物，其进口关税和进口环节税，除法律、行政法规另有规定外，按照下列规定办理

（1）区内企业生产所需进境的机器、设备、模具及其维修用零配件，区内生产性的基础设施建设项目所需进境的机器、设备和建设生产厂房、仓储设施所需的基建物资，区内企业、行政管理机构进境自用的办公用品，均予以免税；

（2）区内企业为加工出口产品所需进境的原材料、零部件、元器件、包装物料及消耗性材料，予以全额保税；

（3）区内企业加工的制成品及其在加工生产过程中产生的边角料、余料、残次品、废品等销往境外时，除法律、行政法规另有规定外，免征出口关税；

（4）区内企业和行政管理机构从境外购买的自用交通运输工具、职工所需生活消费用品，予以照章征税。

（二）货物从境内进入出口加工区视同出口，除法律、行政法规另有规定外，出口退税政策按照以下规定办理

（1）从境内进入出口加工区，供区内企件使用的国产机器、设备、原材料、零部件、元器件、包装物料，以及加工企业和行政管理部门所需合理数量的办公用品和建筑材料等，按有关规定和程序办理出口退税手续；

（2）区内企业和行政管理机构从区外购买的职工所需生活消费品、交通运输工具，不予办理退税；

(3) 从境内进入出口加工区的已办理进口征税手续的机器、设备、原材料、零部件、元器件、包装物料、基建物资等，使用单位应当向海关提供上述货物或物品的清单，并办理出门报关手续，经海关查验后放行。上述货物或物品，已经缴纳的进口关税和进口环节增值税、消费税，不予退还；

(4) 因国内技术无法达到产品要求，必须将国家禁止出口或统一经营的商品运至出口加工区内进行某道工序加工的，应报经外经贸主管部门批准，海关比照出料加工的管理办法进行监管。其运入出口加工区的货物，海关不签发出口货物报关单退税联，税务部不予办理退税。

(三) 出口加工区生产的产品销往境内区外，按以下规定办理

出口加工区销往境内区外的货物，应由区外企业按进口货物的有关规定报经外经贸主管部门批准后，办理进口报关手续，海关一律按制成品征税。涉及许可证（件）管理的商品，应向海关出具有效的进口许可证（件）。

(四) 出口加工区的国内税收政策

国家对区内加工出口的产品和应税劳务免征增值税、消费税。其他国内税收（如所得税、地力税等），按国家现行有关税收政策规定办理。

### 三、海关对出口加工区的管理

根据设立出口加工区的指导原则，海关在区内实行新的加工贸易监管模式，简化有关手续，方便企业通关，实现出口加工区货物在主管海关"一次申报，一次审单，一次查验"的通关要求。为企业创造良好的经营环境，为出口加工区的健康发展提供优质服务。海关对出口加工区管理的具体措施有五项。

(1) 对出口加工区采取全封闭、卡口式管理，海关实行 24 小时工作制度，卡口分别设立货物和人员进/出通道；

(2) 对出口加工区采用计算机管理的模式；海关与区内企业实行计算机联网，进行电子数据的传输和办理通关手续；出口加工区主管海关与口岸海关实行计算机联网；

(3) 对区内企业开展的加工贸易业务，不实行加工贸易银行保证金台账制度，取消《登记手册》，改用电子账簿进行管理，海关对企业实行每半年一次的总量扣减核销制度；

(4) 对区内与境外之间进、出的货物，实行"备案制"管理；区内与区外之间进/出的货物，实行正常"报关制"管理；

(5) 出口加工区与口岸、出口加工区与出口加工区之间进/出的货物、物品，采取直通式或转关运输的监管模式，一律在出口加工区主管海关报关并在卡口查验、放行。实现报关、审单、查验"三个一次"的全新通关模式。

### 四、多种经营的经济特区

多种经营的经济特区也称综合性经营特区,是指一国在其港口或港口附近等地划出一定的范围,新建或扩建基础设施和提供减免税收等优惠待遇,吸引外国或境外企业在区内从事外贸、加工工业、农畜业、金融保险和旅游业等多种经营活动的区域。我国所设立的经济特区就属于这一类。从1979年以来,我国先后在深圳、珠海、汕头、厦门和海南省设立这种经济特区。这是我国贯彻与实行对外开放政策所采取的一系列重要措施的组成部分。

综合性经济特区的特点,以中国为例,主要表现在以下几个方面。

(1) 综合性多种经营的经济特区,包括工业、农业、商业、房地产、旅游、金融、保险和运输等行业。

(2) 经济特区的经济发展资金主要依靠利用外资,产品主要供出口。

(3) 对前来投资的外商,在税收和利润汇出等方面给予特殊的优惠和方便,改善投资环境,以便吸引较多外资,促进特区的经济与对外贸易的发展。

(4) 实行"外引内联",加强特区与非特区之间的协调与合作,共同促进市场经济与建设的发展。

---

**专栏 7.2　中国自由贸易试验区**

自由贸易试验区是在国境内关外设立的,以优惠税收和海关特殊监管政策为主要手段,以贸易自由化、便利化为主要目的的多功能经济性特区。

2013年以来,随着全球自由贸易区谈判涵盖议题不断拓宽,全球贸易投资自由化水平显著提高,同时,我国经济发展进入新常态,经济发展、金融改革、外贸转型升级等一系列问题面临新的机遇和挑战。为了更好地实现我国新一轮对外开放战略,我国开始在部分城市试点建立自由贸易试验区,先后在上海、天津、福建和广东建立自由贸易(试验区),并提供一系列优惠措施,以便进一步扩大开放,深化改革。

自由贸易试验区内的主要措施包括:

**一、促进对外贸易转型升级**

支持在自贸试验区试点设立加工贸易采购、分拨和结算中心,鼓励跨国公司开展离岸结算业务,促进加工贸易转型升级;支持区内企业开展航空维修等面向国内外市场的高技术含量、高附加值的检测维修业务。

支持自贸试验区发展跨境电子商务,促进自贸试验区内设立的外贸综合服务企业健康规范发展。

发展贸易便利化。在自贸试验区推进自动进口许可证、通关作业无纸化试点,推动国际贸易单一窗口的建设。

## 二、投资便利化

制定负面清单制度,负面清单以外的领域,内外资获得平等待遇。

简化外资注册手续,提高工作效率,提高事中和事后监管能力。支持自贸试验区所在地省级人民政府进一步简政放权,将省级商务部门外商投资、对外投资、融资租赁、典当、拍卖等管理权限委托给自贸试验区管理机构。

支持自贸试验区开展外商投资统计改革试点,实施外商投资统计直报。建立健全外商投资投诉受理机构,创新涉及政府行为的投资纠纷解决机制,不断提高外国投资者在华投资保护水平。

放宽服务业外资准入条件。例如,放宽自贸试验区内外商投资企业申请直销经营许可资质的条件,取消外国投资者需具备3年以上在中国境外从事直销活动经验的要求。

实行对外投资实现备案管理。一定投资金额以下的项目只需在自贸区备案办理,几个工作日就可以完成备案工作,加快了资本出海的速度。

## 三、金融改革

允许企业建立自由贸易区账户,允许企业境外本币融资、建立跨境人民币双向资金池,跨国公司总部外汇资金集中运营管理等业务。

支持自贸试验区开展商业保理试点,探索适合商业保理发展的外汇管理模式,积极发展国际保理业务。

允许外国投资者在自贸试验区投资设立典当企业。

支持自贸试验区内企业加大融资租赁业务创新力度,试点开展融资租赁管理改革,统一内外资融资租赁企业的管理模式。

## 四、完善市场竞争环境

支持自贸试验区开展汽车平行进口,建立多渠道、多元化汽车流通模式。

支持自贸试验区建设"走出去"综合信息服务平台,利用政府、商协会、企业、金融机构、中介组织等渠道,及时发布相关政策,提供市场需求、项目合作等信息资源,为区内企业"走出去"提供综合信息服务。

支持自贸试验区配合商务部开展经营者集中反垄断审查工作。

指导自贸试验区建立产业安全预警体系,以"四体联动"机制为基础,创建与之相适应的预警体系,在扩大开放的同时,保障我国产业安全。

### 五、自由边境区

自由边境区(free perimeter)过去也称为自由贸易区,这种设置仅见于拉丁美洲少数国家。一般设在本国的一个省或几个省的边境地区。对于在区内使用的生产设备、原材料和消费品可以免税或减税进口。如从区内转运到本国其他地区出售,则须照章纳税。外国货物可在区内进行储存、展览、混合、包装、加工和制造等业务活动,其目的在于利用外国投资开发边区的经济。

自由边境区与出口加工区的主要区别在于,自由边境区的进口商品加工后大多是在区内使用,只有少数是用于再出口。故建立自由边境区的目的是开发边区经济,因此有些国家对优惠待遇规定了期限。当这些边区生产能力发展后,就逐渐取消某些商品的优惠待遇,直至废除自由边境区。例如,墨西哥在美墨边境设立的一些自由边境区期限已满时,就取消了原有的优惠待遇。中国在中俄边境、中越边境也设立有自由边境区。

### 六、过境区

沿海国家为了便利内陆邻国的进出口货运,开辟某些海港、河港或国境城市作为货物过境区(transit zone)。过境区规定,对于过境货物,简化海关手续,免征关税或只征小额的过境费用。过境货物一般可在过境区内作短期储存,重新包装,但不得加工。

### 本章小结

1. 由于各种限制进口的措施,包括关税和非关税措施都程度不同地在使用范围、作用力度上受到局限,并且容易招致贸易对手的反感和报复,因而,出口鼓励和各种意在促进贸易发展的经济特区措施显得更为重要。出口鼓励措施多采用出口信贷、出口信贷担保、出口补贴、商品倾销、外汇倾销的形式。但出口补贴的一些做法和商品倾销正遭遇越来越多的国家以反补贴、反倾销方式进行的抵制。

2. 重点掌握出口信贷、外汇倾销、商品倾销;经济特区中的自由贸易区、保税区和出口加工区的特点及有关规定。

### 重要概念

出口信贷、买方信贷、卖方信贷、出口信贷国家担保制、出口补贴、商品倾销、外汇倾销、经济特区、自由贸易区、保税区、出口加工区

## 同步测练与解析

**一、选择题**

1. 以发展转口贸易为主的特区是（　　）。
   A. 自由贸易区　　B. 自由边境区　　C. 出口加工区　　D. 过境区

2. 经济特区的主要形式有（　　）。
   A. 自由贸易区　　B. 保税区　　C. 出口加工区　　D. 自由边境区
   E. 过境区

3. 各国鼓励出口的措施主要包括（　　）。
   A. 出口信贷
   B. 出口信贷国家担保制
   C. 出口补贴
   D. 外汇倾销

4. 接受买方信贷的进口商在使用信贷资金进行采购时,不可以是（　　）。
   A. 本国商品
   B. 贷款提供国的商品
   C. 第三国商品
   D. 出口信贷《君子协定》其他成员国的商品

5. 企业在控制国内市场的条件下,以低于国内市场价格甚至低于成本价格向外销售商品的行为属于（　　）。
   A. 商品倾销　　B. 价格垄断　　C. 外汇倾销　　D. 价格战

6. 出口信贷一般用于（　　）。
   A. 初级产品出口
   B. 日用消费品出口
   C. 资本品出口
   D. 能源产品出口

7. 出口信贷国家担保制担保的对象是（　　）。
   A. 进口商　　B. 出口厂商　　C. 出口方银行　　D. 进口方银行

**二、思考题**

外汇倾销需要具备什么条件?

【同步测练】参考答案与要点提示

一、选择题
1. A　2. ABCDE　3. ABCD　4. ACD　5. A　6. C　7. BC

二、思考题
(1) 货币贬值程度大于国内物价上涨程度。
(2) 其他国家不实行同等程度的货币贬值和采取其他报复性措施。

# 第八章

# 国际贸易条约与协定

### 本章学习要求

通过本章学习,掌握国际贸易条约与协定的基本类别和适用的主要法律待遇条款,了解主要的国际商品协定及其主要内容。

### 重点与难点

● 国际贸易条约和协定适用的主要法律待遇条款:最惠国待遇、国民待遇和互惠待遇。国际商品协定的目的及其主要内容。

## 第一节　贸易条约与协定概述

### 一、贸易条约与协定的概念

贸易条约与协定(Commercial Treaties and Agreements)是指两个或两个以上的主权国家为确定彼此的经济关系,特别是贸易关系方面的权利和义务而缔结的书面协议。

贸易条约与协定的缔约方可以是有正式外交关系的国家和地区,也可以是没有建立正式外交关系的国家和地区,不同国家的政府和民间组织也可以成为协定的缔约方。

随着国际贸易的发展,各国的经济来往活动日益频繁,国家间所涉及的经济关系也日益复杂。为了协调各国间的贸易政策和措施,减少贸易冲突,保证各国比较公平地获得贸易利益,各国政府通过谈判,进行贸易政策和贸易利益方面的协调,并根据谈判结果,签订正式的贸易条约与协定。这些条约协定在一定程度上反映了缔约方对外贸易政策,并为实现其贸易利益服务。经济全球化的发展使得各国经济发展的相互依赖程度不断加深,国家间的多边或双边贸易协定的数量也在不断增多,涉及的内容也更加广泛。

多边贸易条约与协定的内容与一国的国内法规有着密切的关系。一国在贸易方面的相关立法和行政措施往往是该国与其他国家进行贸易条约与协定谈判的基础;而一旦签署贸易条约与协定,缔约方必须要承担贸易条约与协定所规定的义务,其国内相关立法和行政措施也要受到贸易条约与协定的约束,并要根据条约与协定的内容进行修订。

作为一种国际性条约与协定,贸易条约与协定的签署和运行一般要受到国际法规的约束。如果国内法规与国际法规发生冲突,国际法规的约束力会优于国内法规。

一般来讲,国家的最高权力机关对条约的缔结有决定权,它也可以将该权力授予行政机关行使,各国具体负责谈判的机构一般是行政机关中负责对外经贸关系的部门。

我国宪法规定,全国人民代表大会有权决定批准和废除同外国缔结的条约。商务部是负责对外经贸谈判的主要部门,在对外谈判中,根据谈判对象、谈判所涉及的范围,相关的部委和部门,如中国人民银行、海关总署、农业部等将成为谈判代表团成员。

欧洲联盟对外谈判权由欧洲联盟统一行使,一般由执行委员会在欧洲理事会的批准授权下负责谈判。

美国对外经贸谈判权目前主要集中在美国贸易代表(USTR)办公室。它隶属美国总统行政办公室,主要负责美国贸易政策的制定与协调,并负责进行对外谈判。美国贸易代表是美国贸易代表办公室的领导,由总统和参议院任命,对国会负责,具有特命全权大使的级别。

贸易谈判是一个艰苦而漫长的过程。谈判各方都在竭尽全力,力求获取最大贸易利益,谈判结果往往取决于各国在相关领域内的经济实力和政治实力。谈判基本达成一致后,双方要向各自政府请示,同意之后正式签字。有些重要条约须经过各国立法机关讨论通过,报请国家最高权力机关批准后才能正式生效。

## 二、贸易条约与协定的内容结构

贸易条约与协定一般由序言、正文和结尾三个部分组成。

序言一般为固定格式,通常说明缔约双方发展贸易关系的愿望及缔结条约或协定所遵守的一些基本原则。

正文部分,是贸易条约与协定的主要组成部分,是各缔约方权利、义务的具体规定。

结尾部分包括条约与协定的生效条件、有效期、延长或废止程序、份数、文字等内容,还有签订条约与协定的地点及双方代表的签名。

贸易条约与协定一般使用缔约方文字写成,并规定两种文字的版本具有同等法律效力。

## 三、贸易条约与协定所适用的主要法律待遇条款

在贸易条约与协定中,通常适用的法律待遇条款是最惠国待遇条款、国民待遇条款、互惠待遇条款。

### (一)最惠国待遇条款

1. 最惠国待遇条款的定义

最惠国待遇条款(Most Favored Nation Treatment)是经贸条约中经常使用的一项重要条款。基本含义是:缔约方一方现在和将来给予任何第三方的一切特权、优惠和豁免,也同样给予缔约方对方。其基本要求是使缔约一方在缔约另一方享有不低于任何第三方享有或可能享有的待遇。

最惠国待遇分为无条件的最惠国待遇和有条件的最惠国待遇。

无条件的最惠国待遇最早起源于英国,亦称为欧式最惠国待遇,是指缔约方一方现在和将来给予任何第三方的一切优惠待遇,立即无条件地、无补偿地、自动给予缔约对方。现在的国际经贸条约大多采用无条件的最惠国待遇条款。

有条件的最惠国待遇最早起源于美国,亦称为美式最惠国待遇,是指缔约方相互给予对方的最惠国待遇,是以对方给予相应的补偿为前提条件的。当缔约方甲给缔约方乙提供了更为优惠的待遇时,其他任何第三方若想享受这种优惠,则必须向缔约方甲提供相应的优惠待遇作为补偿。

在 GATT 和 WTO 下,最惠国待遇是无条件的,双方的谈判成果会自动适用于 WTO 其他成员方。但对于 WTO 非成员方来讲,最惠国待遇只能通过分别与各国进行谈判,在互惠

互利的基础上得到。一旦双方关系出现问题,双边的最惠国待遇也可能会被取消。因此,WTO框架下的最惠国待遇可以允许一些小国获取大国间的谈判成果。

2. 最惠国待遇的适用范围

最惠国待遇可以适用于缔约方经贸关系的各个方面,也可以只适用于有限的贸易关系。缔约方在签订贸易条约与协定时,往往会对最惠国待遇适用范围加以列举。

一般来讲,最惠国待遇适用范围主要包括以下几个方面:

(1) 进口、出口、过境商品的关税及其他捐税;
(2) 商品进出口、过境、存储、转运方面的海关规则、手续和费用;
(3) 进口和出口许可证的发放及其他限制措施;
(4) 船舶驶入和停泊时的各种税收、费用和手续;
(5) 自然人和法人的法律地位、移民、投资、商标、专利、知识产权及铁路运输方面的待遇;
(6) 外汇管制方面。

3. 最惠国待遇适用的例外

最惠国待遇适用的例外,是指某些具体的经贸事项不适用于最惠国待遇。

在现代贸易条约与协定中最常见的最惠国待遇例外有以下情形:

(1) 边境贸易,一些国家对国家边境15公里以内的小额贸易在关税、海关通关手续上给予的优惠;
(2) 在关税同盟或区域性贸易协定中,成员国之间在关税和非关税措施上的优惠待遇;
(3) 在沿海贸易和内河航行权方面给予他国的优惠;
(4) 国家按照多边国际条约或协定承担的义务;
(5) 武器进口、金银外币的输出入、文物、贵重艺术品的出口限制和禁止等。

## (二) 国民待遇条款

1. 国民待遇条款的定义

国民待遇(National Treatment)是指一国给予其他缔约方的公民、船舶、企业的权利和优惠,不应低于本国公民、船舶和企业享有的权利和优惠。这里仅指公民、企业、船舶在民商事方面的待遇,并不包括政治权利。

2. 国民待遇条款的适用范围

国民待遇条款一般适用于外国公民的私人经济权利、缔约方国内捐税、铁路运输、船舶在港口的待遇、外国的服务、外国商标注册、版权及发明专利权的保护等。

同时,国民待遇条款只在一定范围内适用,并没有将本国公民所享有的一切权利都包括在内。例如,本国公民享有的沿海航行权、领海捕鱼权、购买土地权等,通常都不包括在国民待遇范围之内。

对于国民待遇条款的理解,要注意几点。首先,国民待遇条款只适用于已经进入市场的产品、服务和知识产权,因此,尽管一国对其本国生产的产品、服务并不征收关税,但对即将进入国境的产品征收关税并不违反国民待遇。其次,国民待遇强调,给予国外公民和企业的待遇标准不得低于给予国内公民、企业的待遇,但并不禁止给予国外的公民、企业一些更加优惠的待遇。因此,一些国家为更好地吸引外资,在某些政策中规定给予国外企业更加优惠的待遇,即"超国民待遇"。最后,国民待遇适用于每一产品,不得以某种产品获得了其他方面更优惠的待遇为理由而对该产品实行歧视。

### (三)互惠待遇条款

互惠待遇(Reciprocal Treatment)条款是指缔约双方根据协议相互给予对方法人或自然人以对等的权利和待遇。这是一个基本原则,但一般不单独使用,需要与其他特定权利或制度内容结合在一起,通过条款内容体现互惠待遇原则。

一般来讲,各缔约方间的谈判是以权利和义务的相互平衡为原则的,只有平等互利的减让安排才可能在各缔约方间达成协议。同时,此条款可以保证本国企业和个人在外国享有对等的权利,不会受到限制和歧视。

## 第二节 贸易条约与协定的主要类型

贸易条约与协定可以分为双边与多边两种形式。多边条约与协定是指多个缔约方共同谈判,共同签署的条约与协定,各缔约方一致同意其行为受该条约与协定约束。

双边条约与协定是指由两个缔约方共同签署的条约与协定,可分为全面双边贸易条约与协定、专门双边贸易条约与协定。全面双边贸易条约与协定一般规定缔约方在经济贸易关系方面的基本权利与义务,专门双边贸易条约与协定则是缔约双方就经贸关系中的具体事宜签订的条约与协定。

下面对主要的条约与协定形式和内容进行介绍。

### 一、通商航海条约

通商航海条约(Treaty of Commerce and Navigation)是全面规定两国间经济贸易关系的条约,内容比较广泛,涉及缔约国经济贸易关系的各个方面,确定了双边经贸关系的基本原则。

多数通商航海条约以国家元首名义签订。条约签字后,双方还要根据各自国内法律程序完成批准手续,交换批准文件,通商航海条约方能正式生效。

通商航海条约期限较长,一般为3~5年,到期后可继续延长。

一般来讲,通商航海条约正文内容主要包括:

1. 关于缔约国双方进出口商品关税和通关待遇

这是条约中的主要问题之一。通常规定,在商品进出口关税、附加税、海关手续、海关估价等方面遵循最惠国待遇原则,互相给予非歧视待遇。

2. 关于缔约国双方公民和企业在对方国家享有的经济权利

这些经济权利通常包括移民权、财产购置权、工商企业经营权、税赋以及相关的法律保护等问题,一般适用国民待遇原则。

3. 关于船舶航行、港口设施的使用问题

通常规定缔约国一方船舶进入另一方港口卸货、装货、交纳税费时,应享有最惠国或国民待遇。

4. 关于铁路运输和过境问题

缔约国双方确定在运送旅客和货物,履行铁路手续方面应相互给予的待遇。由于铁路运输方面已签订有若干国际多边公约,通常在条约中直接引用这些公约内容。

5. 关于知识产权保护问题

针对缔约国双方公民或企业在对方境内享有和利用专利权、商标权、版权等问题做出规定,一般都直接引用相关的国际公约规定确定双方的权利和义务。

6. 关于进口商品的国内税费问题

通常规定适用国民待遇原则,以保证与国内货物的公平竞争。

7. 关于仲裁裁决的执行问题

通常规定相互承认对方仲裁机构的仲裁效力,并由其国内执行机构予以强制执行,从而保证双方仲裁的有效性。

上述内容只是双边航海条约的常见内容,随着各缔约国具体情况的变化,条约内容也会有相应的变动和增减。

## 二、贸易协定与贸易议定书

贸易协定(Trade Agreement)是缔约国间调整相互贸易关系的一种书面协议。与通商航海条约相比,其主要针对缔约国间比较具体的贸易问题,签订程序比较简单,只要双方的政府首脑或其代表签署就可以生效,不需要国家立法机构的批准。

贸易协定通常包括以下几方面内容:

1. 最惠国待遇条款

这是贸易协定中最基本条款,确定了双方贸易交往的基本原则。协定中通常规定最惠国待遇条款适用范围和例外,以减少缔约国双方执行过程中的分歧。

2. 进出口商品货单和进出口贸易额

贸易协定会涉及具体的进出口商品种类及金额,并根据具体情况做出规定。

有的协定内容较为笼统,只是表达了希望双方进出口商品和贸易额出现增长的一种愿望。

有的协定内容较为具体,在协定最后附有进出口货单,具体规定了双方进出口商品的货物清单和贸易额,该货单是贸易协定不可分割的一部分。

通常对进出口商品的金额和数量有以下几种规定方法:

(1) 明确规定双方相互供应的货物品种和贸易额,双方政府必须保证实现;

(2) 在进出口货单中列出几种主要商品的交易数量或金额,由缔约国政府保证实现,其余商品只列品名,由双方企业自行确定成交数量和金额;

(3) 货单中仅列出商品种类及品名,不列出数量或金额,双方政府仅保证发给进出口许可证。

3. 作价原则和交易货币

协定中通常规定,合同价格以该种商品国际市场价格为基础,由双方贸易公司协商确定。交易货币可以在协定中明确规定,也可以由贸易伙伴自行确定。

4. 支付和清偿办法

根据缔约国双方的经济实力、具体情况确定支付和清偿办法。可以是现汇交易,也可以是记账贸易。

5. 优惠关税

双方可以在协定中具体规定某些商品的进口优惠税率,也可以只是申明某些商品会享受到免税或低税率待遇,但并不规定具体的优惠细节。

6. 其他事项

贸易协定通常会对商品交易过程所涉及的一些事项,如商品检验程序及效力、仲裁效力、设立商务机构、举办展览、广告宣传和保障条款等,做出规定。

贸易议定书(Trade Protocol)是缔约国就贸易关系中某项具体问题所达成的书面协议,经常作为贸易协定的补充、解释或修改而签订。贸易议定书的签约程序和内容更加简单,由缔约国有关行政部门代表签署即可。

### 三、支付协定

支付协定(Payment Agreement),也称为清算协定,是两国间关于贸易和其他方面的债权、债务结算办法的书面协议。

国家之间建立支付协定进行货款清算,主要出于以下两个原因:一是因为有些国家实行外汇管制,货币不能自由兑换,对一国拥有的债权不能用来抵偿对第三国的债务,只能通过支付协定解决两国的债权债务问题。二是因为国家外汇短缺,双方不能提供广泛用于国际结算的可自由兑换货币,只能通过记账贸易方式,定期进行贸易清算活动,所产生贸易差额,通过实物补偿或提供可自由兑换货币进行清偿,以便在外汇短缺的情况下,保证一国进出口贸易的正常进行。

在进行进出口贸易时,贸易双方只收付本国货币,所有交易逐笔记录于清算账户,在支付协定到期时,两国只对账户差额进行清算,而不必对每笔交易都进行外汇交付。

支付协定的内容,主要是与支付协定运行密切相关的各个方面,包括清算机构、清算账户、账户的清算项目与范围、清算货币、清算方法和清算差额的处理等。

1. 清算机构

通常双方都指定各自的中央银行作为清算机构,处理双边清算工作。

2. 清算账户

清算业务要通过清算账户进行。清算账户通常有两种开立方法,一种是开立单边账户,只在缔约国一方的中央银行开立清算账户进行记录;另一种是开立双边账户,两国中央银行分别在对方的中央银行开立账户,对发生的进出口交易,双方同时进行账簿记录。目前绝大多数的清算账户都是双边账户。

3. 清算项目与范围

除了正常的进出口贸易货款外,清算范围还包括进出口贸易的从属费用,如运费、保险费、佣金等。未列入清算范围的项目,仍使用现汇结算。

4. 清算货币

进行贸易的当事人,在其收付货款时,只使用本国货币。但交易记入账户和最后清算时,使用的货币则有所不同。

开立单边账户时,双方使用清算账户所在国货币记账,最后支付时,可以使用清算账户所在国货币,也可以使用第三国货币。

开立双边账户时,双方通过谈判确定记账货币和清算货币,可以是缔约国的货币,也可以是第三国货币。为避免贬值风险,协定通常使用被广泛接受的第三国硬通货。

5. 清算方法

进口商使用本国货币支付货款,将应付货款交给清算银行后,由该行贷记对方国家的清算账户。

出口商从本国央行的清算账户领取本国货币,收回货款。同时出口商所在国央行借记对方国家的清算账户。

两国央行相互通知款项的收付,以便及时了解双方债务债权清算情况。

支付协定中通常规定信用"摆动额"(Swinging Limit),即允许清算账户的总额在一定范围内上下波动。一般为年度出口额的5%~10%。如果摆动额超过规定限额,则超额部分进行清算,以防差额进一步扩大。

6. 清算账户差额处理

支付协定都规定有效期,协定到期时,双方要进行账户差额的清算活动。

对于账户差额,可以通过实物补偿,债务国向债权国输出一定数量的商品弥补差额;可以用双方同意的可兑换货币或黄金,或者是双方同意的其他不可兑换货币支付;也可以将差额转入下年度清算账户内。

## 第三节 国际商品协定与商品综合方案

### 一、初级产品和发展中国家

尽管多数发展中国家的出口商品结构已经发生巨大变化,工业制成品成为主要出口产品,但初级产品的出口对于一些发展中国家的经济发展仍然起着非常重要的作用。拉丁美洲、加勒比海、亚洲和非洲的一些发展中国家仍然依靠初级产品的出口获取外汇收入,约50%的非洲国家初级产品出口创汇占外汇收入的80%,约46%的发展中国家仅依靠3~4种初级产品的出口来获取其50%的外汇收入。[1]

初级产品总的价格趋势是下降,波动性远高于工业制成品,且持续时间较长。许多研究表明,初级产品的价格下降趋势会持续很长时间。[2] 对1957—1998年60种初级产品的价格变动研究表明,价格冲击的影响是持久的,17种产品的价格波动持续5年以上,现有的初级产品价格稳定机制和收入补偿机制运行非常困难。

研究表明,初级产品价格的不断下降和大幅波动是发展中国家外汇收入和国际收支不稳定的主要原因,也加剧了发展中国家经济的脆弱性。20世纪八九十年代,初级产品价格平均下降50%构成世界性债务危机发生的原因之一。1980—2002年,初级产品的国际市场价格急剧下降,世界银行初级产品价格指数下降47%,2002年咖啡的真实价格只是1980年价格的14.2%。世界咖啡价格的下跌,使得咖啡主要出口国埃塞俄比亚的贸易收入下降了40%,国家真实收入下降6%。

价格的波动导致各国生产和贸易的波动,因此,稳定初级产品市场价格,对于维护发展中国家的利益,维护世界经济的持续发展有着重要的意义。经过发展中国家不断地积极要求和国际组织的一再倡导,许多初级产品的生产国和消费国,同意通过一定方式来稳定初级产品价格,稳定初级产品的供给和发展中国家的经济发展。国际商品协定和国际商品综合方案是为实现此目标采取的重要方式。

---

[1] UNCTAD 网站。
[2] Cashin, Liang and Mcdermott (2000). How Persistent Are Shocks to World Commodity Prices IMF staff paper 47 (2).

## 二、国际商品协定的历史与发展

国际商品协定（International Commodity Agreement，ICA）是某项初级产品的主要生产国与消费国为稳定该项商品价格和保证供销等目的而签订的政府间多边贸易协定。

"二战"后，签订的国际商品协定是在《哈瓦那宪章》关于政府间商品协定订立原则基础上进行的，其主要宗旨是：防止价格过分波动、建立起长期的初级产品生产与消费的均衡、建立适当的干预市场机制以保证实现上述目的。

"二战"后，在 UNCTAD 的倡导和组织下，从 1963 年起，各国开始陆续签署一些初级产品的国际商品协定。1972—1989 年，有 5 个初级产品的国际商品协定在运行，但每个协定都存在着问题。如 1985 年第三个国际锡协定停止运行，其原因在于协定中确定的支持价格太高，协定没有足够的资金去支持体制的正常运行。第四个糖协定也因为缺乏足够的资金支持在 1983 年中止运行。第四个可可协定由于恶劣的市场环境在 1988 年暂时中止，1993 年重新开始运行。第四个咖啡协定则因为生产国无法就高价收益的分配方案达成一致于 1989 年暂时中止。只有国际天然橡胶协定一直在运行，但对价格的干预也只是保持在低水平。

所有协定面对的最大问题是，如何采取措施，保证供应商在面对价格不断下降的条件下，能够遵守分配给他的配额，以限制总体产量。

20 世纪 90 年代以来，一些国际商品协定重新续签。由于大部分商品供应变得十分充分，消费国并不太关心供应的保障问题，而对于生产国来说，维持价格已不是主要目的，为争夺市场，他们往往降价竞争，在这一背景下，一些新的商品协定已经不再含有稳定价格机制内容。

多数国际商品协定都在不断地修订其宗旨和目标，纷纷把初级产品的可持续发展作为协定的根本任务，为该项产品的可持续发展建立一个基本框架；注意初级产品的生产与环境保护间的协调；促进该领域内私营经济的发展。同时，更多的协定参加国意识到，价格稳定固然重要，但更重要的是与价格相关的一系列因素，如供给、需求、市场营销、产品质量、初级产品的加工和产业链的发展，技术对生产的影响等。因此，协定对产品的质量、技术进步和转让、市场营销和产业链的发展给予了更多的关注和资金融通。

## 三、主要的国际商品协定

到目前为止，国际商品协定共有 8 个，其中包括：

(1)《国际可可协定》，2001；
(2)《国际咖啡协定》，2001；
(3)《国际黄麻和黄麻制品协定》，2002；
(4)《国际天然橡胶协定》，1995；

(5)《国际橄榄油与食用橄榄协定》,2005;

(6)《国际热带木材协定》,2006;

(7)《国际糖协定》,1992;

(8)《国际谷物协定》,1995。

下面将分别介绍这些协定的主要内容:

1. 国际可可协定

第一个《国际可可协定》(International Cocoa Agreement)于1973年签订,到目前为止,共签署七个协定。截至2012年9月19日,六个生产国的政府(占据43.17%投票权)、欧盟和瑞士等消费国的政府(占据54.90%投票权)都通过了对新协定的批准程序,一致同意《国际可可协定(2010)》于2012年10月1日正式生效。包括53个成员国。

"国际可可组织"成立于1973年,是一个全球性组织,由可可的主要生产国和消费国构成,总部设在英国,致力于执行《国际可可协定》内容。在过去的几十年中,该组织组织了一系列的项目旨在提高可可的生产和销售,提高小的种植者的收入。

最新协定的两个最大突破是设立了非常清晰的建设"可持续可可经济"目标,成立了世界可可经济的咨询委员会(Consultative Board on the World Cocoa Economy)。"可持续可可经济"目标是建设一个可持续的全球可可经济,"可持续"包括了消费和生产过程中的社会、经济和环境等方面的全面发展,包括减少可可、可可半成品和巧克力的进口关税,和可可消费、加工相关的间接税,不同国家和地区的生产成本,为可可种植者提供市场信息,以及种植者通过合作进行价格风险管理等方面。"可持续的生产和消费"还要关注生产国在制造政策和项目间的协调和合作,不断提高生产国与可可相关的技术水平,不断增强人们对可可及巧克力健康功能的认识,提高这些产品在新兴国家的消费量。

咨询委员会认识到私营企业在全球可可经济中的重要性和可可组织在全球可可贸易和产业发展中的重要性,委员会成员由可可领域内的国际专家组成,这些专家来自生产国和消费国的私营领域和公共服务领域,他们的工作是尽力实现国际可可协会的目标,覆盖全球可可经济的所有方面。

市场透明度是国际可可组织40多年来高度关注的问题,它的建设和世界可可市场的有效性密不可分,它会减少市场波动,帮助市场参与者做出最佳决策,提高种植者的收入。成立40多年来,国际可可组织通过对可可相关资料的收集和整理,发布了世界上最权威的与可可相关的统计数据。

2. 国际咖啡协定

第一个《国际咖啡协定》(International Coffee Agreement)在1963年生效,最新的第七个国际咖啡协定于2007年9月28日在伦敦被国际咖啡组织的77个成员国所接受,并于2011年2月2日正式生效。其成员国包括咖啡的主要进口国和出口国。截至2015年7月,该协定共有48个成员国,其中主要的出口成员国均为发展中国家,它们的产量占世界咖啡生产的95%；进口成员国的消费量占全球咖啡消费的83%。

国际咖啡组织是《国际咖啡协定》的执行和监督机构，总部设在英国伦敦。

2007年协定进一步强调了国际咖啡组织作为政府间协商论坛的作用，希望通过增加市场透明度和信息的可获得性促进国际贸易的发展，推动可持续的咖啡经济为所有的利益相关者和小规模的农场主创造更多的福利。

该组织的19个成员国是最不发达国家，至少有2 500万的小咖啡生产者和他们的家庭，生产了大约全球70%的咖啡，但却一直被咖啡市场的价格波动和不平衡发展所影响。国际咖啡组织意识到可持续咖啡产业的发展对全球经济发展目标的重要性，尤其是在消除贫困方面的作用。国际咖啡组织的一些创新包括建立咖啡产业融资论坛以应对尤其是中小农场主不断增加的对资金和风险管理的需求；公开数据统计以提高市场透明度，建立新的促销和市场发展委员会从事与咖啡生产和消费相关的信息收集、研发、能力建设及研究。

3. 国际黄麻和黄麻制品协定

国际黄麻研究集团（The International Jute Study Group）是由UNCTAD协助成立的政府间组织，作为全球黄麻、洋麻纤维和其他同类纤维的国际商品协定的运行者。它在2002年4月27日成立，是国际黄麻组织的合法继任者，它的主要功能是管理运行2001年生效的《国际黄麻协定》，此新协定有效期为8年，期满后可以延长两次，每次两年。

所有对黄麻和黄麻制品生产、消费、贸易感兴趣的国家，都可以成为此集团的成员。目前成员国主要包括孟加拉国、印度和欧盟27国共29个成员国，覆盖了全球黄麻贸易的60%。

国际黄麻理事会是其执行机构，总部设在孟加拉国达卡。

集团的主要目标包括：

（1）为与全球黄麻经济相关的国际合作、成员国之间的咨询和政策发展提供了一个有效的框架；

（2）通过维持现在市场和开发新市场，包括引入新的黄麻产品和开发用户，促进黄麻及黄麻产品的国际贸易；

（3）为目前积极参与黄麻领域发展的私营部门提供一个论坛；

（4）关注黄麻部门内的减少贫困，就业和人力资源，尤其是女性的发展问题；

（5）通过提高黄麻生产的劳动生产率和产品质量，推广新流程和新技术的应用，提高黄麻部门的结构调整；

（6）让更多人知晓使用可再生、可生物降解的天然纤维的黄麻制品，促进世界环境改善；

（7）通过与其他国际组织，包括联合国粮食及农业组织（粮农组织）的合作以改善市场情报，确保更大透明度。

4. 国际天然橡胶协定

最早的国际天然橡胶研究集团（International Rubber Study Group）于1944年在新加坡

建立，它是由与橡胶生产与消费有关的利益相关者组成，是关注全球天然和人工橡胶的供给和需求的一个重要论坛。截至2012年7月1日，它拥有36个成员国和120个工业成员，主要是欧盟28个成员国和一些橡胶生产国。最新的《国际天然橡胶协定》于1995年签署，协定内容覆盖了世界橡胶工业的各个方面，包括橡胶原材料、橡胶制成品的市场营销、运输、分销和贸易渠道等。

协定目标为：提供对影响人造和天然橡胶供需因素进行探讨的论坛，稳定天然橡胶价格，实现天然橡胶供需的均衡增长；发布关于橡胶工业和橡胶产品的生产、消费和贸易方面的权威数据和分析，对全球橡胶市场发展趋势进行预测分析，并对特定问题进行深入研究，不断提高橡胶及其产品的增值率。

5. 国际橄榄油与食用橄榄协定

1993年3月联合国橄榄油与食用橄榄大会对1986年的国际橄榄油协定（the International Agreement on Olive Oil and Table Olives）进行了修订和补充，新的协定于1994年3月25日建立。故此协定又称为"1986年国际橄榄油协定及1993年议定本"。

自1986年协定签订以来，出现了两个重大的变化：第一，技术发展成为橄榄生长和加工的一个重要决定因素；第二，消费者意识到橄榄油对健康的作用，需求急剧上升。因此，关于国际橄榄油与食用橄榄的最新协定于2005年在日内瓦签订，有效期将持续到2014年12月31日。它对以前协定做了相应更新，以适应市场最新发展。

国际橄榄协会是世界上唯一的与橄榄和橄榄油相关的国际政府组织，它于1959年成立于西班牙马德里，原名为国际橄榄油协会，于2006年更名为国际橄榄协会，它将全球与橄榄和橄榄油相关的生产与消费的利益相关者集聚在一起，就橄榄业发展进行权威性的讨论，为橄榄工业的可持续发展贡献力量。

它的主要目标是：开展国际技术合作和研发项目，人员培训和技术转让活动；促进橄榄油国际贸易的扩张，不断提高产品贸易标准和产品质量；关注环境变化对橄榄工业的发展；通过创新提升橄榄油的全球消费量；提供全球橄榄油市场发展的信息和统计数据，为成员国专家和代表提供一个讨论问题解决矛盾的场所。新的协定在原有基础上，强调各个有代表性橄榄产品间的合作，强调环境保护，成员国间的技术转让；提高橄榄产量，橄榄油提炼和加工过程；帮助技术落后国家引进吸收最新技术，提高产品质量，对市场营销活动提供资金融通。

目前成员国包括全球橄榄油的主要生产国和出口国，覆盖了位于地中海地区的全球橄榄产量的98%，包括16个国家和欧盟28国。

6. 国际热带木材协定

最早的《国际热带木材协定》（International Tropical Timber Organization，ITTO）于1983年生效，于1996年中止；最新的《国际热带木材协定2006》于2011年12月7日生效。强调世界热带木材经济的可持续发展和对资源的管理，关心木材贸易和工业发展，鼓励扩大木材贸易,同时关注自然资源的可持续发展。协定将更多的金钱和精力投入到木材的加工、森林再造和森林管理方面的研究开发和市场营销,提高对森林的管理能力。

国际热带木材组织是一个政府间组织,在联合国的倡议下于1968年建立,其主要任务是推动解决热带森林资源的管理、使用、贸易和可持续发展等问题,它的成员国拥有80%的全球热带森林资源和90%的全球热带木材交易,它是《国际热带木材协定》的实施与管理机构,总部设在日本神户。它的成员国包括遍布亚洲、非洲和拉丁美洲的生产国34个、消费国38个,大多数是发达国家,中国是该协定的消费国成员。

2006年《国际热带木材协定》的主要目标为:为成员国提供一个和世界木材经济相关的国际合作、政策发展框架;提供一个促进非歧视性木材贸易的磋商论坛;致力于可持续发展进程,为可持续发展和减轻贫困而努力;提高成员国从可持续有管理的资源中出口木材的能力;提供充分市场信息,促进正常木材贸易活动;促进国际热带木材贸易的扩展和多元化发展;提供相关融资活动;支持木材方面研究与开发;提高国际木材市场的透明度,包括与贸易相关数据的收集、编辑和使用;提高木材生产国成员的工业化进程,创造就业机会,获得更多出口收益;鼓励成员方发展热带木材森林再造和恢复退化森林土地等活动。

7. 国际糖协定

第一个国际糖组织(International Sugar Organization,ISO)建立于"二战"之前,最新《国际糖协定》1992年签署,1993年1月20日生效。至2014年,该协定包括87个成员国,覆盖世界糖生产量的86%,消费量的68%,出口量的94%和进口量的41%。

国际糖组织是国际间政府组织,是协定的管理和监督执行机构,总部设在英国伦敦。该组织通过辩论、分析、专题研究、数据透明、举办会议等方式改善国际蔗糖市场的发展。

协定主要目标为:加强世界糖制品及相关事宜的国际合作;提供成员国政府间论坛以促进世界蔗糖经济;收集和提供世界糖市场的信息资料,寻找新渠道刺激对糖的需求,促进糖的国际贸易。

为了实现这些目标,国际糖组织建立了唯一的政府间关于糖的生产、消费和贸易交流的论坛,该论坛在每年的5月和10月各举办一次,为相关政策问题提供了进行辩论的机关;该组织通过对长期的统计数据进行分析以提高市场的透明度,市场估值、消费和统计委员会一年举办两次会议对市场的短期前景、长期发展趋势及一些共同关心的议题进行讨论。作为共同基金指定的关于糖业的国际商品协定,国际糖组织可以帮助发展中国家和转型国家从共同基金处获得融资,并开始更多关注糖与健康、糖与环境、有机糖产品,关注的产品也扩展到与糖相关的产品,如酒精、糖料、糖替代品、生物原料、碳信用交易等。

8. 国际谷物协定

最早的谷物贸易协定始于1949年,其前身是《国际小麦协定》,目前运营的协定是1995年7月1日生效的《国际谷物协定》。

《国际谷物协定》主要关注小麦、谷物、大麦和其他谷物、大米、油种及其产品的贸易。它通过国际合作去促进谷物领域的发展开放和公平贸易,通过提高市场透明度,通过信息分享,分析和咨询谷物市场发展趋势和政策发展方向,建立政府间合作论坛等方式促进谷物的生产和贸易。主要目标:通过信息分享和政策分析,提高市场透明度,寻求谷物贸易中的国际合作;进一步稳定和扩大谷物市场,提高交易公开性和公平性,提高世界谷物供应安全性;为成员方提供市场信息服务。

国际谷物理事会为协定执行机构,由所有成员国组成,每年通常在6月和12月举办两次会议,主要功能是监督协定的实施,讨论目前和将来的国际谷物市场发展现状和趋势,观测各国谷物政策的变化和导致的市场变化,2009年7月1日其管辖范围扩展到大米,2013年7月1日扩展到油料种,利用共同基金的资金对成员国内与谷物相关的项目提供融资和帮助。同时,每个成员国要按其在国际谷物市场的份额比例为理事会提供一定的资金,2015—2016年的财政预算可以达到171万美元。理事会下设四个委员会:执行委员会、管理委员会、预算委员会和市场监控委员会。

截至2015年7月1日,《国际谷物协定》拥有成员28个,其中欧盟国家视为一个成员国。成员遍及美洲、欧洲、大洋洲和亚洲,主要发达国家,包括美国、欧盟、加拿大、澳大利亚和日本等均为成员国。

### 四、国际商品协定的主要条款

绝大部分商品协定都包括序言与宗旨、主要条款和行政条款等部分。

#### (一) 序言与宗旨

各个协定都有不同的表述和具体的目标阐述。随着时代变迁和初级产品生产与消费的变化,商品协定也在不断修订其宗旨和目标。

传统意义上,国际商品协定的宗旨是:防止或减少由于初级产品的产销不能及时调整而造成的严重困难,防止初级产品价格的过分波动。目前最新修订的商品协定都把实现初级产品的可持续发展作为根本任务之一,要求成员国加强在初级产品领域的国际合作,保持世界市场的稳定以维护成员国的利益;提高私营企业地位,扩大产品贸易,为促销活动提供资金融通;促进相关领域的研究与发明。

#### (二) 主要条款

协定成员国认识到,最早协定中的各种经济条款只能在短期内有限维持价格稳定,不可能彻底解决初级产品生产和销售中存在的根本性问题,因此,在新的协定版本中,几乎所有的商品协定都去掉了经济条款,而加入了一些促进初级商品长期、可持续发展的战略措施。其主要内容可以分为以下几类:

1. 成立相关委员会保证协定措施的实施

各协定国都根据需要成立相关委员会,负责协定主要内容的实施。

例如,《国际可可协定》中的经济委员会是协定中最重要的组织机构,它的主要功能是整理和分析可可生产、贸易、储存、国际贸易和价格等相关数据,分析市场发展趋势和影响因素,关注可可的供应和需求,包括可可替代品对消费和国际贸易的影响,分析可可生产国和消费国的市场准入信息,包括关税和非关税壁垒,和成员国所采取的消除壁垒的行为。检查由共同基金或其他机构提供的项目融资情况,关注可可经济可持续发展状况,审议并修改每年的工作报告。

2. 保证市场透明度

各协定都要求其自身成为某个初级产品及相关产品全球生产和销售数据统计、研究成果收集、合作、交换和发布的权威机构。要求成员国提供关于某个初级产品的政府政策、税收、国内标准、管理及立法规定。协定建立数据库,不断更新该产品的生产、营销、运输、研磨、消费、出口、进口、销售价格及库存方面的信息,及时公布、更新全球贸易信息,保持国际市场交易的透明度,保证初级产品贸易参与国可以获得充分市场信息以做出正确决策,并更好监控市场,保证交易的公平性,减少贸易壁垒。

协定要求相关委员会不断分析产品的生产和消费领域的发展趋势和前景,价格和库存的变动趋势,及早发现市场可能出现的不平衡现象,保证市场生产和消费预测的准确性并及时修正,各出口国应该协调其国内生产政策以应对将来可能出现的市场不平衡现象。

3. 提供资金

由于发展中国家普遍存在着资金短缺的现象,各成员国企业需要得到一些资金帮助以确保其生产和销售的顺利进行。因此,协定要求各成员国采取多种措施,为企业发展提供充足资金。这些资金来源一般包括协定各成员国间的相互借贷,各成员国提供的共同基金以及以协定名义从其他国际组织中获得的贷款。

为了保证成员国企业能获得资金,协定要加强对成员国企业的培训,使其了解并掌握更多的融资工具和方法,并进行风险管理。

4. 建立政府和私人部门间的对话平台

协定强调产品的生产和销售由市场决定,但成员国政府、中小私人生产企业应进行及时的沟通和对话。各协定可以为成员国提供一个与该产品相关的国际合作、政策发展框架,提供一个平等的对话和合作论坛,希望获得一个合理的价格,保证出口商和进口商的合理利益。

5. 加强研发

许多协定成员意识到,仅仅依靠初级产品自然生长,已无法保证成员国收入的稳定增长和贫困的减少。因此许多协定中将加强产品研发视为保证初级产品生产和销售的重要手段。

协定要求各成员国进行信息和技术交流,不断提高初级产品的劳动生产率,不断提高产品质量,注重食品安全;尽可能鼓励初级产品消费,不断开发与之相关的新产品,延长其价值链。协定要求相关委员会建立专门项目用于市场开发,将信息收集、推广和研究能力有机结合在一起,鼓励创新,加强技术转让。

协定要求不断加强对中小企业的培训,为技术转让项目提供支持。

6. 保证初级产品市场的可持续发展

协定在保证目前初级产品市场稳定发展的前提下,推动特定的初级产品及其制成品在经济、社会和环境保护方面的可持续发展。要求各成员国采取措施,不断提高产品生产过程中涉及人口的生活水平和工作环境,保护生态环境不受到过度破坏。不断强调产品生产价值链上所有利益相关者之间的合作和持续对话,重新认识进口国和出口国成员间的战略合作,以保证全球贸易的可持续性,不断增加利益相关者收入。

### (三) 行政条款

协定中的行政条款主要针对协定中权力机构的职权范围、各成员国权利义务等方面做出规定。在决策机制方面,协定可以采取协商一致的方式,也可以采取投票表决的方式。在采用投票表决时,各成员往往因其在市场上的份额不同而享有不同的表决权。

行政条款中还包括协定的签字、批准、生效、有效期、加入、退出等具体程序和手续。

尽管国际商品协定在不断续签,成员国在不断增加,协定的目标也在不断更新,但总的来讲,国际商品协定的运行并不理想。首先,通过产出控制或其他手段来影响价格的做法并不奏效。尤其是当有新的生产国出现时,它的生产和销售并不受协定限制,产品供给就会增加。其次,由于生产者的生产效率不相同,确定一个对所有生产者都比较公平的价格波动幅度,或是比较精确地预测长期价格趋势是比较困难的事情;再次,缺乏强有力的执行机制协调各成员国利益,出现搭便车等问题,使协定的执行困难重重。最后,一些发达国家对商品协定的漠然,和协定缺乏充足资金也是其运行困难的原因。

---

**专栏　国际商品协定的经济条款**

国际商品协定的最初目的是维持初级产品市场价格的稳定性,因此设立了许多经济条款保证价格的平稳运行,它是确定各成员国权利和义务的依据,关系到各成员国的具体权益,曾经是国际商品协定中最重要的内容。商品不同,相关的经济条款内容也不尽相同。目前新修订的协议中,传统的价格稳定机制基本已不存在。但我们了解一下经济条款的主要种类,仍有助于更好地了解国际商品协定的意义。

1. 缓冲存货

缓冲存货(Buffer Stock)运行机制如下:各成员方首先提供一定数量的实物和资

建立缓冲存货,然后确定该商品价格波动的最高价和最低价,授权协定执行机构运用这些存货干预市场和稳定价格。当市场价格涨到最高价以上时,抛售缓冲存货的实物,将价格降至最高价之下;当市场价格跌到最低价以下时,利用缓冲存货的现金收购,把价格提升到最低价之上。它的成功运行主要取决于执行机构对市场前景的预测和把握。

能够运用缓冲存货机制稳定价格的产品,必须是可以储存的产品,而且存储费用不能太高。但是,缓冲存货只能减少价格波动,不可能应付价格下跌的长期趋势,它需要缓冲存货中有大量的资金进行实物购买,而这些实物还必须在不久的将来可以重新在市场上出售。

曾经采用缓冲存货条款的有《国际锡协定》《国际可可协定》和《国际天然橡胶协定》。

2. 出口限额

出口限额是指主要的产品出口国,通过协商确定各自产品出口数量,通过较少产出维持或增加整体收益。

成员国根据市场需求和价格变动,确定当年平均出口限额。年度出口限额按固定部分和可变部分,分配给有基本限额的各出口成员国。一般来讲,固定部分占全部年度限额的 70%,可变部分占 30%。可变部分按出口成员国库存量占全体出口成员国总库存量的比例进行分配。《国际咖啡协定》曾采用这种方式。

但这种出口限额的安排有一个缺陷:通常来讲,这些初级产品的需求在长期内是缺乏弹性的,如果通过控制供给提高价格,可能会减少出口收益。最终会导致替代品的出现和产品销售量的不断下降。

3. 多边合同

多边合同(Multilateral Contracts)中,产品的多个生产国和多个消费国分别签订合同,按照合同规定,消费国必须在合同规定价格幅度内,向各出口国购买一定数量产品;出口国则必须在合同规定价格幅度内,向各消费国出售一定数量产品。当合同双方完成合同义务后,可以在市场上对该种商品进行自由贸易,即可以以任何价格购买或销售任何数量的该种商品。《国际小麦协定》曾采用这种方式维持价格和数量的稳定。

4. 出口限额与缓冲存货相结合

协定要求同时采用出口限额和缓冲存货两种办法控制市场和稳定价格。《国际可可协定》曾经采用过这种办法。

### 五、商品综合方案

发展中国家在1964年4月第六届特别联大会议上首次提出商品综合方案（Integrated Programme for Commodities），它同国际商品协定一样，试图通过国际合作解决初级产品市场价格的稳定性问题。

1976年5月联合国第四届贸易和发展会议正式通过商品综合方案决议，目的是为了解决发展中国家初级产品出口价格长期疲软、贸易条件恶化的问题，希望通过这项法案可以稳定初级产品市场结构，稳定价格，增加出口收益。这项方案的内容主要包括以下方面：

1. 建立多种商品的国际储备

如果某种初级产品对发展中国家具有重要的利害关系，且便于储存，就可以为其设立国际储备。国际储备的主要商品包括香蕉、咖啡、可可、茶、糖、肉类、植物油、棉花、黄麻、硬纤维、热带木材、橡胶、铝、铁、锰、磷、铜和锡等18种。

2. 建立国际储备共同基金

初级产品的共同基金是联合国名下的政府间金融机构，主要支持发展中国家扩大初级产品的生产和贸易，以此来增加出口收益，稳定真实收入，减轻贫困。

《建立商品共同基金协定》于1977年开始谈判，于1980年6月27日达成，它对共同基金的目标、任务、资金、经营、管理等问题做出统一规定。该协定规定，共同基金的目标是实现商品综合方案的目标，为执行国际商品协定提供资金。共同基金共拥有资本7.5亿美元，其中参加国直接认缴4.7亿美元，自愿认缴2.8亿美元。

共同基金设立两个账户：第一账户，用于资助各个国际商品协定建立国际初级产品的缓冲存货和改善初级产品市场；第二账户，主要支持以提高初级产品的长期竞争性为目的进行的开发研究，帮助成员国提高生产率、扩大市场、改善运输条件等。基金理事会的表决票按平等原则分配，发展中国家和发达国家各占50%。

目前，共同基金总部设在荷兰阿姆斯特丹，共有106个成员国，再加上欧盟、非洲联盟、西非共同市场等机构成员，共109个成员，其中最不发达国家成员为42名。到2006年5月，共同基金共批准231个项目，涉及金额428 500万美元，其中40%用于产品的加工、营销和产品质量提高方面。①

随着全球经济的发展，共同基金也在不断地扩充资金，不断地调整基金运作方向。在其2003—2007的五年计划中，它更加关注最不发达国家的经济发展，发展中国家、转型国家中进行初级产品生产和加工的中小企业的发展。

3. 商品贸易的多边承诺

各成员国分别承诺一定时间和一定条件下进口和出口的商品数量。

---

① 摘自共同基金2006年工作报告。

4. 扩大和改进商品贸易的补偿性资金供应

当出口初级产品的发展中国家出口收入剧减时，国际货币基金组织将给予补偿性贷款。

如 1963 年的出口波动补偿性贷款，主要用于成员国由于自然灾害等客观原因造成的初级产品出口收入的下降；随后，IMF 在 1969 年设立缓冲库存贷款，1988 年设立紧急和补偿性融资（contingency and compensatory financing facility CCFF），以满足贷款要求。

这些贷款主要为减缓某国临时性的出口收入低于中长期水平时带来的负面效应，但是由于很难区分这种出口收入下降是临时性的还是永久性的，从而使得大量资金投入收效甚微。

5. 扩展初级产品的加工和出口多样化

方案要求通过各种方式促进发展中国家的出口多样化，降低对发展中国家制成品的贸易壁垒。

商品综合方案是发展中国家为打破旧的国际经济贸易秩序，建立新的国际经济贸易秩序所采取的一个重要步骤。但是要将方案的内容变成现实，还须经过长期艰苦斗争。

除上述的解决方案外，许多以市场为基础的规避市场和价格风险的手段也开始出现，如远期、期货、期权、掉期合同等。虽然这些金融工具早已在发达国家广泛使用，但只有近 20 年来，初级产品市场才开始使用这些金融工具。实际上，许多发展中国家并不具备开展这些金融交易的条件。更重要的是，远期和期货市场只是规避短期价格和收入波动风险的手段，无法从根本上解决初级产品价格长期疲软的问题。

## 本章小结

1. 贸易条约与协定是两个或两个以上的主权国家为确定彼此的经济关系，特别是贸易关系方面的权利和义务而缔结的书面协议。

2. 贸易条约与协定中通常适用的法律待遇条款包括最惠国待遇条款、国民待遇条款、互惠待遇条款。

最惠国待遇条款是指缔约国一方现在和将来给予任何第三国的一切特权、优惠及豁免，也同样给予缔约对方。最惠国待遇的基本要求，是使缔约一方在缔约另一方享有不低于任何第三国享有的待遇。

国民待遇条款的基本含义是指缔约国一方保证缔约国另一方的公民、企业和船舶在本国境内享受与本国公民、企业和船舶同等的待遇。

互惠待遇条款是法律待遇条款的一种。其基本要求是，缔约双方根据协议相互给予对方的法人或自然人以对等的权利和待遇。

3. 双边贸易条约和协定的主要形式包括：通商航海条约、贸易协定、贸易议定书、支付协定。

4. 国际商品协定是指某项商品的主要出口国和进口国为了稳定该项商品价格和保证供销等目的所缔结的政府间多边贸易协定,主要对象是初级产品。经过多年发展,目前国际上有8个初级产品的国际商品协定在运行,这些协定的宗旨也从稳定商品价格转向促进特定初级产品及其相关制成品的可持续发展。

5. 商品综合方案的目的是为了解决发展中国家初级产品出口价格长期疲软,贸易条件恶化的问题。其主要内容包括建立多种商品的国际储存,建立国际储存共同基金,建立商品贸易多边承诺,提高商品贸易补偿性资金供应,扩展初级产品的加工和出口多样化。

## 重要概念

贸易条约与协定、最惠国待遇、国民待遇、国际商品协定、缓冲存货、出口限额、多边合同、商品综合方案。

## 案例分析

### 案例 《国际咖啡协定》内容的变迁

咖啡是一种重要的初级产品,但价格受供给、气候和各国经济情况的变化影响很大,波动十分剧烈。其波动的基本趋势是:较长时期的过度供给和低价,然后是较短时期的供给不足和高价。咖啡的生产国和消费国深受其害,为保障自己的利益,这些国家开始签订相关协定,保证咖啡价格和供需的稳定。

最早的《国际咖啡协定》于1962年签署,协定中最重要的内容是经济条款,通过配额机制来稳定价格,保证供需。

1968年协定及其两次延期中继续使用经济条款,在1973年协定中经济条款被废除。

1976年协定和1983年协定中,重新引入经过修改的经济条款:市场价格高时中止配额条款,价格低时引入配额条款。

1994年和2001年的协定中,已不再提及经济条款。

最新的第七个《国际咖啡协定》于2007年9月28日在伦敦被国际咖啡组织的77个成员国所接受,并于2011年2月2日正式生效。

通过阅读本章内容,可以发现,它的宗旨已发生质的改变。

## 案例解析

国际商品协定内容的变化,反映初级产品市场的变化。

最初的协定只是单纯强调通过经济条款和配额来控制供给,保证产品价格的稳定性。

但由于咖啡的供给和需求模式的变化,导致1973年咖啡价格的大幅上升,从而使协定的配额管理制度崩溃。1968年咖啡协定中的所有经济条款全部中止,该组织只能成为一个信息交流中心和谈判论坛。

1975年巴西的自然灾害,使得全球咖啡供给出现短缺。因此,在1976年和1983年的咖啡协定中又重新引入配额机制,并对其运行进行相应的调整,以保障咖啡的供给和需求。但在1991年和1992年,咖啡价格跌到历史最低水平,配额机制无法实现价格稳定,而且各国无法在价格管理机制上达成统一意见,协会成员只能决定从其他方面来进行国际合作,促成1994年咖啡协定。

经济条款的失效,反映出通过控制产出稳定价格的局限性,说明缺乏强有力的管理机制来协调各国利益。

新的协定条款中,主要强调以下几方面:提高咖啡产量和质量;采取措施来促进咖啡的消费;成立世界咖啡协会;提供最新的研究报告和数据资料;提供最新的生产技术,供各国使用;希望咖啡的主要生产商和消费商参与到协定中,以保证咖啡产业的可持续性发展和消费量的持续扩大;开始关注咖啡生产领域内工人的生产和生活状况。

资料来源:UNCTAD网站。

## 同步测练与解析

### 一、选择题

1. 全面规定两国间经济贸易关系的条约或协议称为(　　)。
   A. 通商航海条约　　　　　　B. 贸易议定书
   C. 国际商品协定　　　　　　D. 关税减让与互惠协定
2. 国民待遇条款的适用范围包括(　　)。
   A. 沿海航行权　　　　　　　B. 领海捕鱼权
   C. 船舶在港口的待遇　　　　D. 购买土地权
3. 贸易条约与协定中最常用的法律待遇条款是(　　)。
   A. 最惠国待遇条款　　　　　B. 普惠制条款
   C. 授权条款　　　　　　　　D. 选择性保障条款
4. 最惠国待遇条款的基本要求是(　　)。
   A. 外国企业享有最优惠的特权待遇
   B. 缔约一方在缔约另一方享有不低于任何第三方享有的待遇
   C. 缔约一方仅给缔约另一方优惠待遇,其他缔约方无权享受的待遇
   D. 外国公民与本国公民享有同等待遇

5. 国际商品协定的主要对象是（　　）。

　A. 钢铁产品　　　　B. 汽车　　　　C. 初级产品　　　　D. 纺织产品

6. 下列哪一项属于最惠国待遇条款适用的例外（　　）。

　A. 进出口货物的关税和其他捐税

　B. 有关商品的海关规则适用、手续和费用

　C. 进出口许可证发放和行政手续

　D. 关税同盟

7. 常见的贸易条约与协定有（　　）。

　A. 支付协定　　　　　　　　　B. 支付货款协定

　C. 国际商品协定　　　　　　　D. 通商航海条约

　E. 贸易议定书

8. 贸易条约与协定（　　）。

　A. 主要是用于确定缔约国之间的经济和贸易关系

　B. 一般由序言、正文和结尾组成

　C. 只可在正式建立的国家间签订

　D. 必须经各国立法机构批准

　E. 它由国家元首签订

9. 商品综合方案的主要内容包括（　　）。

　A. 扩大初级产品的加工和出口多样化的规定

　B. 建立国际储备的共同基金

　C. 建立国际商品储存

　D. 商品贸易的多边承诺

　E. 扩大和改进商品贸易的补偿性资金供应

10. 曾被国际商品协定采用的经济条款包括（　　）

　A. 缓冲库存　　　　　　　　　B. 出口限额

　C. 多边合同　　　　　　　　　D. 出口限额与缓冲库存相结合

　E. 出口配额

二、思考题

1. 国际支付协定的主要内容是什么？

2. 贸易条约与协定中适用的法律待遇条款主要包括哪些，其主要内容是什么？

3. 什么是国际商品协定？目前正在运行的国际商品协定与原有协定有什么不同？

4. 试说明最惠国待遇条款的适用与例外。

**【同步测练】参考答案**

一、选择题
1. A  2. C  3. A  4. B  5. C  6. D  7. ADE  8. AB  9. ABCDE  10. ABCD

二、思考题

1. 国际支付协定的主要内容包括清算机构、清算账户的设立、清算范围、清算货币、清算方法和清算差额的处理方法等。具体内容见第二节。

2. 主要包括最惠国待遇，国民待遇和互惠待遇。最惠国待遇是指缔约方一方现在和将来所给予任何第三方的一切特权、优惠和豁免，也同样给予缔约方对方。国民待遇是指，一国给予其他缔约方的公民、船舶、企业的权利和优惠，不应低于本国公民、船舶和企业享有的权利和优惠。互惠待遇条款，是指缔约双方根据协议相互给予对方法人或自然人以对等的权利和待遇。具体内容见第一节。

3. 国际商品协定是某项初级产品的重要生产国与消费国之间，为了稳定该项商品价格和保证供销等目的而签订的多边协定。

原有的国际商品协定以协定初级产品国际价格为目的，加入了大量的经济条款，但实践表明，这些条款并没有起到多大作用。因此，目前正在运行的国际商品协定去掉了原有的经济条款，加入了一系列新条款，如加强研发、加强融资、提供最新数据、提供政府和企业对话平台等功能，并以建设初级产品及其制成品的可持续发展为目标。

4. 一般来讲，最惠国待遇适用范围主要包括以下几方面：

（1）进出口商品关税及其他捐税；

（2）商品进出口、过境等方面的海关规则和费用；

（3）进出口许可证的发放及其他限制措施；

（4）船舶驶入和停泊时的各种费用和手续；

（5）自然人和法人的法律地位、移民、投资、商标、专利、知识产权及铁路运输方面的待遇；

（6）外汇管制。

最常见的最惠国待遇例外包括：

（1）边境贸易；

（2）关税同盟或区域性贸易协定；

（3）在沿海贸易和内河航行权给予他国的优惠；

（4）国家按照多边国际条约或协定承担的义务；

（5）武器进口等。

# 第九章
HAPTER NINE

# 区域经济一体化

### 本章学习要求

理解区域经济一体化的含义及主要形式;了解区域经济一体化发展的历程及对世界经济贸易的影响;掌握关税同盟理论的主要内容。

### 重点与难点

1. 区域经济一体化的含义及主要形式;
2. 关税同盟理论。

# 第一节 区域经济一体化概述

区域经济一体化(Regional Economic Integration)是近年来国际经济领域内十分突出的现象,意指几个国家或地区通过签署区域性经济贸易协定(Regional Trade Agreement RTA),进行政策协调,以促进成员国经济发展。[①]

## 一、区域经济一体化的含义

关于区域经济一体化,目前不存在严格的定义,不同学者在对区域经济一体化的内涵进行界定时都有着自己的关注点。一般来讲,区域经济一体化被认为是两个或两个以上的国家或地区通过签订协议或条约,相互取消阻碍贸易发展、经济融合的障碍,进行程度不同的政策和制度合作以促进彼此间经济与贸易的发展。

区域经济一体化的根本目的是减少区域内经济融合发展的障碍,终极目标是在成员国之间建立单一的经济空间,实现经济的完全一体化。不同区域内国家将根据各自经济发展的现状和需要,采用不同的经济融合方式,区域经济一体化进程具有由低级向高级渐近发展的特征。

## 二、区域经济一体化形式

依照成员国之间贸易壁垒的取消程度和经济政策协调程度,可以将区域经济一体化划分为六种形式:优惠贸易安排、自由贸易区、关税同盟、共同市场、经济与货币联盟、政治联盟。

### (一)优惠贸易安排

优惠贸易安排(Preferential Trade Arrangement)又称特惠关税区,是区域经济合作最初级的形式,具体做法是,成员国通过协定或其他形式,对成员国间贸易的全部或部分商品相互给予削减关税的优惠待遇,对区外非成员国仍然维持原有的关税水平,实行独立的关税政策。

优惠贸易安排是一种最松散的区域经济一体化的形式,成员国只是通过降低关税来促

---

[①] 现实中存在的关于区域经济一体化的名称很多,如欧洲联盟、北美自由贸易协定、中美共同市场、加勒比共同体、海湾合作理事会等,有些名称可以程度不同地反映该一体化组织在某些方面取得的进展或未来发展目标,更多的称谓与实质内容不存在多大的关联,如东部和南部非洲共同市场(Common Market for Eastern and Southern Africa,COMESA)。

进彼此的贸易发展。"东南亚国家联盟"属于这种形式。

### （二）自由贸易区

自由贸易区（Free Trade Area）是指成员国通过签署自由贸易区协定，消除成员国间货物贸易的关税壁垒和数量限制，实现商品在区域内自由流动，同时，自由贸易区允许成员国对非成员国实施独立的关税与贸易政策。

由于存在与非成员国的贸易关系，成员国之间的海关仍然需要行使其职能，它们通过制定和实施原产地等措施，防止区外国家商品利用成员国对非成员国贸易政策存在的差异，从低贸易壁垒国家流入高贸易壁垒国家。

同优惠贸易安排相比，自由贸易区扩大了区域内自由流通的商品的种类和数目，基本消除了商品自由流通的障碍，促进了区域内货物贸易的发展。

自由贸易区是目前被广泛使用的区域经济一体化形式，约占区域性经济贸易集团总数的90%。目前运行较为成功的NAFTA属于自由贸易区形式。

### （三）关税同盟

关税同盟（Customs Union）是指成员国通过缔结协定或条约结成同盟，相互之间完全取消关税和其他贸易壁垒，同时建立并实施对非成员国统一的关税政策。

关税同盟在一体化程度上比自由贸易区更进一步，商品交换领域整合的内容和范围进一步扩大。同时，建立一些强有力的超国家机构以监督协调区域内外的贸易关系，实施对外统一的关税政策和贸易政策。

历史上典型的关税同盟是欧洲经济共同体，它于1968年达到关税同盟阶段。其他的关税同盟还包括新的安第斯条约组织，其成员包括玻利维亚、哥伦比亚、厄瓜多尔、秘鲁、委内瑞拉。安第斯条约组织成员国之间已经实现了自由贸易，但对来自非成员国的商品征收5%~20%不等的进口关税。

### （四）共同市场

共同市场（Common Market）是指成员国之间完全废除关税与数量限制，建立统一对外关税，允许生产要素跨国界自由流动，即除了商品自由流动之外，资本、服务、人员均可以不受阻碍地在成员国之间自由流动。欧洲经济共同体1992年年底实现的"大市场"基本达到这一层次的经济一体化。

建立共同市场要求成员国在财政、货币、就业政策方面高度协调和合作，这充分表明成员国之间的一体化已经上升到经济政策协调，甚至一些共同经济政策制定与执行的高度。

共同市场一体化整合的内容已经超出商品自由流动的范围，具有非同一般的意义。除商品市场一体化、资本市场一体化、服务市场一体化、劳动力市场一体化之外，生产过程一体化的动力和潜能大大提高,势必刺激经济增长,创造更多就业机会,增强企业竞争能力,提高效率和效益,降低生产成本。

由阿根廷、巴西、巴拉圭、乌拉圭组成的南美共同市场的终极目标就是建立共同市场。

### (五) 经济与货币联盟

经济与货币联盟是指在实现商品、服务和生产要素自由流动的同时,统一各成员国货币或实现成员国间不可逆转的固定汇率,并且对包括货币金融、财政在内的各种经济政策通过共同的权力机构进行协调和统一,经济与货币联盟使成员国经济一体化的范围从商品交换,扩展到生产、分配乃至整个国民经济,形成一个庞大的经济实体。

货币统一和经济政策一体化要求该区域集团的共同决策机构具有超国家权力,并由各成员国共同控制,以便与经济一体化的运行相适应。

欧盟初步实现了经济与货币联盟,但各国仍实施独立的税收政策。

### (六) 政治联盟

在政治联盟一体化形式中,成员国在经济、金融、财政等政策方面实行统一化,完全废除在商品、服务、资本、劳动力等生产要素自由流动上的人为障碍,建立起拥有更多权力的超国家机构,在各经济领域推行完全一致的经济政策,使各成员国变为一体化区域内的各个地区,从而在经济上达到一体化的最高程度。

表 9-1 为区域经济一体化的形式及其主要特征。同时,经济一体化高度发展也要求成员国在政治上的联合,以确保经济联合的持久性,共同的经济利益将演化为共同的政治利益。超国家机构将进一步全面协调成员国的社会及对外政策。马斯赫里克特条约的实施使欧盟正朝着这一目标努力,自 20 世纪 70 年代起,欧洲议会开始由欧盟各国公民直接选举产生,欧盟的决策机构—部长理事会由各国部长组成,欧盟已经开始向国外派驻大使,欧盟正试图以一个声音、一体形象出现在世界政治经济舞台上。

表 9-1 区域经济一体化的形式及其主要特征

| 特征<br>类型 | 关税减让 | 自由贸易 | 统一对外关税 | 生产要素自由流动 | 经济政策协调 | 统一经济政策 |
|---|---|---|---|---|---|---|
| 优惠贸易安排* | √ | | | | | |
| 自由贸易区 | √ | √ | | | | |
| 关税同盟 | √ | √ | √ | | | |
| 共同市场 | √ | √ | √ | √ | | |
| 经济与货币联盟 | √ | √ | √ | √ | √ | |
| 政治联盟 | √ | √ | √ | √ | √ | √ |

资料来源:El-Agraa,1986. The Economics of Europe Economic Community,p. 2.

\* 注:优惠贸易安排和关税减让两项原文中没有。

## 专栏9.1　跨太平洋伙伴关系协定

根据世界贸易组织的数据，截至2018年底，世界贸易组织收到地区贸易协定的通报467次，其中目前仍持续生效的地区优惠贸易协定达到291个。

越来越多的国家参与到区域协定的谈判中，其中跨太平洋伙伴关系协定（Trans-Pacific Partnership Agreement，TPP）是目前值得关注的区域合作协定。最初的TPP是智利、新加坡、新西兰和文莱于2002年开始的自由贸易区谈判，旨在促进亚太地区贸易自由化，原定于2006年生效。2008年开始决定增加投资和金融服务谈判，此协议采取开放态度，任何国家都可以参与。其最初影响并不大，但自从美国2008年决定加入后，TPP自贸区成为吸引全球目光最多的自贸区谈判。

目前加入谈判的国家已达到10个，包括澳大利亚、智利、马来西亚、新西兰、秘鲁、越南、文莱、新加坡和日本等多个亚洲、美洲和大洋洲国家。第一轮谈判于2010年3月开始，经过多轮谈判，2015年10月5日，美国、日本和其他10个泛太平洋国家就TPP内容谈判达成一致，取得实质性突破。2016年2月4日，美国、日本、澳大利亚、文莱、加拿大、智利、马来西亚、墨西哥、新西兰、秘鲁、新加坡和越南12个国家在奥克兰正式签署了跨太平洋伙伴关系协定（TPP）协议。这12个成员国经济占全球经济的比重达到40%。其宗旨是促进缔约国经济增长，创造并维持工作岗位，增进创新、生产力和竞争力，提高生活水平，减少贫困，促进透明度、良好治理以及劳动和环境保护，在亚洲建立高标准的贸易和投资规则，实现亚太地区的自由贸易和区域一体化。

该协定的五个关键特征使得TPP成为21世纪贸易协定的一个标志性协定，为全球贸易树立了新标准，这五个特征分别为：

### 一、全面的市场准入

TPP实质性地减少了货物贸易和服务贸易领域内关税及非关税壁垒，几乎覆盖贸易的全部范围，包括货物、服务和投资，以便为缔约国的企业、员工和消费者创造新的机遇与利益。

### 二、区域性承诺

TPP便利了生产链和供应链的发展，促进了"无缝贸易"，提高了效率，支持了创造和维持工作岗位的目标，提高生活水平，提高环保力度，促进跨境融合和国内市场的开放。

### 三、应对新的贸易挑战

协定通过关注包括电子商务、全球经济中的国营企业地位等新问题，来促进各国经济改革,提高劳动生产力和国际竞争力。

### 四、包容性贸易

协定包括新的元素以保证处于不同发展水平的所有规模的所有企业都可以从贸易中获益,这些新元素包括:承诺帮助中小企业理解协定,充分利用协定提供的机会,关注它们面对的独特挑战,同时还承诺促进各方发展提高其贸易能力,确保参加方可以实现协议中所承诺的利益。

### 五、区域一体化平台

TPP 试图成为区域经济一体化的平台,鼓励亚太地区的其他国家加入协定。

TPP 协定其 30 章内容,涵盖了贸易和与贸易相关的议题,包括货物贸易、海关贸易便利化、卫生和检疫措施、技术性贸易壁垒、贸易救济、投资、服务贸易、电子商务、政府采购、知识产权、劳工问题、环境等内容,以及一些保证 TPP 可以实现其促进发展、增强竞争力,提高包容性潜力的"横向"章节,贸易争端解决机制、例外和行政条款。

除了对现有自由贸易协定(FTA)所涵盖议题的谈判成果的更新外,TPP 将一些新的正在出现和交叉性议题也融入了协定中。这些议题包括与互联网和数字经济相关的议题、国营企业参与国际贸易和投资的议题、小企业利用贸易协定的能力等。

TPP 的成员国,无论在地理、语言上,还是在历史、幅员和经济发展水平上都相差甚远。所有的 TPP 成员国都意识到,多样性是一种独特的资产,但也要求各方紧密合作,帮助较不发达成员国提升能力,在某些个案上提供特别过渡期和过渡机制,给予额外时间,帮助其发展能力以履行其新义务。

TPP 协定的功能定位具有综合性的特点,美国希望借助 TPP 构筑新的亚太乃至全球贸易新体制。不仅涉及美国在亚太地区的贸易、经济发展,同时关注其在亚太地区的外交政治地位及由此辐射出去的全球影响。对于参与国来讲,它提供了极好的战略机会,重塑发展中国家和地区的地区经济结构,增强亚太地区的经济一体化和自由化发展,短期内获得新的市场准入和不断提升的供应链一体化,并获得长远利益。

2016 年,特朗普当选后的第一个决定,就是宣布退出 TPP,2018 年 3 月 8 日,由日本主导、其他 10 国参与的《跨太平洋伙伴全面进展协定》在南美洲国家智利首都圣地亚哥举行签字仪式,协议更名为 CPTPP,并于 2018 年年底生效。

资料来源:美国贸易代表办公室网站、金融时报。

## 专栏 9.2　目前主要的区域贸易协定

| 名称缩写 | 全　称 | 主要成员 | 范　围 | 类　型 |
|---|---|---|---|---|
| AFTA | 东盟自由贸易区 | 文莱、柬埔寨、印度尼西亚、老挝、马来西亚、缅甸、菲律宾、新加坡、泰国、越南 | 货物 | FTA |
| BA | 曼谷协定 | 孟加拉国、中国、印度、韩国、老挝、斯里兰卡 | 货物 | PSA |
| CAN | 安第斯共同体 | 玻利维亚、哥伦比亚、厄瓜多尔、秘鲁、委内瑞拉 | 货物 | CU |
| CARICOM | 加勒比共同体 | 安提瓜和巴布达、巴哈马、巴巴多斯、伯利兹、多米尼克、格林纳达、圭亚那、海地、牙买加、蒙特塞拉特、特立尼达和多巴哥、圣基茨和尼维斯、圣卢西亚、圣文森特和格林纳丁斯、苏里南 | 货物与服务 | CU & EIA |
| CACM | 中美洲共同市场 | 哥斯达黎加、萨尔瓦多、危地马拉、洪都拉斯、尼加拉瓜、巴拿马 | 货物 | CU |
| CEFTA | 中欧自由贸易协定 | 阿尔巴尼亚、波斯尼亚和黑塞哥维那、克罗地亚、马其顿、摩尔多瓦、黑山、塞尔维亚、联合国科索沃临时行政当局特派团 | 货物 | FTA |
| CEMAC | 中部非洲经济和货币共同体 | 喀麦隆、中非共和国、乍得、刚果、赤道几内亚、加蓬 | 货物 | CU |
| CIS | 独联体 | 阿塞拜疆、亚美尼亚、白俄罗斯、哈萨克斯坦、摩尔多瓦、俄罗斯、乌兹别克斯坦、塔吉克斯坦、吉尔吉斯斯坦 | 货物 | FTA |
| COMESA | 东部和南部非洲共同市场 | 布隆迪、科摩罗、刚果（金）、吉布提、埃及、厄立特里亚、埃塞俄比亚、肯尼亚、马达加斯加、马拉维、毛里求斯、卢旺达、利比亚、塞舌尔、苏丹、斯威士兰、突尼斯、索马里、乌干达、赞比亚、津巴布韦 | 货物 | FTA |
| EAC | 东非共同体 | 肯尼亚、坦桑尼亚、乌干达、布隆迪、卢旺达 | 货物 | CU |
| EAEC | 欧亚经济共同体 | 白俄罗斯、哈萨克斯坦、吉尔吉斯斯坦、俄罗斯、塔吉克斯坦 | 货物 | CU |
| EU | 欧盟 | 奥地利、比利时、保加利亚、塞浦路斯、克罗地亚、捷克、丹麦、爱沙尼亚、芬兰、法国、德国、希腊、匈牙利、爱尔兰、意大利、拉脱维亚、立陶宛、卢森堡、马耳他、波兰、葡萄牙、罗马尼亚、斯洛伐克共和国、斯洛文尼亚、西班牙、瑞典、荷兰、英国 | 货物与服务 | CU & EIA |

续表

| 名称缩写 | 全 称 | 主要成员 | 范 围 | 类 型 |
|---|---|---|---|---|
| ECO | 经济合作组织 | 阿富汗、阿塞拜疆、伊朗、哈萨克斯坦、吉尔吉斯共和国、巴基斯坦、塔吉克斯坦、土耳其、土库曼斯坦、乌兹别克斯坦 | 货物 | PSA |
| EEA | 欧洲经济区 | 欧盟27国、冰岛、列支敦士登、挪威、瑞士 | 服务 | EIA |
| EFTA | 欧洲自由贸易联盟 | 冰岛、列支敦士登、挪威、瑞士 | 货物与服务 | FTA & EIA |
| GCC | 海湾合作委员会 | 巴林、科威特、阿曼、卡塔尔、沙特阿拉伯、阿拉伯联合酋长国 | 货物 | CU |
| LAIA | 拉美一体化协会 | 阿根廷、玻利维亚、巴西、智利、哥伦比亚、古巴、厄瓜多尔、墨西哥、巴拉圭、秘鲁、乌拉圭、委内瑞拉 | 货物 | PSA |
| MERCOSUR | 南方共同市场 | 阿根廷、巴西、巴拉圭、乌拉圭 | 货物与服务 | CU & EIA |
| NAFTA | 北美自由贸易区 | 加拿大、墨西哥、美国 | 货物与服务 | FTA & EIA |
| PAFTA | 泛阿拉伯自由贸易区 | 巴林、埃及、伊拉克、约旦、科威特、黎巴嫩、利比亚、摩洛哥、阿曼、卡塔尔、沙特阿拉伯、苏丹、叙利亚、突尼斯、阿拉伯联合酋长国、也门、巴勒斯坦、阿尔及利亚 | 货物 | FTA |
| SACU | 南部非洲关税同盟 | 博茨瓦纳、莱索托、纳米比亚、南非、斯威士兰 | 货物 | CU |
| SADC | 南部非洲发展共同体 | 安哥拉、博茨瓦纳、科摩罗、莱索托、马拉维、毛里求斯、莫桑比克、纳米比亚、南非、斯威士兰、坦桑尼亚、赞比亚、津巴布韦、塞舌尔、马达加斯加、刚果（金） | 货物 | FTA |
| APEC | 亚太经济合作组织 | 日本、中国、韩国、新加坡、印度尼西亚、马来西亚、泰国、菲律宾、文莱、越南、墨西哥、加拿大、美国、澳大利亚、智利、中国香港及台湾地区等 | 货物、服务、资本流动等 | EIA |

注：FTA, Free Trade Agreement；CU, Custom Union；EIA, Economic Integration Agreement；PSA, Partial Scope Agreement.
资料来源：www.wto.org 20190101.

## 三、区域经济一体化形成与发展的原因

区域经济化一体化发展，既有其内在原因，也有特定历史条件下，促使其迅速发展的外部原因。

### （一）内部原因

区域经济一体化发展的内部原因是其产生发展的根本原因，归结起来是生产力发展的必然结果。

**1. 区域经济一体化通过扩大市场为企业提供更大的发展空间**

区域经济一体化将成员国狭小的市场联合起来，为其工业发展提供更大的市场空间，促进了成员国技术进步和劳动生产效率的提高。具体表现为：

（1）刺激竞争，防止垄断力量的形成。在区域贸易协议下，成员国企业面对的不再是狭小的国内市场，而是通过协议联合起来的大市场，在这个市场中各国企业都在为市场份额进行角逐。企业必须要增加研究与开发投入，不断向市场推出新产品、改进技术、改进管理、提高生产效率，以保证在激烈的市场竞争中取胜。这种竞争有助于区域内各成员国的经济发展、技术进步和消费者福利增加。

（2）企业可以实现规模经济利益。实现区域经济一体化后，面对更大的市场，企业可以通过扩大生产规模，实现规模经济效益，降低成本，加强竞争力。同时由于竞争者数目增多，扩大规模的企业也不易形成垄断。

（3）有助于资源或生产要素的充分流动。生产要素可以从边际生产率较低的国家向边际生产率比较高的国家转移，从边际生产率较低的产业向边际生产率较高的产业转移，使资源和生产要素的使用更加合理，提高资源配置效率。生产要素的跨界自由流动也缩小了成员国间经济发展水平的差异。

随着更大市场范围内的经济发展，区域集团内成员间经济发展的相互依赖程度日益加深。

**2. 促进区域内贸易和投资的发展**

随着区域经济一体化组织的建立和发展，各成员方不断消除区域内贸易壁垒，为区域内商品和生产要素的自由流通创造了良好环境，必然会促进区域内贸易的发展。

成员国企业面对区域经济一体化带来的市场扩展和竞争加剧，必然会增加投资，扩大生产规模，进行创新。同时，由于区域性经济一体化组织的贸易政策内外有别，实质上构成对非成员国货物和服务贸易的壁垒，削弱其产品在区域内的竞争力。为绕过贸易保护壁垒，进入区域内部市场，非成员国只能在成员国进行直接投资，实现当地生产当地销售，这为成员国带来丰富的资金、技术和管理经验。

**3. 增强对世界政治、经济的影响力**

区域经济一体化促进了区域内各国的经济发展，各国经济实力得到提高，成员间的经济联系也日益密切，共同的经济与政治利益使它们成为一个实体，增强了在世界政治、经济中的地位和影响力。

以欧盟为例，在欧共同体成立前，由于经济实力悬殊，各成员国在与美国的双边经济贸易关系中,均处于不利的谈判地位。随着欧洲区域经济一体化的发展,欧盟的政治和经济力量不断增强,国际地位不断提高,具备了与美国抗衡的经济与政治实力,成为影响世界政治经济发展的重要角色。

东盟的一体化进程也提高其与日本、韩国、中国进行双边谈判时的地位,较好地维护了东盟的整体经济利益。

### (二) 外部原因

1. 科技与社会生产力的迅速发展

科技的迅猛发展和社会生产力的极大提高,使生产的专业化和协作化进一步发展,国际分工不断深化,经济国际化达到前所未有的水平。现代信息技术的广泛应用和运输条件的改善,为生产要素在全球范围内的流动创造了条件。跨国资本的迅速扩张和企业经营战略全球化成为推动世界经济全球化发展的强大动力,使各国经济间的相互依存、相互制约和相互渗透日益加深,地区经济合作趋势不断加强,贸易与投资的自由化成为一种客观上不可逆转的趋势。

然而由于各国经济发展水平不同,社会历史背景不同以及民族利益的存在,使得全球范围的自由化成为一个漫长的过程。因此,在条件成熟的国家和地区间先行实现贸易投资自由化是一种可行的现实选择,区域经济一体化成为全球经济一体化的前期阶段。

2. 战后初期,欧洲经济发展的需要和美国与苏联的军事对峙使西欧走向联合

"二战"后,世界经济进入恢复重建与发展阶段。各国政治经济发展处于极端不平衡状态。

欧洲不再是世界经济的中心,国际影响力大大降低。而苏联和美国两个超级大国都试图将欧洲置于自己的控制之下。苏联在1949年与前东欧国家建立的经互会控制了中东欧地区,对西欧国家构成极大威胁。西欧各国希望实现经济、政治、防务的独立。因此,欧洲国家需要联合起来,调动共同的资源和力量重建欧洲,恢复欧洲在世界政治经济中的地位。同时美国认为,一个强大、繁荣的欧洲才有可能帮助美国抗衡苏联,为此美国推出"马歇尔欧洲复兴计划",为欧洲经济恢复提供援助,但前提条件是欧洲国家的联合,因此,美国的马歇尔计划对欧洲经济一体化启动产生了重大影响。

3. 各国经济、政治的非均衡发展加速区域经济一体化组织的发展

随着各国经济的恢复和发展,20世纪80年代的西欧和日本已成为美国经济最强有力的竞争对手,美、日、欧对世界经济中心地位的争夺开始激化,国际政治经济的新格局使各国把经济一体化当作发展战略的重要组成部分。欧洲国家政治和经济一体化进程增强了欧洲的整体实力,美国只有通过组建区域性经济贸易集团加强其对美洲和亚太地区经济的领导和控制权,并以此与欧洲和日本抗衡。而日本也一直试图成为亚洲经济的领袖。

4. 维持与发展民族经济及政治利益促使发展中国家走向联合

一体化的经济联合可以成为政治联合的基础,因此,一些在国际经济政治斗争中地位相

近的国家在共同利益的基础上,结成一体化集团,维护它们自身的经济和政治利益。

20世纪60年代,相继政治独立的一些民族国家兴起一股区域经济合作浪潮。它们国内工业基础薄弱,市场狭小,希望通过加强经济合作实现共同发展,抵御外来力量的干涉,维护其政治经济的独立性,提高其世界政治经济地位。短短几年内,整个拉美地区出现大小不等20多个区域性经济合作组织,如安第斯集团、中美洲共同市场等。亚洲的一些发展中国家也于1967年建立东南亚国家联盟。

5. 多边贸易体制的局限性使区域性经济合作获得发展

由于多边贸易体制在某些涉及成员国国内重大政治和经济利益的领域中并不能全面满足成员国的要求,因此,拥有地缘政治、经济发展模式相似、发展水平相近、成员数目少、想法容易协调一致等优势的区域经济一体化合作安排成为许多国家的选择,它是对多边贸易体制有力的补充。

多边贸易体制对区域经济一体化组织的发展也提供了有利条件。一方面,多边贸易体制允许缔约方或成员国之间组建自由贸易区或关税同盟;另一方面,为限制区域性贸易安排的排他性,规定成员国或缔约方在建立关税同盟、自由贸易区或其他临时协定时,对非成员国贸易实施的关税和其他贸易规章"大体上不得高于或严于为建立同盟或临时协定时各组成领土所实施的关税和贸易规章的一般限制水平",并规定了通报、磋商和接受监督的措施。

近年来,WTO下的多边贸易谈判始终没有取得较大进展,全球多边贸易体制进程受阻,世界经济发展中出现的新问题,如投资、竞争、环境和劳工标准歧视性保护措施等,在WTO谈判中得不到及时解决,各国只能转向区域经济一体化组织寻找更多的发展机会和更好的答案。而区域贸易协定中的各成员国间较近的地缘,相近的经济发展水平和较少的成员,使区域经济一体化的安排更容易实现。

因此,区域经济一体化以前所未有的速度迅速发展。依照世界贸易组织的规定,其成员方加入任何一个区域性贸易协定应及时向世界贸易组织通报。

## 第二节 主要的区域经济一体化组织

在目前运行的区域经济一体化组织中,对世界经济具有较大影响力的组织主要有三个:欧洲联盟——一体化程度最高的组织;北美自由贸易区——以美国为首组建的第一个南北国家一体化组织;亚太经济合作组织——人口最多的亚洲太平洋地区一体化组织。

### 一、欧洲联盟(European Union)

欧盟是世界上历史最长、发展程度最高的区域经济一体化组织。其最早的形态是建于

1951 年的"欧洲煤钢共同体";1965 年,《布鲁塞尔条约》签订,欧洲共同体成立;1994 年,《马斯特里赫特条约》获得成员国批准,欧洲共同体更名为欧洲联盟,简称欧盟。2004 年,欧盟东扩,波兰等十国加入欧盟,2007 年,罗马尼亚、保加利亚加入欧盟,使其成员国总数达到 27 个。2013 年 7 月,克罗地亚成为欧盟第 28 个成员国。

(一) 欧洲一体化进程

1. 欧洲共同体成立

欧洲共同体(European Community)是欧洲煤钢联营共同体、欧洲原子能共同体和欧洲经济共同体三个组织的统称。

1951 年 4 月 18 日,比利时、法国、西德、意大利、卢森堡和荷兰 6 国在法国签署《欧洲煤钢联营集团条约》,在 6 国间建立起取消关税,取消数量限制和其他技术性歧视措施的欧洲煤钢联营共同体,统一计划和协调各国的煤钢生产。

1957 年 3 月,《欧洲原子能共同体条约》签署,建立欧洲原子能共同体,协调各成员的核工业发展。

1958 年,6 国签署《罗马条约》,建立欧洲经济共同体(European Economic Community,EEC),加强各成员国在经济上的联合,制定共同经济政策,消除成员国间的贸易壁垒,实现商品、人员、资本的自由流动,促进各国经济增长。

1965 年,6 国签署《布鲁塞尔条约》,将欧洲煤钢共同体、欧洲经济共同体、欧洲原子能共同体合并为欧洲共同体(European Community),建立单一的部长理事会和执行委员会。

1973 年,英国和丹麦脱离"欧洲自由贸易联盟协会"(EFTA),加入欧共体。同年,爱尔兰成为欧共体新成员,1981 年希腊加入,1986 年葡萄牙、西班牙加入,欧共体成员扩大到 12 国。

欧洲共同体的经济一体化进程主要表现在以下几个方面:

首先,建立关税同盟。欧洲经济共同体从 1959 年开始,计划分三阶段实施关税削减政策,到 1970 年全部完成。到 1968 年,欧共体的 6 个成员国已基本消除区域内关税壁垒,统一对外关税税率。

其次,实施共同农业政策。1962 年,布鲁塞尔会议确立共同农业政策的基本原则和措施:建立农产品共同市场,实行统一的农产品价格管理;在欧共体范围内实现农产品的自由流通,取消关税和其他贸易壁垒;本地农产品优先销售;进口产品只能以高于"目标价格"的价格水平销售,对外来产品征收"差价税";建立共同农业基金,用于干预收购和出口补贴;建立欧洲农业指导和保证基金,促进农业发展。

最后,建立欧洲货币体系。为保证各成员国货币的相对稳定,欧共体于 1979 年建立欧洲货币体系,设立欧洲货币单位(European Currency Unit,ECU),成员间实行固定汇率,对外实行联合浮动,形成相对稳定的汇率制度;建立欧洲货币基金向成员国提供贷款,用以干预外汇市场，稳定汇率。

2. 单一欧洲法案的实施

20世纪80年代初期，欧共体没有完全实现其消除贸易壁垒的目标，内部保护主义倾向加剧，为防止这一趋势的继续恶化，1987年欧共体发布《单一欧洲法案》(Single European Act)，法案在取消贸易壁垒、规范技术标准、政府采购、资格认证、银行管理、资本流动和汇率管理等方面做出详细规定，要求在1992年12月31日前消除所有阻碍欧洲单一大市场建立的障碍。

法案要求进行以下改变：

(1) 消除欧共体国家间边境控制措施，取消货物入境、人员入境的限制性规定。各国人员可以自由往来居住，享受当地居民一切福利待遇；实行公开职业招聘和公平竞争；自由选择工作。

(2) 实现资本的自由流通，减少银行零售和保险行业方面的竞争壁垒，降低金融服务成本。1992年底前，消除成员国间外汇交易的所有限制，实现货币自由兑换，实现资本的自由流通，协调各国财政和货币政策，建立一个真正一体化金融市场。

(3) 实现服务的自由流通，取消阻碍服务自由流通的各种限制措施，制定服务行业的统一标准，由各成员国实施统一监管。

(4) 消除技术障碍，实行产品标准的"相互认同原则"，只要某成员国建立的产品标准符合健康和安全的基本要求，这个标准就应该被其他国家接受。

(5) 向欧共体内的成员开放政府采购市场，允许低价供应商直接进入，鼓励国内供应商参与竞争，减少成本支出。

1993年1月1日，欧洲12国实现了《单一欧洲法》提出的目标，欧洲统一大市场如期建立。

欧洲统一大市场的建立，实现了欧洲市场的整合，关税和非关税壁垒的取消，技术标准的统一，便利了商品的自由流动，加剧了企业的竞争；生产要素的自由流动促进了资源的优化配置，成员国间贸易迅速增长。

3. 欧洲联盟的建立

统一大市场建立后，欧洲开始新的一体化进程。

1991年12月9—10日，欧共体各国首脑在荷兰马斯赫里克特举行会议，提出欧洲统一新目标，通过了《马斯赫里克特条约》，即欧洲联盟条约。按照条约规定，各国政府要在1992年底前完成条约的批准程序，条约于1993年1月1日正式生效，欧洲经济共同体也正式改名为欧洲联盟(European Union, EU)。

马斯赫里克特条约的主要目标是建立一个没有内部割裂的区域，实行共同的经济和货币政策，促进成员经济和社会的发展。马约的签署也标志着欧洲一体化将从过去的经济联合走向经济与政治的联盟。

(1) 欧洲经济与货币联盟(EMU)

马约为欧洲经济与货币联盟的建立规定了具体的时间表和步骤，要求成员国最晚于1999年1月1日实现单一货币、单一货币兑换率，建立起统一的欧洲中央银行，由银行执行委员和各国央行行长组成的委员会决定欧元区的利率和货币政策，各国央行统一执行。继单一金融货币体系外，进一步协调成员国经济政策，最终实现共同的经济政策。

单一的货币节省了货币兑换的费用，降低了利用价差进行投机的可能，更重要的是，一个流动性高的资本市场，降低了企业的融资成本，提高了投资效率，给各国经济发展带来许多益处。

但成员国面临的问题是：政府失去对货币政策的控制权，一个统一的货币政策对处于不同经济发展阶段的国家来讲未必是最佳的选择，欧元会对各国的税收政策和财政转移造成巨大压力，这些方面的变化都需要一个合适的政治结构来支撑。

1998年6月1日，以原德国中央银行为基础的欧洲中央银行在德国法兰克福成立。1999年1月1日，欧元诞生，奥地利、比利时、芬兰、法国、德国、爱尔兰、意大利、卢森堡、挪威、葡萄牙、西班牙将欧元确定为官方货币，2001年希腊将欧元确定为官方货币，2002年1月1日欧元正式流通，这些国家原有货币退出流通。随着新成员的不断加入，目前欧元区成员已达到19个。

欧元诞生后，经历了几次起起落落，汇率变化十分剧烈。2000年10月到达最低点，1美元兑换83分。2001年末欧元逐渐坚挺，2005年3月到达最高点1欧元兑换1.33美元。目前，欧元已成为继美元之后的第二大国际支付手段，在各国及国际组织外汇储备中的比例不断提高，在国际金融与贸易中发挥着日益重要的作用。

(2) 欧洲政治联盟

依照马约要求，在欧盟内建立欧洲政治联盟，包括共同的外交政策，安全防御政策，共同社会政策，统一欧盟公民身份。

4. 欧盟东扩

1989年东欧发生剧变，苏联和东欧社会主义国家纷纷宣布放弃社会主义制度，进行市场经济改革，给世界政治经济发展带来重大影响。

在经济改革进程中，东欧国家纷纷表达了希望加入欧盟的意愿，希望借助发达国家的市场经济体制和欧盟国家的经济力量，深化国内改革，发展经济，保障国家安全。欧盟也意识到东欧地区的动荡不安会直接威胁到西欧的安全与稳定，影响欧盟自身发展。考虑将处于经济过渡期的中东欧国家纳入欧盟体系，通过"移植"欧盟的法律、体制与政策；深化各国共同利益；进一步促进其民主、法制建设；促进其经济发展，保证欧盟地区的政治经济稳定；同时通过进一步扩大区域内部市场，提高欧盟在世界政治经济中的地位。

1991年起，EC(之后是欧盟)分三批与东欧国家签署联系国协定即欧洲协定，建立联系国制度，为这些国家日后加入欧盟做准备。

欧洲协定以法律形式确定了欧盟与联系国之间的政治经济关系，目的是使联系国逐步融入欧盟。要求东欧申请国建立稳定的民主机构、建立完善的法律体系，尊重少数民族权利，确保市场经济正常运行，并能应付欧盟内部的竞争压力；接受欧盟全部立法，包括《欧洲联盟条约》关于实现政治与经济货币联盟的新规定。欧盟明确表示，只有在上述条件得到满足时，才能加入欧盟。

协定签署后，欧盟根据各国经济发展的不同情况确定可以进行谈判的对象。1998年3月，首批6个候选国进入谈判，对农业政策、劳动力自由往来、司法和内务、财政、税收、机构等问题进行商讨。2002年10月，欧盟委员会发表东扩战略文件，宣布将于年底以前结束同罗马尼亚和保加利亚之外的10个候选国的谈判，这些国家将于2004年加入欧盟并参加于当年上半年举行的欧洲议会选举。

2004年5月1日，欧洲联盟实现了历史上第5次、也是规模最大的扩大。中东欧8个国家，即波兰、匈牙利、捷克、斯洛伐克、爱沙尼亚、拉脱维亚、立陶宛与斯洛文尼亚，加上地中海的塞浦路斯和马耳他，终于正式加入欧盟。扩大后的欧盟拥有25个成员国，共4.5亿人口，新增面积23%，总面积达400万平方公里，GDP(国内生产总值)约达10万亿欧元的新欧盟。2007年，保加利亚和罗马尼亚加入欧盟。

欧盟东扩给欧盟带来挑战。

首先是在决策统一方面。更多的国家参与将使欧盟的决策过程更加复杂，对外政策的协调难度加大，整体行动能力受限。

其次是贫富差距问题。新成员国都是低收入国家，将有更多的资金从老成员国转移到新成员国家中，支持其经济发展。

最后是移民问题。大量就业机会和资金向中东欧转移，都可能造成一些老成员国的失业率上升，对西欧国家福利体系造成过大压力。

欧盟东扩对于新世纪的世界经济、国际政治和安全格局变动，都将产生深远的影响。

### （二）欧盟的超国家机构与职能

欧洲一体化进程由其所设立的超国家机构负责运作，这些机构主要包括欧洲议会(European Parliament)、欧洲理事会(European Council)、部长理事会(Council of Ministers)、欧盟委员会(European Commission)、欧洲法院(European Court of Justice)。其中，欧洲理事会和部长理事会代表成员国利益，欧洲议会、欧盟委员会、欧洲法院是欧盟的超国家机构，代表欧盟的整体利益。

欧洲理事会由各成员国首脑和欧洲委员会主席组成，是欧盟的最高指导机构，主要关注欧盟发展的目标和战略方向。理事会每年至少召开两次会议。其职责是解决重大的政策问题和确定政策方向。

部长理事会又称欧盟理事会，由每个成员国的部长级代表组成，代表着各成员国的利益。从法律上讲,它与欧洲议会共享某些立法权,在决定是否采纳某项法律时享有最后决定权。它决定是否接受欧盟委员会提出的财政预算;负责协调成员国的经济政策;负责将欧洲理事会的指导思想付诸实施。

欧盟委员会是处理日常行政事务的行政机关,负责重大的政治、立法、行政和监督工作。委员会在欧盟立法方面具有垄断权,欧盟的绝大多数立法都经由欧盟委员会提案,递交部长理事会,再送交欧洲议会。议会在没有立法议案时,无权进行立法。作为欧盟条约的监护者,欧盟委员会监督条约的执行,确保欧盟各项条款的实施,有权向欧洲法院起诉没有履行义务的成员国政府;制定财政预算;负责对外经贸关系,代表欧盟参与国际谈判。委员会成员由各成员国指定的委员组成,每人专职负责一项欧盟事务。

欧洲议会是欧盟的立法机构,但没有立法的动议权,动议权由欧盟委员会掌握,欧盟委员会的议案为欧洲理事会采纳之前必须征求欧洲议会的意见,议会有权对提交的法案提出修改意见,对欧盟的一些重大决定由欧洲议会和欧洲理事会共同决策。它享有对财政预算的审议权和管理权,对行政部门工作的监督权。欧洲议会负责任命欧盟委员会主席和其主要的组成人员。

欧洲法院由各成员国指定的法官组成。是欧盟的执法、仲裁机构,负责解释《马斯特里赫特条约》和欧盟的各项法律、法规,对执行《马斯特里赫特条约》和欧盟的各项法律、法规过程中发生的纠纷进行审理和裁决。

## 二、北美自由贸易区

北美自由贸易区(North American Free Trade Agreement,NAFTA)由美国、加拿大和墨西哥组成,是目前世界上最大的自由贸易区,也是世界上第一个由发达国家和发展中国家建立的区域性经济集团。

### (一)北美自由贸易区的建立

1988年美国和加拿大建立美加自由贸易区,双方约定在10年内完全取消两国间的贸易壁垒。在美加自由贸易区生效一年后,美国决定将该自由贸易区扩大到墨西哥,并于1991年开始正式谈判。1992年12月17日,美国、加拿大和墨西哥三国政府首脑正式签署《北美自由贸易协定》,1994年1月正式生效。

《北美自由贸易协定》包括19个主要条款,主要涉及三国间商品、劳动力流动和投资自由化、政府采购、促进自由贸易区内公平竞争、为知识产权提供有效保护、贸易争端等方面的内容。协定生效后,在关税与非关税措施方面,10年内三国大部分关税削减为零,并取消配额、许可证等非关税措施;其余贸易壁垒最晚不超过2008年之前全部取消。农业方面,美国和墨西哥之间大部分农业关税立即取消,农产品配额关税化,并将在2010年取消。对一些敏感产品,采用逐步取消关税的做法。

汽车工业方面，墨西哥10年内取消全部进口配额，关税逐步降低。对在墨西哥境内生产的汽车、纺织品服装、电视产品等，美国设定很高的原产地标准，只有满足当地成分比例要求的产品才可以享受免税待遇，如汽车的墨西哥当地成分比例为62.5%。

墨西哥的国家能源开采项目向美国和加拿大政府开放，同时逐步开放包括银行、保险和证券交易在内的金融市场，并将在2007年底取消全部壁垒和限制。

如果一方的出口损害了另一方的利益，受损害一方可以将关税恢复到自由贸易区成立前的水平，但每段时间内，只能恢复一种工业的关税，且高关税持续时间最长不能超过三年。

NAFTA引入独特的争议解决机制，建立北美贸易委员会对争端和例外条款进行审议。双边国家可以共同对反倾销和反补贴税的最后征收进行审议讨论，对政府间争议的解决程序予以详细规定。

协定还包括关于劳工和环境保护的两个补充协议。1998年6月，三国发表《保护环境共同行动纲领》，强调在开放的市场中，寻求环境、经济和贸易三者的有效统一。同时，加入一些关于童工、最低工资标准、健康和安全法律等劳工标准的规定。

北美自由贸易区运行十多年来，在促进区域内成员国经济发展方面取得了巨大成果。统计数据表明，NAFTA对整个地区的经济和金融的繁荣发挥了重要作用，1993—2002年，美国和墨西哥之间的贸易量几乎翻了三倍，从810亿美元增加到2 320亿美元，是美国和其他地区贸易增长量的两倍。目前，加拿大和墨西哥分别是美国的第一大贸易伙伴和第二大贸易伙伴。[1]

更为重要的是，NAFTA改变了区域内的贸易方式和国际投资的流向。以墨西哥为例，其出口转向产成品出口，更多地参与区域内的垂直化分工，区域内部交易增加，吸引更多的外国直接投资，对墨西哥的经济发展产生了积极作用。

（二）北美自由贸易区对成员政治经济的影响

1. 对美国的影响

对美国来讲，自由贸易区的建立可以保证北美地区的政治和经济的稳定性，并能够充分利用墨西哥的市场、廉价劳动力和自然资源（尤其是石油）。

墨西哥的大量基础设施建设和其对能源、通信、交通、建筑等行业的技术和设备需求，对美国电信、环保、金融和其他服务产业的发展极为有利。墨西哥较低的环境保护成本和较为宽松的劳工法，吸引了许多美国公司在墨西哥投资建厂，进行生产，并将产品返销本土，使本国消费者和投资者同时受益。取消关税和非关税壁垒将使消费者和生产者在短期内受益。贸易自由化引发的各国经济结构调整会产生长远的经济利益，墨西哥经济的增长会扩大美国和加拿大的出口，为美国创造更多就业机会。

---

[1] NAFTA at Ten: Lessons from Recent Studies CRS Report for Congress February 13, 2004.

但这种资本流动和产业转移在美国引发了极为敏感的政治争议。美国议论最多的是墨西哥廉价劳动力对美国劳动力市场产生的冲击。大量资本流向墨西哥,造成美国就业减少;同时,墨西哥非熟练劳动力向美国非法移民,对美国本土劳动力市场造成更大的负面影响。

北美自由贸易协定生效后不久,美国提出建立美洲自由贸易区的提议,2001年,包括34个国家在内的美洲国家初步商定,2005年前在北美自由贸易区的基础上建立美洲自由贸易区。① 但自2001年以来,美国和拉美国家关系日益恶化,拉美国家反美联盟不断扩大。2005年11月在阿根廷举行的第四届美洲国家首脑会议上,由于巴西等国的反对,美国试图重启美洲自由贸易区谈判的努力遭到失败。美国政府放弃了美洲自由贸易区谈判,开始同一些拉美国家如秘鲁、哥伦比亚等签订双边自由贸易协定。

NAFTA对美国就业有一定的影响。美国的GDP是墨西哥的20倍,在北美自由贸易区成立之前,美国对墨西哥进口货物的关税税率只有2%。到2001年,平均关税降到了0.2%。墨西哥的进口货物确实使美国的一些工厂倒闭,但这些倒闭使得资源流向美国更具有优势的领域。

美国农业从北美自由贸易区中获益匪浅,1994—2005年,美国农业对世界出口的增长率为46%,而对墨西哥和加拿大的出口增长率为128%。2005年,美国农产品出口总量的32%进入加、墨,对加拿大的出口从1993年的53亿美元增加到2005年的106亿美元,对墨西哥的出口从1993年的36亿美元增加到2005年的94亿美元,② 到2012年已将近增加3倍。

美国对这两个成员国的贸易量不断增长,三国的贸易量已经从1993年的2 900亿美元增加到2012年的11 000亿美元,跨境投资不断上升。2018年,加拿大是美国的第一出口国,墨西哥是美国第二大出口市场,对这两个国家的出口占美国出口的33.9%,从这两个国家的进口占其进口总额的26.2%,墨西哥成为美国的第二大贸易逆差来源国。美国厂商在北美建立的生产链使得其在国际市场上更有竞争力,虽然美国也丢失了不少工作机会,但大部分学者认为主要原因是技术进步和来自亚洲国家的竞争,而不是北美自由贸易区造成的。

2. 对墨西哥的影响

墨西哥加入自由贸易区的主要目的是维护墨西哥经济改革的持续性和成果的永久性,同时吸引更多外国资本的流入。作为集团内最穷的国家,墨西哥被视为受协定影响最大的国家。1993年,墨西哥产品占美国进出口的比例不到10%,相比之下,墨西哥83.3%的出口、71.2%的进口均来自美国。美国的平均关税税率不到4%,而墨西哥为12%。③

对墨西哥而言,与美国、加拿大的自由贸易意味着其产品能够顺利进入两个世界上重要

---

① NAFTA at Ten: Lessons from Recent Studies CRS Report for Congress February 13,2004.
② Grassley Highlights Benefits to US producer,Economy of NAFTA at year 12 HTTP:// finance.senate.gov Sep/11.2006.
③ NAFTA Summary 2005 Global Trade Negotiation.

的发达国家市场。在与中国及东南亚劳动密集型产品存在竞争的情况下,有利的地理位置和免税待遇,使其产品在价格和对市场的反应能力上具有极大的优势和竞争力。自由贸易区的建立为墨西哥的纺织业、制鞋业、玻璃制品创造了良好的出口机会,为其出口导向型经济发展提供了极好的契机。

许多外国公司希望以墨西哥为跳板,进入美国和加拿大市场,因此增加了对墨西哥的直接投资,为墨西哥的发展注入资金。从长期看,自由贸易区协定有利于加强墨西哥国内企业竞争力,提高整个产业生产能力和效率。美国议会预算办公室预测,在 NAFTA 15 年过渡期结束后,墨西哥 GDP 总值会增加 6%~12%,美国 GDP 总值会由于 NAFTA 的存在增加 0.25%。

墨西哥对该协定负面效应也有一定担心:短期内,关税和非关税壁垒的消除使得原来受保护的墨西哥工业面临来自美国和加拿大产品的竞争,会有公司倒闭和经济结构调整带来的失业。长期内,墨西哥经济对美国经济的依赖性会大大加强,美国公司会充分利用墨西哥的廉价劳动力进行加工生产,将高附加价值生产环节和营销环节留在国内,墨西哥公司无法从生产中获取高新技术和管理经验。墨西哥集中生产劳动密集型产品,从而导致国内一些关键产业丧失发展机会。

农产品的贸易自由化对墨西哥农业造成影响。美国的农产品具有明显比较优势,取消农产品关税后,流向墨西哥的谷物数量增加,墨西哥国内农产品价格下滑,墨西哥农业受到挑战。相对于美国,墨西哥的农业在整个经济中占有比较重要地位,农业占 GDP 的 7% 和就业人口的 24%,而美国相应数字分别为 1.6% 和 2%。墨西哥农业主要是小规模生产,生产率相对较低,政府在主要产品上实行较高的贸易壁垒,以高于市场价格的担保价格形式进行大量的国内补贴。如果墨西哥取消贸易壁垒和国内补贴,农业有可能因为缺乏竞争力而崩溃。最终,NAFTA 协定允许一些敏感产品有 15 年的过渡期。

实践表明,墨西哥经济在加入北美自由贸易区后获得迅速发展。墨西哥经济增长率一直高于整个北美地区的其他国家,国内宏观政策显示出相对稳定性。

就业方面,区域内三国通过多种方式改善了工人的工作环境和生活水平,提高了社会对人权的关注,减少了歧视和不公平,保护了移民工人,促进了国内劳工法的实施,强调了在职业健康与安全、雇佣标准等方面的合作。

环保方面,北美自由贸易区签订了环保合作协定,共同进行环境保护工作,要求各成员国有效执行其环保法,每年提供一定资金用于环保工作。美国和墨西哥成立了两个国家间研究合作机构,边境环境合作委员会为两国边境地区的环保工程提供技术支持,北美发展银行为这些工程提供资金支持,到 2012 年时已为 135 个环保基础设施提供约 10 亿美元的贷款,这些工程总造价为 28.9 亿美元。还为其他 450 个边境环保工程提供了贷款和捐赠。墨西哥政府也在环保方面增加了大量的投资。

农业方面,NAFTA 促进了成员国的农业发展,2012 年成员国间农产品贸易额达到 500

亿美元。美国的饲料增加了墨西哥肉产品的生产和消费,美国对墨西哥的水果和蔬菜的消费量在增加,美国生产的小麦、油籽、肉和相关食品约占美国向墨西哥农产品出口的 3/4,而墨西哥的啤酒、蔬菜和水果约占墨西哥向美国农产品出口的 3/4。

北美自由贸易区协定并没有缩小美国和墨西哥的工资差异,也没有缩小三国的人均收入,更没有消除贫困。墨西哥的人均收入增加到 2012 年的 8397 美元,远低于其他拉美国家增长率。虽然创造了一批中产阶级,但大部分墨西哥人从中获益较少,贫困率没有下降,2012 年仍保持在 51.3%。

经过 24 年的建设,到 2017 年末,NAFTA 成为一个经济总量达 22.14 亿美元,拥有 4.85 亿消费者的区域市场。加拿大和墨西哥高度依赖美国市场,这两个国家对美国的出口额占各自出口总额的比重约 70% 以上,来自美国的进口额占它们各自总进口额的 40%~50%。

### (三) 美墨加协定(USMCA)

2017 年,美国总统特朗普执政后,提出了"美国优先"战略,并以此为标准构建新的全球贸易新规则。美国退出 TPP 后,随即于 2017 年 8 月重启北美自由贸易区谈判。

特朗普认为,NAFTA 运行二十多年来,有利于他国而不利于美国,大量外国产品输入美国,导致美国贸易逆差加大和失业的增加,需要重新考虑三国的贸易协定。在美国要求下,墨西哥与美国开展了数轮谈判,迫使三国中实力最弱的墨西哥接受新的贸易规则后,再诱迫加拿大接受这些贸易规则。2018 年 8 月 27 日,美国总统特朗普宣布,美墨达成新的双边贸易协定,并以此协定取代 NAFTA,随后加拿大加入谈判,2018 年 11 月 30 日,美国、墨西哥、加拿大三国签署了新协议,升级后的《北美自由贸易协定》升级为《美墨加协定》(USMCA),随后三国进入各自国内立法机构批准程序。

新的贸易协议共有 34 章,长达 1812 页,涉及市场准入、原产地规则、农业、贸易救济、投资、劳工条件、数字贸易、知识产权保护、争端解决等诸多内容,还包括美墨、美加就部分问题达成的附加双边协议。USMCA 包括在生物技术、金融服务和域名等领域加强对专利和商标的保护,它还包含有关扩大数字贸易、创新产品和服务贸易的新规定。是目前世界上涵盖面最广的贸易协定,包含了 21 世纪才纳入讨论范围的数字贸易、国有企业、中小企业等新议题,并前所未有地纳入了宏观政策与汇率问题的章节,实现了超越原版 NAFTA 的高标准。

特朗普称 USMCA 创造了历史,称其为"历史上最现代、最先进、最平衡的贸易协定"。USMCA 的特点包括:公平保护美国竞争优势的数字产品、知识产权、服务(包括金融服务)贸易条款;消除不公平贸易做法新条款,包括对国有企业、汇率操纵、与非市场经济体的关系等方面的严格规定等。

新协议使得加拿大对美国进一步开放乳制品和酒类市场(加拿大已同意对美国开放约 3.5%),缓解了美国农产品出口的困境,为特朗普赢得了农业州的选票。作为交换,加拿大和墨西哥换来了美国汽车关税的豁免,延长至 16 年的日落条款,以及与加拿大保留的争端解决机制等条款。

新协议实施了汽车产业苛刻的原产地规定以及高工资劳动含量要求。汽车原产地规则,在5年内由原来62.5%的零部件原产于北美自由贸易区上升至汽车75%的零部件原产于美国、加拿大和墨西哥时,才可以免税进入美国境内,同时还规从2020年开始,汽车生产过程中30%的工作所需要的工人工资不得低于16美元/小时。这些方案迫使汽车制造商将更多生产转移到美国,增加美国本土就业机会。

新协议对知识产权和数字贸易相关时限做出调整。USMCA将版权条款从作者有生之年加50年延长至作者有生之年加70年。延长保护药物免受仿制药竞争的时间,将生物制剂的8年数据保护期调整为10年。同时,对专利和商标实行更严格保护,保护范围也更为广泛。

USMCA包括一项与"非市场经济"有关的自由贸易协定的新条款。它要求UMSCA成员在与非市场经济国家谈判自由贸易协定之前至少30天通知其余成员,披露谈判目标和任何协议文本的意图。还需要在签署前至少30天将拟签署文本提交给各缔约方审阅,以评估该文本对美墨加贸易协定的影响;在与非市场经济国家签署自贸协议后的6个月内,允许其他缔约方终止美墨加贸易协议,并以缔约方的双边协议取代。

协议"日落条款"规定协议有效期为16年,每6年审核一次,如果审核通过则协议再延长16年。这项规定维护了协议的长期性稳定性,也增加了一定的灵活性。

### 三、亚太经济合作组织

亚太经济合作组织(the Asia-Pacific Economic Cooperation Forum,APEC)是促进亚太地区经济发展与合作、促进贸易和投资自由化的区域性经济组织。它成立于1989年,现有21个成员国,到2015年,成员国生产总值占世界国民生产总值的59%,进出口额占世界贸易总额的49%,是当今世界上最大的区域性经济合作组织。

随着欧洲经济一体化和北美自由贸易的发展,亚洲太平洋地区国家感到加强区内经济贸易联系的必要性。为适应全球经济区域化发展,加强本地区在世界经济贸易中的谈判地位,协调内部国家与地区间的经济贸易摩擦,亚太国家和地区决定建立自己的经济合作组织。

APEC成员包括:澳大利亚、文莱、加拿大、智利、中国内地、中国香港、印度尼西亚、日本、韩国、马来西亚、墨西哥、新西兰、巴布亚新几内亚、秘鲁、菲律宾、俄罗斯、新加坡、中国台湾、泰国、美国和越南。这些成员中有亚洲国家和地区,也有美洲国家,还包括次级区域经济一体化组织,如北美自由贸易区、东南亚联盟、澳大利亚和新西兰建立的自由贸易区。在APEC中,每个成员都希望获取经济和政治上的利益。例如,美国希望加强其在亚洲地区的政治和经济影响力,不想把亚洲的领导权让给日本。日本希望与其他亚洲国家进一步进行经济合作,缓解北美自由贸易区产生的保护主义影响,因此非常希望北美自由贸易区的三个成员成为 APEC 的一部分。一些小的亚洲国家非常担心大国对经济合作组织的控制,但又希望大国的加盟,希望通过 APEC 的条款对大国的经济行为进行约束,获得产自于经济集团的利益。

（一）APEC 发展历程

APEC 于 1989 年 11 月在澳大利亚堪培拉正式宣布成立。亚太地区共有 12 个国家参加了第一届部长级会议,它们是澳大利亚、新西兰、美国、日本、加拿大、韩国和东盟六国。APEC 成立的目的是促进亚太地区的经济增长和繁荣。中国于 1991 年开始参加 APEC 部长级会议。APEC 的主要决策机构是每年一次的成员国领导人非正式会议和部长级会议。APEC 下设秘书处、贸易投资委员会等。

1990 年第二届新加坡部长级会议,正式承认亚太经合组织是亚太地区各成员经济高层代表的非正式论坛。

1992 年第四届曼谷部长会议明确把"开放的地区主义"作为组织原则,成立秘书处,标志着亚太经合组织向组织化迈出关键的一步。

1994 年 11 月在印度尼西亚茂物举行的亚太地区领导人非正式会议发表《茂物宣言》,确定亚太地区经济合作的道路和方向。通过削减关税和非关税壁垒,促进亚太地区的经济增长。确定发达国家在 2010 年前、发展中国家在 2020 年前实现区域内贸易与投资自由化。同时要求部长会议及有关机构对于与贸易、投资自由化相关的关税、认证标准、投资原则、妨碍进入市场的行政障碍等问题提出改善原则,创造一个良好环境,促进各国在货物、服务、人员的跨境流动,进行经济技术合作。成员在人力资源开发、基础设施建设、科学与技术、环境保护、中小企业发展等方面加强合作。

1995 年,第七届部长会议在日本大阪举行。会议发表《大阪宣言》,将贸易、投资自由化和便利化与加强经济技术合作作为亚太经济合作的两大支柱,并提出了具体的要求。在贸易、投资自由化方面,要求成员不断降低关税和非关税壁垒,保持政策的透明度,减少服务贸易方面的壁垒,不断改进投资环境,逐渐实现投资自由化;保证各国标准的公开性与统一性;简化和统一海关程序;加强对知识产权的保护等。提出各成员在人力资源的开发、产业科学技术的提高,中小企业的发展、能源、交通、电信、旅游、农业等方面的经济合作。

1998 年吉隆坡会议通过《走向 21 世纪的亚太经合组织科技产业合作议程》,为各成员开展经济技术合作规划蓝图。

1999 年奥克兰会议探讨了货币合作及建立次区域自由贸易区的可能性。

随着各国经济逐渐从金融危机中恢复过来,2001 年的第八次领导人非正式会议上,APEC 重新开始商议全面应对全球化挑战的问题,会议讨论了全球化、新经济、次区域合作、经济技术合作、人力资源开发等问题,就全球化问题达成更加深刻的共识。

2002 年洛斯卡沃斯会议就经济增长、发展新经济等制定政策措施。

2003年曼谷会议重点就如何缩小发达成员和发展中成员之间的贫富差距、推动中小企业发展等方面达成协议。

2004年圣地亚哥会议通过《圣地亚哥倡议》，强调继续深化亚太经合组织贸易和投资的自由化，做好中期评审工作。

2005年韩国釜山会议通过《釜山宣言》。会议提出，支持加快世界贸易组织多哈发展议程谈判；批准"釜山路线图"，以按期实现茂物目标；继续推进区域稳定、安全和繁荣，营造一个透明、安全的商业环境，尽力弥合区域鸿沟，缩小差距。

2006年越南河内会议上通过《河内行动计划》，进一步落实贸易投资自由化战略目标和2005年制定的釜山路线图，决定进行战略性改革。

2007年澳大利亚悉尼会议上，APEC第一次发表关于气候变化、能源保障和清洁发展的行动计划。各国领袖同意进一步加强区域经济一体化进程，包括结构性改革提议，欢迎新的APEC贸易便利化计划的执行。

2008年秘鲁利马会议主题为"亚太发展的新承诺"。APEC集中讨论了贸易的社会边界，希望进一步缩小发展中成员和发达成员间的差距。承诺采取所有必要经济和金融措施确保稳定和增长，拒绝保护主义。

2009年新加坡会议的主题为"促进持续增长，密切区域联系"。希望积极推动贸易投资自由化和便利化，反对保护主义，开始着手制订APEC国家服务业发展和环境保护工作计划。

2010年日本横滨会议，各国领袖制定了经济增长战略以实现经济一体化，促进和保障APEC国家的经济发展，建立综合的长期增长战略。会议审议了《茂物宣言》的实现情况，区域内的贸易自由化和贸易便利化取得了一定成就，建立了APEC投资战略和结构性改革战略。

2011年美国夏威夷会议，发表了《夏威夷宣言》，承诺采取有效措施深化区域经济一体化，强调了绿色增长目标，强调了合作管理和协同，减少能源消耗。

2012年在俄罗斯发表《符拉迪沃斯托克宣言》，再一次表明其承诺：推进贸易和投资自由化，区域经济发展一体化，加强食品安全保障，建立可靠供应链，进行深度合作推动创新型增长。

2013年在印度尼西亚发表宣言，各成员再次申明反对贸易保护主义，同意将不采取新的贸易保护主义措施的承诺延长到2016年底，支持推动多边贸易体系并实现茂物目标。

2014年峰会在中国举行。就推动区域济一体化、促进经济创新发展、改革与增长三个议题进行了讨论。强化了成员间的联系和基础设施的发展，对全球经济发展和地区经济发展进行了详尽研讨，确定了APEC合作的前景，确保APEC地区作为全球经济增长的动力。会议的重要内容是提出了建设亚太自由贸易区的《北京纲领》和《亚太伙伴关系声明》，同意启动并全面推动亚太自贸区的建设。批准《APEC互联互通蓝图》等文件。

2015年会议在马尼拉进行,会议主题为"建设包容性经济,建设更美好世界",就继续推进地区经济合作、努力培养中小企业、积极参与全球与区域市场、加大人力资源投资、建设可持续社区等议题进行了讨论。

2016年会议在秘鲁首都利马举行,会议主题为"推进区域经济一体化"。

2017年会议在越南岘港举行,会议主题是"打造全新动力,开创共享未来",会议就可持续创新和包容性增长、深化区域经济一体化、促进数字时代中小微企业竞争力与创新、促进食品安全和可持续农业四个方面取得成果。

2018年亚太经合组织领导人会议在巴布亚新几内亚举行。

### (二) APEC 的运行

亚太经合组织的产生,适应了经济全球化的历史趋势和亚太地区各经济体加强合作的要求,推进了亚太区域合作的发展。每年一次的领导人非正式会议和部长会议为各方提供了一个交流平台,使各方利益都得到一定程度的反映。APEC创造出一种新的区域合作方式,那就是相互尊重、平等互利、自主自愿和协商一致。

与其他区域经济集团相比,APEC有两个显著特点。第一,它是一个开放的区域性组织,不仅在内部成员间相互开放,对区域外的其他国家与地区也同样开放。APEC内部的贸易和投资自由化成果原则上适用于外部非成员国,APEC在推进内部自由化的同时,也推进与非APEC成员国间的贸易与投资的自由化。第二,APEC是一个自愿合作的组织,不具有强制性。各经济体的贸易与投资自由化都建立在单边和自愿的基础上。相互之间通过协商达成共识。APEC重大的贸易与投资自由化举措的出台,都由亚太经济领导人非正式会议,通过各国最高领导人协商一致采取自愿承诺的方式完成的,无须签署任何协议。

鉴于APEC成员国间经济发展水平、制度、文化、宗教等经济社会方面差异较大,APEC一体化进程遵循灵活、渐进的原则。

APEC成员可以根据各自的经济发展水平、市场开放程度和经济承受能力对具体部门的贸易和投资自由化进程做出灵活、有序的安排。但成员要停止采取一切可能导致贸易保护主义升级的措施。APEC认为,贸易与投资自由化目标的实现是一个渐进的过程,《大阪行动议程》要求各成员必须立即启动贸易与投资自由化进程,但可以根据国家实际情况,对速度予以控制。各成员可以根据各自不同的情况采取有利于区域合作、可以承受的自愿单边行动推进内部自由化进程。

APEC成立以来,亚太经合组织在经济贸易领域的合作取得较大进展。APEC平均关税税率低于世界平均水平,2013年已降至5.7%。成员间进行的广泛协商和信息交流,提高了政策的透明度,推进了电子商务、数字经济等新经济领域中贸易和投资自由化。APEC确立了经济技术合作的总体框架,组织机制也得到不断完善。

亚太经合组织作为一个横跨太平洋的大区域组织,其成员在经济制度、发展水平、政治制度和意识形态方面都存在着很大差异,而且内部又包含多个次级区域组织,合作主体利益关系的错综复杂决定了经济合作中激烈的利益冲突和艰难的合作进程。虽然2014年会议上提出了建设亚太自贸区的建议,但由于众多自贸协定的存在及TPP的建立和运行,亚太自贸区的建设任重而道远。

# 第三节　区域经济一体化对世界经济贸易的影响

## 一、区域经济一体化对世界经济贸易的积极影响

地区经济一体化是世界政治、经济发展和演变的必然产物,它对世界经济贸易产生较大的影响,主要表现在:

### (一)区域经济一体化促进了区域内经济贸易的增长

区域经济一体化的实现过程是贸易自由化进程不断向前推进的过程,区域内关税和非关税壁垒的破除削减,外汇管制的放松,较好的贸易环境,使得区域经济一体化组织内成员间的贸易迅速增长,发展速度超过对非成员国的贸易的发展速度。区域内部贸易在成员国对外贸易中的比重提高。

表9-2列示了欧盟28国2012—2018年的货物贸易规模。从表中可以看出,近些年,欧盟国家间内部出口额占其总出口额、内部进口额占其总进口额比例均在60%以上。

表9-2　2012—2018年欧盟货物贸易规模　　　　　　　　亿美元

| EU(28) 年份 | 2012 | 2013 | 2014 | 2015 | 2016 | 2017 | 2018 |
| --- | --- | --- | --- | --- | --- | --- | --- |
| 欧盟内部出口额 | 36 446.42 | 37 708.75 | 38 956.73 | 34 041.91 | 34 485.09 | 37 864.76 | 41 566.88 |
| 总出口额 | 58 085.78 | 60 769.51 | 61 572.10 | 53 887.72 | 53 792.36 | 59 095.97 | 64 653.81 |
| 占比(%) | 62.75 | 62.05 | 63.27 | 63.17 | 64.11 | 64.07 | 64.29 |
| 欧盟内部进口额 | 36 446.42 | 37 708.75 | 38 956.73 | 34 041.91 | 34 485.09 | 37 864.76 | 41 566.88 |
| 总进口额 | 59 509.47 | 60 119.66 | 61 449.77 | 53 194.38 | 53 388.11 | 58 833.26 | 64 941.81 |
| 占比(%) | 61.24 | 62.72 | 63.40 | 64.00 | 64.59 | 64.36 | 64.01 |

资料来源:WTO database,统计口径为EU(28)。

### (二)区域经济一体化提高了区域内国家对世界经济贸易的影响力

区域内的自由贸易促进了成员国经济的发展和贸易量的增加。欧盟和北美自由贸易区

成员的货物贸易在世界贸易中的比重占一半以上,两集团货物出口贸易占世界货物出口贸易额的比重在 2007 年达到 52.66%;进口贸易占世界货物进口贸易额的比重达到 59.12%。[①] 近年来,随着越来越多的国家参与到国际贸易中,其所占比重有所下降,但 2015 年两集团的出口贸易额仍占全球出口贸易额比重的 46.6%,进口贸易占世界进口贸易额的 50.49%。

### (三) 区域经济一体化促进了国际投资的增加

区域经济一体化市场的开放度加大,使得区域内部市场的竞争加剧。为了在竞争中获得更多的竞争优势,获取更多的市场利益,区域内企业加大技术研发的投资力度,促进了各国技术的进步和管理效率的提高。而区域外的企业为避开贸易壁垒,充分利用区域内部的商品、生产要素的自由流动和更为广阔的市场,纷纷加大在区域经济一体化组织成员内的投资。墨西哥在加入北美自由贸易区后,吸引了欧洲和亚洲国家大量的投资,就是典型例子。

### (四) 区域经济一体化组织促进了全球多边贸易体制的发展

由于多边贸易体制的谈判中涉及的国家众多,许多谈判结果只能是多边妥协的产物,并不能全面满足成员方的需求,有些涉及政治和经济利益较多的领域,如竞争政策、政府采购、政策与立法协调等议题在多边贸易谈判范围内短时间内很难有所作为。但许多在多边贸易体制中无法进行谈判的议题,已经出现在区域贸易协定中。区域经济一体化组织可以为多边贸易进程中一些议题提供经验和"试验场",使更多的成员意识到自由贸易的重要性和多边合作的重要性,从而推动多边贸易体制的进一步发展。

## 二、区域经济一体化对世界经济贸易的不利影响

区域经济一体化进程对世界经济贸易的不利影响主要表现在对区域外国家的消极影响和贸易转移效果。

### (一) 区域经济一体化组织成员与非成员间的贸易量下降

区域经济一体化改变了国际贸易的地理分布,使贸易更多地趋向于区域内部,这些经贸集团对非成员国设定的关税与非关税壁垒,削弱了非成员国产品在区域内的竞争力,引发成员与非成员国间贸易量的下降。以北美自由贸易区为例,1993 年成立之前,成员国对区域外部的出口占其出口总量的 54.07%。到 2014 年,加拿大总出口额 4 750 亿美元,其中对 NAFTA 成员国的出口为 3 680 亿美元,占比达到 77.48%;墨西哥总出口额 3 980 亿美元,其中对 NAFTA 成员国的出口为 3 300 亿美元,占比达到 82.91%;美国总出口额 16 210 亿美

---

① WTO World Trade Statistics 2008.

元,其中对 NAFTA 成员国的出口为 5 530 亿美元,占比达到 34.11%,整个北美自由贸易区的总出口额为 24 930 亿美元,成员国间的出口达到 12 510 亿美元,占比达到 50.19%。

### (二) 产生贸易、投资转移效应

区域经济一体化组织对非成员国的贸易壁垒,使得成员国只能从区域内较高成本生产国进口产品,取代了原来来自非成员国的更低成本产品的进口,使成员国内部的福利受损,同时无法实现资源在世界范围内的最佳配置。

另外,大量国际资本流向由发达国家主导的区域经济一体化组织,使发达国家获得更多的资金和发展机会,减少了发展中国家可获得的资金量,对发展中国家经济贸易的发展有一定负面影响。

### (三) 区域经济一体化阻碍了贸易自由化进程

经济一体化组织中规定有许多保护成员国利益的条款,这些条款改变了国际贸易的地理分布和贸易流向,在某种程度上将世界经济和贸易体系割裂成一个个相互隔离的区域,阻碍了全球自由贸易的发展。区域经济一体化组织内部的贸易自由化作为最惠国待遇的例外,对非成员国造成贸易歧视。各个区域经济一体化组织中复杂的原产地规则,使得厂商不得不在原料采购和生产组织上花费大量的精力,提高了生产成本,复杂了交易过程。许多发展中国家不得不签订各种双边或多边贸易协定,避免被排除在某个利益集团之外。

另外,由于实现了区域经济一体化,成员整体经济实力大大增强,从而加强了集团对外谈判实力。以欧盟为例,在 GATT 和 WTO 的谈判中,欧盟以集团的身份与其他缔约方谈判,维护了自身利益,并在一定程度上控制了整个贸易谈判的进程。而各个集团为自身利益,在 WTO 的多边谈判中争执不下,导致多边贸易体制进程减缓。

## 三、区域经济一体化与多边贸易体制间的关系

区域经济一体化组织已成为当前世界经济运行中不可缺少的一部分。目前,除蒙古国外所有的世贸组织成员都是某一区域经济一体化组织的成员,它对国际贸易的影响持续增长。特别是一体化组织内部贸易额在世界贸易总额中的份额将持续增长,区域贸易协定(RTA)将与 WTO 体制下的多边贸易协定同时在世界经济体系中运行。

在优惠贸易安排的层次上推进自由贸易,可以帮助世界各国逐步地完善国内经济改革,以更稳健地、更持久的改革步伐面对市场竞争压力,更好地融入世界经济。开放和竞争自由化也有利于世界多边贸易体制的建立和完善。然而,复杂的非最惠国待遇贸易体系和管理体制,将进一步弱化一些国家在世界贸易中的地位。有些 RTA 已经对多边贸易关系中的透明度和贸易的可预测性构成损害,很可能改变全球贸易方式和投资方式。

## (一) WTO 中对 RTA 的规定

GATT 和 WTO 的文件都明确规定,允许其成员参加区域经济一体化组织,允许区域经济一体化组织内部的优惠作为最惠国待遇的例外。但要求对非成员国设立的关税壁垒和非关税壁垒总体水平上不得高于经济一体化组织成立前的水平。

虽然 WTO 规定了一体化组织对外贸易壁垒的最高限,但这种对非成员的不平等待遇,实质上违反了 WTO 最惠国原则。

WTO 条款中对 WTO 成员加入区域性贸易协定(RTA)的事宜,主要有三个条款做出相关规定。

第一条,1994 年 GATT 中 Article XXIV,该条款对自由贸易区或关税同盟的成立和运行限定一些条件,同时对自由贸易区和关税同盟的目标、定义、通知程序以及补偿性调整等作出规定。

第二条,1997 年的《服务贸易协定》(GATS)中,Article V 规定发达国家和发展中国家在建立服务贸易自由区时应遵守的规定。它参照 GATT 中 Article XXIV 的有关内容作出比较原则和笼统的规定。

第三条,如果是发展中国家之间签订关于货物贸易的区域贸易协定,WTO 要按照"生效条款"(Enabling Clause)要求,对协定中关于差别待遇、更优惠的贸易政策,国家间贸易条款的互惠性和全面参与性进行审核。这些条款主要是生效条款的第 1,2(c),3(a & b) 和 4 段。

对于发达国家与发展中国家之间签订的非普遍性的非互惠优惠贸易协定,要求该协定中的成员国在 WTO 寻求义务豁免,这种豁免需得到四分之三的成员国批准同意。目前正在生效的此类协定为:美国-加勒比海盆地经济复苏法案(US-Caribbean Basin Economic Recovery Act,CBERA),加拿大和加勒比海国家签订的 caribcan agreement,其中加拿大为大多数加勒比海国家的产品提供免税的、非互惠的市场准入。[①]

1996 年 2 月 6 日,WTO 总理事会成立区域贸易协定委员会(CRTA),负责检查各种类型的区域贸易协定,评估他们是否符合 WTO 的规定,评估区域贸易协定对多边贸易体制产生的影响,评估多边贸易体制和区域贸易协定之间的关系。该委员会还会对一些系统性的问题进行评估,这些问题包括:

(1) 相关 WTO 条款的法律分析;
(2) 各个 RTA 条款的横向比较,并发表工作报告;
(3) RTA 的内容和其对经济影响的探讨。

在评估过程中,如果发现不符合 WTO 条款 XXIV 规定的协定,委员会将通知货物贸易

---

① WTO Website,Regional Trade Agreements:Rules.

委员会。不符合生效条款（enabling clause）的协定，委员会将通知贸易发展委员会，该协定将在贸易发展委员会的工作会议上进行讨论。如果 RTA 中包括了有关服务贸易的内容，不论是发达国家还是发展中国家，都要通知服务贸易委员会。

但是由于 WTO 规定含糊不清，使得 CRTA 的工作进程缓慢，没有取得实质性的成效。2006 年 6 月 29 日，作为多哈回合谈判的一部分，各成员国达成《关于区域性贸易协定的透明机制》，对各区域贸易协定的运行，报告做出更加明确和详细地规定，澄清和改进目前 WTO 对 RTA 管理的相关规定，更好地控制 RTA，尽可能减少 RTA 带来的负面效应。

2015 年的内罗毕会议上，部长会议一致认为应该重新系统考查区域贸易协定对多边贸易体制的影响，以及其与 WTO 条款之间的关系。制订了工作计划，准备将原有的临时的"透明机制"审议制度转变为一个永久性条款。内罗毕会议上，WTO 承认区域贸易协定鼓励了更为紧密的区域伙伴间的合作，但它并不能代替多边贸易体系，WTO 允许其成员在满足一定条件下进入区域贸易协定，但因为对这些条件的解释一直存在着争议，使得评估过程面临较大挑战。巴西等发展中国家建议将"透明机制"审议制度尽快转为永久性条款，但美国等国并不认同。

（二）区域性贸易协定与多边贸易体制间的关系[①]

多数学者认为，区域性贸易协定是多边贸易体制的补充，但不能替代多边贸易体制的运行和深化。RTA 和 WTO 的关系涉及三个因素，每个因素对国际贸易发展都具有非常重要的作用。首先，RTA 和 WTO 的条款具有一定的趋同性；其次，某种程度上 RTA 超越了多边贸易体系；最后，RTA 偏离多边贸易体系，从而对区域外国家造成了不利影响。

1. WTO 和 RTA 的趋同性

WTO 和 RTA 具有一定的趋同性：首先，RTA 吸收了现存国际协定的一些条款；其次，WTO 谈判中尚未解决的议题，如劳工流动、海关通关便利等已经出现在 RTA 文件中，成员国对这些议题达成一定的共识，而 RTA 中处理这些议题的模式很可能被 WTO 谈判所借鉴；再次，RTA 可以培养地区性成员国间的合作能力，帮助 WTO 完成构建全球多边贸易体系的使命。

区域性贸易协议在某种程度上创造出一个共同的模式。如，在各种区域协定中的投资协定（Investment Treaties）就具有明显的趋同性，许多 RTA 套用了 NAFTA 投资协定中的条款。在原产地规则方面，RTA 都采用基本相同的运行机制和相同的原产地标准确定方法，只不过组合方式有所不同，由美国和欧盟首先建立起来的原产地标准在 RTA 中被广泛使用。

RTA 促进了成员国间的合作和技术援助，完善了多哈回合中关于技术援助和能力建设

---

[①] 文中部分观点来自 OECD Regionalism and the Multilateral Trading System August 2003.

的目标。例如,大多数 RTA 规定有关于限制反竞争行为相关措施间的协商和合作机制,一些 RTA 中规定有提高知识产权保护的技术合作和内部协调措施。

尽管 RTA 中有许多条款超越了 WTO 的规定,实质上,它是建立在 WTO 体系基本原则之上。例如在政府采购中,尽管 RTA 有许多超越 WTO 规定的条款,但它的许多条款实际上是在重复 WTO《政府采购协定》的内容。在知识产权保护和外国直接投资方面,许多 RTA 或是直接引用 WTO 某个条款,或是间接重复某个 WTO 条款内容。

2. 超越多边贸易体系

区域性贸易协定中的一些条款会超越现行多边贸易体系所达成的协定,许多在 WTO 谈判中无法进行的议题,如劳动力流动、贸易便利性等,在 RTA 中达成协议。

多哈回合中,发展中成员国拒绝对"新加坡议题"进行谈判,但在一些 RTA 中,却出现成员方对"新加坡议题"做出的承诺和减让。

劳动力流动方面,有些 RTA 的成员方承诺,可以为服务提供者提供全部的国民待遇和市场准入。或者是为特定集团提供特殊的市场准入或准入便利。

贸易便利性方面,许多 RTA 承诺,进行技术升级以应对不断变化的环境,建立相关程序保持清关程序的高效率,建立系统的货物扫描系统,减少对进出口货物的人工检查,使用互联网技术、电子数据交换为无纸贸易提供一个很好的环境。

知识产权保护方面,大部分 RTA 对知识产权的保护程度超过 TRIPS 规定,它们的过渡期一般短于 WTO 相关规定,在 WTO 中没有涉及的条款,如专利的程序性要求等都明确出现在 RTA 中。

环境保护方面,RTA 规定成员国定期提供关于国家环境的报告,不允许为促进贸易或投资而放宽环保要求,不允许放宽国内环保法律的执行标准。

3. 偏离多边贸易体系

区域经济一体化对 WTO 多边贸易体制构成一种"威胁"。首先,它打破 GATT 多边贸易体系的宗旨,并不给予所有 WTO 成员普遍的最惠国待遇。一些学者认为,区域经济一体化组织可以将成员国间达成的贸易优惠条件,通过相关的优惠贸易安排,给予与其有贸易关系的国家,最终扩展到全体 WTO 成员。欧盟拥有大量的优惠贸易安排,NAFTA 也正在与一些拉美国家签订相似的条约。如果 APEC 自由贸易区取得进展,欧盟与 APEC 进行类似优惠贸易安排的话,事实上 WTO 大部分成员都会享受到优惠待遇,这样,通过几个 RTA 间的协议,可以将地区性贸易优惠条件转化为多边贸易体制下的优惠待遇。但这种进程是非常复杂的,也是非常缓慢的,存在许多困难。

一般来说,各个区域经济一体化组织都会极力提高其自身的谈判力量,以获取更多的贸易利益,但贸易集团之间的利益斗争将会影响多边贸易体制的进程。欧盟和美国强大的经济实力赋予它们对世界经济发展的巨大影响力,它们之间能否达成协议是 WTO 谈判取得进展的前提条件。发展中国家集团与发达国家集团的分歧是导致西雅图会议失败的原因之一,如何使WTO多边贸易体制避免受到区域经济一体化组织的控制或左右将是WTO面临的巨大挑战。

另外,地区性的趋同不一定能转化为全球性的认可。对于同一事物,不同的RTA有不同的规定。多样性造成的严重后果是不断增加的交易成本。为遵守不同区域协定中关于同一事物的不同条款、规定和程序,企业不得不承担繁重的经济和时间负担,这在原产地领域尤为明显。大部分自由贸易区都有自己的原产地标准细则,这些细则非常复杂,如果一个国家是不同的RTA成员,其国内企业不得不按照不同RTA原产地标准去生产,以适应不同的原产地要求,保证产品进入不同市场,这将大大复杂企业生产过程和原材料选择,有时因为成本太高,生产商不得不放弃优惠条件。如果原产地规则不是非常透明或可预测的,其本身就是一种贸易壁垒,在一些敏感性行业,如纺织品、农产品或汽车部件,这种情况十分普遍和明显。

RTA对WTO规则的严重偏离,同样体现在对非成员国的负面影响上。

关税同盟和共同市场给予区域内部企业较强的市场控制力,并获取先行者优势。因此,区域经济一体化组织并不愿意将最惠国待遇给予其他国家,因为这会威胁到成员国企业的既得利益。

大部分的RTA都在试图寻求对非成员国的保护。例如,在许多RTA服务贸易自由化的条款中,成员国承诺将平等性条款扩展到所有在成员国进行企业运营的法人,包括已经在成员国建立企业的非成员国投资者。许多政府准备在最惠国基础上,按照GATS规定将优惠给予其他WTO成员。

尽管如此,RTA的建立和运行,会给区域外国家带来明显的歧视。RTA的建立能影响投资行为,一方面RTA的投资保护措施会影响投资决策,另一方面扩大的区域内更好的市场机会吸引了许多区域外国家的企业在设立进口贸易壁垒的国家投资生产,从而扭曲投资行为。

一些情况下内外政策差异非常明显。例如,区域内贸易时,可以使用竞争政策代替反倾销税的征收,但对非成员国仍要征收反倾销税。在成员国之间可以有较低的或可以免除的通关费用,但非成员国却享受不到这种待遇。

## 第四节　区域经济一体化理论

### 一、关税同盟理论

对关税同盟理论研究较多的是范纳(J. Viep),李普西(R. G. Lipsey)。他们将关税同盟效应分为静态效应和动态效应。

## (一)关税同盟的静态效应

静态效应包括贸易转移效应、贸易创造效应和贸易扩大效应。关税同盟的建立,并不是对所有的成员国都是有益的,它取决于贸易创造效应和贸易转移效应的大小。

### 1. 贸易创造效应

贸易创造效应(Trade Creation Effect)由消费利得和生产利得组成。关税同盟成立后,一方面,成员国内部取消关税和非关税壁垒,产品在区域内可以自由流动,某个成员国的一些生产成本较高的国内商品将被其他成员国生产成本较低的商品替代,消费者能以更低的价格获取商品,社会需求增加,创造出区域内新的贸易量,此为消费利得。另一方面,生产厂商在更大的区域内按比较优势进行分工生产,提高了资源的使用效率,扩大了生产利益,此为生产利得。生产商和消费者同时从增加的贸易量中受益,贸易创造效果使关税同盟国的社会福利水平提高。

我们举例说明:

三个国家 A、B、C,每个国家 X 产品的生产价格分别是 300 元、250 元、200 元。假定在关税同盟成立之前,A 国为了保护自己的产业,对来自 B 国和 C 国的产品分别征收 30% 和 75% 的关税,此时,进口价格远高于国内生产价格,因此,A 国消费者只能接受本国生产的产品,价格为 300 元。

现在,A 和 B 建立关税同盟,取消 A、B 两国间的关税,但 A、B 两国仍保持原来对 C 国的关税。此时,B 国的产品可以不附加任何关税进入 A 国,A 国的消费者能够以较低的价格 250 元购买 B 国提供的产品,减少了消费支出,提高了社会福利。而 B 国的生产商,因为进入了一个新的市场,销售量扩大,可以在区域内以比较优势分工进行专业化生产,并获取规模经济利益,所以,B 国的生产商可以获益,贸易创造效应下的价格变化如表 9-3 所示。

表 9-3 贸易创造效应下的价格变化    元

| 国家 | 生产价格 | 关税同盟前的进口价格 | 关税同盟后进口价格 |
| --- | --- | --- | --- |
| A | 300 | | |
| B | 250 | 250×(1+30%)=325 | 250 |
| C | 200 | 200×(1+75%)=350 | 350 |

### 2. 贸易转移效应

贸易转移效应(Trade Diversion Effect)是指成立关税同盟后可能造成的福利损失。假定成立关税同盟前,某产品是以自由贸易的方式从世界上生产效率最高、成本最低的国家进口,但成立关税同盟时,这个世界上成本最低的国家没有包括在关税同盟内,因此对从该国家的进口要征收统一对外关税。此时,关税同盟内成员国该产品的进口将不得不转向同盟内生产效率最高的国家,贸易发生转移,从外部世界转向关税同盟成员国,从较低廉的外部商品进口变为来自成员国的较昂贵进口,商品价格提高,消费开支扩大,同盟国的社会福利水平下降。

举例说明。同样是上述三个国家,C国是世界上生产成本最低的国家。假定成立关税同盟前,A国一直以自由贸易的方式从C国进口产品,此时A国的消费者在市场上能够以200元的价格获取产品,B国一直对C国进口产品征收30%的关税。A、B建立关税同盟,对同盟外产品一律征收30%的关税。(关税同盟对C国征收的关税的最低限额要保证C国产品在征收关税后,产品价格会高于同盟内的生产价格,否则,A、B国仍然会从C国进口产品,不会发生贸易转移。)此时,C国产品在征收关税后进入A国,价格为260元,从B国进口只需要250元,A国消费者会从C国转向B国,A国和C国的贸易就会中止,但从A国国家的角度,获取单位某产品的成本从200元提高到250元,A国的社会福利水平下降,贸易转移效应下的价格变化如表9-4所示。

表9-4 贸易转移效应下的价格变化    元

| 国家 | 生产价格 | 关税同盟前的进口价格 | 关税同盟后进口价格 |
| --- | --- | --- | --- |
| A | 300 | | |
| B | 250 | 325 | 250 |
| C | 200 | 200 | 200×(1+30%)=260 |

**3. 贸易扩大效应**

对同盟内的国家而言,关税同盟无论是在贸易创造效应还是在贸易转移效应下,都能产生贸易扩大效果。在这个意义上,关税同盟可以促进贸易的扩大,增加经济福利。

**4. 其他静态效应**

关税同盟成立后,同盟国间的产品可以自由流动,由于不存在处理关税的行政事宜,也不存在同盟内产品走私的问题,可以减少同盟国的行政支出。另一方面,关税同盟建立以后,经济力量增强,这有利于关税同盟国家提高其整体在全球经济中的贸易地位和谈判力量。

不同的产品特性,不同的对外关税水平,会造成不同程度的静态效应。一般来讲,同盟前关税水平、出口供给弹性及进口需求弹性、生产效率和成本差异、成员国数目和贸易量,以及经济结构的竞争性等因素都会影响静态效应。

**(二)关税同盟的动态效应**

**1. 竞争效应**

统一市场的形成使得竞争者的数目明显增加,从企业的角度,加剧了生产的竞争程度,使得同盟成立前一直受关税保护的生产者,只有通过创新与发明来刺激劳动生产率的提高和成本的下降,以此来增强其竞争力。

2. 规模经济效应

区域内更大的市场和更激烈的竞争,必然会诱发资本、劳动力、技术和自然资源等生产要素的积聚和转移,形成区域范围内的专业化分工,提高资源配置效率。能够向更大的市场提供产品和服务,使得企业能够实现大规模生产,获取企业内部生产成本降低带来的内部规模经济效益和产业集群带来的外部规模经济效应。

3. 投资效应

更大的市场和更激烈的竞争意味着同盟内的企业需要增加投资,扩大生产规模,更新生产技术,以获取更多的竞争优势和更多的市场份额。

对同盟外国家的厂商来讲,同盟内部更大的市场和更便利的商品流通意味着更多的盈利机会,但关税同盟的对外关税明显削弱了区域外产品在同盟国家市场的竞争力。此时,关税同盟外部国家企业最有效的手段就是直接投资,绕过贸易壁垒以当地生产当地销售的方式代替货物贸易,获取利润。因此,无论是内部投资,还是外部投资都增加了同盟内的投资,推动区域经济一体化成员国的经济增长。

## 二、大市场理论

大市场理论是分析共同市场成立与效益的理论,其代表人物是西陶斯基和德纽。

和关税同盟相比,共同市场内不仅实现了商品的自由流动,还实现了生产要素的自由流动。

大市场理论的核心是:

(1) 建立共同市场的目的是扩大市场,获得规模经济,从而实现技术利益;

(2) 依靠因市场扩大导致竞争激化的经济条件实现上述目的。

西陶斯基提出一个西欧的"高利润率恶性循环",即西欧(与美国相比)陷入高利润率、低资本周转率、高价格怪圈。

他认为,由于市场狭窄、竞争消失等原因,企业的高利润率长期处于平稳停滞状态。价格过高导致消费者无力购买,产品普及率很低从而不能大量生产,从而陷入高利润率、高价格、低资本周转率的恶性循环之中。能够打破这个恶性循环的是共同市场或贸易自由化条件下的激烈竞争。如果竞争激化价格下降,就会迫使企业转向大量生产,随着消费者实际收入水平的提高,高档商品将会转为多数人的消费对象。也就是产生出大市场化→向大生产方式转换(以及其他方面的合理化)→成本下降→大众的大量消费(市场的扩大)→竞争进一步激化……这样一种积极扩张的良性循环。

德纽认为,当由于政治条件或是保护性措施的实施,市场被分割为几个小市场时,企业将无法得到技术进步带来的益处。只有大市场才能给技术进步提供足够大的利用范围,促使生产效率的提高,降低生产成本,增加消费。

一个大市场的技术优势首先表现在生产的组织和工业的结构上。生产规模的扩大可以使企业享受规模经济效应,降低生产成本;其次,大市场可以使企业进行专业化分工生产,进一步提高企业生产效率,降低生产成本。再次,只有拥有一个大的稳定的市场,企业才有动力继续进行技术研发,以获取更多的竞争优势。

一个大市场,除了使企业能够应用最新的技术和生产体系外,还必须要保证原材料、劳动力、资本和货物的自由流动,市场波动性减少,使得各种经济行为的分布和提高劳动生产率的要求相符合,大市场的形成和要素的自由流动,会推动经济的迅速发展。

大市场中,机器和最新技术的充分利用、规模化专业化生产、竞争的恢复,都会减少生产成本,降低销售价格;关税的取消也可能使价格下降。这一切必将导致购买力的增加和实际生活水平的提高。消费的扩大引起投资的增加,增加的投资又导致价格下降、工资提高、购买力的全面增加。市场规模迅速增大,促进和刺激经济扩张。

同时,德纽研究了一些经济因素对大市场的形成和运行中的影响。他认为,当区域内的国家经济发展水平相差较大,经济实力相差甚远的情况下,进行共同市场的运作,则市场的扩张、自由竞争、资本和劳动力的自由流动,可能会导致实际运行结果违反建立共同市场的初衷。共同市场的建立必须能有足够的灵活性和进行战略调整的空间,每个成员国必须有在共同市场上进行专业化分工生产的机会。大的市场中必须要有足够的深度和广度,允许企业进行调整。各国的货币、财政和社会政策会逐渐趋同。同时,要有相应的竞争政策,保证专业化分工实现的不仅仅是生产的集中,还要保证消费者可以从中获益。

### 三、协议分工理论

协议性分工理论由日本经济学家小岛清提出。他认为,共同体内按照比较优势的分工,可能导致某国企业在共同市场内生产的垄断和集中,影响共同体内部分工和贸易的和谐稳定发展。同时,经济一体化过程中想要获取的规模经济效益,必须要有足够的市场空间才可能实现。但对生产禀赋相似的几个国家,可能会同时选择相同或相似的产品进行专业化生产,并实现国内市场到国外市场的扩展,从而使资源没有得到最好的有效配置。因此,他认为有必要提出一种与比较优势论不同的国际分工理论,即协议性国际分工理论。

小岛清考虑了边际成本递减的情况下进行贸易的可能性。在边际成本递减部门,国家间可以通过协议扩大分工和贸易,相互提供市场,共同分享规模经济效益,使成员国之间的贸易产生净福利,这也是协议性分工的目标。

在满足下列条件下,两国之间进行合作,达成互相提供市场的协议可以取得更好的经济效益。

(1) 两个(或多个)国家资本劳动禀赋比例差异不大,工业化水平和经济发展阶段大致相等,协议性分工的对象产品在哪个国家都能进行生产。

(2) 作为协议分工对象的商品,必须是能够获得规模经济的商品。

(3) 不论对哪个国家,生产 X 商品或生产 Y 商品的利益都应该没有很大差别,否则就不容易达成协议。

此时,双方达成协议,A 国集中生产 X 产品,B 国集中生产 Y 产品。同时,A 国将本国 Y 产品的市场让渡给 B 国,B 国将本国 X 产品的市场让渡给 A 国,使得双方都可以进行规模化生产,获得规模经济效益。

按照上述理论,经济一体化或共同市场更容易在处于同等发展阶段的国家之间建立,而不是在工业国与初级产品生产国即发展阶段不同的国家之间建立。在发达国家之间,可以进行协议性分工的商品范围较广,因而利益也较大。另外,生活水平和文化等互相类似、互相接近的地区,容易达成协议,保证相互需求的均等增长。

## 本章小结

1. 依照经济一体化程度,区域经济一体化形式可以分为优惠贸易安排、自由贸易区、关税同盟、共同市场、经济与货币联盟、政治联盟。

2. 目前,一体化程度最高的区域经济一体化组织是欧洲联盟。

3. 区域经济一体化组织的运行,对世界经济和国际贸易产生了重大的影响,一方面,对世界经济、贸易产生积极影响;另一方面,它的运行在某种程度上阻碍了 WTO 多边贸易体制的发展。

4. 关税同盟理论中的静态效果主要包括贸易创造效应、贸易转移效应、贸易扩大效应。贸易创造效应提高了区域内国家的福利,而贸易转移效应降低区域内国家的福利,无论是贸易创造还是贸易转移都会产生贸易扩大效果。动态效果包括:创造出一个竞争的环境;实现规模经济;刺激投资与技术创新。

5. 共同市场理论的基础是大市场理论,其核心内容是,组建大市场的目的是要借助市场的扩大,实现规模经济。而市场扩大引发竞争的激化是实现规模经济的重要条件。

6. 协议性分工理论的核心是多个资本劳动禀赋比例差异不大,工业化水平和经济发展阶段大致相等的国家,在边际成本递减的情况下,可以通过协议性分工组织产品生产,使得企业在获取规模经济效益同时,满足消费者的需求。

## 重要概念

自由贸易区、关税同盟、共同市场、经济和货币同盟、政治联盟、贸易创造效应、贸易转移效应、贸易扩大效应、协议性分工

## 案例分析

### 案  例

朴先生是一家韩国服装厂的老板,产品主要销往美国和加拿大,同墨西哥同类产品相比,他的产品质优价廉。但当北美自由贸易协定签订后,朴先生对工厂前景感到困惑。

服装业是一个竞争非常激烈的行业,业内竞争主要取决于其成本和应对市场需求变化的速度。按照NAFTA的规定,三国间的所有纺织品贸易关税将在10年内取消,墨西哥的纺织品可以免税进入美国和加拿大,产品成本和价格会下降,而且墨西哥紧邻美国,对于美国市场的需求能及时做出反应,因此,墨西哥纺织品的竞争优势将得到极大的提高。

朴先生该怎么办?

### 案例解析

自由贸易区的建立,会对区域内外国家贸易都会产生影响,会改变一国的贸易流量和贸易方向。对于区域内的国家,以上述的纺织品为例,美国消费者可以用更为低廉的价格购买墨西哥的产品,改善了社会福利,墨西哥的生产商可以面对更大的市场组织生产,获取规模经济效益,生产商获得贸易扩大效应,但对美国的消费者而言,需要比较NAFTA成立前韩国产品的价格与NAFTA成立后墨西哥产品的价格,确定NAFTA的运行给消费者带来的是福利的提高还是降低。

对于区域外的国家,面对区域一体化组织建立的对外关税,产品在区域内市场上丧失了竞争优势,将处于不利的局面。

对于朴先生来讲,一个可行的方法是将对外贸易改为对外投资,充分利用墨西哥相对便宜的劳动力和NAFTA给予的低或免关税政策,获取竞争优势。实际上,在北美自由贸易协定签署后,许多亚洲生产商纷纷在墨西哥直接投资建厂,一方面利用墨西哥廉价劳动力;一方面利用NAFTA的有利条件,将墨西哥作为进入美国市场的跳板。

## 同步测练与解析

一、选择题

1.(    )是地区经济一体化比较低级和松散的形式。

A. 优惠贸易安排　　　　B. 自由贸易区　　　　C. 关税同盟　　　　D. 共同市场

2. 关税同盟理论是由(　　)提出的。
   A. 范纳和李普西　　B. 鲍里斯·塞泽尔基　C. 小岛清　　D. 德纽
3. (　　)是区域经济一体化最高级形式。
   A. 政治联盟　　B. 自由贸易区　　C. 关税同盟　　D. 共同市场
4. 甲、乙两国原来对钨矿砂分别征收10%和6%的进口税,现两国相互间商品进口予以免税,但对源于第三国的钨矿砂统一征收8%的进口关税,这种一体化组织形式是(　　)。
   A. 自由贸易区　　B. 关税同盟
   C. 经济同盟　　D. 优惠贸易安排
5. A、B、C三国对小麦进口分别征收15%、12%、11%的关税,结盟后,内部取消关税,对外,A、B、C三国对小麦进口分别征收15%、12%、11%的关税,这种形式的一体化为(　　)。
   A. 优惠贸易安排　　B. 自由贸易区　　C. 关税同盟　　D. 共同市场
6. 世界上第一个正式由发达国家和发展中国家组成的区域经济一体化组织是(　　)。
   A. 欧洲经济共同体　　B. 欧洲经济联盟
   C. 东南亚联盟　　D. 北美自由贸易区
7. 目前,世界上经济一体化程度最高的一体化组织是(　　)。
   A. 欧洲联盟　　B. 北美自由贸易区
   C. 欧洲自由贸易联盟　　D. 东南亚联盟
8. 区域经济一体化诸形式中,实现了共同关境的有(　　)。
   A. 共同市场　　B. 自由贸易区
   C. 经济与货币联盟　　D. 关税同盟
9. 下列哪项属于关税同盟动态效果(　　)。
   A. 关税同盟建立后,企业可以获取规模经济效益
   B. 关税同盟建立后,可以刺激投资
   C. 关税同盟建立后,可以减少行政支出
   D. 关税同盟建立后,可以加强集体谈判力量
   E. 关税同盟建立后,可以获取贸易创造效果
10. 关税同盟比自由贸易区一体化程度更高,体现为(　　)。
    A. 对非成员国实行统一的关税政策
    B. 消除了成员国经济贸易政策方面的差异
    C. 设立超国家机构
    D. 实现了区域内生产要素的自由流动

二、简答题

1. 区域经济一体化有哪些形式?它们之间有什么区别和联系?
2. 简述区域经济一体化对国际贸易的影响。

3. 简述区域经济一体化协定与多边贸易体制之间的关系。
4. 简述关税同盟的三个静态效应和三个动态效应。
5. 简述协议性分工理论的主要内容。

## 【同步测练】参考答案

### 一、选择题
1. A  2. A  3. A  4. B  5. B  6. D  7. A  8. ACD  9. AB  10. AC

### 二、简答题

1. 区域经济一体化包括优惠贸易安排,自由贸易区,关税同盟,共同市场,经济与货币联盟,政治联盟六种形式。自由贸易区实现区内商品的自由流动,但各成员国保持自己独立的对外关税政策;关税同盟实现了各成员国统一对外关税;共同市场在保留统一对外关税的同时,实现了区域见生产要素的自由流动;经济与货币联盟对各成员国的经济政策进行了协调和统一,政治联盟中各经济领域达到一体化最高程度。具体内容见第一节。

2. 区域经济一体化对国际贸易的积极影响包括:促进区域内经济贸易的增长;提高区域内国家对世界经济的影响力;促进国际投资;在某种程度上促进多边贸易体制的发展。区域经济一体化对国际贸易的消极影响包括:区域经济一体化组织与非成员国贸易量下降;产生贸易、投资转移效应;部分条款阻碍自由贸易的发展,具体内容见第二节。

3. 区域贸易协定是多边贸易体制的补充,但不能替代多边贸易体制的运行和深化。RTA 和 WTO 的关系涉及三个因素,每个因素对国际贸易发展都具有非常重要的作用;首先,RTA 和 WTO 的条款具有一定的趋同性,其次,在某些方面 RTA 超越了 WTO 多边贸易体系,再次,RTA 的有些条款偏离了多边贸易体系,对区域外国家造成不利影响。具体内容见第四节。

4. 关税同盟的三个静态效应是贸易创造效应、贸易转移效应和贸易扩大效应。三个动态效应是加强竞争,企业获取规模经济效益和促进投资效应。具体内容见第四节。

5. 协议性分工理论由日本经济学家小岛清提出。他认为共同体内按照比较优势的分工,可能导致某国企业在共同市场内生产的垄断和集中,企业也无法获得规模经济效益。因此,他提出了协议性分工原理。当两个(或多个)国家资本劳动禀赋比例差异不大,工业化水平和经济发展阶段大致相等,协议性分工的对象产品在哪个国家都能进行生产,且商品能获取规模经济利益时两国之间进行合作,达成互相提供市场的协议,以便取得更好的经济效益。按照该理论,经济一体化或共同市场更容易在同等发展阶段的国家之间建立。具体内容见第四节。

# 第十章

CHAPTER TEN

# 世界贸易组织

## 本章学习要求

了解关税与贸易总协定的产生和发展,认识其对世界经济与贸易发展的影响和作用,掌握世界贸易组织的基本原则;了解世界贸易组织的机构设置,运行机制,贸易争端解决机制,贸易政策审议机制等,以及多哈回合受阻的主要原因。

## 重点与难点

1. 关税与贸易总协定;
2. 乌拉圭回合新议题;
3. 世界贸易组织的基本原则;
4. 多哈回合受阻原因。

# 第一节　关税与贸易总协定

关税与贸易总协定(General Agreement on Tariff and Trade, GATT)，是关于调整缔约国对外贸易政策和国际经济贸易关系方面相互权利义务的国际多边协定，于1948年正式生效。

## 一、关税与贸易总协定的产生

第二次世界大战后，为尽快恢复经济发展，许多国家希望通过建立一些国际机构、国际规则来规范世界经济秩序，协调国家之间的经济关系。

1944年7月，联合国成员国举行货币与金融会议，试图从金融、投资和贸易三个方面重建国际经济新秩序。各国经过协商，同意成立国际货币基金组织(International Monetary Fund, IMF)、世界复兴开发银行(International Bank for Reconstruction and Development, IBRD)，并倡导建立国际贸易组织。其中，国际货币基金组织职能是建立一个新的国际货币体系，确保国际相对稳定的汇率关系，维持各国国际收支的平衡；国际复兴与开发银行负责多方筹集资金帮助各国进行经济重建和恢复，解决战后经济发展长期投资不足问题。国际贸易组织的使命则是在多边贸易的基础上，通过成员国相互间关税减让，逐步消除贸易壁垒和歧视性贸易政策，促进贸易自由化，最终促进各国的经济恢复和发展。

1945年底，美国向联合国经济及社会理事会提出建议，希望建立国际贸易组织。1946年联合国成立国际贸易组织筹备委员会，在伦敦召开第一次筹备会议，1947年4月在日内瓦召开第二次筹委会，同年10月在哈瓦那举行的联合国贸易与就业会议上，审议并通过了《国际贸易组织宪章》，即《哈瓦那宪章》。参加会议的各国代表认为，虽然该组织宪章还有待各国立法机关通过，但是他们可以就相互减让关税问题先行进行谈判，于是23个国家进行关税减让谈判，并达成123项双边关税减让协议，4.5万项关税减让，影响贸易额达100亿美元，占当时世界贸易额的1/5。为使关税减让的谈判成果得以保护与确定，各国代表将关税减让谈判协议与《哈瓦那宪章》中有关贸易政策的部分合在一起，称为关税与贸易总协定(General Agreement on Tariffs and Trade, GATT)。经各国代表签署的关税与贸易总协定临时适用议定书于1948年1月1日生效，在议定书上签字的23个国家被称为创始缔约方。

各缔约方代表签字后将《哈瓦那宪章》带回国内，交与各国立法机构进行讨论批准。美国国会以《哈瓦那宪章》的部分规定不符合美国利益为由不予批准。受其影响，最终只有少数几个国家批准了《哈瓦那宪章》，成立国际贸易组织的努力宣告失败。

由于国际贸易组织没有正式成立,关税与贸易总协定没有正式的国际法人资格,只能以临时适用的协定形式存在,一直持续到1996年,被世界贸易组织所取代。

尽管关税与贸易总协定没有正式的法人资格,但从其成立之日起,就成为国际上规范和管理国际贸易唯一的多边协定,成为各缔约方调整其对外贸易政策以及建立国际经济贸易关系的重要法律准则。GATT与国际货币基金组织、世界银行被誉为维护第二次世界大战后国际经济新秩序的三大支柱。通过支持多边贸易谈判,降低和取消世界贸易中的关税壁垒和非关税壁垒,解决世界贸易争端,维护正常的贸易秩序,关税与贸易总协定为世界经济的复兴与发展做出重要贡献。1947—1994年,在关税与贸易总协定的主持之下,共举行八轮多边贸易谈判,使缔约国间的关税水平大幅下降,非关税措施受到约束,促进了国际贸易的发展。到1994年底,关税与贸易总协定的缔约国从1948年的23个扩大到128个,发达国家加权平均关税税率从1947年的35%下降到1994年4%左右,发展中国家平均关税税率降到12%左右,缔约国间的贸易额约占世界贸易总额90%以上。

### 二、关税与贸易总协定内容

关税与贸易总协定是以市场经济为基础,以自由、公平竞争为基本原则制定的权利和义务相平衡的多边贸易协定。其文本经几次重大修订后,除序言外,共四个部分38条。序言部分阐明关税与贸易总协定的宗旨。第一部分的最惠国待遇原则与关税减让原则是整个协定的运行基础。第二部分包括第3条到第23条,是贸易政策与措施的一般规则,如反倾销、反补贴规则等;第三部分包括第24条到第35条,规定了关税与贸易总协定运行中的程序性规则,如缔约国的加入或退出等;第四部分包括第36条到第38条,称为贸易与发展条款,是为发展中国家提供的一些特殊和差别待遇条款。

#### (一)宗旨

关税与贸易总协定的序言部分阐述了缔结该协定的目的和宗旨。序言申明:"缔约各国政府认为,在处理它们在贸易和经济事务关系方面,应以提高生活水平,保证充分就业,保证实际收入和有效需求的巨大持续增长,扩大世界资源的充分利用以及发展商品生产与交换为目的。为此,必须做出互利互惠的安排,大幅度削减关税和其贸易障碍,取消国际贸易中的歧视待遇,对上述目的做出贡献。"

#### (二)职能

关税与贸易总协定作为国际上规范和管理国际贸易的唯一多边协定,它主要履行以下几个职能:

(1)组织多边贸易谈判,实现缔约国间贸易自由化。通过组织多边贸易谈判,要求缔约国在平等互惠的基础上大幅度削减关税,取消一般数量限制,控制其他非关税壁垒的使用,以营造一个日趋自由化的贸易环境，促进世界经济发展。作为一套管理政府贸易行为的多边规则，关税与贸易总协定促进了世界贸易的增长与发展。

（2）制定具有一定约束力，指导缔约方贸易行为的国际准则，成为各缔约国处理贸易关系的基本依据。关税与贸易总协定建立了协商和争端解决程序，解决缔约国间的贸易分歧与纠纷，促进自由贸易，维护公平的贸易秩序。为各缔约国提供了一个贸易谈判场所，要求各国政府不断加强贸易政策的透明度，有效地缓解缔约国间的贸易摩擦和矛盾。

（3）以灵活务实的态度解决国际贸易中的实际问题。协定在倡导自由贸易的同时，允许各国通过关税进行国内市场和产业保护，但要求各国进行关税减让谈判，并取消一般性的数量限制，逐步实现贸易自由化。协定要求各国提供无条件最惠国待遇以消除国际贸易中的歧视，但同时允许存在例外和特殊情况，以务实的态度解决国际贸易中出现的实际问题。

（4）积极维护发展中国家利益。为发展中国家维护自身利益和促进本国经济的发展做出积极贡献。

（5）组织人员对国际贸易问题进行专门研究，出版各种刊物。

（三）组织机构

关税与贸易总协定建立了一套完整的组织机构，主要包括缔约方全体会议、代表理事会和职能委员会。

缔约方全体会议是关税与贸易总协定的最高决策机构，拥有对总协定条款、规定的解释权。缔约方全体每年举行一次会议，参加会议的代表大多是各国政府负责贸易事务的官员。

总协定的表决方式一般都以协商"一致同意"（consensus）的方式做出。所谓"一致同意"是指，在做出决定的会议上，如果任何一个与会缔约方对拟通过的决议不正式提出反对，就算达成一致同意。如果不能"一致同意"，则采用投票方式通过。每一缔约方拥有一表决票，不同事宜要求不同的投票表决票数。

总协定的最高行政官员是总干事，由总干事领导的秘书处是总协定的日常事务机构，其任务是筹备总协定的各种会议和谈判并提供服务，处理总协定日常事务，提供咨询和技术援助等。

代表理事会主要处理缔约方全体休会期间事宜，监督并指导理事会下辖的各委员会、工作组开展工作。

（四）关税与贸易总协定的基本原则

关税与贸易总协定共38条款，体现了非歧视、关税保护和关税减让、公平贸易、一般禁止数量限制、紧急豁免、对发展中国家优惠待遇等基本原则。

世界贸易组织继承并发展了这些原则，原则的具体内容将在本章第三节详述。

### 三、关税与贸易总协定主持的多边贸易谈判

1947—1994 年,关税与贸易总协定主持完成了八轮多边贸易谈判,大幅降低了全球关税水平,极大地促进了各国经济发展。

随着谈判的深入,多边贸易谈判的内容和范围日益扩大,从关税的减让扩展到非关税壁垒措施的使用等方面,在第八轮乌拉圭回合谈判中,谈判范围从货物贸易扩大到服务贸易、知识产权保护、与贸易有关的投资措施等,一些长期被排除在关税与贸易总协定管辖范围之外的敏感产品,如纺织品和农产品,也列入谈判,并达成协议。

每一轮多边贸易谈判都是在经济发展出现问题时,由一些主要缔约方倡导发起。虽然协定中规定了对发展中国家的特殊和优惠待遇,但发达国家仍是历次谈判的主要受益者。前八轮多边贸易谈判基本都是在美国的策动下进行的,谈判成功与否,也主要取决于美国、欧盟等发达国家的态度和其所获取的贸易利益。

#### (一)第一轮谈判

第一轮谈判于 1947 年 4—10 月在日内瓦举行,参加方 23 个。它是在国际贸易组织尚待批准、关税与贸易总协定还没有生效前,各创始缔约方进行的谈判,主要成果是降低关税。通过谈判达成 123 项双边关税减让协议,涉及产品 4.5 万多项,占世界贸易额的 1/5。最终占资本主义国家进口值 54% 的商品平均降低关税 35%。

#### (二)第二轮谈判

第二轮谈判于 1949 年 4—10 月在法国安纳西举行,参加方 33 个。这轮谈判中,23 个创始缔约方与丹麦等 10 国进行加入谈判,共达成协议 147 项,涉及产品 5 000 多项,使缔约方进口值 56% 的商品平均降低关税 35%。

#### (三)第三轮谈判

第三轮谈判于 1950 年 9 月—1951 年 4 月在英国托基举行,参加方 39 个。当时缔约方间的贸易额已超过世界贸易总额 80%。这次谈判共签订双边关税减让协议 150 项,涉及产品 8 700 项,使占缔约方进口值 11.7% 的商品平均降低关税 26%。

#### (四)第四轮谈判

第四轮谈判于 1956 年 1—5 月在日内瓦举行,参加方 28 个,平均降低关税 15%,影响贸易额 25 亿美元。

## (五)第五轮谈判(狄龙回合)

第五轮谈判于1960年9月—1962年7月在日内瓦举行,参加方45个。此轮谈判由当时美国副国务卿道格拉斯·狄龙发起,又称"狄龙回合"。谈判成果涉及商品4 400多项,涉及贸易额49亿美元。使占应税进口值20%的商品平均降低关税20%。

## (六)第六轮谈判(肯尼迪回合)

第六轮谈判于1964年5月—1967年6月在日内瓦举行,参加方54个。此轮谈判由美国总统肯尼迪发起,又称"肯尼迪回合"。本轮谈判使工业品进口关税平均下降35%,涉及商品3万多项,6万多种,涉及贸易额400亿美元。

肯尼迪回合首次进行非关税壁垒削减的谈判,通过第一个《反倾销协议》,并开始在贸易政策中考虑发展中国家利益,新增"贸易与发展"条款,为发展中国家某些初级产品出口提供更为优惠的待遇。

## (七)第七轮谈判(东京回合)

第七轮谈判于1973年9月—1979年4月在东京举行,后移至日内瓦,史称"东京回合",参加方102个国家和地区(包括29个非缔约方)。

本轮谈判以一揽子关税减让方式达成关税减让协议。根据协议,自1980年1月1日起,在8年时间内,全部商品关税平均下降33%,涉及贸易额3 000亿美元,减税商品范围从工业品扩大到部分农产品,但一些劳动密集型产品,如纺织品、鞋类、食品等,以及对发展中国家比较敏感的其他产品,没有包括在内。

谈判在非关税措施削减方面取得重大突破,共达成9项协议,包括:《海关估价准则》《贴补和反贴补守则》《反倾销守则》(修订本)、《进口许可证手续协议》《贸易技术壁垒》《进口许可程序》《牛肉协议》《国际奶制品协议》和《民用航空器贸易协议》。

东京回合通过了针对发展中缔约方的"授权条款",允许发达国家给予发展中国家优惠待遇,如普遍优惠制、更优惠待遇可以作为最惠国待遇的例外,允许发展中国家在实施非关税措施方面享有差别和优惠待遇。

## (八)第八轮谈判(乌拉圭回合)

第八轮谈判于1986年9月15日在乌拉圭埃斯特角城举行,1994年4月15日在摩洛哥马拉喀什城,草签乌拉圭回合最后文件和建立世界贸易组织协议,宣告乌拉圭回合谈判结束,谈判历时8年。与前几轮谈判相比,乌拉圭回合是涉及面最广、谈判议题最多、最复杂、时间最长、参加方最多的一轮谈判。到1993年底,参加本轮谈判的国家和地区有117个,谈判涉及15个议题,减税幅度近40%;农产品的非关税措施全部关税化;纺织品的歧视性配额在 10 年内全部取消;非关税措施使用受到严格控制和规范;加入了三个新的议题并达成相关协议。

本次谈判最大成果之一是世界贸易组织的建立,它于 1996 年取代关税与贸易总协定。

# 第二节　乌拉圭回合多边贸易谈判

20 世纪 80 年代初,各国贸易保护主义抬头,世界贸易额一度出现下降,为避免全球贸易战爆发,美国和日本倡导发起一轮贸易谈判,希望借助谈判解决贸易中出现的新问题。

1985 年 11 月底,总协定召开第 41 届缔约方大会,正式成立新一轮谈判筹备委员会。筹委会耗时 4 月,完成对谈判可能涉及的 30 多个议题的审议工作。1986 年 9 月 15 日在乌拉圭埃斯特角城举行总协定缔约方部长级会议,决定发动第八轮多边贸易谈判,即乌拉圭回合多边贸易谈判,参加谈判的有 123 个国家和地区,预计在四年内结束谈判。

## 一、乌拉圭回合的目标和议题

### (一) 乌拉圭回合的目标

《乌拉圭回合部长宣言》明确谈判目标,即每个参加方在承诺维持现状和逐步回退的前提下,力求达到以下目的:进一步削减和取消关税、数量限制及其他非关税壁垒,进一步扩大世界贸易;完善多边贸易体制,把更大范围的世界贸易置于关税与贸易总协定的法律约束之下,建立一个更加开放的、具有生命力和持久的多边贸易体制;促进国际合作,增强关税与贸易总协定同有关国际组织的联系,加强贸易政策和其他经济政策间的协调。

### (二) 乌拉圭回合的议题

乌拉圭回合多边贸易谈判共 15 个议题,分为两部分:
1. 第一部分:货物贸易
该部分包含 14 个议题,分别为:
(1) 关税;
(2) 非关税措施;
(3) 热带产品;
(4) 自然资源产品;
(5) 纺织品与服装;
(6) 农产品;
(7) 关税与贸易总协定条款;

(8) 保障条款；

(9) 多边贸易谈判协议和安排；

(10) 补贴与反补贴措施；

(11) 争端解决；

(12) 与贸易有关的知识产权问题，包括冒牌货贸易问题；

(13) 与贸易有关的投资措施；

(14) 关税与贸易总协定体制的作用。

2. 第二部分：服务贸易

通过服务贸易谈判，制定服务贸易多边原则和规则的框架，以便在透明和逐步自由化的条件下扩大服务贸易。

## 二、乌拉圭回合多边贸易谈判取得的成果

乌拉圭回合多边贸易谈判达成的《乌拉圭回合多边贸易谈判成果的最后文件》(The Final Act Embodying the Result of the Uruguay Round of the Multilateral Trade Negotiations，简称《最后文件》)，是"一揽子文件"，即缔约方必须全部接受或全部拒绝，不能接受一部分，拒绝另一部分。这个最后文件于1994年4月15日正式签署，1995年1月1日正式生效。该文件包括的28个协议和协定可以分为三大类：

第一类针对GATT原有的和货物贸易有关的议题和规则进行了修改。涉及的主要议题有：关税、非关税措施、热带产品、自然资源产品、原产地规则、装船前检验、反倾销、补贴和反补贴、技术性贸易壁垒、进口许可证程序、海关估价、政府采购等。并将农产品贸易、纺织品和服装贸易纳入GATT的管辖范围之内。

第二类是新的议题：包括服务贸易、与贸易有关的知识产权保护、与贸易有关的投资措施。

第三类是建立世界贸易组织的决定，由其取代关税与贸易总协定。

乌拉圭回合多边贸易谈判取得的主要成果包括：

### （一）工业品关税大幅度下降

发达国家承诺总体关税削减幅度在37%左右，对工业品的关税削减幅度达40%。发达国家工业品加权平均关税降至3.8%，关税税目约束比例扩大到99%。零关税税号占全部税号的比例提高到32%。

发展中国家承诺总体关税削减幅度在24%左右，工业品加权平均关税率降至14.4%。关税税目约束比例由21%剧增到73%。除非减让表另有规定，从1995年1月1日起，所有国家在5年内结束关税减让。

## （二）《农业协议》

《农业协议》分 13 个部分，包括 21 个条款和 5 个附件。从市场准入、国内支持、出口补贴等方面对缔约方做出约束，并为发展中国家成员提供特殊和差别待遇。

(1) 市场准入方面。要求所有缔约方将一切非关税壁垒措施转换成关税措施，实行关税化，并逐渐降低关税，保证一定水平的市场准入量。对于需要关税化的农产品，必须承诺相当于国内消费量 3%~5% 的最低市场准入量。

从 1995 年起，发达国家成员在 6 年内，发展中国家成员在 10 年内，分年度削减农产品关税，发达国家平均关税率削减 36%，发展中国家平均关税率削减 24%，所有关税都要受到约束。

(2) 国内支持方面。协议对国内支持进行分类，分别规定了"绿箱"措施、"黄箱"措施和"蓝箱"措施的具体含义和主要内容，针对不同措施提供不同处理方法。例如，对于主要由政府提供，对生产者不具有价格支持的"绿箱"措施，成员国无须承担约束和削减业务。而对于由政府直接进行的价格干预和补贴的"黄箱"措施，则必须承担约束和削减业务。

(3) 出口补贴方面。《农业协议》不禁止成员对农产品出口进行补贴，但要逐步削减出口补贴。从 1995 年起，每年度等量削减出口补贴，各国的出口补贴预算，发达国家成员在 6 年内减少 36%，发展中国家在 10 年内减少 24%，出口补贴只适用于特定的产品。

## （三）《纺织品与服装协议》

《纺织品与服装协议》是一个阶段性协议，有效期 10 年，为成员方最终取消配额限制所制定的过渡性安排。

(1) 按照协议要求，成员方不得设立新的纺织品服装贸易限制，并逐步取消已有限制。在 1995—2004 年 10 年有效期内，对于附件中所列产品，各成员方分三阶段逐步取消纺织品与服装贸易的限制；对尚未取消配额限制产品，要逐步增加配额数量，提高进口年增长率，到 2005 年 1 月 1 日，完全取消配额实现纺织品和服装贸易自由化。

(2) 在发达进口国逐步取消数量限制的同时，发展中国家也必须开放国内市场。

(3) 规定过渡性保障条款。在过渡期间，如进口商品激增，对进口国造成破坏性冲击，允许进口国对造成这种损害的国家实行进口配额限制，但一般应在磋商基础上实行，最长年限为 3 年。

(4) 进出口国充分合作打击非法转口。

(5) 建立纺织品监督机构，以监督协议的实施，审查成员方所采取的措施是否符合协议规定。

## （四）《进口许可证程序协议》

该协议主要目的是为了保证进口许可程序管理的简单化、透明化，保证进口许可程序的公平和公正,避免对产品进口造成障碍。

协议主要内容如下:

(1) 成员方要在一些官方公告及其他相关出版物上,公布进口许可证申领程序、申请资格、相关的行政机关,需要进口许可证的产品清单等。公布日期不迟于上述规定生效之日前21天。

(2) 申请进口许可证程序要尽可能简化,进口商可以有21天的合理期限准备必要信息。

(3) 不管货物是否受进口许可证管理,任何进口商都应在同等条件下获得外汇供给。

(4) 自动许可证制度主要用于统计和监督,对进口申请一律给予批准,不能对进口货物产生限制。

(5) 非自动许可证制度主要用于对配额等限制性措施的管理。非自动许可不得对进口造成额外的限制和扭曲。要保证许可证管理的透明度,及时提供充分信息。管理者要根据具体情况合理分配许可,对非自动许可证的审批必须在30天内完成,如果所有申请同时处理,必须在60天内完成。

(6) 各成员方制定颁发许可证的新程序或改变现行程序,必须在程序公布60天内通知世界贸易组织。

### (五)《与贸易有关的投资措施协议》

《与贸易有关的投资措施协议》(Trade-Related Investment Measures,TRIMs)是乌拉圭回合谈判的新议题。

随着跨国公司的迅速发展,发展中国家成为发达国家进行跨国投资的重要场所。大多数发展中国家制定投资政策和法规以保护本国产业的发展,其中许多限制性措施对国际贸易产生了重大的影响,因此,乌拉圭回合希望通过规范各国限制措施以减少其对国际贸易的影响。在谈判中,发达国家希望包含尽可能多的和投资有关内容,但发展中国家只对与"国际贸易"有关的投资措施进行谈判,因此,只有5种与国际贸易有关的投资措施被列入协议。

根据协议,世界贸易组织建立与贸易有关的投资措施委员会,每年向货物贸易委员会汇报协议执行情况。货物贸易理事会将在协议生效5年内审议执行情况,酌情提出修正意见。

协议主要内容如下:

1. 规定各国采用的投资措施

不论是针对外国投资企业,还是针对本国企业,都不得违反1994年关税与贸易总协定中的国民待遇原则和取消数量限制原则。协议后面的例示清单,列举出5种违反上述原则的与贸易有关的投资措施。这些措施的表现形式可以是国内法律法规,行政条例或者是一些有条件的优惠措施。

(1) 违反国民待遇原则的两种投资措施:一是当地成分要求。规定企业购买或使用当地生产的产品或原料的最低数量或金额,规定产品中必须使用国产品的最低比例等;二是贸易平衡要求。要求企业进口原料、零部件、机械设备的数量或金额不得超过其出口所获的外汇数量或金额。

(2) 违反一般取消进出口数量限制原则的三种投资措施:一是贸易平衡要求。如限制企业与当地生产相关的进口总量,或企业进口数量或金额以其出口当地产品的数量或金额为限;二是进口用汇限制。企业生产所需进口用汇只能是企业外汇流入的一定比例;三是限制出口销售。企业产品必须有一部分在东道国内销售,限制企业出口产品的数量或金额。

2. 对发展中国家的特殊优惠

(1) 发达国家在协议生效后 2 年过渡期内,发展中国家可以在协议生效后 5 年过渡期内,最不发达国家在 7 年的过渡期内取消与该协议规定不相符的投资措施。过渡期结束时,如果发展中国家能证明实施协议内容仍有特殊困难,可以向货物贸易委员会提出申请,延长其过渡期。

(2) 在一定条件下,允许发展中国家暂时背离该协议中关于国民待遇和数量限制的规定,但背离程度和采取方式,要遵守相关条款规定。

(六)《与贸易有关的包括冒牌货贸易的知识产权协议》

《与贸易有关的包括冒牌货贸易的知识产权协议》(Agreement on Trade-Related Aspects of Intellectual Property-rights,TRIPs)。该协议内容属于乌拉圭回合新增议题,它拓宽了 GATT 的管辖范围。发达国家希望通过对知识产权的保护,促进知识产权转让和技术出口,发挥自身优势,弥补货物贸易逆差,改善国际收支。

协议主要内容如下:

1. 协议中所指的知识产权

主要包括版权及相关权利、商标权、地理标识权、工业品外观设计权、专利权、集成电路布图设计权、未披露信息专有权,许可合同中限制条款的控制。协议中详细规定了各个知识产权的含义,保护范围与标准。

2. 成员方必须遵守国民待遇、最惠国待遇等原则

在不违反协议的前提下,成员方可以实施比该协议更严格、更广泛的保护。在对知识产权保护的最低要求方面,成员方要遵守《保护知识产权的巴黎公约》《保护文学艺术作品的伯尔尼公约》《保护唱片、录音制品的罗马公约》和《有关保护集成电路知识产权的华盛顿公约》所规定的义务。

3. 规定知识产权获得、维持的相关程序

各成员方必须履行符合该协定规定的合理程序和手续,才能获得知识产权保护。

4. 详细规定了提供保护的法律程序和救济措施

《协定》对各成员方的司法制度提出原则性要求;各成员应保证在国内法中含有《与贸

易有关的知识产权协定》规定的执法程序,以便对侵权行为采取有效行动。执法程序应该公平公正,有合理时限。在实施时,要避免对合法贸易造成障碍,并防止有关程序的滥用。

(1)民事和行政程序措施

各成员方应向权利持有人提供相应的民事和行政程序,保证其合法权益。司法当局有权发出禁令停止侵权行为,并禁止侵权产品进入商业流通渠道;有权责令侵权人向权利人就其所受损害作出足够赔偿;在不违反成员方法律情况下,有权销毁侵权产品和用于制造侵权产品的材料和工具。

(2)边境措施

在有充分证据怀疑仿冒商品或盗版商品有可能进口的情况下,权利所有人可以向主管当局提出书面申请,由海关暂停此类商品的放行。

权利所有人要提供充分证据证明其合法权益可能会受到侵犯,并提供保证金或相应担保。海关审核证据做出判断,并采取相应行动。但海关的暂停放行时间有一定的时限要求。

(3)刑事程序

各成员方应规定知识产权方面的刑事诉讼和刑罚,以应对具有商业规模的故意假冒商标和盗版案件。

(4)临时措施

司法当局有权采取及时有效的临时措施,防止侵权产品进入商业渠道。

协议设立的保护标准是建立在发达国家知识产权保护水平基础上的,对发展中国家而言,标准比较苛刻。为此协议中规定了过渡性安排,发达国家在《建立世界贸易组织协定》生效一年内适用协议规定,发展中国家成员可以将实施日期推后4年,最不发达国家可再推迟10年。同时,发达国家应向发展中国家和最不发达国家提供技术与资金支持,协助它们建立有关法规。

### (七)《服务贸易总协定》

《服务贸易总协定》(General Agreement on Trade in Services,GATS)由三大部分组成:一是协定条款本身;二是部门协议;三是各国的市场准入承诺清单。

**1.《服务贸易总协定》条款**

该协议条款共分6个部分、35个条款和1个附录,其主要宗旨是要实现服务贸易自由化。希望建立一个服务贸易准则和规定的多边框架,从而在透明度和逐步自由化的条件下扩大该类贸易,并以此促进各方的经济增长和发展中国家的经济与社会发展。该协定主要内容包括:

(1)范围与定义

该协定适用于各成员国影响服务贸易的各种措施和"服务部门参考清单"所列12种服务部门的服务贸易,并确定服务贸易的定义包括跨界供应、境外消费、商业存在和自然人流动四方面的含义。

(2) 义务和原则

该协定所规定的义务分为两类：一类是普遍性义务，指适用于各个部门的义务，例如，不论成员方是否开放这个或这些部门，都必须相互给予无条件最惠国待遇。另一类是具体承诺的义务，是指经过双边或多边谈判达成协议所承担的义务。这些义务（如市场准入和国民待遇）只适用于各成员方承诺开放的服务部门，而不适用于未开放的服务部门。

该协定所规定的一些原则与总协定的基本原则相似，但由于服务贸易与货物贸易有所不同，因而具有了特定的含义。例如：

① 最惠国待遇原则。这一原则是多边货物贸易体制的基础，也是多边服务贸易的基础。各成员方都应接受。但在该协定中的最惠国待遇条款规定，各成员方应立即和无条件地给予他方服务和服务提供者以不低于其给予某一成员方相似服务和服务提供者的待遇。如果一成员方无法取消与上述规定不符的措施，则应在协定生效前申请最惠国待遇的例外。

② 国民待遇原则。该协定规定，给予外国服务和服务提供者的待遇，不应低于给予本国相同服务和服务提供者的待遇。但这种待遇不是自动给予的，而是经过谈判减让的结果，具体反映在减让承诺清单中。承诺清单可以对国民待遇规定某种条件和限制，这种待遇只适用于承诺开放的部门。

③ 透明度原则。协定规定各成员，除非在紧急情况下，都应立即并最迟在协定生效前，公布其所采取的所有与服务贸易或对该协定的执行产生影响的措施，并要求各成员方建立一个或多个咨询点，以便尽快地回答其他成员国的询问。

④ 对发展中国家的特殊优惠原则。根据发展中国家的更多参与条款的规定，发达国家应采取具体措施，旨在加强发展中国家国内服务业，为发展中国家的服务出口提供市场准入的条件；发达国家应在协定生效后的两年内建立"联系点"，向发展中国家的服务提供者提供有关服务供给的商业和技术方面的信息。

协定还允许发展中国家根据国内政策目标和服务业务发展水平逐步实现服务贸易自由化，允许发展中国家开放较少的市场，逐步扩大市场的开放程度，允许发展中国家对于外国服务或服务提供者进入本国市场设置一些限制条件，对最不发达国家予以特殊优惠，准许这些国家不必作出具体的开放市场方面的承诺，直到国内服务业具有竞争力。

(3) 市场准入

根据协定规定，市场准入是一种经过谈判、具体承诺的义务，各成员国应为其他成员国的服务与服务供应者能够进入市场提供可行的渠道，而这种渠道必须以不低于其在具体承诺细目表上已同意提供的条件和待遇。若在一成员国的细目表上给予了不止一种的有关服务提供的准入渠道，那么别国的服务提供者可以进行自由选择。在该协定具体承诺中的市场准入条款与国民待遇条款都不是作为普遍性义务，而是作为具体承诺与各个部门或分部门开放联系在一起，这样可以使分歧较小的部门早日达成协议。

协定就六种禁止使用的限制市场准入措施达成一致。包括：
① 限制服务提供者的数量；
② 限制交易金额或资产额；
③ 限制服务的总产出量；
④ 限制雇佣的自然人数量；
⑤ 限定外国服务提供者提供服务的法律组织形式，如分支机构还是子公司。
⑥ 限制外方在公司中的持股比例或最大资本投入数量。

(4) 逐步自由化

这是关于各成员国逐步扩大服务贸易自由化的谈判时间、适用范围、具体承诺的细目表以及细目表的修改所做的规定。协定规定，为了进一步提高服务贸易自由化的目标，各成员方应进行多轮的谈判，最晚从《世界贸易组织协议》生效后 5 年开始，并在此后定期举行谈判，谈判的目的是减少和消除对服务贸易产生不良影响的措施，以实现有效的市场准入，谈判应尊重各成员方的政府目标和各国的发展水平。对某些发展中国家应允许有一定的灵活性，允许其有选择地开放部门和交易类型。

2.《服务贸易总协定》的部门协议

该协定的部门协议共五个：

(1) 关于提供服务的自然人的移动协议

这个部门协议适用于各成员方提供服务的自然人以及受雇于服务提供者的自然人，但不适用于寻找工作的自然人，也与公民权、居留和受雇等措施无关。换句话说，自然人的移动必须跟随提供服务，有别于移民权。

(2) 关于航空运输服务协议

这个部门协议规定航空运输服务可以不遵守《服务贸易总协定》关于最惠国待遇的条款，而继续根据国际民航协定的对等原则，相互给予着陆权。

(3) 关于金融(含保险)服务协议

这个部门协议中有两个附件：第一个附件允许各成员方政府根据谨慎的原则采取保护国内金融服务的措施，但这些措施在与《服务贸易总协定》的有关条款不相符合时，不能用以逃避自己的承诺与义务。谨慎的措施应得到他方的承认。这种承认可以通过协议或安排的方式，也可以通过自动承认的方式。附件还对于银行和保险的服务范围作出了规定。第二个附件允许各参加方在《服务贸易总协定》生效 4 个月后的 60 天内，列出其最惠国待遇的例外清单，并可改进、修改或撤销其减让表中的有关金融服务的承诺。

(4) 关于通信服务协议

该协议承认这个部门的双重作用，一方面是一个独特的经济部门；另一方面又是一种提供其他经济活动的基本方式。协议要求缔约方政府非歧视地给予外国服务提供者进入公共通信网的机会。

(5) 关于海运服务协议

这个部门协议规定,《服务贸易总协定》生效后,各方再就海运服务部门进行谈判。在此之前,各参加方可以随意撤销其在该部门的承诺减让,无须给予补偿。

3. 关于初步承诺减让表

初步承诺减让表是各国在谈判基础上提交的开放市场的承诺,是《服务贸易总协定》不可分割的部分,具有法律约束力。初步承诺减让表中的内容是参加方在双边谈判基础上承担的关于国民待遇和市场准入的义务,列明有关服务部门和这些部门中的活动,保证其市场准入,同时还应明确注明对于这些部门实施国民待遇和市场准入的限制。各参加方只有提交初步承诺减让表,才能成为《服务贸易总协定》的成员。

《服务贸易总协定》的作用很大程度上取决于成员国通过谈判承诺的具体义务,1994 年协议签署时,发达国家承担的具体义务涉及服务贸易总额的 47.3%,发展中国家这一比例仅达 16.2%。如果具体义务只考虑取消市场准入的各种限制,实施完全的国民待遇情形,发达国家的相应比例降到 24.8%,发展中国家降到 6.9%[①]。

### 三、世界贸易组织的建立

乌拉圭回合最初启动时,谈判议题并没有涉及世界贸易组织成立的问题。但谈判过程中涉及货物贸易以外的新议题很难在关税贸易总协定框架中进行谈判和付诸实施。1990 年初,欧共体首先提出建立一个多边贸易组织的倡议,并得到了美国、加拿大等国的支持。

1990 年 12 月,布鲁塞尔贸易部长会议同意就建立多边贸易组织进行协商,经过一年的紧张谈判,1991 年 12 月形成一份关于建立多边贸易组织协定的草案。1994 年 4 月 15 日,乌拉圭回合参加方在摩洛哥马拉喀什通过了《建立世界贸易组织马拉喀什协定》,简称《建立世界贸易组织协定》。1995 年 1 月 1 日,世界贸易组织正式运行,它与关税与贸易总协定并行存在一年,关税与贸易总协定于 1995 年 12 月 31 日正式退出历史舞台。

## 第三节 世界贸易组织

世界贸易组织(World Trade Organization,WTO),简称世贸组织,是根据乌拉圭回合多边贸易谈判达成的《建立世界贸易组织协定》于 1995 年 1 月 1 日建立,取代了原来的关税与贸易总协定,是依照乌拉圭回合谈判达成的最后文件形成的一整套协定和协议的条款作为国际法律规则,对各成员间经济贸易关系的权利和义务进行监督、管理的国际经济组织。

---

① Bernard Hoekman,Carlos A. Primo Braga Protection and Trade in Services,working paper,worldbank,1997.

《建立世界贸易组织协定》由序言、16 个条款和 4 个附件组成。序言和 16 个条款主要规定了世界贸易组织的宗旨、目标、职能、决策过程、成员资格、地位等。4 个附件中包括协调多边贸易关系的规则及历次谈判成果。附件 1 由三部分组成：附件 1A 为货物多边贸易协定，包括 GATT 中 13 个协定与协议；附件 1B 为服务贸易总协定；附件 1C 为与贸易有关的知识产权协定。附件 2 为关于争端解决规则与程序的谅解；附件 3 为贸易政策审议机制；附件 4 为诸边贸易协议，如图 10-1 所示。

附件 1
- 货物贸易协定
  1. 关于 1994 年关税与贸易总协定
  2. 关于农产品协议
  3. 关于卫生与植物检疫措施申请协议
  4. 关于纺织品与服装协议
  5. 关于贸易技术壁垒协议
  6. 关于与贸易有关的投资措施协定
  7. 关于 1999 年关税与贸易总协定第六条执行协议
  8. 关于 1994 年关税与贸易总协定第七条执行协议
  9. 关于装运前检查协议
  10. 关于原产地规则协议
  11. 关于进口许可证——程序协议
  12. 关于补贴与反补贴措施协议
  13. 关于保护措施协议
- 服务贸易总协定及其附录
- 与贸易有关的知识产权协议

附件 2　对争端处理管理规则和程序谅解

附件 3　贸易政策评审机制

附件 4　若干单项贸易协议
  1. 民用航空器贸易协议
  2. 国际牛乳协议
  3. 政府采购协议
  4. 关于牛肉协议

**图 10-1　世界贸易组织协定内容**

## 一、世界贸易组织的宗旨与职能

### （一）宗旨

《建立世界贸易组织协定》序言部分表述了其基本宗旨："在处理贸易和经济领域关系时，应以提高生活水平、确保充分就业、大幅度和稳定地增加实际收入和有效需求，拓展货物和服务的生产和贸易为目的，同时依照可持续发展目标，持久地开发和合理地利用世界资源,寻求努力保护和维持环境,并与各国不同经济发展水平的需要和关注相符合的方式,加强为此采取的措施。""进一步关注需要积极努力以确保发展中国家,特别是其中的最不发达国家,在国际贸易增长中享有一个与其经济发展需要相适应的份额。"

与 GATT 宗旨相比,WTO 宗旨具有其鲜明的特色:它将服务贸易列入国际贸易范围内,扩大了国际贸易的内涵,促进了全球服务贸易的发展;它将"可持续发展"列入宗旨,表明了世界贸易组织对环境保护的关注,对资源的合理利用将保证人类的长远发展;它将对发展中国家经济发展的关注列入宗旨,将有助于发展中国家经济贸易的发展。

(二) 职能

《建立世界贸易组织协定》第 3 条明确表述了世界贸易组织的职能:

(1) 促进世界贸易组织目标的实现,促进各项多边贸易协定和诸边贸易协定的执行、管理和运作;

(2) 为各成员方就目前世界贸易组织项下的议题和将来可能的新议题提供多边贸易谈判场所,并提供实施此类谈判结果的体制;

(3) 按照《关于争端解决规则与程序的谅解》,解决各成员方之间的贸易纠纷;

(4) 按照《贸易政策审议机制》,定期审议各成员方贸易制度和与贸易相关的国内经济政策;

(5) 协调与国际货币基金组织、世界银行的关系,保障全球经济决策的一致性。

## 二、世界贸易组织的基本原则

世界贸易组织继承了总协定的基本原则,并在其所管辖的服务贸易、与贸易有关的知识产权以及与贸易有关的投资措施等新的领域中予以发展应用。

(一) 非歧视原则

非歧视原则(Non-discrimination Principle)是世界贸易组织最重要的原则,指各成员方应该在无歧视的基础上从事贸易,这个原则通过 1994 年关贸总协定的最惠国待遇条款和国民待遇条款体现。

1. 最惠国待遇

根据总协定第 1 条规定:"一缔约方对来自或运往其他国家的产品所给予的利益、优待、特权或豁免,应当立即无条件地给予来自或运往所有其他缔约方的相同产品。"总协定的最惠国待遇条款是无条件的。它不要求其他缔约方做出相应的优惠或减让,以获得对方的优惠待遇。

在世界贸易组织协定中,最惠国待遇同样适用于服务贸易和知识产权领域。

## 2. 国民待遇条款

是指一国给予所有成员方公民、企业、船舶在经济上的待遇不低于给予本国公民、企业和船舶的待遇。这种待遇主要包括：税收、知识产权保护、市场开放等。以保证成员方产品与本国产品以同样的条件竞争。

世贸组织的国民待遇主要表现在《1994 年关税与贸易总协定》的第 3 条、《服务贸易总协定》的第 17 条、《与贸易有关的知识产权协定》的第 3 条、《与贸易有关的投资措施协议》及其他协议相关条款中。①

《1994 年关贸总协定》国民待遇原则中强调：

(1) 进口产品适用于同样的国内税和其他费用，进口国不得利用国内法律和规定，对进口产品征收多余税收和费用，以达到保护国内产品的目的；

(2) 进口产品在国内销售、分销、购买、运输、分配或使用的法令、规章和条例等待遇，不能低于给予国内相同产品的待遇。例如，如果没有规定国内产品由某种特定交通工具运输，则不能对进口产品做出此类规定。产品国产化要求也被视为对外国产品的一种歧视。

经世贸组织同意，货物贸易中可以出现国民待遇例外。例如：

(1) 国民待遇义务不适用于有关政府采购的政府法令、规章和条例；

(2) 在不违反 GATT 第 3 条规定，和 WTO 中关于补贴与反补贴税规定的情况下，对国内企业进行的补贴；

(3) 对发展中国家的一些优惠待遇，允许发展中国家在更长时间内修改国内相关条款，有更长过渡期。如《补贴与反补贴协议》规定，从世贸组织协议生效之日起 5 年之内，允许发展中国家间对国内产品进行补贴，对于最不发达国家，这一期限延长为协议生效之日起 8 年。

(4) GATT 的 XXI 关于国家安全的例外。

《服务贸易总协定》中的国民待遇条款规定，给予外国服务和服务提供者的待遇，不应低于给予本国相同服务和服务提供者的待遇。但这种待遇不是自动给予的，而是谈判减让的结果。国民待遇只适用于成员方已做出承诺的部门。

《与贸易有关的知识产权协定》第 3 条规定：每一成员方向其他成员方国民就知识产权提供的待遇不得低于给予本国国民的待遇，如果一成员国 A 的专利保护期比另一成员国 B 的长，则 A 国无权在其法律中规定，B 国公民在 A 国只享有 B 国法律所规定的保护期。

---

① WTO 网站中对国民待遇的介绍 www.wto.org.cn。

## （二）关税保护和关税减让原则

关税与贸易总协定的根本目的是消除国际贸易中各种贸易壁垒，实现贸易自由化。第二次世界大战时，关税已成为各国最大的贸易保护工具之一，面对各国的贸易实践，总协定采取了通过谈判，逐步降低和削减关税贸易壁垒的方法。

关税保护原则规定，成员方只能通过关税保护本国产品，而不应采取其他限制进口的措施。同时，各成员方之间应通过关税减让谈判逐步降低关税。

关税减让原则规定，各成员方通过对等减让，互惠互利的方式进行关税谈判，达成关税减让协议。关税减让的谈判成果按无条件最惠国待遇对所有成员方实施。关税减让协议中达成的"固定（Consolidated）税率"减让，任何成员方都无权单方面改变和取消，或通过其他方式取代已减让关税。谈判所取得的关税减让，在将来谈判中只能进一步减让，而不能恢复或上升。

## （三）一般禁止数量限制原则

在确认各国可以将关税作为唯一的保护手段后，WTO一般地禁止进口数量限制。GATT第11条规定："任何缔约方除征收税捐或其他费用外，不得设立或维持配额、进出口许可证或其他措施限制或禁止其他缔约方的产品输入，或向其他缔约方输出或销售出口产品。"

但在某些情况下，GATT允许缔约方在非歧视的基础上，保留或使用一些关税和非关税措施，保护本国产业。这些例外包括以下四种情况：

(1) 为了稳定农产品市场。
(2) 为了改善国际收支。
(3) 为了促进发展中国家的经济发展的需要。
(4) 国家安全需要。

世贸组织进一步规定，对于目前存在的配额和许可证，采取"逐步回退"方式逐步减少配额和许可证的使用，逐步实现贸易自由化。

世界贸易组织附件1中的许多协定，如《技术性贸易壁垒协定》《装运前检验协议》《进口许可程序协议》《实施卫生与植物卫生措施协定》等，都是关税与贸易总协定在取消各国数量限制，取消非关税贸易壁垒谈判中取得的成果。

## （四）公平竞争原则

所谓公平竞争有两层含义。首先，各成员方不能采取扭曲市场公平竞争的措施；其次，当其他成员方使用扭曲市场公平竞争的行为时，成员方可以采取相应措施纠正不公平贸易行为，保证各国产品、服务在本国市场上公平竞争。

公平竞争原则主要体现在反倾销和反补贴协定。倾销和补贴一直被视为典型的不公平贸易行为,为了防止这些行为对其他国家经济造成实质性损害,总协定首次在"肯尼迪回合"中提出了关于实施《1947年关税与贸易总协定》第6条和第16条达成的协议,并根据贸易实践,在"东京回合"和"乌拉圭回合"中对反倾销规则和反补贴规则进行了修改补充,最终在乌拉圭回合中,达成了所有成员方都适用的《反倾销协议》和《补贴与反补贴措施协议》。

《反倾销协议》明确规定,禁止成员方在出口方面实行倾销,并授权成员方在其某项工业由于倾销造成重大损害或产生重大威胁时,征收反倾销税。

《补贴与反补贴措施协议》明确规定,禁止成员方在出口方面实行补贴,并授权成员方在其某项工业由于出口国补贴造成重大损害或产生重大威胁时,征收反补贴税。

同时,为了防止各国滥用反倾销名义和反补贴名义实施贸易保护主义,总协定明确规定了征收反倾销税和反补贴税时,必须严格遵守的程序和条件。

在服务贸易领域,WTO要求各成员相互开放市场,逐步为外国服务者提供公平竞争机会。

在与贸易有关的知识产权保护领域,WTO要求各成员方加强对知识产权保护,并采取措施反对不正当竞争手段。

### (五)透明度原则

世界贸易组织规定,各成员方要承担公布、公开有关贸易措施及其变化的义务。各成员方应最晚在其制定或实施的政策法规生效之时,向外部正式公布政策法规内容及其补充修订,公布之前不能提前实施。成员方要将所有贸易政策法规的生效和变化及时通知世界贸易组织,并承担向其他成员方提供信息和咨询的义务。

通过公布贸易措施,成员方为其他成员方的企业和公民提供一个稳定的、可预见的贸易环境,帮助世界贸易组织监督其履行其承诺义务的情况。

除了及时公布政策变化外,世界贸易组织进一步要求各成员方公正、合理、统一地实施贸易政策法规,保证中央政府颁布的有关政策法规能够在其领土范围有效的和非歧视的实施;除法律明确规定外,地方政府的法规不应与中央政府有任何抵触。

### (六)磋商调解原则

总协定的第22条和第23条中对磋商调解原则作了相应规定,要求缔约方在发生贸易争端时,通过磋商与协商一致的方式,而不是贸易战,解决贸易争端,以维护国际贸易正常秩序,保护贸易自由化成果。

WTO继承并发展了关税与贸易总协定的贸易争端解决机制,它明确要求各成员承诺在遇到争端时,尽量采用多边机制协商解决并遵守其规则与最终裁决。世贸组织制定的新的争端解决机制中,有效地克服了总协定旧机制缺陷,能够迅速有效地解决成员间的贸易争端。

### (七) 豁免与紧急行动原则

考虑到成员国经济发展水平的不同,考虑到各国在经济发展中出现的不稳定及突发因素的破坏,总协定和世界贸易组织都允许成员国在一些特殊情况下,采取例外和保障措施,不承担或不履行已承诺的义务。

总协定第19条规定,如发生意外情况,或因为执行协定义务,使得某一产品进口量大增,对成员国内相同产品或竞争产品产生重大损害或威胁时,在紧急情况下,可暂停实施关税减让和其他承诺。

同样,总协定第18条规定,允许成员国为了建立本国某一特定产业,可修改或撤回其所做的承诺。

世界贸易组织允许成员方因国际收支困难,暂时中止关税减让和其他承诺。但在采取这些措施时要遵守一定原则:在实施保障措施前,应与相关国家进行磋商,如磋商不能取得一致意见,允许进口国单边采取措施,也允许出口国采取对等报复措施,采取的保障措施要在无歧视的基础上适用于所有从成员国进口的同类产品。

### (八) 对发展中国家特殊优惠待遇原则

随着发展中国家缔约方的增加,发展中国家经济发展成为影响世界经济发展的关键问题,关税与贸易总协定条款中增加了一些有利于发展中国家的特殊优惠待遇条款,帮助和促进发展中国家的经济发展。

"肯尼迪回合",关税与贸易总协定增加了"贸易与发展"条款,对发展中国家作出了一系列有利于其发展的"非互惠"安排:要求发达国家单方面给予发展中国家优惠待遇而不要求互惠;发达国家尽量优先承担义务,优先降低和撤销与发展中国家利益有关的产品的贸易壁垒,在制定和调整财政政策时,优先放宽或取消阻碍发展中国家初级产品出口的财政财策;发展中国家间相互之间实行的优惠待遇可以不给予发达国家。

"东京回合"通过"授权"条款,缔约国可以给予发展中国家有差别的和更优惠待遇,而无须按照最惠国待遇原则将这种待遇给予其他缔约国,也无须得到总协定的批准。授权范围包括:

(1) 普通优惠制;
(2) 多边贸易谈判达成的有关非关税措施的协议;
(3) 发展中国家之间区域性或全球性的优惠关税安排;
(4) 对最不发达国家的特殊待遇。

WTO继承和发展了总协定对发展中国家特殊优惠的原则,《建立WTO协定》的序言明确指出:"需要积极努力以确保发展中国家特别是其中的最不发达国家,在国际贸易的增长中享有一个与其经济发展相适应的份额。"其优惠措施具体表现在:

1. 允许发展中国家有较长的过渡期

一般来讲,发达国家履行义务的过渡期最短,发展中国家有相对较长的过渡期,最不发达国家则具有最长的过渡期,甚至在过渡期满后,根据实际情况,可以申请再次延长。

2. 允许发展中国家有低水平关税减让义务

世界贸易组织的许多协定中,均规定发展中国家成员的低水平关税减让义务,最不发达国家只需承担与其发展、财政和贸易的需要以及与其管理能力相适应的承诺和减让。

3. 要求发达国家成员给予发展中国家必要的技术援助与人员培训

发展中国家通过必要的技术援助及人员培训可以增强其利用多边贸易体制的能力,促进其经济的发展。如在《与贸易有关的知识产权》中,要求发达国家应采取措施,促进和鼓励其境内企业向最不发达国家转让技术。在服务贸易中,要努力通过提供技术援助和人员培训,促进发展中国家成员的服务业在其经济结构调整中发挥应有的作用;建立咨询点帮助发展中国家成员服务业提供者获得相关市场资料。

### 三、世界贸易组织的组织机构

(一)世界贸易组织的法律地位

世界贸易组织是一个具有国际法人资格的组织,成员方要向世界贸易组织提供其履行职责时所必需的特权和豁免权,世界贸易组织的官员和各成员方代表在其独立执行与世界贸易组织相关的职能时,享有成员方提供的必需的特权与豁免权。

(二)成员资格

世界贸易组织的成员资格有两种。

1. 世界贸易组织的创始成员

在世界贸易组织协议生效时,已是关税与贸易总协定的缔约方,签署并一揽子接受乌拉圭回合所有协议,在货物贸易、服务贸易领域内作出关税和非关税减让和承诺,将相关的减让承诺表附在GATT1994和GATS后,即可成为WTO创始成员。

2. 新加入成员

世界贸易组织协议生效后,任何国家或在对外商业关系上拥有充分自主权的单独关税地区,可以向世界贸易组织提出申请加入,按其与WTO谈妥的条件加入该组织,成为一般成员。其加入须经部长会议批准,须有WTO成员的三分之二以上多数表决通过。

(三)组织机构

世界贸易组织的组织机构如图10-2所示。

第十章 世界贸易组织

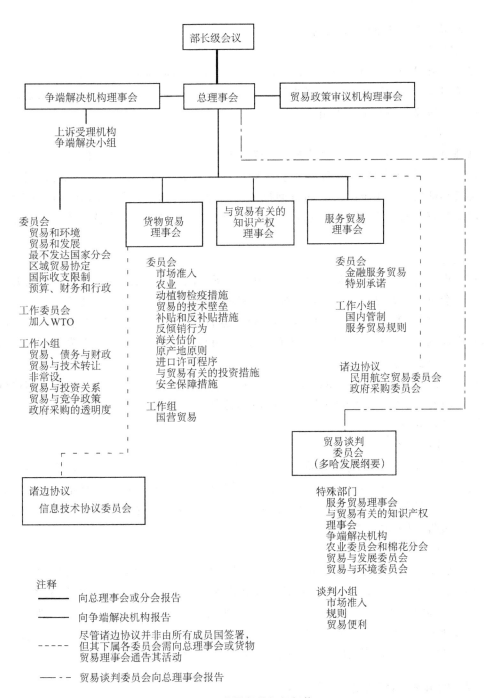

图 10-2 世界贸易组织机构

资料来源：WTO，2018。

世界贸易组织的重要机构包括：

1. 部长会议

部长会议(Ministerial Conference)是世界贸易组织的最高决策机构，由世界贸易组织各成员部长组成。部长级会议至少每两年召开一次，所有成员方代表都有资格参加会议，有权对多边贸易协议下所有事项做出决定。

2. 总理事会

总理事会(General Council)是部长会议的下设机构，由所有成员方代表组成，定期召开会议，在部长会议闭会期间，行使部长会议职权和世界贸易组织赋予的其他权力，负责监督各项协议和部长会议决定的协议的贯彻执行。总理事会酌情召开会议，履行其解决贸易争端的职责和审议成员贸易政策职责。总理事会下设若干附属机构分管有关协议或有关事宜。

3. 理事会

在总理事会下分设三个理事会(Council)，由所有成员方代表组成，每年定期召开会议，各个理事会可以自行制定各自的议事规则和附属机构，但须经总理事会批准。

(1) 货物贸易理事会(Goods Council)，负责监督《1994年关税与贸易总协定》和各项货物贸易协议的贯彻执行。下设12个专门委员会，分别监督《1994年关税与贸易总协定》附属的12个协议的执行。

(2) 服务贸易理事会(Service Council)，负责监督实施《服务贸易总协定》的贯彻执行。

(3) 知识产权理事会(Council for TRIPs)，监督与贸易有关的知识产权(包括冒牌货交易)协定的贯彻执行。

4. 专门委员会

部长级会议设立贸易与发展委员会、贸易与环境委员会、国际收支限制委员会、预算财务与行政委员会等专门委员会，各委员会行使世界贸易组织和总理事会指定的职能。其中，贸易与发展委员会要定期审议多边贸易协定中有利于最不发达国家成员的特殊规定，并向总理事会报告，以采取适当行动。

5. 秘书处及总干事

世界贸易组织在日内瓦设立秘书处，负责处理日常工作，由部长会议任命的总干事(Director-General)领导。总干事为世界贸易组织最高行政长官，其权力、职责、服务条件和任期由部长会议确定。秘书处主要从事国际贸易问题研究，为WTO各项活动提供服务。总干事和秘书处工作人员的职责具有严格的国际性。在履行其职责过程中，不能接受任何政府或WTO以外任何其他当局的指示，WTO成员也不应该对他们施加任何影响。

## 四、世界贸易组织的决策方式

世界贸易组织承袭关税与贸易总协定协商"一致同意"的决策方式。只有当无法达成共识时,再以投票方式进行表决。但是,有关多边协定中最惠国待遇条款和关税减让表的修正,均需由全体成员一致同意后才能生效。

在投票方式中,成员各方在部长会议及总理事会均拥有一票,欧盟的票数及其成员与在世界贸易组织的成员数相同。

部长级会议和总理事会拥有对《建立 WTO 协议》和《多边贸易协定》的解释权,采纳某项解释的决定须全体成员四分之三票数通过。当部长级会议的决议涉及成员权利和义务时,须经全体成员四分之三票数通过。

当不涉及更改成员权利和义务时,对有关条款的修订,须经全体成员三分之二多数票通过。

### 五、贸易争端解决机制

各成员方在乌拉圭回合中达成《关于贸易争端解决规则与程序的谅解》,建立世界贸易组织争端解决机制,该机制适用于多边贸易体系管辖的所有领域。文件详细规定了解决争端的程序和时间表,以便迅速而有效地解决争端。世界贸易组织要求各成员方在发生贸易争端时,能够通过争端解决机制来寻求救济,而不采取单边行动来对抗争端,对于专家小组所作的最后裁决要给予遵守和执行。主要程序如下:

1. 协商

争端发生时,成员方政府首先要进行协商。一成员方提出协商要求后,另一方如果同意,则必须在提出协商要求后的 30 天内开始协商。如 60 天后未获解决,一方可申请成立专家小组。

2. 专家小组

在成员方提出成立专家小组申请后的第二次会议上,争端解决机构必须作出是否成立专家小组的决定,除非争端解决机构全体反对,专家小组才不能成立。

专家小组通常由 3 人组成,可以是政府官员,也可以是某方面的专家,世界贸易组织秘书处有一份具备资格的人员名单,可以向争端双方推荐人选。如果双方在 20 天内对人选仍存在分歧,则由总干事与争端解决机构和有关委员会协商后确定专家小组人员,以免延误争端解决进程。

专家小组的主要职责是对申诉方的请求给予审查,提交调查报告,协助争端解决机构提出建议或作出裁决。接管案件后,专家小组首先听取各方陈述,然后将报告初稿中的事实与争议部分发给各方,征求其书面意见。然后在调查取证后,再向各争端方提交一份包括裁决和结论的中期报告,听取其意见并进行会谈,然后提交最终报告。专家小组必须在 6 个月内提交最终报告。如情况紧急,则应在 3 个月内完成。

最终报告送交争端解决机构时,再一次分发给争端方,争端方要在一定期限内完成对最终报告的审议。除非争端方决定上诉,或争端解决机构一致反对,争端解决机构会在最终报告分发给争端方后 60 天内通过该报告。

### 3. 上诉审查

如果一方对最终报告裁决不服,可以上诉。在争端解决机构内有常设上诉机构,由 7 人组成,他们通常是法律和国际贸易方面的世界公认权威人士。该机构在 60 天(最多不得超过 90 天)内复审完毕,送交争端解决机构。除非机构成员一致反对,该机构在报告提交后 30 天内通过此报告。

### 4. 裁决的执行

争端双方应无条件接受最终报告或上诉机构的最终裁决,有关裁决必须在一个合理的时间内执行。如果被诉方在合理时间内没有执行裁决,则其必须向对方做出补偿。如果双方在合理期限届满后 20 天内没有就补偿达成一致意见,申诉方可以向争端解决机构申请授权,对被诉方做出报复,即中断执行对被诉方所承诺的减让或义务。

### 六、贸易政策评审机制

贸易政策审议机制是指,世界贸易组织对各成员的贸易政策及其对多边贸易体制的影响,定期进行全面审议。通过经常性贸易政策的审议与监督,提高成员方贸易政策和措施的透明度,了解成员方遵守和实施多边协议的法律和承诺情况,促使各成员方政府严格遵守世界贸易组织规则,保证多边贸易体制能够更好地发挥作用。同时,可以更好地把握成员方贸易政策的调整变动方向,更好地评估其贸易政策对多边贸易体系的影响。

贸易政策的审议工作由总理事会承担,审议对象是各成员方的全部贸易政策和措施,审议范围包括:货物贸易、服务贸易、知识产权保护和世界贸易环境的发展变化情况。

对成员方贸易政策审议定期举行,时间间隔取决于各成员方在国际贸易中的重要程度。目前,世界贸易额中排名前四位的成员:欧盟、美国、日本、加拿大,是每 2 年评审一次,有 16 个成员国每 4 年评审一次,其余成员国是每 6 年评审一次,对于最不发达国家的评审时间相隔更长。

在进行审议时,各成员国政府提交一份"政策声明",详细叙述其贸易政策,同时,世界贸易组织秘书处也会独立准备一份详细报告。政策审议时以这两份报告为基础进行,审议结束后,这两份报告和审议记录会立即对外公布。

## 第四节 多哈回合

世界贸易组织建立后,共举行了六次部长会议。

第一届部长会议于 1996 年 12 月 9—13 日在新加坡召开,主要议题是世界贸易组织成立后的工作及乌拉圭回合协定的实施情况,通过了《新加坡部长宣言》。

第二次部长会议于1998年5月18—20日在日内瓦举行,会议在多边贸易体制诞生50周年之际召开,再次强调推进贸易自由化的决心,通过《日内瓦部长宣言》。

第三次部长会议于1999年11月30日—12月3日在美国西雅图召开,试图发起新一轮谈判,但由于会议代表分歧过大,最后无果而终。

第四次部长会议于2001年11月9—14日在卡塔尔首都多哈举行,142个成员方参加会议。在这次会议中,世界贸易组织接受中国和中国台北加入世界贸易组织,并发起WTO成立后首次多边贸易谈判——多哈回合,会议通过《多哈部长宣言》,一致同意开始新一轮多边贸易谈判。

第五次部长会议于2003年9月10日在坎昆举行,由于会议代表在许多问题上存在巨大分歧,会议无果而终,发表简短的《世界贸易组织坎昆部长会议声明》。

第六次部长会议于2005年12月13日—18日在中国香港举行。与会代表对多哈回合中的一些议题仍存在巨大分歧,经多方周旋努力,最终通过《香港宣言》。

2015年底在非洲内罗毕召开的部长会议,在农产品问题上取得了一定的进展,但是多哈回合的前景仍不明朗。

## 一、西雅图会议

20世纪末,美国经济增长放缓,贸易逆差增加,为维护自身利益,美国一方面放弃自由贸易政策,以更加隐蔽的形式推行保护贸易政策,导致贸易摩擦不断上升;另一方面,美国希望利用WTO现有框架,拓宽WTO管辖领域,为其发挥自身优势创造有利条件。

此时的发展中国家,亚洲刚刚经历东南亚金融危机,拉美各国的经济出现衰退,成为1999年世界上经济最不景气的地区。越来越多的发展中国家对经济全球化进程充满疑虑,认为WTO体系没有充分反映发展中国家的利益和要求,乌拉圭回合协议对发展中国家优惠政策没有得到落实,因此,发展中成员希望进一步落实乌拉圭回合协议内容。

西雅图会议前夕,各国和地区向世界贸易组织提交大约150多份提案,提案内容十分广泛,几乎涵盖了经济领域的各个方面。在1999年11月下旬召开的最后一次会前磋商时,各方就新一轮谈判应优先考虑的议题没有取得一致意见。原定于1999年11月30日在美国西雅图举行的开幕典礼,由于西雅图市内发生的反对世贸组织会议的游行示威而被迫取消,会议直接进入谈判阶段。谈判分为四个工作组,就农业、市场准入、竞争、投资与反倾销等方面的议题进行讨论。会议日程安排得十分紧张,但直到12月3日下午,各工作组仍不能就发起新一轮谈判达成共识。12月3日晚,美国贸易代表召集二十多个成员国部长单独开会(称"绿屋"会议),引发许多发展中成员国不满,拒绝签署任何没有其参与讨论的协议,西雅图会议没有达成启动新一轮谈判的任何共识。

西雅图会议失败的主要原因是不同利益集团在谈判内容上存在严重分歧。发达成员国希望通过新一轮谈判加速全球化进程,调整世界经济利益的分配,以实现自身利益最大化。而发展中国家认为当前贸易谈判的重点应放在落实与执行乌拉圭回合的有关规定上,而没有必要展开新一轮贸易谈判。

对于纳入谈判的议题,各国意见难以统一。美国认为谈判应集中在市场准入、农业、电子商务、环境和劳工标准等方面;欧盟希望将竞争政策、劳工标准、环境等问题列入谈判议题;日本则主张将投资规则、反倾销规则、电子商务等列入议题。农业方面,美国和以澳大利亚为首的凯恩斯集团坚持将取消农产品出口补贴问题列入议程,但遭到欧盟的反对,而欧盟一直想把食品安全纳入谈判议程。在服务业方面,美国和欧盟都希望借助全面的服务贸易谈判,迫使其他成员国减少对市场准入的限制和对国内服务业的保护。

发展中国家大多是服务进口方,考虑到国内市场的脆弱性,不赞同发达国家在服务业方面的主张。在劳工标准方面,发展中国家代表指出,劳动力便宜是发展中国家出口的唯一优势,所谓劳工标准是变相的贸易保护主义,表示强烈反对。在反倾销方面,乌拉圭回合之后,发展中国家通常成为发达国家反倾销打击的目标,因此,他们要求改变具有歧视性的反倾销政策,建议应更多通过争端解决机制或制定竞争规则解决问题。

## 二、多哈回合的启动

西雅图会议的无果而终使得世贸组织的千年回合谈判未能如期举行。鉴于世界贸易组织建立后的一些新问题没有得到解决,为继续推动全球的贸易自由化,继西雅图会议之后,世贸组织于2001年11月举行第四次部长级会议——多哈部长级会议,重新将新一轮多边贸易谈判提上议事日程。

经过各方努力,会议于2001年11月14日通过《部长宣言》等文件,与会的142个成员一致同意自2002年1月31日起启动新一轮多边贸易谈判,在2005年1月1日前结束谈判。设立"贸易谈判委员会"负责推动谈判工作的进行,并责成总理事会负责监督。

世界贸易组织承诺,要在这轮谈判中给发展中国家带来真正的利益,因此这一回合谈判又被称为"多哈发展回合"。

《部长宣言》又称"多哈发展议程",明确表达了多哈回合谈判的主要目标:抑制全球经济减缓下出现的贸易保护主义;加大贸易在促进经济发展和解除贫困方面的作用;处理最不发达国家出现的边缘化问题;理顺与区域贸易协定之间的关系,把多边贸易体制的目标与可持续发展有机地结合起来,改善世界贸易组织外部形象;实现《马拉喀什建立世界贸易组织协定》的原则和目标。

会议确定8个谈判领域:农业、非农业市场准入、服务贸易、知识产权、贸易竞争规则、争端解决、贸易与环境、贸易和发展问题。

拟定的议题既包括《关于乌拉圭回合协议执行问题的决定》和一些传统的议题,也涉及许多新议题,如贸易与环境、贸易便利化、贸易与竞争政策等。对于发展中国家的发展问题,给予极大的关注,设立了小经济体、贸易、债务和金融、差别和优惠待遇、贸易与技术转让、技术合作与能力建设等议题。议题多达 20 个,[①]使多哈回合成为自 GATT 成立以来最宏大的一次多边贸易谈判。

农业问题是多哈回合最核心问题之一,是解决其他议题的关键。对这一问题,发达成员国和发展中成员国间的利益分歧非常大,主要表现在农产品关税削减和出口补贴方面。美国的农产品具有较强竞争力,因此它极力推动农产品贸易自由化,主张大幅度削减国内支持,取消出口补贴,降低关税。而欧盟、日本等成员国农业缺乏比较优势,试图尽可能维持对农业的高度保护和支持,主张采取乌拉圭模式进行关税减让和削减国内支持,给予成员国较大灵活性。大部分发展中成员国则强烈要求实质性削减贸易扭曲性质的国内支持,增加市场准入,取消出口补贴,强调发展中成员国的发展需要,主张给予发展中国家切实有效的特殊差别待遇政策。

## 三、坎昆会议

根据多哈回合谈判的进度时间表,世界贸易组织在适当的时候,将举行部长级会议,对谈判进行中期评估。

在第五次部长级会议召开之前,为推动多哈谈判的顺利进行,先后在悉尼、东京、埃及和蒙特利尔举行了四次非正式部长级会议,就多哈回合中的一些谈判热点问题进行了磋商,由于谈判各方分歧过大,各个议题都没有达成最后的共识。但各成员方均表示愿做出最大的努力,争取第五次部长级会议的成功。

2003 年 9 月 10—14 日,世界贸易组织第五次部长级会议在墨西哥坎昆召开。此次部长级会议有三个议题:农产品补偿、货物贸易关税和是否加入新加坡议题中所涵盖的四个议题。[②]

五天的会议中,农业问题一直是争论的焦点。发展中国家认为,发达国家不仅拥有先进的生产技术,而且还对本国生产者提供大量补贴,使得发达国家的农产品以低价占领国际市场,影响了发展中国家的农产品生产。他们要求发达国家取消农产品补贴,在农产品市场准入问题上做出高于发展中国家的承诺。发达国家不同意,要求发展中国家大幅削减农产品关税,提高市场准入水平。

对于非农产品市场的准入议题,各成员方普遍认为,应该设立一项削减补贴的公式,但

---

① 这 20 个议题分别为:农业、服务业、非农产品市场准入、与贸易有关的知识产权、贸易与投资的关系、政府采购透明度、WTO 规则、争端解决与谅解、贸易与竞争政策的互动、贸易便利化、贸易与环境、电子商务、最不发达成员特殊与差别待遇、小型经济体、贸易、债务与金融、贸易与技术转让、技术合作与能力建设、与执行有关的问题及关注、工作计划的组织与管理。

② 新加坡议题是指在 1996 年 WTO 新加坡部长级会议上提出的"贸易与投资、贸易与竞争政策、政府采购透明度和贸易便利化"四个议题。

对于采用何种公式没有达成共识。

对于新加坡议题各方分歧巨大,欧盟和一些成员国坚持制定4项新贸易规则,但不少发展中国家认为该议题的谈判只会增加发展中国家的义务,不会带来实际经济利益。

最终各利益集团间矛盾激化,发展中国家拒绝发达国家在外国投资领域提出的新要求,发达国家在农产品方面没有作出进一步承诺,坎昆会议最终于2003年9月14日破裂,事先准备的《部长宣言草案》没有通过。

### 四、多哈回合框架协议

坎昆会议失败后,WTO的谈判重点转向制定一份框架协议,在2004年7月前就框架协议达成一致,所谓框架协议是指达成的协议中主要涉及今后谈判的指导原则,各成员可以通过框架协议明确今后谈判内容和方向,一些具体技术细节可以留待后续谈判确定。

经过多方努力和协调,世界贸易组织于2004年7月6日公布"多哈回合"框架协议草案后,各方贸易代表在日内瓦终于谈判达成框架协议,为农产品等议题确定了基本原则。从而使多哈回合谈判重回正常轨道,并将结束谈判时间推迟到2006年底。

多哈回合框架协议的主要内容:

多哈回合谈判框架中涉及多哈回合中农业、非农产品市场准入、发展问题、服务贸易和贸易便利化谈判等多项内容。

在农业问题方面,强调农业协议的长期目标是:建立一个以市场为导向的贸易体系。框架协议主要涉及国内支持、出口竞争、市场准入三项内容。协议规定,继续削减综合支持总量(AMS),第一年的削减总量不得低于20%,对农产品提供较多国内支持的发达国家应进行更多削减,同时对"蓝箱"和"绿箱"补贴进行规范和约束。就取消出口补贴确定一个具体日期,平行取消与出口补贴相关的其他促进出口的措施,如出口信贷、出口信用担保等。

在市场准入方面,确定了谈判基本公式的要素,要求农产品关税较高的国家进行更大幅度的关税削减,发展中国家可享受特殊差别待遇。

在非农产品市场准入方面,框架协议提出以非线性关税削减公式削减消除关税高峰、关税升级和非关税壁垒。要求发展中国家至少要对95%的税目进行约束。要求谈判方在2004年10月31日前将非关税壁垒通知WTO,并就消除非关税壁垒进行谈判,发展中国家在这方面可以获得弹性待遇。要求发达国家在自主的基础上给予最不发达国家非农产品零关税、免配额市场准入。

服务贸易方面,要求各成员国以逐步实现更高水平的服务贸易自由化为目标,并付出更多努力按照GATS条款的相关精神和规定时限完成谈判。

在新加坡议题方面,由于发展中国家的反对,发达国家放弃其他三个议题,只在贸易便利化方面重开谈判,要求进一步加速通关速度,要求海关与其他机构在贸易便利化问题上进行有效合作,在该领域增进技术援助和基础设施建设的支持,发达国家应向发展中国家承诺提供技术援助和基础设施建设。

多哈回合框架协议再一次强调,发展中国家和最不发达国家的利益是多哈工作的核心。在协议的每一部分,几乎都提到了对发展中国家和最不发达国家的特殊差别待遇问题。例如,允许发展中国家为保证消费价格稳定和食品安全,保留国营贸易企业的垄断性;在取消各种补贴时,允许发展中国家有更长的实施期;要求贸易与发展委员会将特殊差别待遇纳入WTO规则体系,加强与其他机构合作,向发展中国家提供更多与贸易有关的技术援助,并要求贸易谈判委员会优先解决关系到发展中国家根本利益的有关执行的问题,强调对最不发达国家的关注。

### 五、香港会议

WTO的第六次部长级会议于2005年12月13—18日在中国香港举行。来自世界贸易组织149个成员方的近6 000名代表和几百名非政府组织代表参加此次会议。在为期6天的会议中,场内代表进行了艰难的谈判,场外以韩国农民为首的抗议者也在不停地进行示威游行,与警察发生激烈冲突。

经过谈判各方的努力和妥协,2005年12月18日在中国香港通过《香港宣言》并宣告闭幕。此次会议在农业、非农业产品、棉花以及发展问题上都取得了一些进展,其一揽子协议使得近乎解体的多哈回合重新回到协调轨道,对世界多边贸易体制及世界经济的发展带来一定的积极影响。

香港回合的主要成果包括:

(一)在农业方面

(1)为降低扭曲贸易的农产品的国内支持,在最终约束的合计支持总量(final bound total AMS)中采用三级分类方法,国内支持总量越高削减越多。

(2)取消出口补贴取得重大突破,2013年年底前确保平行取消所有农业出口补贴,取消与出口补贴具有同等效果的所有支持出口措施,取消国营贸易企业,防止其对市场的垄断行为;以"渐进"方式取消出口补贴,确保执行期过半时(2009年底)其实质部分得到实现。发展中国家可以有更长的5年过渡期。

(3)在棉花生产方面,《宣言》要求发达成员在2006年取消所有棉花的出口补贴。从实施期开始对来自最不发达国家的棉花提供免关税、免配额待遇;希望产棉国进行南南合作和技术转移以提高劳动生产率。

(4)在农产品市场准入方面,采用四级结构性关税削减方式,对敏感性货物、特殊货物和特殊保护机制进行界定,允许发展中国家在确定敏感性特别商品上有适当灵活性。

(5)在非农产品问题上,成员同意采用多个系数的瑞士公式进行关税削减。以减少和削减关税高峰,这一公式应当有助于降低甚至取消关税,并充分考虑发展中国家的特殊需求和利益,在关税承诺方面可以有非互惠减让。再次强调对发展中国家在减让承诺中的差别和特殊待遇。要求将关税种类中的所有非从价税种都变为从价税,通过非线性的补偿方式设立关税削减的基础比率。

在非关税壁垒(NTBS)的识别、分类和检查方面取得一定进展,各国在2006年4月30日前建立削减模式,2006年7月31日上交以这些模式为基础的解决非关税壁垒日程的详细草案。

(6)在对待发展中国家的问题上,《宣言》明确要求,发达国家成员和自愿同意的发展中国家成员,在2008年前或不晚于实施期开始前,对原产于最不发达国家所有税目产品实行免关税、免配额的市场准入待遇,并且要求在持续稳定的基础上,以稳定的、可靠的、可预见的方式提供这一"双免"待遇。发展中成员方可以分阶段履行其承诺。成员方每年要向贸易与发展委员会通报"双免"待遇方案的执行问题。发展中国家在特殊和差别待遇基础上,在农产品和非农产品市场准入问题上找到一个平衡点。服务贸易中,会考虑最不发达国家的困境,并不希望他们去承担更多新的承诺和减让。

## (二)服务贸易方面

《宣言》重申了已确立的谈判原则与目标,要求成员积极参加谈判,以取得更高水平的服务贸易自由化。要求在2006年10月31日提交最后的服务贸易承诺表草案。

香港会议上,各国订立了多哈回合谈判路线图。约定在2006年4月30日前,就农产品贸易及非农产品市场准入的全面谈判模式达成共识,2006年7月31日前,就这两个议题提交具体减让承诺协议。

## 六、"暂停的"多哈回合

按照香港会议约定,2006年4月30日应该就农业和非农业产品市场准入问题达成初步协议。但因为农业和非农业两个主要谈判领域缺乏足够的进展,计划再次落空。在世界贸易组织总干事拉米的督促下,再次将2006年6月底订为最后期限。然而,从6月29日开始为期3天的紧张谈判中,各成员国试图在削减农业补贴、削减农产品和工业品进口关税问题上达成一致,但由于美国、欧盟和由巴西、印度组成的20国农业协调小组分歧严重,各不让步,谈判无法取得进展。不得不于7月1日提前一天结束会议。

拉米多次呼吁,要求欧盟在农产品关税上做更多让步,美国要在农业补贴削减上做出较大让步,而20国则需要在工业产品关税上做得更多。

7月17日,澳大利亚、巴西、欧盟、印度、日本和美国的贸易部长召开紧急磋商会议,六方一致同意在7月23—24日和28—29日举行部长级会议,再一次进行实质性谈判。谈判的主要障碍仍是农业谈判的市场准入和国内支持,争论十分激烈,最终没有达成任何谈判成果。

无奈之下,总理事会在 2006 年 7 月 27—28 日的会议上,同意总干事拉米关于"暂停多哈回合谈判"的建议,也没有表明谈判何时继续进行。

应该说,无论是发达成员国还是发展中成员国,对于多哈回合谈判的成功都持期望态度,但成功不取决于期望,而是取决于各方要价能否得到满足。贸易不平衡是谈判取得进展的巨大障碍。

多哈回合的失败,意味着各国将丧失从贸易自由化得到的利益,贸易保护主义将重新抬头。根据世界银行的估计,如果多哈回合取得成功,全球到 2015 年将会获得近 6 000 亿美元收入,其中大部分将流向发展中国家,并使约 1.4 亿人脱贫。其次,这一失败使得贸易自由化进程受到严重阻碍,多边贸易体制受到严重影响,甚至出现倒退。

多年来,世界贸易组织一直致力于采取措施重启多哈回合谈判,但并没有成功。

### 七、巴厘岛协定

金融危机后,全球经济发展处于疲软状态,2013 年和 2014 年的全球贸易额增长率远低于近 20 年来的平均增幅,使得不少国家经济发展面临严峻挑战。而随着对全边贸易体制的失望,越来越多的国家转向了区域贸易协定,以寻求更多的市场机会。2013 年 12 月初,世界贸易组织第九届部长级会议在印度尼西亚巴厘岛召开,众多国家希望这一次会议有所突破,会议制定了"先易后难"的策略,将贸易便利化等相对容易达成、分歧较小的议题抽出,作为"早期收获"计划首先加以谈判,经过激烈谈判,最终取得了较好的谈判成果。

2013 年 12 月 7 日,世界贸易组织第九届部长级会议落幕,会议发表了《巴厘部长宣言》,达成了世贸组织成立 18 年来首份多边贸易协定,多哈回合谈判 12 年僵局终获历史性突破。

"巴厘一揽子协定"包括 10 份文件,内容涵盖了简化海关及口岸通关程序、允许发展中国家在粮食安全问题上具有更多选择权、协助最不发达国家发展贸易等内容。它可以分为三大部分:总理事会正常工作方面的决定、《多哈发展议程》方面的决定和"后巴厘岛工作计划"框架,为巴厘岛会议的后续工作。其中《多哈发展议程》包括一个协议和两个决定,分别是《贸易便利化协议》《有关农业的决定》和《有关发展和最不发达国家问题的决定》。

1. 贸易便利化方面

成员方签订了《贸易便利化协议》(Agreement on Trade Facilitation),各国同意提高信息透明度,减少歧视和不公平待遇,简化海关及口岸通关程序,减少通关和检验烦琐手续,规范并降低进出口海关费用、提高通关效率,降低国际贸易成本,提高各国相关机构和海关的合作能力,各方同意尽力建立"单一窗口"以简化清关手续。协议决定尽快成立筹备委员会,就协定文本进行法律审查,确保相关条款在 2015 年 7 月 31 日前正式生效。

2. 农业方面

《有关农业的决定》涉及五个问题:《综合服务》(General Services)、《为食品安全目的而设立的公共储备》(Public Stockholding for Food Security Purpose)、《关于〈农业协议〉第二条农产品关税配额管理条款的谅解》(Understanding on Tariff Rate Quota Administration Provisions of Agricultural Products)、《出口竞争》(Export Competition)和《棉花》(Cotton)。以美国为首的发达国家与以印度为代表的33国集团(G33)达成一致,同意为发展中国家提供一系列与农业相关的服务,涉及了发展中国家的土地改革和农村生活水平保障,发展中国家可以在特定条件下为保障粮食安全进行公共储粮,解决发展中国家为保证粮食安全而采取的存储计划免受法律挑战,解决关税配额利用率较低时的国家间磋商问题;要求各国加强国内改革,提高透明度和监督措施;遵守2005年香港协定内容,进一步减少扭曲农产品贸易的出口补贴、出口信贷、出口信贷担保和其他类似措施,保证公平竞争;棉花贸易方面,协定同意为最不发达国家进一步开放市场;最不发达国家可以不断确定其在提高棉花产量方面的需求,通过与发达国家的有效对话和国家发展战略,为这些国家提高棉花产量提供协助。

3. 发展议题方面

会议就最不发达国家的发展达成了四个决定:《对最不发达国家的优惠原产地规则》(Preferential Rules of Origin for Least-Development Countries)、《给予最不发达国家的服务和服务供应商的豁免优惠待遇的操作》(Operationalization of the Waiver Concerning Preferential Treatment to Services and Services Suppliers of Least-Developed Countries)、《给予最不发达国家免税和免税配额的市场准入》(Duty-Free and Quota-Free Market Access for Least-Developed Countries)和《特殊和差别待遇控制机制》(Monitoring Mechanism on Special and Differential Treatment)。协定要求进一步简化最不发达国家出口产品的原产地认定程序,提高透明度,帮助最不发达国家产品进入富裕国家,以提高这些国家经济发展水平;通过减少检测和数量限制,允许最不发达国家的服务优先进入富裕国家市场;要求发达国家和发展中国家继续完善其免关税、免配额产品范围,为最不发达国家出口提供更多的市场准入机会,贸易和发展委员会将每年进行评估,确保最不发达国家利益得到保证;同意建立监督机制,对最不发达国家享受的优先待遇进行监督。

更具意义的是,会议决定设立"后巴厘工作计划"框架,在未来一年内,协助世贸组织贸易谈判委员会就多哈发展议程尚未完成议题建立清晰的工作计划,从而为多哈回合后续谈判奠定基础。

据估计,巴厘协定对全球经济的潜在效益将可达1万亿美元,创造2100万个就业,使发展中国家出口增速达到10%,发达国家达到4.5%,有力推动经济全球化进程。对处于脆弱复苏中的世界经济而言,这无疑是一个好消息,而对世贸组织本身以及全球贸易体系而言,巴厘协定的意义在于保住了世贸组织作为全球首要多边贸易谈判机制的地位,对避免全球贸易体系碎片化起到了积极作用。

但另一方面,这项协议只是"早期收获",谈判只是在贸易便利、农业、发展等几个议题上取得共识,仍有多个重要议题尚未推进,多哈回合最终谈判成果的取得仍面临着重重困难。

## 八、内罗毕协定

2015年7月31日,世贸组织谈判委员会的第37次正式会议上,世贸总干事宣布,由于各成员在核心问题上分歧较大,无法达成详细的"后巴厘工作计划",谈判再次陷入僵局。

2015年12月15—19日,世界贸易组织成员在非洲内罗毕举行第十届部长会议,各成员国在许多方面分歧较大,对于投资、竞争政策、政府采购等新议题表达了不同的意见。欧盟等成员希望重拾议题,而印度、巴西等发展中国家明确表示不同意重启谈判。但最终经过努力,会议就最不发达国家发展问题、农业谈判中的出口竞争问题、多哈核心议题后续谈判框架等内容展开谈判,并达成了《内罗毕部长宣言》及6项部长决定,标志着世贸组织发展进入了新阶段。

谈判取得的主要成就包括:

第一,全面取消各国农产品出口补贴,为发展中国家创造更为公平的国际竞争环境。长久以来,发展中国家一直要求发达国家取消扭曲国内生产和贸易的这些补贴,这次会议取得了丰硕成果,这个协议被视为世贸组织成立后将近20年内,农业方面达到的最有意义的成果。发达国家承诺,除了部分农产品外,立即取消其他所有出口补贴,发展中国家到2018年实现该承诺,但发展中国家在2023年底前,仍可以采取一些弹性措施,解决农产品出口的营销和运输成本,最穷国家和食物进口国仍可以有更多的时间削减补贴。该决定确保各国其他出口政策不会变相地为出口提供补贴,包括限制为农产品出口提供的金融支持,限制国营企业从事农产品贸易的规则,确保食物援助不影响国内生产的政策等。发展中国家给予更多的时间去实践这些政策。

部长会议决定为发展中国家设立了特殊保障制度(Special Safeguard Mechanism, SSM),当面临进口激增或价格下跌时,发展中成员允许使用特殊保障制度,临时增加关税。一些发展中国家组成的G33联盟要求建立简单可行的特殊保障机制作为贸易救济工具,减少贸易波动风险,减少农业贸易的扭曲性。

此外,部长会议决定强调了棉花出口对最不发达国家的重要性,从市场准入、国内支持和出口竞争三个方面提供特殊支持。市场准入方面,部长会议决定要求自2016年1月1日起,发达国家和一些发展中国家对来自最不发达国家的棉花给予免关税、免配额的优惠,以促进最不发达国家的棉花及相关产品(包括棉花油和棉花籽)的出口;国内支持方面,承认这些国家在棉花工业方面的政策改革并要求其采取更多改革措施减少棉花生产国内补贴带来的贸易扭曲,加强发达国家在相关方面的援助;出口竞争方面,发达国家应立即禁止给予本国棉花出口补贴,发展中国家于2017年1月1日后亦应采取同样措施。

第二,决定在普惠原产地证、服务豁免机制等方面给予最不发达国家优惠待遇。

部长会议决定给予最不发达国家单边优惠贸易安排,使得最不发达国家出口产品更为容易地获得优惠市场准入。决定提供了更为详细的办法去确定该产品是否原产于最不发达国家,它要求所有给惠国考虑允许非原产部分达最终价值 75% 的产品进入该国,同时要求给惠国考虑简化与原产地相关的文件和程序记录。

服务贸易方面,部长会议决定继续鼓励最不发达国家参与服务贸易,允许 WTO 成员偏离 GATS 下的最惠国待遇政策,给予最不发达国家的服务贸易和服务提供商一些优惠政策,鼓励服务贸易协会继续提高对最不发达国家的技术援助,增加其参与国际服务贸易的能力,并设立相关机制对这些优惠政策的实施给予定期审核。

第三,全面结束了《信息技术协定》的扩围谈判。

目前共有 53 个世界组织成员参加,包括发达国家成员和发展中国家成员,参加方同意免除 201 项信息技术产品的关税,扩围产品全球贸易额达到 1.3 万亿美元,约占相关产品全球贸易额的 90%。对于清单上的 201 种产品,每个参加方都要商讨对该产品的减免水平和最终免除关税所需过渡年限,经过谈判,大约有 65% 的关税于 2016 年 1 月 1 日将全部免除,其余关税额度将在 3 年中分四个阶段逐步废除,即到 2019 年这些产品的进口都将免除关税。

虽然内罗毕会议取得了一系列成果,但多哈回合却前景不明。世贸组织成员对多哈回合的前景分歧较大。中国、印度等发展中国家主张继续推动多哈回合谈判,但欧盟、美国等发达国家要求通过新方法推动相关议题谈判,且不承诺在多哈谈判框架内进行。如果发达国家在内罗毕会议后不再参与多哈谈判,可能会使多哈回合实质性结束。剩余议题到底在多哈谈判框架内进行,还是另起炉灶,也存在着较大的不确定性。

## 本章小结

1. 关税与贸易总协定是关于调整缔约国对外贸易政策和国际经济贸易关系方面相互权利义务的国际多边协定,主要职能是通过多边贸易谈判推动世界贸易自由化的发展。关贸总协定自成立以来已经主持了八轮谈判,在降低关税壁垒、消减和消除非关税壁垒,加速世界贸易自由化方面取得重大成就。

2. 1995 年成立的世界贸易组织继承了关贸总协定的宗旨,继承了关贸总协定的所有谈判成果,并将贸易自由化的范围拓展到服务贸易领域。世界贸易组织强调经济可持续发展问题,对发展中国家的经济发展给予更多的关注。

3. 与关贸总协定相比,世界贸易组织具有法人地位,管辖的范围更广;成员国权利与义务更加平衡统一;争端解决机制更富有效率。

4. 世界贸易组织成立后举办的首轮谈判——多哈回合谈判困难重重,2006 年 7 月的无限期延缓,使得多边贸易体制进程受阻。2013 年底的巴厘岛协议为多哈回合开启了新的希望,2015 年的内罗毕会议也取得了一定成果,但是否继续多哈回合谈判,成员国却表达了不同意见。

## 第十章 世界贸易组织

### 重要概念

关税与贸易总协定、世界贸易组织、非歧视原则、关税保护与减让原则、公平竞争原则、透明度原则、对发展中国家优惠待遇原则

### 案例分析

#### 案　例

1989年美国国会通过修正的《濒危物种法》增加609条款，规定："对利用可能有害海龟的商业捕捉技术捕获的虾禁止进口。"1996年美国把新版609条款延伸适用于所有外国捕获的虾。1996年10月，印度、马来西亚、泰国等联合向WTO争端解决机构就此事提出磋商申请。1997年4月WTO争端解决机构成立专家组。

专家组在深入分析、研究后认为：新版609条款是美国为保护海龟这一全球共享资源在国内的适用法律，各成员国有制定自己环境政策的自由，但应以与WTO义务一致的方式实施这些政策。1998年4月，专家组最终裁定，美国新版609条款违反了GATT 1994第11条第1款，有悖于WTO的自由贸易规则，对多边贸易体制构成威胁。专家组建议，美国需修改自己采取的措施，以便同WTO的有关法律规定相符合。

### 案例解析

案例表明，长久以来，WTO一直保持着对环境保护的关注，而且有关协定明确表示，一国政府可能采取一定措施以保护环境以及人类、动植物的生命和健康。但有时一些发达国家会以环境保护为借口，建立绿色贸易壁垒，保护国内市场。发展中国家要学会利用WTO的规则来保护自己的利益。

## 同步测练与解析

一、选择题

1. 关贸总协定的最高决策机构是（　　）。
   A. 缔约方全体大会　　B. 代表理事会　　　　C. 总干事　　　　　　D. 秘书处
2. 根据GATT的原则，（　　）是各国保护国内工业的唯一手段。
   A. 数量限制和非关税壁垒　　　　　　　B. 关税

C. 进口定价 D. 进口计划

3. GATT 的"授权条款"主要是为（　　）提供更加优惠的政策。

A. 所有缔约方 B. 缔约方中的发展中国家

C. 缔约方中的发达国家 D. 世界上最不发达国家

4. 世界贸易组织（　　）。

A. 它的前身是 GATT，但 WTO 是一个正式的国际法人组织

B. 它继承了 GATT 所有的谈判成果

C. 它的贸易争端解决机制比 GATT 的解决机制有效

D. 它的总干事和秘书处负责处理日常事宜

5. 世界贸易组织的组织机构包括（　　）。

A. 部长级会议　　B. 总理事会　　C. 理事会　　D. 专门委员会

6. WTO 运行的基本原则包括（　　）。

A. 非歧视原则 B. 关税保护原则和禁止数量限制原则

C. 透明度原则 D. 对发展中国家优惠原则

7. 乌拉圭回合多边谈判的新议题有（　　）。

A. 服务贸易 B. 农产品贸易

C. 纺织品贸易 D. 与贸易有关的投资措施

E. 知识产权保护

8.《与贸易有关的投资措施协议》要求成员国不得采用的措施包括（　　）。

A. 当地成分要求 B. 进口用汇限制

C. 贸易平衡要求 D. 限制出口销售

E. 征收反倾销税

9. 关于 GATT 的说法正确的是（　　）。

A. GATT 是一个正式的法人组织

B. GATT 一共组织了八轮多边贸易谈判

C. GATT 的主要职责是为发展中国家提供长短期发展资金

D. GATT 组织的多边贸易谈判极大地促进国际贸易自由化进程

10. 多哈回合谈判的说法正确的是（　　）。

A. 世界贸易组织已完成多哈回合谈判

B. 多哈回合破裂的主要原因是成员国无法在农产品问题上达成协议

C. 多哈回合中有许多发展中国家参与，因此又被称为"发展回合"

D. 多哈回合谈判涉及许多新的议题

二、思考题

1. 关税与贸易总协定共举行了几次谈判？乌拉圭回合的谈判成果是什么？

2. 世界贸易组织的基本原则包括哪些?

3. 世界贸易组织如何解决成员国之间的贸易争端?

4. 中国加入世界贸易组织后,你的生活和工作环境发生了什么变化?

5. 你对多哈回合谈判进程受阻,有什么看法?

## 【同步测练】参考答案与要点提示

### 一、选择题

1. A　2. B　3. B　4. ABCD　5. ABCD　6. ABCD　7. ADE　8. ABCD　9. BD　10. BD

### 二、思考题

1. GATT共举行了八次谈判,极大地降低了各国关税水平,促进了国际贸易的发展。

乌拉圭回合多边贸易谈判达成的《乌拉圭回合多边贸易谈判成果的最后文件》,该文件包括的28个协议,分为三大类。第一类针对GATT原有的和货物贸易有关的议题和规则进行了修改。涉及的主要议题有:关税、非关税措施、热带产品、自然资源产品、原产地规则、装船前检验、反倾销、补贴和反补贴、技术性贸易壁垒、进口许可证程序、海关估价、政府采购等。并将农产品贸易和纺织品和服装贸易纳入GATT的管辖范围之内。第二类是三个新议题:服务贸易、与贸易有关的知识产权保护、与贸易有关的投资措施。第三类是决定建立世界贸易组织,取代关税与贸易总协定。具体内容见第一节和第二节。

2. 世界贸易组织的基本原则包括:非歧视原则、关税保护原则、一般禁止数量限制原则、公平竞争原则、透明度原则、磋商调解原则,豁免与紧急行动原则,对发展中国家优惠待遇原则。具体内容见第三节。

3. 争端发生时,成员国政府首先要在规定的期限内进行协商,如协商无成果,一方可申请成立专家小组。专家小组在听取各方意见,调查取证后,提交调查报告,协助争端解决机构提出建议或做出裁决。专家小组首先提交中期报告,听取各方对此报告的意见,最后在6个月内提交最终报告。如果一方对最终报告裁决不服,可以上诉。由常设上诉机构做出最后裁决。争端双方应无条件接受最终报告或上诉机构的最终裁决,并在一个合理时间执行。如败诉方不执行裁决或做出补偿,申诉方可以申请交叉报复手段。

4. 学生可以根据自己的经历谈加入世界组织对中国经济发展的影响。

5. 学生可以参考教材和网站相关资料,进行讨论,得出自己的观点和看法。

# 国际贸易课程综合测试试题(A)

**一、名词解释**(每题 5 分,共 4 题,20 分)

1. 普遍优惠制
2. 对外贸易依存度
3. 垄断价格
4. 最惠国待遇

**二、单选题**(每题 3 分,共 10 题,30 分)

1. 通过出口国实施的限制进口的非关税壁垒措施是( )。
   A. 进口配额制　　B. 自动出口配额制　　C. 进口许可证制　　D. 出口配额
2. 发达国家实行进口数量限制的主要手段是( )。
   A. 征收关税　　B. 进口配额制　　C. 进口押金制　　D. 最低限价制
3. 进口最低限价要求,凡进口商品价格低于规定的最低价格时,进口国可以征收( )。
   A. 反倾销税　　B. 反补贴税　　C. 差价税　　D. 进口附加税
4. 最具灵活性和隐蔽性的进口许可是( )。
   A. 公开一般许可　　B. 有定额许可　　C. 特种许可　　D. 无定额许可
5. 以发展转口贸易为主的特区是( )。
   A. 自由贸易区　　B. 自由边境区　　C. 出口加工区　　D. 过境区
6. 欧洲自由贸易联盟属于经济一体化形式中的( )。
   A. 优惠贸易安排　　B. 自由贸易区　　C. 关税同盟　　D. 经济同盟
7. 根据关贸总协定的基本原则,( )是各国保护国内工业的唯一手段。
   A. 数量限制　　B. 关税　　C. 进口定价　　D. 进口计划
8. GATT 主持下的多边贸易谈判,第六、七、八轮依次称为( )。
   A. 东京回合、肯尼迪回合、乌拉圭回合
   B. 乌拉圭回合、东京回合、肯尼迪回合
   C. 东京回合、乌拉圭回合、肯尼迪回合
   D. 肯尼迪回合、东京回合、乌拉圭回合
9. 目前,世界上经济一体化程度最高的一体化组织是( )。
   A. 欧洲联盟　　　　　　　　B. 北美自由贸易区
   C. 欧洲自由贸易联盟　　　　D. 东南亚联盟
10. 某年世界出口额为 1.6 万亿美元,进口额为 1.7 万亿美元,该年国际贸易额为

（　　）万亿美元。

A. 3.3
B. 1.6
C. 1.7
D. 信息提供不充分，没有办法计算

### 三、多选题（每题3分，共12题，36分）

1. 现有的国际贸易条约和协定都采用（　　）。

   A. 无条件的最惠国待遇条款
   B. 欧洲式的最惠国待遇条款
   C. 美洲式的最惠国待遇条款
   D. 直接限制的最惠国待遇条款

2. 国民待遇主要适用于（　　）。

   A. 国内捐税
   B. 铁路运输和转口过境
   C. 商标注册、专利保护
   D. 沿海航行权
   E. 购买土地

3. 经济特区的主要形式（　　）。

   A. 自由贸易区
   B. 保税区
   C. 出口加工区
   D. 自由边境区
   E. 过境区

4. 普遍优惠制的原产地规则包括（　　）。

   A. 原产地标准
   B. 直接运输规则
   C. 原产地证书
   D. 充分累积制度

5. 各国鼓励出口的措施主要包括（　　）。

   A. 出口信贷
   B. 出口信贷国家担保制度
   C. 出口补贴
   D. 外汇倾销

6. 一般禁止数量限制原则的例外情况包括（　　）。

   A. 为了稳定农产品市场
   B. 为了改善国际收支
   C. 为了促进发展中国家经济发展的需要
   D. 为了保护发展中国家的幼稚产业

7. 乌拉圭回合达成的《补贴与反补贴协议》将补贴划分为（　　）。

   A. 不可申诉补贴
   B. 可申诉补贴
   C. 禁止使用的补贴
   D. 允许公开使用的补贴

8. 在甲、乙、丙三国中甲对进口A产品征收100%的关税，三国生产A的成本分别为250元、150元、80元，现在甲、乙两国建立关税同盟，此时的静态效果会出现（　　）

   A. 贸易创造效果
   B. 贸易转移效果
   C. 贸易扩大效果
   D. 贸易动态效果

9. 自由贸易政策主要理论基础包括（　　）。

   A. 绝对成本论
   B. 比较成本论
   C. 生产要素禀赋论
   D. 对外贸易乘数理论

10. 在贸易条约和协定中,通常所适用的法律待遇条款是(　　)。
   A. 最惠国待遇条款　　　　　　　　B. 互惠待遇条款
   C. 国民待遇条款　　　　　　　　　D. 反倾销条款
   E. 关税减让与互惠安排
11. 接受买方信贷的进口商在使用信贷资金进行采购时,不可以购买(　　)。
   A. 本国商品　　　　　　　　　　　B. 贷款提供国的商品
   C. 第三国商品　　　　　　　　　　D. 出口信贷君子协定其他成员国的商品
12. 各国制订对外贸易政策的目的在于(　　)。
   A. 保护本国市场　　　　　　　　　B. 扩大本国出口
   C. 促进本国产业结构改进　　　　　D. 积累资金
   E. 维护和发展与其他国家的政治、经济关系

### 四、计算题(4分)

假设某国以1980年为基期,1990年出口价格指数下降5%,为95元;进口价格指数上升10%,为110元,且该国出口商品的劳动生产率由1980年的100元提高到1990年的130元,计算单项因素贸易条件?并对结果进行说明。

### 五、简答题(10分)

进口国征收反补贴税的条件是什么?

# 测试试题(A)答案与要点

## 一、名词解释

1. 普遍优惠制

普遍优惠制简称普惠制,其主要内容为:发达国家承诺对从发展中国家或地区输入的商品,特别是制成品和半制成品,给予普遍的、非歧视的和非互惠的关税优惠待遇。

普惠制的主要原则是普遍的、非歧视的、非互惠的。

普惠制的目的是:增加发展中国家或地区的外汇收入;促进发展中国家和地区工业化;加速发展中国家或地区的经济增长率。

2. 对外贸易依存度

又称对外贸易系数,指一国货物与服务进出口额与其国内生产总值或国民生产总值之比。传统的对外贸易系数指一国货物进出口额与其国内生产总值(GDP)或国民生产总值(GNP)之比。根据研究对象不同,对外贸易依存度可以分为出口依存度及进口依存度。

3. 垄断价格

垄断价格是指国际垄断组织利用其经济实力和对市场的控制力确定的价格,它有买方垄断价格与卖方垄断价格两种形式。垄断组织在国际间采用垄断价格也是有条件的,其实施主要考虑:某一部门竞争的公司数量、产品价格需求弹性、替代弹性的大小以及国际经济和政治形势等因素。

4. 最惠国待遇

最惠国待遇条款是经贸条约中经常采用的一项重要条款。其基本含义是:

缔约方一方现在和将来所给予任何第三国的一切特权、优惠和豁免,也同样给予缔约对方。基本要求是使缔约一方在缔约另一方享有不低于任何第三国享有或可能享有的待遇,换言之,即要求一切外国人处于同等的地位,享有同样的待遇,不给予歧视待遇。

最惠国待遇的方式有两种,即无条件的最惠国待遇和有条件的最惠国待遇。

## 二、单选题

1. B  2. B  3. D  4. D  5. A  6. B  7. B  8. D  9. A  10. B

## 三、多选题

1. AB  2. ABC  3. ABCDE  4. ABC  5. ABCD  6. ABC  7. ABC  8. BC  9. ABC  10. ABC  11. ACD  12. ABCDE

## 四、计算题

(1) 公式:

单因素贸易条件 = $\dfrac{\text{出口商品价格指数}}{\text{进口商品价格指数}} \times \text{出口商品劳动生产率指数} \times 100\%$

(2) 计算：$(95/110) \times 130 \times 100\% = 112\%$

(3) 贸易条件改善

五、思考题

(1) 补贴事实

(2) 补贴构成的损害和威胁

(3) 两者存在因果关系

# 国际贸易课程综合测试试题(B)

**一、名词解释**(每题5分,共4题,20分)
1. 卖方信贷
2. 普遍优惠制
3. 进口附加税
4. 差价税

**二、单选题**(每题3分,共10题,30分)
1. 绝对配额和关税配额的区别主要体现在(　　)。
   A. 对进口数量的控制上　　　　　　B. 对关税的征收上
   C. 对进口商品价格的控制上　　　　D. 对附加税和罚款的处理上
2. 在实行国别配额的国家里,进口商必须提供(　　)。
   A. 原产地证明　　B. 商品检验证明　　C. 出口许可证　　D. 进口许可证
3. 发达国家对公开一般许可证通常(　　)。
   A. 逐步审核签发　　B. 均予签发　　C. 不予签发　　D. 拖延签发
4. 企业在控制国内市场的条件下,以低于国内市场价格甚至低于成本价格向外销售商品的行为属于(　　)。
   A. 商品倾销　　B. 价格垄断　　C. 外汇倾销　　D. 价格战
5. 出口信贷一般用于(　　)。
   A. 初级产品出口　　B. 日用消费品出口　　C. 资本品出口　　D. 能源产品出口
6. 国际商品协定的主要对象是(　　)。
   A. 钢　　B. 汽车　　C. 初级产品　　D. 纺织产品
7. 第二次世界大战后,世界上第一个一体化组织是(　　)。
   A. 欧洲自由贸易区　　　　　　B. 欧洲经济共同体
   C. 欧洲自由贸易联盟　　　　　D. 东南亚经济联盟
8. A、B、C三国对小麦进口分别征收15%、12%、11%的关税,结盟后,内部取消关税;对外,A、B、C三国对小麦进口分别征收15%、12%、11%的关税,这种形式的一体化为(　　)。
   A. 优惠贸易安排　　B. 自由贸易区　　C. 关税同盟　　D. 共同市场
9. 世界上第一个正式由发达国家和发展中国家组成的经济一体化组织是(　　)。
   A. 欧洲经济共同体　　　　　　B. 欧洲经济联盟
   C. 东南亚联盟　　　　　　　　D. 北美自由贸易区

10. 国际商品协定的经济条款中,( )是通过设立机构,运用成员国提供的现金和实物干预市场,稳定价格。

A. 出口限额  B. 多边合同  C. 缓冲存货  D. 储备基金

三、**多选题**(每题3分,共12题,36分)

1. 出口信贷国家担保制担保的对象是( )。

A. 进口商  B. 出口厂商  C. 出口方银行  D. 进口方银行

2. 商品综合方案的主要内容为( )。

A. 扩大初级产品的加工和出口多样化

B. 建立国际储备的共同基金

C. 建立国际商品储存

D. 商品贸易的多边承诺

E. 扩大和改进商品贸易的补偿性资金供应

3. 在甲、乙、丙三国中,甲对进口A商品征收80%的关税,三国生产A商品的成本分别为200元、100元、70元,现甲、乙两国成立关税同盟,此静态效果会出现( )。

A. 贸易创造效果  B. 贸易转移效果  C. 贸易扩大效果  D. 贸易动态效果

4. 参加世界贸易组织的各成员方除遵守乌拉圭回合多边贸易谈判所达成的一揽子文件外,还必须做出( )。

A. 农产品减让  B. 非关税减让  C. 服务贸易减让  D. 关税减让

5. 适合从任何国家和地区进口的配额有( )。

A. 全球绝对配额  B. 国别绝对配额  C. 全球关税配额  D. 双边配额

6. 普惠制的原产地规则包括( )。

A. 加工标准  B. 增值标准  C. 直运规则  D. 原产地证书

7. 根据乌拉圭回合达成的《海关估价协议》,要求各成员国海关在对进口商品估价时依次采用的价格为( )。

A. 进口商品的成交价格  B. 类似商品的成交价格

C. 相同商品成交价格  D. 倒扣法

E. 计算价格法  F. 其他合理办法

8. 最常见的最惠国待遇的例外包括( )。

A. 多边国际条约或协定承担的义务  B. 关税同盟

C. 沿海航行和内河航运  D. 边境贸易

G. 敏感的大型的投资项目

9. 影响商品世界市场价格的主要因素有( )。

A. 垄断  B. 经济周期

C. 市场结构  D. 政府采取的政策措施

10. 一般说来,一国海关对某种商品的进口征收最惠国税,其税率比同类商品的(　　　)。
   A. 普通税率低　　　　B. 特惠税率低　　　　C. 特惠税率高　　　　D. 普惠税率高

11. 乌拉圭回合多边谈判的新议题有(　　　)。
   A. 服务贸易                              B. 农产品贸易
   C. 纺织品贸易                            D. 与贸易有关的投资措施
   E. 知识产权保护

12. 乌拉圭回合签署的《服务贸易总协定》将国际服务贸易定义为(　　　)。
   A. 跨境支付                              B. 境外消费
   C. 商业存在                              D. 自然人流动
   E. 政府支付

### 四、计算题(4分)

假设自由贸易条件下某型号程控交换机的价格是10 000美元,其中生产过程的购入价值为5 000美元,国内生产商实现增加值5 000美元。现政府对交换机进口征收50%的进口税,对购入部分征收20%的进口税,问现行对程控交换机征收50%的进口关税对国内程控交换机生产商提供的有效保护程度是多少?

### 五、思考题(10分)

WTO非歧视原则的含义是什么?

# 测试试题(B)答案与要点

一、名词解释

1. 卖方信贷

是出口方银行向本国出口厂商(即卖方)提供的贷款。这种贷款协议由出口厂商与银行之间签订。卖方信贷通常用于机器设备、船舶等商品的出口。

2. 普遍优惠制

普遍优惠制简称普惠制,其主要内容为,发达国家承诺对从发展中国家或地区输入的商品,特别是制成品和半制成品,给予普遍的、非歧视的和非互惠的关税优惠待遇。

普惠制的主要原则是普遍的、非歧视的、非互惠的。

普惠制的目的是:增加发展中国家或地区的外汇收入;促进发展中国家和地区工业化;加速发展中国家或地区的经济增长率。

3. 进口附加税

进口国家对进口商品,除征收一般进口关税外,有时根据某种目的与需要加征进口关税。这种对进口商品除征收一般关税以外再加征的额外关税,称之为进口附加税。

进口附加税通常是一种特定的临时性措施。其目的主要有:应付国际收支危机;维持进出口平衡;防止外国商品低价倾销;对某个国家实行歧视或报复等。因此进口附加税又称特别关税。

4. 差价税

差价税又称差额税。当某种本国生产的产品国内价格高于同类的进口商品价格时,为了削弱进口商品的竞争能力,保护国内生产和国内市场,按国内价格与进口价格之间的差额征收关税,就叫差价税。

由于差价税是随着国内外价格差额的变动而变动的,因此它是一种滑动关税。

二、单选题

1. A  2. A  3. B  4. A  5. C  6. C  7. B  8. B  9. D  10. C

三、多选题

1. BC  2. ABCDE  3. BC  4. BD 或 BCD  5. AC  6. ABCD  7. ACBDEF  8. ABCD
9. ABCD  10. ACD  11. ADE  12. ABCD

四、计算题

$$\frac{10\,000\times(1+50\%)-5\,000(1+20\%)-(10\,000-5\,000)}{10\,000-5\,000}\times100\%$$

$$=\frac{15\,000-6\,000-5\,000}{5\,000}=80\%$$

现行对程控交换机征收50%的进口关税对国内程控交换机生产商提供的有效保护程度达到80%。

**五、思考题**

非歧视原则是通过最惠国待遇、国民待遇、互惠待遇条款体现的,它要求缔约方在实施某种优惠或限制措施时,不要对缔约对方实施歧视待遇。

最惠国待遇原则具有一般性,只要加入世贸组织,就可以自动享有这种待遇;它使关税减让具有稳定性和主动性;其适用性从货物贸易领域扩展到服务贸易和知识产权等方面;但也存在一些例外。

国民待遇适用于货物贸易。对于服务贸易,国民待遇不是一项原则性的义务,各成员国在哪个领域、何种程度上实施国民待遇,属于其具体承诺,通过具体谈判确定。

# 国际贸易课程综合测试试题（C）

一、名词解释（每题5分，共4题，20分）
1. 专门贸易体系
2. 对外贸易依存度
3. 进口附加税
4. 缓冲存货

二、单选题（每题3分，共10题，30分）
1. 在规定的期限内，提交原产地证书，配额以内的货物可以进口，超过配额不准进口，这种非关税措施称为（    ）。
   A. 全球绝对配额    B. 国别绝对配额    C. 全球关税配额    D. 国别关税配额
2. 在实行优惠性关税配额的情况下，进口国对超过配额的商品（    ）。
   A. 绝对不准许进口              B. 征收原来的普通关税
   C. 征收最惠国税                D. 征收特惠税
3. 进口押金制是指进口商在商品进口时，不得不预先按进口金额的一定比例（    ）。
   A. 在任意银行高息存入一笔现金才能够进口
   B. 在指定银行低息存入一笔现金才能够进口
   C. 在指定银行无息存入一笔现金才能够进口
   D. 在任意银行无息存入一笔现金才能够进口
4. 歧视性政府采购政策是指（    ）。
   A. 优先购买发达国家产品         B. 优先购买国外优质产品
   C. 优先购买本国产品             D. 优先购买本国企业生产产品
5. 在下列哪种情况下，本国可对外进行外汇倾销（    ）。
   A. 本国货币对外贬值10%，国内物价上涨12%
   B. 本国货币对内贬值10%，对外贬值15%
   C. 本国货币对外贬值0，国内物价上涨0
   D. 本国货币对内贬值10%，对外贬值10%
6. 下面哪一项属于最惠国待遇条款的例外？（    ）
   A. 进出口货物的关税和其他各种捐税      B. 多边国际条约或协定承担的义务
   C. 进出口许可证发放的行政手续          D. 有关商品的海关规则、手续和费用
7. 目前，世界上最大的区域经济一体化组织是（    ）。
   A. 北美自由贸易区    B. 东南亚国家联盟    C. 欧洲联盟    D. 亚太经合组织

8. 根据（　　），缔约国将逐步取消现有的纺织品与服装进口限制配额，最终实现商品贸易的自由化。
   A. 肯尼迪回合、多种纤维协定　　　　B. 乌拉圭回合、纺织品与服装协议
   C. 肯尼迪回合、纺织品协定　　　　　D. 东京回合、纺织品与服装协议
9. 关税与贸易总协定的最高决策机构是（　　）。
   A. 缔约方全体　　B. 代表理事会　　C. 总干事　　D. 秘书处
10. 关税与贸易总协定的非歧视原则是通过最惠国待遇和（　　）体现的。
    A. 互惠待遇　　B. 协议待遇　　C. 国民待遇　　D. 对等待遇

### 三、**多选题**（每题3分，共12题，36分）

1. 一国货币对外贬值可以（　　）。
   A. 扩大该国商品出口　　　　B. 扩大该国商品进口
   C. 使该国出口减少　　　　　D. 使该国进口减少
2. 国际商品协定的经济条款主要有（　　）。
   A. 缓冲库存　　B. 出口限制
   C. 多边合同　　D. 出口限制与缓冲库存结合
3. 关税的贸易扩大效果（　　）。
   A. 属静态效果　　　　　　　B. 属动态效果
   C. 在贸易创造效果出现时会出现　　D. 在贸易转移效果产生时会出现
4. 普遍优惠制下给惠国的保护措施主要有（　　）。
   A. 免责条款　　B. 预定限额　　C. 加工标准　　D. 竞争需要标准
5. 绝对配额在实施中可分为（　　）。
   A. 全球配额　　B. 国别配额　　C. 关税配额　　D. 自动出口配额
6. 在甲、乙、丙三国中，甲对进口A商品征收100%的关税，三国生产A产品的成本分别为155元、150元、180元，现在甲乙两国建立关税同盟，此时的静态效果会出现（　　）。
   A. 贸易创造效果　　B. 贸易转移效果　　C. 贸易扩大效果　　D. 综合发展效果
7. 技术性贸易壁垒主要包括（　　）。
   A. 质量认证与合格评定程序　　　B. 关于卫生检疫规定
   C. 关于商品包装和标签的规定　　D. 技术法规、标准
   E. 检验程序和手续
8. 关税与贸易总协定的授权条款的授权范围为（　　）。
   A. 普遍优惠制
   B. 多边贸易谈判达成的非关税措施协议
   C. 发展中国家之间的区域性优惠关税安排
   D. 对最不发达国家的特殊待遇

9. 贸易条件改善是指（　　）。

A. 出口价格指数不变，进口价格指数上升

B. 进口价格指数不变，出口价格指数上升

C. 出口价格指数下降，进口价格指数上升

D. 进口价格指数下降，出口价格指数上升

E. 进出口价格指数同时上升

10. 非关税壁垒与关税壁垒相比（　　）。

A. 更具有隐蔽性和歧视性　　　　　　B. 更具有公开性和歧视性

C. 更能达到限制进口的目的　　　　　D. 具有更大的灵活性

11. 以低于国内价格，甚至低于成本的价格向国外销售商品，等击败竞争对手后，再提高价格销售的做法属于（　　）。

A. 外汇倾销　　　B. 间歇性倾销　　　C. 掠夺性倾销　　　D. 短期倾销

12. 西方国际分工理论代表性论点包括（　　）。

A. 罗伯逊的"经济增长发动机"说　　　B. 亚当·斯密的"绝对成本"说

C. 大卫·李嘉图的"比较成本"说　　　D. 赫克歇尔-俄林的"要素禀赋"说

### 四、计算题（4分）

A国GNP为10 000亿美元，商品和服务进口额为600亿美元，出口额为400亿美元，计算A国的出口依存度。

### 五、思考题（10分）

进口国征收反倾销税的条件是什么？

# 测试试题(C)答案与要点

## 一、名词解释

1. 专门贸易体系

专门贸易体系是贸易国家进行对外货物贸易统计所采用的统计制度之一。专门贸易体系也称特殊贸易体系。

专门贸易体系是以关境为标准统计进出口。当外国货物进入国境后,暂时存在保税仓库,不进入关境,一律不列为进口。只有从外国进入关境的货物以及从保税仓库提出,进入关境的货物,才列为进口,称为专门进口。对于从国内运出关境的本国货物以及进口后未经加工又运出关境的货物,则列为出口,称为专门出口。专门进口额加上专门出口额称为专门贸易额。

2. 对外贸易依存度

又称对外贸易系数,指一国货物与服务进出口额与其国内生产总值或国民生产总值之比。传统的对外贸易系数指一国货物进出口额与其国内生产总值(GDP)或国民生产总值(GNP)之比。根据研究对象不同,对外贸易依存度可以分为出口依存度及进口依存度。

3. 进口附加税

进口国家对进口商品,除征收一般进口关税外,有时根据某种目的与需要加征进口关税。这种对进口商品除征收一般关税以外再加征的额外关税,称之为进口附加税。

进口附加税通常是一种特定的临时性措施。其主要目的:应付国际收支危机;维持进出口平衡;防止外国商品低价倾销;对某个国家实行歧视或报复等。因此进口附加税又称特别关税。

4. 缓冲存货

缓冲存货是国际商品协定的经济条款之一,它规定由某一商品协定的执行机构按照最高限价和最低限价,运用其成员提供的实物与资金,干预市场以稳定价格。当市场价格涨到最高限价以上时,执行机构抛售缓冲存货的实物以维持价格在最高限价之下;在降至最低限价以下时,利用缓冲存货的现金在市场上收购,把价格保持在最低限价以上。

## 二、单选题

1. B　2. C　3. C　4. C　5. B　6. B　7. D　8. B　9. A　10. C

## 三、多选题

1. AD　2. ABCD　3. ACD　4. ABD　5. AB　6. AC　7. ABCDE　8. ABCD　9. BD　10. ACD　11. BC　12. BCD

**四、计算题**

出口依存度＝400/10 000＝0.04＝4％。

**五、思考题**

(1) 倾销事实。

(2) 倾销构成严重的损害或威胁。

(3) 前两者之间存在因果关系。

# 国际贸易课程综合测试试题(D)

一、名词解释（每题5分，共4题，20分）
1. 对外贸易量
2. 总贸易体系
3. 普遍优惠制
4. 世界自由市场价格

二、单选题（每题3分，共10题，30分）
1. 规定期限内,对配额以内的商品征收最惠国税,超过配额征收普通税甚至罚款,这种非关税措施叫作(　　)。
   A. 全球关税配额　　　　　　　　B. 国别关税配额
   C. 优惠关税配额　　　　　　　　D. 非优惠关税配额
2. 在"有秩序的销售安排"中,同一年度组与组、项与项之间可以相互使用额度的属于(　　)。
   A. 个别限额　　B. 磋商限额　　C. 水平融通　　D. 垂直融通
3、进口许可证就其职能而言(　　)。
   A. 只能限制进口商品的数量　　　　B. 只能限制进口商品的质量
   C. 可以限制进口商品的数量和质量　D. 可以限制进口商品的数量和金额
4. 进口最低限价要求,凡进口商品价格低于规定的最低价格时,进口国可以征收(　　)。
   A. 反倾销税　　B. 反补贴税　　C. 差价税　　D. 进口附加税
5. 接受买方信贷的进口商在使用信贷资金进行采购时,必须购买(　　)。
   A. 本国商品　　B. 贷款提供国的商品　　C. 第三国商品　　D. 以上三项都对
6. 全面规定两国间经济贸易关系的协议叫作(　　)。
   A. 通商航海条约　　B. 贸易议定书　　C. 支付协定　　D. 国际商品协定
7. 以下经济一体化形式中,(　　)是经济一体化的最低阶段。
   A. 优惠贸易安排　　B. 自由贸易区　　C. 关税同盟　　D. 共同市场
8. 依据《关税与贸易总协定》,缔约方为抵消或防止倾销,可以对倾销商品征收(　　)的反倾销税。
   A. 不超过这一产品价格　　　　　B. 超过这一产品价格
   C. 不超过这一产品的倾销差价　　D. 超过这一产品的倾销差价

9. 总协定授权条款是在( )谈判中通过的。
A. 东京回合　　　B. 狄龙回合　　　C. 乌拉圭回合　　　D. 肯尼迪回合

10. 能反映对外贸易的实际规模,便于各个时期进行比较的指标是( )。
A. 对外贸易值　　　　　　　　　B. 对外贸易额
C. 对外贸易量　　　　　　　　　D. 对外贸易依存度

### 三、多选题(每题3分,共12题,36分)

1. 买方信贷( )。
A. 是出口方银行向进口厂商或进口方银行提供的贷款
B. 是进口方银行向国外出口厂商提供的一种贷款
C. 其利率较低
D. 其贷款又称为约束性贷款

2. 贸易条约和协定中通常适用的法律待遇条款是( )。
A. 授权条款　　　　　　　　　　B. 选择性保障条款
C. 国民待遇条款　　　　　　　　D. 最惠国待遇条款

3. 在经济一体化诸形式中实现共同关境的有( )。
A. 优惠贸易安排　　　　　　　　B. 自由贸易区
C. 关税同盟　　　　　　　　　　D. 共同市场
E. 经济与货币联盟

4. 乌拉圭回合多边贸易谈判的新议题包括( )。
A. 知识产权保护　　　　　　　　B. 与贸易有关的投资措施
C. 纺织品贸易　　　　　　　　　D. 服务贸易

5. 在甲、乙、丙三国中,甲对进口A商品征收80%的关税,三国生产A商品的成本分别为200元、100元、70元,现在甲、乙两国成立关税同盟,此静态效果会出现( )。
A. 贸易创造效果　　B. 贸易转移效果　　C. 贸易扩大效果　　D. 贸易动态效果

6. 参加世界贸易组织的各成员方除遵守乌拉圭回合多边贸易谈判所达成的一揽子文件外,还必须做出( )。
A. 农产品减让　　B. 非关税减让　　C. 服务贸易减让　　D. 关税减让

7. 适合从任何国家和地区进口的配额有( )。
A. 全球绝对配额　　B. 国别绝对配额　　C. 全球关税配额　　D. 双边配额

8. 一般禁止数量限制原则的例外情况包括( )。
A. 为了稳定农产品市场　　　　　B. 为了改善国际收支
C. 为了促进发展中国家经济发展的需要　　D. 为了保护发展中国家的幼稚产业

9. 乌拉圭回合达成的《补贴与反补贴协议》将补贴划分为( )。
A. 不可申诉补贴　　　　　　　　B. 可申诉补贴

C. 禁止使用的补贴　　　　　　　D. 允许公开使用的补贴

10. 普惠制的原产地规定包括(　　)。

A. 充分累积制度　　　　　　　B. 加工标准

C. 增值标准　　　　　　　　　D. 直运规则

E. 原产地证书

11. 自由贸易政策主要理论基础包括(　　)。

A. 绝对成本论　　　　　　　　B. 比较成本论

C. 生产要素禀赋论　　　　　　D. 对外贸易乘数理论

12. 在贸易条约和协定中,通常所适用的法律待遇条款是(　　)。

A. 最惠国待遇条款　　　　　　B. 互惠待遇条款

C. 国民待遇条款　　　　　　　D. 反倾销条款

E. 关税减让与互惠安排

### 四、计算题(4分)

A国GNP为10 000亿美元,商品和服务进口额为750亿美元,出口额为400亿美元,该国的贸易收支状况如何,并计算其对外贸易依存度。

### 五、简答题(10分)

简述普惠制的基本原则。

# 测试试题(D)答案与要点

一、名词解释

1. 对外贸易量

为剔除价格变动对贸易额的影响,准确地反映一国对外贸易的实际规模,往往用固定年份为基期计算的进口价格或出口价格指数去调整当年的进口总额或出口总额,得到相当于按不变价格计算的进口额或出口额,通过这种方法计算出来的对外贸易额单纯反映对外贸易的数量规模,称为对外贸易量。这一指标便于不同时期对外贸易额的比较。

2. 总贸易体系

总贸易体系指贸易国家进行对外货物贸易统计所采用的统计制度之一。总贸易体系也称一般贸易体系。

总贸易体系是以国境为标准统计进出口。凡进入本国国境的货物一律列为进口;凡离开本国国境的货物一律列为出口。前者叫作总进口,后者叫作总出口。总进口额加总出口额就是一国的总贸易额。

3. 普遍优惠制

普遍优惠制简称普惠制,其主要内容为,发达国家承诺对从发展中国家或地区输入的商品,特别是制成品和半制成品,给予普遍的、非歧视的和非互惠的关税优惠待遇。

普惠制的主要原则是普遍的、非歧视的、非互惠的。

普惠制的目的:增加发展中国家或地区的外汇收入;促进发展中国家和地区工业化;加速发展中国家或地区的经济增长率。

4. 世界自由市场价格

世界市场上,由供求关系决定的价格称为世界自由市场价格,如交易所价格。

二、单选题

1. D  2. C  3. D  4. D  5. B  6. A  7. A  8. C  9. A  10. C

三、多选题

1. ACD  2. CD  3. CDE  4. ABD  5. AC  6. BCD  7. AC  8. ABC  9. ABC
10. BCDE  11. ABC  12. ABC

四、计算题

(1) 贸易收支状况为逆差。

(2) 对外贸易依存度 = (750+400)/10 000 = 0.115 = 11.5%。

五、思考题

普惠制的主要原则是普遍的、非歧视的、非互惠的。

普遍的,是指发达国家应对发展中国家或地区出口的制成品和半制成品给予普遍的关税优惠待遇。

非歧视的,是指应使所有发展中国家或地区都不受歧视,无例外地享受普惠制的待遇。

非互惠的,是指发达国家应单方面给予发展中国家或地区关税优惠,而不要求发展中国家或地区提供反向优惠。

# 参考书目

1. W. W. Rostow. *The World Economy: History and Prospect*. University of Texas Press, 1978.
2. Heckscher. Eli. *The Effect of Foreign Trade on The Distribution of Income*. 1919. Harry Flam and M. June Flanders edited. *Heckscher-Ohlin Theory*. MIT Press, 1919.
3. P. A. Samuelson. *International Trade and the Equalization of Factor Prices*. Economic Journal, June, 1948.
4. Wolfgang Stolper and P. A. Samuelson. *Protection and Real Wages*. Review of Economic Studies, 9, 1941.
5. Rybczynski, T. M. *Factor Endowment, Relative Commodity Prices*. Economica, 22, 1955.
6. Wassily W. Leontief. *Domestic Production and Foreign Trade: The American Capital Position Re-Examined*. Proceedings of the American Philosophical Society, 1953. 9.
7. Vernon, Raymond. *International Investment and International Trade in the Product Cycle*. Quarterly Journal of Economics, May 1966.
8. Linder, S. B. *An Essay on Trade and Transformation*. New York: John Wiley and Sons.
9. Grubel. Herbert G. , Lioyd, Peter J. . *Intra-Industry Trade: The Theory and Measurement of International Trade in Differentiated Products*. London: MacMillan, 1975.
10. Paul. Krugman. *Scale Economies, Product Differentiation and the Pattern of Trade*. American Economic Review, 70.
11. J. A. Schumpeter. *History of Economic Analysis*. New York, Oxford University Press, 1954.
12. John M. Keynes *The general Theory of Employment, Interest and Money*, see Keynes, Collected Writings, Vol. VII.
13. F. Machlup. *International Trade and Income multiplier*. Philadelphia: Blakiston, 1943.
14. Krugman, Paul R. *Import Protection as Export Promotion* in H. Kierzkowski, eds, Monopolistic Competition in International Trade. Oxford University Press, 1984.
15. Deardorff. Alan. *Non-tariff Barriers and Domestic Regulation*. paper on World Bank, 1999.
16. Deardorff. Alan and Stern, Robert M. *Measurement of Non-tariff Barriers*. paper for OECD, No. 179. OECD/GD(97)129. 1997.
17. Jagdish Bhagwati & Arvind Panagariya. *Preferential Trading Areas & Multilateralism Strangers, Friends, or Foes?* Financial Times, 1996.
18. Tin. Bergen, J. . *Shaping the World Economy: Suggesting For An International Economic Policy*. The Twentieth Century Fund, New York, 1996.
19. Balassa, B. . *The Theory of Economic Integration*. London: Allens and Unwin, 1961.

20. Anonymous. *Every Man for Himself:Trade in Asia*. The Economist,Nov. 2,2002.
21. Krugman. P. *Regionalism versus multilateralism:analytical notes. in New dimensions in regional integration*. edited by J. de Melo and A. Panagariya,Cambridge,1993.
22. Bhagwati. J. *Regionalism and multilateralism:an overview*. in De Melo and Panagariya (eds.). *New Dimensions in Regional Integration*,1993.
23. Baldwin,R. E. *A Domino Theory of Regionalism*. in R. E. Baldwin,P. Haaparanta and J. Kiander (eds.) *Expanding Membership in the European Union*,Cambridge:Cambridge University Press,1995.
24. Baldwin. R. E. and A. J. Venables. *International Economic Integration*. in G. Grossman and K. Rogoff（eds.) Handbook of International Economics,*vol. 3*. Amsterdam:North Holland,1997.
25. Viner,J. *The Customs Union Issue*,New York:Carnegie Endowment,1950.
26. Lipsey,R. G. *The theory of customs unions:trade diversion and welfare*. Economica 24,1957.
27. T. Scitovsky,*Economic Theory and Western European Integration*. Stanford:Stanford University Press,1958.
28. J. F. Deniau. *The Common Market:Its Structure and Purpose*. New York:Frederick A Praeger,1960.
29. IMF. *Government Finance Statistics Yearbook*.
30. WTO:*International Trade Statistics*.
31. 姚曾荫. 国际贸易概论. 北京:人民出版社,1987.
32. 海闻,P. 林德特,王新奎. 国际贸易. 上海:上海人民出版社,2003.
33. 范家骧. 国际贸易理论. 北京:人民出版社,1985.
34. 马克思恩格斯选集. 第1、2、4卷. 北京:人民出版社,1972.
35. 卢森堡. 国民经济学入门. 北京:生活·读书·新知三联书店,1962.
36. 新帕尔格雷夫经济学大辞典. 第四卷. 北京:经济科学出版社,1992.
37. 李嘉图. 政治经济学及赋税原理. 北京:商务印书馆,1979.
38. 剑桥欧洲经济史. 第八卷. 北京:经济科学出版社,2002.
39. 安格斯·麦迪森. 世界经济千年史. 北京:北京大学出版社,2003.
40. 查尔斯·W. L. 希尔. 国际商务. 第五版. 北京:中国人民大学出版社,2005.
41. 李世安,刘丽云. 欧洲经济一体化史. 石家庄:河北人民出版社,2003.
42. 恩格斯. 政治经济学批判大纲,马克思恩格斯全集. 第一卷. 北京:人民出版社,1956.
43. 托马斯·孟. 英国得自对外贸易的利益. 北京:商务印书馆,1997.
44. 马克思. 资本论. 第3卷. 北京:人民出版社,1963.
45. 弗里德里希·李斯特. 政治经济学的国民体系. 北京:商务印书馆,1997.
46. 保罗·克鲁格曼. 战略性贸易政策与新国际经济学. 北京:中国人民大学出版社,北京大学出版社,2000.
47. 克鲁格曼,M. 奥伯斯法尔德. 国际经济学. 北京:中国人民大学出版社,1998.
48. 任烈. 贸易保护理论与政策. 上海:立信会计出版社,1997.
49. 张玮. 国际贸易. 第二版. 北京:高等教育出版社,2011.

# 教师服务

感谢您选用清华大学出版社的教材！为了更好地服务教学，我们为授课教师提供本书的教学辅助资源，以及本学科重点教材信息。请您扫码获取。

## ▶ 教辅获取

本书教辅资源，授课教师扫码获取

## ▶ 样书赠送

**国际经济与贸易类**重点教材，教师扫码获取样书

 清华大学出版社

E-mail: tupfuwu@163.com　　　　网址: https://www.tup.com.cn/
电话: 010-83470332 / 83470142　　传真: 8610-83470107
地址: 北京市海淀区双清路学研大厦 B 座 509　　邮编: 100084